U0920024

与鬼为邻

蒋介石与汪精卫的八年生死战

田闻一 著

台海出版社

图书在版编目（CIP）数据

与鬼为邻:蒋介石与汪精卫的八年生死战 / 田闻一著. —北京:台海出版社,2010.9　（2019.1 重印）

ISBN 978－7－80141－695－7

Ⅰ.①与… Ⅱ.①田… Ⅲ.①蒋介石(1887～1975)－生平事迹②汪精卫(1883～1944)－生平事迹 Ⅳ.①K827＝6

中国版本图书馆 CIP 数据核字(2010)第 165342 号

与鬼为邻：蒋介石与汪精卫的八年生死战

著　　者：田闻一

责任编辑：王　艳
装帧设计：天下书装　　　　版式设计：通联图文
责任校对：韩　海　　　　责任印制：蔡　旭

出版发行：台海出版社
地　　址：北京市东城区景山东街20号　邮政编码：100009
电　　话：010－64041652(发行,邮购)
传　　真：010－84045799(总编室)
网　　址：www.taimeng.org.cn/thcbs/default.htm
E－mail：thcbs@126.com

经　　销：全国各地新华书店
印　　刷：三河市天润建兴印务有限公司
本书如有破损、缺页、装订错误,请与本社联系调换

开　　本：760×1040　　1/16
字　　数：300 千字　　印　　张：22
版　　次：2010 年 9 月第 1 版　　印　　次：2019 年 1 月第 3 次印刷
书　　号：ISBN 978－7－80141－695－7

定　　价：39.80 元

目　录

第一部　重庆出逃

第二部　河内追杀

第三部　上海较量

第四部　金陵夕照

第五部　枭雄末日

楔　子

1938年，在中国现代史上，是民族命运系于一发之际，是动荡不宁的严峻时日。

作者首次以翔实的史料、生动的笔触，在广阔的时代背景下，以高屋建瓴之势，全方位多侧面地展示了这段鲜为人知的历史。就是在这一年，中华民族同日本侵略者进行生死博斗时，国民党副总裁、国民参政会主席、中央政治会议主席汪精卫逃离陪都重庆，公开降日，在南京另组中央政府，写下了中国现代史上最黑暗的一页。

本书生动翔实地展示了这个事件的发端、发展及终结。历史上的恩恩怨怨、错综复杂的利害关系和人际关系，国际国内各种政治力量的制约、较量、激化，促使自抗战开始以来就抱“一面抵抗，一面交涉”态度的蒋介石同汪精卫公开决裂。继而汪精卫重庆出逃、蒋介石命戴笠河内追杀；以及两人后来的上海较量、金陵夕照、枭雄末日……作者通过一系列大开大阖、惊心动魄的故事情节，在生动地描述事件全过程的同时，洞烛幽微地刻划出了蒋介石、汪精卫、宋美龄、陈璧君、陈公博、周佛海及两方特务头子戴笠、李士群、影佐还有日本首相近卫等人独特的个性、心理特征、音容笑貌——这些似乎已经远离我们却几乎改变了我们命运的神秘人物，第一次卓立于纸上，呼之欲出。

本书具有很高的史料价值和文学感染力，给人以多方面的享受和启迪，是纪实文学领域内的一枝奇葩，不能不读。

第一部　重庆出逃

第一章

蒋介石的敏感并非空穴来风

1938 年 12 月 6 日夜。从上午起，桂林就下起大雨。入夜以后，更是电闪雷鸣，狂风猛烈地抽打起雨鞭。漆黑的夜幕、金蛇似的闪电、哗哗的雨声、摧枯拉朽的大风……交织起来，将天地缝合在了一起。

偌大的一座行营沉浸其中，寂无声息。隆隆的雷声中，暴雨在窗外那些肥大的蕉叶上、疏枝垂柳间急促地敲打着，啪啪的脆响枪关枪似地响个不停，悲怆、凄凉而又带着某种紧张。借着天空中不时划出的闪电，可以看见，庭院中、假山后、竹梢下、幽篁翠柏中不时有钢盔、枪刺闪着寒光。不用说，委员长的桂林行营是明松暗紧，戒备森严。

庭院深处那幢法式小楼，在粘稠的夜幕中经受着冷雨冲刷。四周一遍漆黑，唯有二楼正中的一扇窗户中泻出的一缕晕黄的灯光，刚刚斜斜怯怯地从楼上投下来，便立刻为黑暗所吞噬了。

差五分钟 22 点。国民党中央政府秘书长兼委员长侍从室第二处主任，时年 48 岁的陈布雷提前来到委员长办公室门前。门没有关，委员长在等他。陈布雷却没有立即进屋，而是不声不响地伫立门前，透过挂在门楣上的编织精巧的竹帘往里看。因为电压不稳而忽明忽暗的灯光下，一身戎装、身肢瘦削而笔挺的委员长背对着门，像枚苍灰色的铁钉，一动不动地在窗前沉思着什么。

如果不是陈布雷，任何人见到这个场面，要么吓一大跳，要么不知所措。但是，他不。作为委员长的同乡，作为蒋介石在1927年2月亲自介绍加入国民党的党员，作为深为委员长信任、被倚为文胆，长期为蒋介石草拟一系列重要文件的陈布雷，对此早已司空见惯，应付裕如了。

委员长的这间办公室兼卧室，是个套二房间，相当简洁。外间是公办室，里间是卧室。办公室里地板上没有铺地毯，也没有一件多余的摆设。引人注目的是屋子正中那张办公桌，相当的阔大锃亮。桌上左面摆有一架红色载波电话。桌面很干净，看不见堆积如山的卷宗文件。当中摆着一只盛着清花亮色白开水的玻璃杯，旁边是一本翻开来的线装书——不用说，那是《曾文正公全集》。蒋介石为人有种骨子里的傲慢，但却对曾国藩十分崇拜，把《曾文正公全集》奉为经典，视为治国平天下的法宝，一日三读，须臾不离，即使是在这军情如火，形势险恶，瞬息万变的非常时候。

屋里顺墙摆着两排沙发，两个茶几，一个书柜……战时的委员长行营一切从简。最引人注目的是，正面墙壁上挂了一幅几乎占了整面墙壁的军用二十万分一比例的地图。在这幅“敌我作战态势图”上，红线黑线犬牙交错，形势非常严峻。代表日军的黑线，在中国疆域极为广阔的版图上，正气势汹汹由北向南逼压而来。已过了黄河，过了长江，近乎占了中国半壁河山。抗战经年，蒋介石手中的240个精锐师，几乎损失过半。幸而中国军队的顽强英勇的抵抗，打破了日本军部三个月内灭亡中国的梦想。中国——一个弱小的大国，面对来自东瀛的一个强大小国——日本的侵略，双方百万大军对峙的拉锯战，正在中国广袤的村庄田野高山峻岭江河湖海……夜以继日地紧张厮杀！

陈布雷太了解蒋介石的忧虑了。委员长就这么点本钱，打光了怎么办？剿共十年，好不容易才在年前将万里长征后，元气大伤，所剩不过三万余人，人均只有五颗子弹的红军及其首脑机关悉数围困在了地瘠人贫的陕北延安。正是千载难逢之际，1936年，时年50岁的蒋介石，飞赴西安督战时暂停洛阳，在自己五十大寿的当晚，得意洋洋地向国人宣布，扬言：“十年内战，这是消灭共党最好时机”，“本委员长向全国人民保证，此次要牛刀杀鸡，在一个星期内消灭共党。”

北伐刚刚胜利之时，蒋介石抛出了一个国家一个政党一个领袖纲领。对同他一起完成了北伐的二、三、四集团军司令长官冯玉祥、阎锡山、李宗仁下手，要将他们手中的军权剥夺，这就引发了蒋、冯、阎中原大战。战争的天平一开始是半斤对八两，不分胜负，甚至有次蒋介石差点被冯玉祥的部下郑大章抓获。那是一个夜晚，蒋介石将他的指挥部设在郑州火车站的一列火车上，谁知郑大章竟率骑兵突袭了过来，若不是蒋介石的卫队急中生智，引开了郑大章，事情就大了，好险！

为了在真正意义上打倒蒋介石，阎锡山等在北京成立了中央，阎锡山被选为主席，而在背后煽鹅毛扇的却是汪精卫。战争的双方最后都把期望的目光，对准了刚刚被他们驱逐到关外的奉系少帅张学良身上。然而，深明大义的张学良把祖国统一、民族复兴的希望寄托在蒋介石身上。关键时刻，张学良率装备精良的二十万东北军入关助蒋，战争胜利的天平立刻倾斜到了蒋介石身上。阎锡山等人在北京建立的“四九”短命小朝廷轰然倒塌。阎锡山、冯玉祥、李宗仁等被蒋介石下令通缉后逃亡海外。蒋介石十分感谢张学良，称少帅是千古功臣；张学良去到南京时，蒋介石亲自到机场迎接；他们同车去南京的路上，沿途都是欢迎张学良的大标语：“我们为什么热烈欢迎中华民国海陆空三军副总司令张学良将军？因为张学良将军是千古功臣”云云，这些热情似火的大标语，都是由陈布雷亲自拟定，受到委员长高度肯定的。委员长也投桃报李，让刚过而立之年的张学良成了全国一人之下，万人之上的中华民国海陆空三军副总司令。在南京，有次委员长亲自陪同张学良去看汪精卫，恰逢汪精卫不在家；蒋介石亲自下车告诉汪公馆的管家说：“等会汪主席回来，你告诉他，张副总司令来看过他。”可见，蒋介石对张学良是处处照顾、另眼相看的。为了给千古功臣添彩，当红军被最终包围在陕北时，蒋介石特意让张学良去西安驻镇，统一指挥他的东北军和杨虎城的西北军，欲将红军一鼓荡平，还少帅一个人情。

可是，蒋介石万万没有想到，少帅张学良在率部吃了几次败仗后，在一直追求进步、同情共产党的西北军主将杨虎城的影响下，特别是受了周恩来等中央红军领导提出的“中国人不打中国人”的感召，思想发生了根本的转变。张学良的父亲张作霖被日本人炸死，二十多万东北军奉行不抵抗主义，离乡背井，广大东北军将士厌烦反共和内战，抗日情绪高涨，这些都影响着张学良。张学良不打红军了。

蒋介石万分着急，赶到西安，直截了当对张学良说：“少卿啦，你如果不愿打共产党，就将你的部队拉到福建修整，让我的中央军上。”张学良知道，由蒋介石的亲信陈诚指挥的卫立煌等九个精锐师，正在向西安方向逼近。

少帅张学良苦劝蒋介石停止内战，联共抗日。蒋介石拒绝接受，暴跳如雷，骂少帅是中了赤祸，是“少不更事”……两个人第一次翻脸了。就在同一天，也就是1936年12月12日晚上，张学良发动了震惊世界的“西安事变”。

事变期间，夫人宋美龄携顾问端纳乘专机来到西安。下机伊始，夫人亲自将一只小巧玲珑的手枪交给端纳，嘱咐：“如果张学良派兵逮捕我，你就开枪打死我。”在陪伴蒋介石在押期间，夫人埋怨蒋介石：“你心中有什么话，也不好好对部下说，总是急燥，引起了西安事变……”西安事变最终以满足张学良的要求而和平解决，停止内战结成了全民族的统一战线。可是，少帅张学良却付出了让蒋介石、蒋经国父子几乎软禁终生的代价。为了打破蒋介石在宣传媒体方面的被动，西安事变后，宋美龄亲手组建了一个主要针对国际的宣传机构，让毕业于美国哥伦比亚大学的董显光主持。这个机构的建立，让蒋介石很快尝到了甜头，他曾经多次在公开和私下场合赞美宋美龄：“夫人的作用，足当六个精锐师!”

而事到如今，委员长手中就这么点力量。要抗战就不能剿共，已经开始的抗战又不能停，也停不下来。真是进也难，退也难，打也难，和也难，委员长能不忧心如焚吗?

作为心腹文胆的陈布雷太了解此时此刻的委员长了。因此，他每次奉命来见，总是提前五分钟到。委员长一见到他，清癯的脸上总是泛起一丝难得的笑容，连连点头，“布雷，咯，快请坐!”委员长对他总是客气的。蒋介石是个职业军人，像陈布雷这样站在外面，虽然不声不响，他不会不知道。以往，他提前来到，委员长总是立刻让他进去，像今夜这样长时间地站在外面是绝无仅有的。可见，委员长忧虑之深!

“布雷!”站在屋里的蒋介石说话了，却并不转过身来，声音迟缓有力：“你来了，怎么不进来?”陈布雷抬起手腕看表，戴在手腕上的那只瓦斯针手表上，两根绿莹莹的长短针正好刚刚指在22点上。

“委座，我来了。”陈布雷说着进了门。

蒋介石霍然转过身来，用一双明亮如锥的鹰眼关注地打量了一下站在自己面前的陈布雷。时年51岁的国民党中央总裁兼中央军事委员会委员长蒋介石，着一身黄呢军便服，剃着光头，腰上扎着武装带，武装带一边吊一把中正剑，一边挎一把小巧的手枪，马裤扎在马靴里。委员长难得着此装束——委员长平素喜着中国传统宽袍大袖的、穿着舒适的长袍。这一身装束，使他显得格外瘦削高挺而精神。他的上唇，有些神经质地微颤，他明亮的眼睛，闪烁着一种捉摸不定的光芒。

望着陈布雷，蒋介石的眼光柔和了些。时年48岁的陈布雷，不高不矮不胖不瘦的身上穿一套藏青色中山服，连风纪扣都扣得巴巴实实，脚上一双黑皮鞋擦得锃亮，衣着虽然朴素，但给人一种简洁、儒雅、严谨感；加上他恰到好处的言谈举止和那张微黑清癯的脸上一双很亮的眼睛，自然而然地流露出只有成熟、博学的知识分子才有的庄重、博学，让人一望而生敬意。

“布雷，你脸色不太好，嗯，要注意休息。”对陈布雷，素常总是严厉的蒋介石，总是客气的。

“我的身体很好，委座才要注意休息。”陈布雷脸上满是感激之情。

“布雷，你坐。”蒋介石说时，他们隔着茶几坐在了沙发上。

“布雷，你注意到日前日本首相近卫发表的对华声明了吗？”蒋介石的谈话直入主题。

“注意到了。”陈布雷这位毕业于浙江高等学校，记者出身，曾任《商报》主笔，1912年3月加入同盟会，1927年2月由蒋介石介绍加入国民党，因长期为委员长起草重要文件而声名鹊起的笔杆子记忆力惊人。他几乎一字不漏地将近卫声明的要点背了出来：“……我不以国民政府为对手，而期望真能与帝国合作的中国新政权建立与发展……”

“嗯，‘期望真能与帝国合作的中国新政权建立与发展’？”蒋介石特别念叨着“新政权”一句，倏然间，脸色变得青石一般，鹰眼闪烁着狐疑，他问陈布雷：“布雷，你不觉得日相近卫这段话，好像是拍给谁的密电码吗？”

“啊？是，是！”陈布雷闻此言不禁惊愕，继而连连点头。他万万没有想到过这样深的层次，他一边在思想上推论着，一边怔怔地望着近在咫尺的委员长，似乎希望得到某种求证。蒋介石薄薄的嘴唇抿得紧紧的，眉宇间隐含着肃杀之气。

“日本人这是拍给华北临时政府汉奸头子王克敏的吗？”陈布雷用讨教的

语气小心翼翼地问。可是，委员长没有说话，只是昂着头，清瘦的脸上肌肉牵动了一下，算是笑，那笑里有几分轻蔑，似乎在嘲笑陈布雷太书生气了、看人看事太肤浅了。那么，日本人这密电码又是拍给谁的呢？陈布雷在心中迅速演绎、推翻，再演绎、再推翻。日本人的这个密电码是拍给南方梁鸿志汉奸小朝廷的吗？不会。梁鸿志汉奸小朝廷的实力还不如王克敏。那么，是拍给延安共产党的吗？在中国，蒋介石真正的对手只有延安，只有共产党，毛泽东！但这更是万万不可能的。共产党是日本人眼中的洪水猛兽，两者之间可谓水火不容。

未必是他?！电光石火般，陈布雷心中不禁猛跳出一个人：他相貌英俊，在国民党内资格很老，有相当的影响力，是先总理孙中山生前赖以倚重的左膀右臂，才华卓绝。当年，孙中山为国家民族大局计，不怕袁世凯设下的陷阱，北上为国是积劳成疾，在北京病逝前，他是先总理孙中山遗嘱执笔人。这个人的衣着无比的典雅，仪表堂堂、风度翩翩、极擅言辞，俊美的脸上始终堆着"中国拜伦"般的微笑——他，就是鼎鼎大名的国民党元老级人物汪精卫。

长期以来，汪精卫与蒋介石面和心不和，明争暗斗不断。当年，在那场震惊世界的蒋、冯、阎中原大战中，汪精卫是反对派中的灵魂人物。而抗战一开始，汪精卫更是表现得态度暧昧、首鼠两端，对委员长若即若离，并在公开和私下场合散布对日妥协言论……林林总总的印象顷刻间汇聚拢来，陈布雷心中一亮，他知道委员长指的是谁了。

"委座指的是汪精卫副总裁?"

"是。"蒋介石的话说得斩钉截铁，"刚才，我接到孔（祥熙）院长打来的载波电话，说是据他的秘书乔辅三得到的可靠情报，汪精卫最近有公开投敌的可能。"蒋介石说时，站了起来，踱到窗前，目光平视窗外，身肢笔挺，保持着标准的职业军人姿势。陈布雷顺着蒋介石的目光望出去，不知什么时候，雨已经停了。窗外，月光如银。这个时刻，在北方是水瘦山寒，而在南国桂林，纵然是在这样的冬夜，也仅仅是有点微微的寒意而已。如银的月光下，湿漉漉的草木、风中摇曳的肥大蕉叶全都在幽静而幽深的庭院里，投下朦胧斑驳的阴影，一切显得那么富有诗意。

"呜——"突然，夜袭的防空警报拉响了，哨音绵长而又凄厉，屋里的电灯也瞬时熄灭。

“委座，要不要下地下室？”陈布雷条件反射似地站起来问，声音有几分惊慌。

蒋介石凝望夜空，也不说话，只是沉着地摆了摆手。作为秘书，陈布雷跟上前去。就在这时，窗外有几束高强度的探照灯突然升起，像几柄闪闪发光的利剑劈开夜幕，刺向夜空，纵横交错，织成了一张明亮的网，逮着了四架日本轰炸机。

“嗡嗡嗡！”探照灯中出现的日军轰炸机，像是就要产仔的长了翅膀的肥鱼，尾巴和机翼上的红灯一闪一闪的。

“唰——”一颗信号弹在夜幕中缓缓升起，划出一条弧线后落垂。显而易见，这是地上的特务汉奸在给天上的日本轰炸机指示投弹目标。

天上的“肥鱼”根本没有把地上的中国军队放在眼里，肆无忌惮地俯冲、投弹。

“咚、咚、咚！”地上的高射炮开火了，密集的炮弹在夜幕中划出道道交错的红色轨迹。

“轰！轰！”敌机扔下的重磅炸弹爆炸了，有几颗就在离主楼不远处爆炸，脚下震动，连窗户都在格格地响。

“砰——”高射炮击中了一架敌机。随着一声巨响，一条“肥鱼”倏地变成了一团金黄的火球，像是一颗流星横掠天际，在远处猛烈地爆炸开来。另外的几条“肥鱼”，赶紧拉起机头，溜之大吉。窗外还是月光如水，周围又恢复了宁静，似乎刚才什么事也没有发生。

屋里的电灯又亮了。

蒋介石激动了，显得有些躁动不安，他在屋里快速地来回踱步，连连说：“布雷，看到了吧？我们的防空部队打得好，打得好，我要给他们记功、发奖。”委员长上唇的口髭在急速抖动，他那双明亮的鹰眼中露出了欣慰的微笑。

“是的。”陈布雷高兴地说，“像这样打下去，我们是很有希望的。”

蒋介石的情绪稳定了下来，他在陈布雷面前突然住步，思绪又回到了刚才的话题上：“布雷！你可知道，你我的同乡高宗武已背叛了党国，一头栽进了汪精卫的圈子里？”这又是陈布雷始料不及的一件事。他注意到，委员长脸上的一丝笑意凝固了，话也说得声色俱厉的。

一个年青的外交家恍若就在眼前，对高宗武，陈布雷是太熟悉了。时年32岁的外交部亚洲司司长高宗武是温州人，委员长的老乡，离他陈布雷的家乡慈溪也并不很远。高宗武从小在日本读书、长大，毕业于日本九州大学，在外交部有“日本通”之称。这个人身材颀长，爱穿一套考究的西服，白净脸上戴一副秀琅眼镜；满头乌发梳得油光光地往两边分开。高宗武看人时很专注，闪动在眼镜后的一双小眼睛显出几分狡黠。抗战一开始，在抗战上留有一手的委员长就指定高宗武去香港同日本人秘密商谈议和的条件。行动极为秘密，连高宗武的顶头上司、外交部部长王宠惠都不知情，也不准过问。蒋介石亲自批准，要中央银行每月从军事机密费中拨出6000元（折美金2000元）给高宗武作活动经费。

当高宗武同日本人议和有了一些眉目，从香港返回，欲向委员长汇报谈判情况时，蒋介石在全国人民一浪高过一浪的抗日高潮中犹豫了，对高宗武避而不见。这就正好给了汪精卫一个机会，汪精卫趁虚而入，都是亲日派的二人立马一拍即合。高宗武未经蒋介石允许，返回香港同日本人继续谈判。蒋介石大怒，命高宗武停止谈判，立即返回，并停发活动经费。然而，有了汪精卫作后台，高宗武对于蒋介石的命令置之不理。无奈，蒋介石只好起动第二条对日谈判秘密渠道——让孔祥熙的秘书乔辅三出面同日本人谈……

蒋介石沉思着在地上踱了两步，转身看着陈布雷，很坚定地说：“看来，这回汪兆铭（汪精卫字兆铭）是真不愿再坐冷板凳了，我们需要回重庆去看看他了。不然，我们在前方拼命打仗，同日本人争城夺地，人家在后方把家当给我们卖光了我们都不知道。家贼难防！有多大的家当也会被家贼卖光的。”

陈布雷完全明白了委员长找他来的目的。

“委座！”陈布雷说时站了起来，胸脯一挺，目光炯炯：“我明天一早就飞回重庆，去看看汪精卫究竟在家里搞些什么名堂。”

“唔，好的。你回去，我就放心了。只是辛苦你了，布雷。”蒋介石说时，明亮的鹰眼中，目光又变得柔和起来。

陈布雷适时告辞，委员长亲自把他送到门外，握手时，语重心长地嘱咐道：“布雷，你要记住，千万不要打草惊蛇，要秘密，秘密！秘密就是政治，政治就是秘密，秘密以外无政治。政治家左手做的事，不必让右手知道。”

那天晚上，蒋介石办公室里那盏灯，一直亮到天明。

桂林的天，娃娃脸，说变就变。晚上还是狂风大作，雷雨交加，早晨一起来却是风和日丽，蓝天白云。

在绿草茵茵的桂林机场上，上午十时。一架双引擎的油绿色美制小型运输机在跑道上跑了一段后，倏然飞起，像是从草地上飞起了一只绿色蜻蜓。飞机很快飞入正常高度，从弦窗里望出去，机翼下，在团团翻卷的白云之上，阳光朗照，巨大的苍穹像面透明的镜子——这是委员长为陈布雷调拨的一架专机，驾驶员是美军，技术不错，飞机飞得很平稳。在轻微的马达轰鸣声中，陈布雷端坐在弦窗前，好像很有兴致地在打量窗外的景致，其实他在反复思虑着马上就要进入的斗争，深怕有什么闪失。委员长虽然已对他面授机宜；虽然他是一只铁笔，写文章是行家里手，但面对汪精卫这样赫赫有名的大党棍、职业外交家，他不能不特别小心，心中不由地产生了有些许怯意。

汪精卫原籍浙江绍兴，祖父汪云曾中过举人；至父亲汪琎时，举家迁往广东番禺，汪琎先后在三水、曲江、英德等县做过幕僚。汪精卫虽然年长蒋介石四岁，但看起来远比蒋介石年轻。他皮肤白皙，眉毛漆黑，风度翩翩，是个举世公认的才子加美男子。汪精卫在历史上大起大落，是个性格复杂多变的人。日本军部有“中国通”之称的大特务影佐，曾对中国最高层几个领导人有过这样一段近乎箴言似的评价：“蒋介石令人一见便有强者威严之威，胡汉民令人感到严肃，严肃到令人不能呼吸。唯有汪精卫像一条蚯蚓，是一条没有骨头的肉虫。他的声音像猫一样娇嫩。他写的字也像女人的手笔——总之，是一个极柔和而女性的男人。”也许，因为影佐是个职业日本军人，从本质上瞧不起汪精卫，话说得不无偏颇，但不能不说在一定意义上道出了汪精卫的某些本质和特征。

汪精卫身世坎坷。他五岁发蒙，在一家私塾读书，九岁随父寄居陆丰县署，开始攻读《王阳明传习录》和陶渊明、陆放翁诗词。他强学博记，从小就打下了深厚的国学根基，自称“一生国学根基，得庭训之益为多”。15 岁前，父母相继病故。以后，他克勤克俭，“致力文史”，并习“应制文字”。1901 年，他应番禺县试，考中秀才并列榜首。这个时候，他的两个哥哥又先后病故。寡嫂孤侄无以为生，他便挑起家庭重担，去广东水师提督李准之家作了家庭教师。时值“辛丑”和约之后，民族危机日益深重。初具忧患意识的汪精卫同古应芬、朱执信、胡毅生等一帮志同道合者，在广州组织了群益学社，“讲求实学，相互策励”。1903 年，吴稚晖在广东挑选 80 名才子出洋留学，经过笔试面试，裁定汪兆铭（汪精卫）为第一名。汪精卫在日本法政大学学习期间，受到孙中山“驱逐鞑虏，恢复中华”的感召，遂于 1903 年 7 月往见孙中山，双方一见如故。汪精卫加入了孙中山领导的同盟会，并很快成为同盟会中的主将之一。他鼓吹革命，对康有为、梁启超等人的保皇论予以痛斥，因而声名日增，深受孙中山先生的信任、器重。

1906 年，汪精卫在日本法政大学毕业后，成了职业革命家。作为孙中山重要的助手，他多次赴南洋、走河内，积极从事反清斗争。他擅长演讲，“出词气，动容貌，听者任其擒纵。”有次，他在吉隆坡大学演讲，教授、名人和学生都来听他演讲，拥挤的人们坐在门外骄阳下，一两个小时竟连动都不动一下身子……

1907 年至 1909 年间，孙中山领导的革命党人对气息奄奄的清廷发动多次武装起义，均遭失败。1909 年 3 月，时年 20 岁的汪精卫邀集黄复生、陈璧君、曾醒等人潜入北京，决心“与虏酋拼命”。1910 年 3 月，汪精卫谋刺清摄政王载沣失败被捕。在狱中，他写下了慷慨激昂、脍炙人口、传颂一时的《就义诗》：

慷慨歌燕市
从容作楚囚
引刀成一快
不负少年头

清廷为了软化他，将他移入一处裱糊一新，配有家具的精舍优待有加，民政部肃亲王亲自出面，投其所好，“复赠以图史百尺帙”，并多次请他赴宴、密谈，对他的才华表示倾慕。汪精卫很快软化了，表示忏悔，并写下《有感》一诗：

忧来如病亦绵绵
一读黄书一泫然
瓜蔓已都无可摘
豆萁何苦更相煎

在另一首《述怀》诗中，他遣责自己道：

平生慕慷慨
养气殊非学
哀乐过剧烈
精气潜摧剥

在写给未婚妻陈璧君的《贺新郎发》一词中，则更是柔情万端：

别后平安否？便相逢，凄凉万事，不堪回首！国破家亡无穷恨，禁得此生消受！又添了离愁万斗。眼底心头如昨日，诉心期夜夜携手。

一腔血，为君剖！泪痕料渍云笺透。倚寒衾，循环细读，残灯如豆。留此余生成底事？空令故人孱愁！愧戴却头颅如旧。跋涉头河知不易，愿孤魂缭绕护车前后。肠已断，歌难已！

前后相较，汪精卫判若两人。

自认是孙中山接班人的汪精卫，从1927年起，在同党内对手、握有军权的后起之秀蒋介石的明争暗斗中，始终处于下风，每次较量都以失败告终。因此，向来不甘居人下的汪精卫在这个时候跳出来，是太自然不过的事了……

就在陈布雷沉思默想时，机身剧烈地抖动了一下。陈布雷收住神思，掉头往窗外看去。不知什么时候，天气忽然大变了。团团乌云翻卷着逼来，像是一只巨大的乌贼缠紧了飞机。瞬时，机舱内一片黑暗，电灯开了。马达发出瘆人的轰鸣，机身抖动得越发剧烈。

“秘书长。”这时，一位头戴船形帽，曲线丰美，穿一身美式卡克黄哔叽服装的中国女兵，趔趔趄趄走到他面前，敬了个礼，向他报告：“现飞机已飞临重庆上空，突遭雷电层袭击，能见度很低，飞机无法在重庆降落，是否返回桂林?”看得出来，这位身材苗条，年轻漂亮的女兵很紧张。

“机上汽油充足吗?”陈布雷竭力沉着气问。

“按原线返回没有问题。”

“通知驾驶员”陈布雷略为沉吟，“飞机向成都方向飞，争取沿线就近降落。”

当天下午二时，陈布雷乘坐的专机在涪陵机场平安降落。休息一会后，得知重庆气象条件好转，陈布雷即令机组人员告知重庆有关方面后，直飞重庆。当带着委员长特殊使命的陈布雷乘坐的这架不起眼的专机，平稳降落在重庆珊瑚坝机场时，已是群山隐去，暮霭四合时分。

陈布雷刚下舷梯，只听一声“布雷——”循声望去，只见仪态万方，身着海虎绒大衣的夫人王允默正焦急地快步迎上来。王允默在机场等了他整整一天，忧心如焚。

“允默!”陈布雷快步走下舷梯，紧紧握着夫人冰凉的小手，看着夫人一双美丽的大眼睛里，正在消褪的紧张神情，连连说：“我不该告诉你我要回来，让你替我担心。”这时，一辆“克拉克”黑色轿车缓缓驶到他们面前，无声地停了下来。副官下车，拉开车门，手一比，轻声一句：“秘书长，夫人，请上车。”

陈布雷夫妇上了车，副官替他们关好车门，紧跑两步上了前面车门。轿车开动时，陈布雷轻声问坐在旁边的夫人：“我这次回来，没有别的人知道吧?”得到夫人肯定的回答后，他才放了心。这时，“克拉克”轿车顶着如水的夜幕，沿着山路，向远处灯光闪烁的重庆市区风驰电掣而去。

第二章

陈布雷突然返渝，汪精卫胆颤心惊

每临大事，汪精卫都喜欢把自己单独关在书房里瞻前顾后地思考一番，深怕有什么闪失。这会儿，华灯初上，趁“他们”还未到，他将“他们”在脑海中又细细过了一遍，像在仔细地挑捡什么东西。

即将跟着自己逃离重庆的曾仲鸣，是由他一手抚养、培育的心腹，名为同志，情同父子，没有什么不放心的。

梅思平，毕业于北京大学，做过大学教授，战前曾任南京近郊县——江宁县县长，在任上“政绩显著”。其人办事认真坚决，在任何时候，任何情况下都能保持头脑冷静，与高宗武是温州老乡，往来密切。日前，因高宗武肺病复发，吐血不止，经他批准，由梅思平代替高宗武在香港继续同日本人和谈。梅思平回来了，等一会他也要来。

陶希圣，原籍湖北黄岗，北京大学毕业，坚决反共，是他身边的政治谋士。

周佛海，是几位中职务最高，也是蒋介石历来最为器重的人物。湖南人。早年留学日本，曾是中共一大代表。时任国民党中央宣传部部长兼委员长侍从室第二处副主任。这个人的情况要复杂些。他不由得想起历史上曾经与这个人几度交手，现在却又“捆”在一起的种种。

1935 年，重新同蒋介石言归于好的他——汪精卫，任行政院院长兼外交部长。在出席国民党四届六中全会时，他同张学良等人在议会大厦门前准备合影时，原 19 路军的一个排长，时任《晨光》通讯室记者的孙凤鸣冲了出来，想利用这个机会暗杀蒋介石。不知为什么，那天，蒋介石恰恰不在，孙凤鸣只得临时改变主意，暗杀汪精卫——汪精卫一连中了孙凤鸣三枪。左臂一枪较轻；右颊一枪伤及骨头，弹片落入左眼中，弹头留在了左颊；背部一枪最重，弹头至今夹在第五、六根肋骨间，伤及脊骨，不时隐隐作痛。

当他应声倒在血泊中时，少帅张学良飞身上前，一脚踢飞刺客手中之枪；与此同时，卫士枪响，刺客孙凤鸣立毙。

“要留活口!”这时，蒋介石不知从哪里箭似地窜了出来，一边下着命令，一边左腿跪下，将汪精卫抱在右膝上，关切地问：“汪先生，你不要紧吧?”神情很是痛切。与会的陈璧君气得黝黑的面孔涨得通红，竖起眉毛，指着蒋介石大骂：“你不要汪先生做官，你就明说，汪先生不做好了，何必下此毒手!?”蒋介石应声抬头怒喝：“璧君，你不要乱说!”

“蒋先生，你大概今天明白了吧?”汪精卫表现得很理智，在蒋介石怀中抬起头说：“我死以后，你要单独负责了……”

他没有死去。养了一段时间后，他辞去党内一切职务，携妻陈璧君和心腹秘书曾仲鸣等一行去欧洲治疗休养。在德国，世界著名的“战伤”外科大夫诺尔治愈了他的左眼左颊，但对他的背伤却不敢轻举妄动。

蒋介石借此机会解除了他的一切职务。作为“吃政治饭”的他，有一种被剥光的感觉，他没有想到，这是他今生最后一次漫游欧洲。

“道不行，乘桴浮于海。”以往，他一遇到挫折便漫游欧洲。1925 年 3 月，先总理孙中山在北京病逝，他是总理遗嘱执笔人。7 月，广东国民政府成立，他被选为国民政府常务委员长主席兼军事委员会主席，可谓登上了权力顶峰。可惜好景不长。8 月，国民党左派中坚人物廖仲恺被刺身亡后，形势急转直下。到 1926 年 3 月 20 日，军权在手的蒋介石根本不把他汪精卫看在眼里，策动了“中山舰事件”等一系列的反共夺权事件，在打击共产党的同时也动摇了他的地位。一怒之下，他愤而辞职出走法国，他不相信中国的事情能离得开他汪精卫。

他的估计很快就应验了。

在他出走法国三个月后，身任北伐军总司令兼国民党中央军部长的蒋介石，攻下武昌并在那里成立司令部，同当时的革命中心——有共产党人参加的武汉国民政府分庭抗礼。蒋介石因为威望不够，电邀他回国“共商大计”。武汉国民政府也竭力拉拢他，发表了“迎汪复职”宣言。两方一抬，他顿时身价百倍。

1927 年 4 月 9 日，他做够过场后回到了武汉，摆出一副左面孔，调子唱得一出比一出高。就在蒋介石发动“四·一二”政变前的一天，他还在说，“中国革命已到了一个严重时期，革命的往左来，不革命的快走开去。”他的讲话理所当然地受到了工农大众、共产党和国民党左派的热烈欢迎。“四·一二”政变发生后，他义愤填膺地谴责蒋介石对共产党人“见着就捉，捉着就杀”，“每日得着各地屠杀的消息，真使我们流泪”云云。

蒋介石接连使出杀手锏：封锁武汉国民政府，同时让帝国主义的军舰在长江上游弋威胁，地主流亡分子乘机造谣惑众，资产阶级工商业主闭厂怠工……在反革命势力黑云压城城欲摧的险恶形势下，头一天还信誓旦旦的汪精卫摇身一变，将6月1日共产国际代表罗易要求武汉国民政府迅速武装两万共产党人和五万工农分子的“绝密”文件拱手送给了蒋介石，为蒋介石提供了大肆镇压共产党人的证据，以换取蒋介石对他的谅解。同时，他发布命令，限制工农运动，强迫总工会制裁工人，解散农民协会；他还得到共产党总书记陈独秀的配合，收缴了工人纠察队的武器……

接着，在同蒋介石再次争夺国民党领导权的斗争中，他又失败，1927年12月，他再度出走法国。他留在国内的心腹大将陈公博、顾孟余等粤籍国民党二届中执委和监委们不甘失败，聚集在上海进行反蒋活动，成立了“中国国民党改组同志会”（史称“改组派”），并拥戴汪精卫为领袖。

1929年3月，蒋介石在国民党第三次全国代表大会上通过了警告汪精卫和将陈公博等永远开除出党的决议。随即，1930年爆发了蒋桂冯阎中原大战，蒋介石取得胜利，汪精卫逃往香港。旋即，蒋介石宣布解散“改组同志会”，并开除汪精卫党籍。1931年初，在国民党中央内，蒋介石与另一元老人物胡汉民围绕约法问题展开了激烈斗争。斗争的结果是，2月，胡汉民遭到软禁。紧接着，“九一八”事变爆发，日本占领了东三省，在全国人民抗日浪潮的强烈推动下，国民党内部出现了暂时的“和平统一”。

就在旅居法国的汪精卫以为自己的政治生命就此完结时，“西安事变”发生了，国内政局产生了剧烈动荡。留在南京静观其变的国民党中常委陈璧君，当天晚上向远在法国的汪精卫连发三电，谓：“……兄应即归……除我及中央外，勿为他人言”。时值胡汉民在南京病逝，最高当局一时群龙无首。汪精卫认为执掌最高权的机会到了，他在给陈璧君回电时称：“不问中央有电否，我必归。”次日又电：“事变突起，至为痛心，遵即立即起程。”并在登舟离法时，发表公开声明：“……以后当与诸同志一致努力，继续剿共”云云。

1937年1月12日，汪精卫回到上海，蒋介石以中央名义派去迎接他的首席代表就是小他14岁的周佛海。两人亲热握手时，周佛海特意对汪精卫解释，“蒋先生本来是要亲自来接你的，因临时有事无法脱身……”

“哪位蒋先生？”他闻言不由一愣，他不知道“西安事变”已经和平解决，蒋介石获释，并重新执掌了大权。

“就是蒋介石蒋委员长啊!”

汪精卫一听，顿时头都大了……

“当、当、当!”桌上的自鸣钟敲响了七下，将沉浸在往事中的汪精卫拉回到了现实。钟声刚刚停下，时年 47 岁的夫人陈璧君就惊风扯火地进屋来了。陈璧君是个性格偏向男性化的女人，她本没有什么好的相貌，又好吃，已经发胖，却又偏爱穿紧俏衣服；一身黑绒旗袍穿在她身上，身材越发显得矮胖，圆圆的一张脸像汤园似的，皮肤也黑。不管什么时候，她与大她八岁的美男子丈夫站在一起，显得很不般配，而且在年龄上倒显得她大些。陈璧君的外貌是平庸的，唯有那双很像马来族人的微凹的眼睛又大又黑又亮，透露出她办事果断而又暴躁的性格特征。表面上，她比丈夫厉害，高声大嗓，有时说话对丈夫近乎呵斥，但内心却是始终爱着他护着他，而且终生如一。

陈璧君同汪精卫的结合，既有传奇色彩，又有脍炙人口的浪漫情调。

陈璧君原籍广东新会，出生于马来西亚槟城，家庭富裕。1908 年，汪精卫和胡汉民随同孙中山去马来西亚从事反清宣传活动时，年仅 17 岁的陈璧君很为汪精卫的仪表、才情吸引，遂勇敢地向汪精卫表达了她的爱慕之情。开始，汪精卫谢绝了陈家小姐的追求，不意陈家小姐却紧追不舍。汪精卫回到日本后，陈璧君背着父亲，找母亲要了些钱，追到日本，跟随在汪精卫左右。是汪精卫吸引她参加了同盟会，又是汪精卫让她想方设法在经济上接济同盟会。不久，陈璧君同何香凝、秋瑾成为了同盟会中三位女杰。当汪精卫赴北京刺杀满清摄政王时，陈璧君亦随同前往。当汪精卫被捕后，她又全力营救，用光了自己的钱，还动员母亲拿出了全部私房钱……终于，“金诚所致，金石为开”，汪精卫被释放后，于 1912 年民国成立前夕同她结了婚。婚后的陈璧君，在汪精卫的政治生涯中发挥了重要作用。对此，对他们最为知根知底的陈公博说得很中肯：“没有陈璧君，汪精卫成不了事，但也坏不了事。”

陈璧君说话的声音与其个性不同，很柔和。人面前，她管汪精卫叫“主席”而且从不带副字；人背后，她管他叫“四哥”；发怒时，她大声管他叫“兆铭”。

这会儿，夫妇俩刚说了几句话，陈璧君耳朵尖，对他说：“他们来了。”

于是，他们手挽着手出了书房，进了客厅。

因为时间紧急，汪精卫招呼大家坐下后，模样精明的梅思平当即打开一个大黑皮包，从中取出一迭公文，送呈到汪精卫面前，毕恭毕敬地说："汪先生，这是日方御前会议上通过的'重光堂协议'。我按照你的指示，已同日方签订了协议，详情已经电呈，这是副本，其它没有什么要特别报告的。"汪精卫接过副本，认真地一字一句阅读。在座的都清楚这个密约，汪精卫在紧要处提高声调："日华两国签订防共协定，中国承认满洲国。中国承认日侨在中国境内有居住、营业等权利，日本则考虑废除治外法权和交还租界，实现互惠平等，进行经济提携。承认日本有开发华北资源优先权；贴偿日侨损失，日军拟在二年内撤退完毕……"

汪精卫念完了，没有说什么。在座的众人都看着汪精卫。梅思平想了想又补充了一句："日本内阁专门为我成立了一个'梅机关'，机关长影佐少将在我离开香港回国时，让我转告汪先生，说汪先生一旦出走河内成功，近卫内阁将再次发表对华声明，以作响应。"

汪精卫听到这里，高兴地挥了一下手说："好，万事齐备，只欠东风。"并对在座的进行了布署："璧君日前对云南王龙云做了许多工作，收到了成效。龙云答应，我若假道昆明赴河内，他愿助我一臂之力。机不可失，我看，就是明天——12 月 8 日，大家按原计划分头出走，我们在昆明会聚。"见大家没有表示异议，他又确定了各自的行动方式：

周佛海以赴云南宣传抗日为名，先期抵达昆明与龙云联络，布置一切，静候汪精卫一行的到来。

陶希圣因为家眷在成都，赶紧回成都由蓉转滇。

梅思平还是回香港，不在此次逃离之列……

"汪先生！"汪精卫布置完后，周佛海说话了，满口的湖南口音。时年 41 岁的周佛海，身材高大匀称，穿件很中式的丝棉长袍，头发往后梳得整整齐齐，双鬓染霜，高高的鼻子上架副近视眼镜，镜片后有双睿智的眼睛。毕竟是国民党的宣传部长，周佛海为人乖巧。他与汪精卫的心腹大将、这时贬在成都，屈居于四川省党部的陈公博一样，都是当年中共的一大代表，后又双双退出共产党，成了国民党要员。但周佛海与陈公博在历史上就是生冤家死对头。这时，也许他是有意讨好汪精卫，便提醒了一句："我看，我们还是得赶快通知在成都的陈公博吧？"陈公博时任四川省党部主任。

"那是当然的。"陈璧君插上一句，"未来的和平运动，没有公博是不行的！”

“可是，”陶希圣却阴沉着脸说，“公博从一开始就反对我们搞和平运动，他能跟我们一起走吗？”

“我了解他。”汪精卫微微一笑，“公博虽然从一开始就反对我们的和平运动，也只是政见不同而已。他是如今唯一有君子遗风的人，为朋友肯两肋插刀。你们要相信，无论他怎样唱反调，最终还是要跟我走的。”看陶希圣连连点头，汪精卫笑了一下，掉头对周佛海吩咐：“今晚你就电告公博，就说我请他来重庆，有要事相商。”见周佛海点头，西装革履的梅思平把皮包一挟，看着汪精卫说：“汪先生，如果没有其他的事，我就先告辞了！我今晚还得乘飞机赶回香港！”

“好！”汪精卫说时站了起来，“就这样定了。我们分头行动，在昆明胜利会师！”说时，脸上满是激情。他把部属部送到门边，一一握手作别。

屋里只剩下他们夫妻二人时，汪精卫从裤包里掏出一张洁白的手帕，擦了擦他那保养得又白又嫩的女人似的手，往屋角纸篓里一扔。

“璧君！”汪精卫是个慈父，他问妻子，“儿女们是怎样安排的？”

“我让侄儿陈春圃明天一早以旅游名义送文悌、文恂先去昆明。大女他们随我们一起走，机票彭学沛已派人送来了，是明天下午的班机。”

“好。”汪精卫边说边搓着手，在屋里踱来踱去。突然，他站下来，疑虑重重地问夫人，“这个时候，蒋介石该不会回来吧？”

“怎么会呢？”陈璧君对丈夫不无挖苦地一笑，“哲人有言，‘每临大事有静气’，你怎么做事总是这么前怕狼后怕虎的？蒋介石正一心在桂林组织他的抗战行营，我们的行动万分机密，他怎么会在这个时候回来？”

“嘀铃铃！”夫人的话还未说完，桌上的电话铃声骤然响起，陈璧君上前一步拿起话筒，大声问：“喂，你找谁？”就这一问，她的脸色大变，用手扪着电话筒，调头看着汪精卫，神情紧张地说，“陈布雷找你。”

“谁？他在哪里？”汪精卫大吃一惊，本能地向后一退。

“陈布雷回重庆了。”陈璧君瞪了丈夫一眼，将话筒递到他手里。

当天晚上九时半。

按照约定的时间，陈布雷准时来到汪精卫中西合璧、暗香浮动的书房，身着一套银灰色西服的汪精卫，满脸漾笑地迎上前来，一把握住陈布雷的手，无限关切地说，“辛苦了，布雷！委员长好吗？”在待人接物方面，汪精卫最为圆滑；而蒋介石就差多了。汪精卫的特点是对人热，蒋介石则对人冷。在重庆国民党上层，流传着这样一段话："同胡汉民说话，只有他说的，没有你说的。同蒋介石谈话，只有你说的，没有他说的。同孙科谈话，两个人都没有说的。同汪精卫谈话，两人各说一半。"可见，在待人接物上，最有技巧的，还是数汪精卫。

"好好好。"陈布雷按他想好的路子演绎下去，"委员长还专门问汪先生好。"

"这次回重庆，有什么要紧的事吗?"这会儿，他们坐在了沙发上，汪精卫问时，把话题恰到好处地一宕，他指着茶几上摆在陈布雷面前的那杯茶，满怀关切地说："这是刚给你泡好的茶，我知道，你爱喝你们家乡的西湖龙井。"说着，又知冷知热地拿起摆在茶几上的一听美国烟罐，从中拈出一根三五牌香烟递给陈布雷。汪精卫不抽烟，但他知道，陈布雷是要抽烟的。

陈布雷欠了欠身子，从汪精卫手中接过香烟，坐下来，再用打火机点燃，用劲地吸了一口，缓缓吐出时，借着袅袅升起的烟圈，细细打量着坐在茶几对面的汪精卫的神情，试探性地说："委员长近日要赶回重庆，他请汪主席等他回来，有国是相商。"

"好。"汪精卫答应得很干脆，他将身体舒舒服服地靠在金丝绒沙发上，含着笑问，"不知委员长有什么国是要同我相商?"

"这就不好问了。"陈布雷这又端起茶杯喝茶。

"委员长什么时候回来?"

"可能就这两天吧。"准备以不变应万变的陈布雷，这时有些沉不着气，又试探着问了一句："汪先生，我想请教你一些问题。"

"请讲。"

"抗战已进入第二个年头，战局维艰。"陈布雷说着故意皱起眉头，"我们要如何应对才能走出低谷？不知汪先生对局势如何看?"

"布雷，你太客气了。你是委员长身边的红人，问我这样的问题，真是为难我了。"汪精卫说着一笑，"不过在我看来，愈是国难当头，全党全军全国人民愈是要服膺于蒋委员长的领导，精诚团结，共赴国难，而不是其他。"汪精卫的话说得滴水不漏，态度也表现得温驯、谦虚、恭谨，卓有见识，无懈可击。

随后，是一阵短暂的沉默。双方都借着喝茶、抽烟的功夫打量着对方，观察着对方。

陈布雷当然知道这段史实：孙中山逝世后，国民党内两位元老——汪精卫和胡汉民在同蒋介石的斗争中，屡屡败北，态度却迥然不同。胡汉民虽然从1931年2月就被蒋介石软禁，但直至1936年6月病逝从来没有在精神上垮过，始终对蒋介石表现得桀骜不驯，开口闭口直呼介石如何如何；而汪精卫自1932年1月同蒋介石"谅解"，组成"统一合作政府"，出任行政院院长兼外交部长以来，对蒋介石表面上表现得很温驯，动辄是"委员长"如何，言必称"报告"云云，自认矮一头。1936年"西安事变"后，他急匆匆从欧洲赶回国内夺权，谁知蒋介石又被少帅张学良放虎归山。没有办法，他只好硬着头皮去浙江奉化溪口拜望在家休养的蒋介石。蒋介石却对他十分冷淡，虽给他了几个虚衔，可他从此手中再没有了实权，一直坐冷板凳。

陈布雷非常清楚汪精卫的虚伪，他越是在蒋介石面前表现得顺从，内心就越是不满。

"不知汪先生注意到日前日相近卫发表的对华声明没有?"陈布雷又开始了进攻，"在这篇声明中，近卫称'国民政府只要放弃以往的政策，更换人事组织，取得新生的成果，参加新秩序的建设，我方并不拒之门外'……"他说着看了看全神贯注的汪精卫，"不知副总裁对此有何评论?"

汪精卫笑了一下，以攻为守："我正想就此请教委员长呢，布雷先生作为委员长的秘书长，一定是了解委员长胸中之韬略的，怎么倒问起我来了?"

"这个……"陈布雷语塞。他知道自己不是汪精卫的对手，便搪塞道："委员长很快就要回来了，这个问题，还是请汪先生届时同委员长商讨吧。时间不早了，布雷是遵照委员长嘱咐特意来看看副总裁的，布雷告辞了。"说着站了起来。

汪精卫亲自送陈布雷下楼，再到公馆二门。临别时，他握着陈布雷的手，很关切地说："布雷先生，你要注意休息，我看你脸色不太好。"

看陈布雷的身影刚刚消失在花径尽头，汪精卫转过身来，脸色大变，恨声低低骂了一句："混蛋!"

汪精卫刚刚返回楼上书房，陈璧君就从屋里冲了出来，满面惊惶地看着丈夫，连声问："他们看来是发现了，怎么办，怎么办?"

"没有什么大不了的。"汪精卫虽说内心也紧张，但毕竟宦海沉浮多年，他竭力沉着气安慰夫人，"现在情况还不清楚。但我可以肯定，老蒋还没有发现我们的行动，只是，"他一边分析着一边在屋里踱起步来，"很可能老蒋从近卫的声明中嗅到了什么味，所以派陈布雷回来探探虚实。老蒋这个人向来疑心很重，嗅觉也灵。再说，即使老蒋嗅到了什么，只要没有抓到我们的真实把柄，以我汪兆铭的威望、影响，他蒋某人又能把我怎么的?”他这话，一半是说给陈璧君听，一半是说给自己听，犹如夜晚吹着口哨过坟场——给自己壮胆。

“那我们明天下午飞昆明的几张机票还退不退?”陈璧君问。

“还退什么机票，夫人怎么聪明一世，糊涂一时?”汪精卫的脸上闪过一丝不易察觉的轻蔑神情。他这话的意思分明是，在这非常时期——戴笠的军统负责对航空进行严格的管理，凡是飞离重庆的要员，买票都得先行登记。他们这几张飞昆明的票，还是通过他的人——改组派交通部部长彭学沛直接送来的，费了好大的劲。为省几个钱，去退票，岂不是自投罗网吗，还会把彭学沛也拉进去，坏了大事！他在心中嗟叹，毕竟是女人，辫子长，见识短！不过这几句话他可没有敢说出口，惹恼了夫人，那可不是好玩的。

第二天一整天，汪精卫夫妇哪儿都没有去，一整天都担心吊胆地猫在家里，为陈春圃带着女儿他们去昆明担心。到了下午，得到女儿和陈春圃他们从昆明打来的电话，报告一切平安。他们悬起的心，才咚地一声落进了胸腔子里。

“好，我得给他们打个招呼了。”汪精卫精神大振，走到写字台前坐下，旋开派克金笔的笔盖，在一行素笺上飞快写下了这样一行字：“兰姊因事不能如期来，秀妹出阁佳期不必等候。”写完递给旁边的夫人：“你交给仲鸣，让他赶快用密电发给已去昆明的周佛海。”陈璧君接过细看，不解地问：“这是什么意思，怎么又是姊又是妹的?”

“兰姊是我的代号。”汪精卫指着写在素垂上的几行字对夫人解释，“秀妹指的是日本首相近卫。我要周佛海通过梅思平、高宗武转告日本人，假如我不能如期赶到昆明转去河内，日本人可按既定计划开展和平运动，不必等。同时，我也是要周佛海、春圃他们在昆明安心等候我们。”

“好，我马上让仲鸣用密电发出。”陈璧君明白后，风风火火走了。她出书房时，轻轻掩上书房门，好让她的“四哥”静心思谋对策。

第三章

警惕，在这里打了个盹

时近黄昏。

周佛海穿件风衣，戴副墨镜，坐在候机厅一个不引人注目的角落里，耐心等候今天由重庆来昆明的最后一架班机。前天，他刚到昆明，就接到汪精卫密电，情知有变，他立刻通过可靠情报系统问询曾仲鸣。曾仲鸣告诉他："汪主席定于本月10号来昆明，如果10号来不了，就不要来电询问了，只是在昆明安心等候好了。"在载波电话中，曾仲鸣的话很简短，说完就完了，显得神秘兮兮的。重庆肯定出了事，但究竟出了什么事，曾仲鸣在电话中没有说，他也不好问。为此，他心中着急，10号一早，就来机场坐等，这一等就是一天。

周佛海竭力保持镇静，透过一副近视墨镜打量着昆明机场黄昏时分的景致。放眼看去，远处黛青色的山峦连绵起伏。下午四点过了，太阳仍然耀眼，蓝天一碧如洗。他不由得想起重庆。这个时节的重庆，天气又冷又阴。这里却是椰林婆娑，一派亚热带风情。太阳还未下山，一轮皎皎圆月已性急地走了出来，弯弯地挂在第一线暮色荡漾起的高原钢蓝色的天际……

机场分为两个部分。这边民用机场，冷冷清清；那边军用机场，热闹非凡，一架架美军的大型运输机在跑道上不停地起落着。

他不由得想起前天刚来昆明的情景。午后，他以中宣部部长的身份去省府拜会了有"云南王"之称的云南省政府主席龙云。龙云是彝族人，原籍四川大凉山，身材矮笃，脸色黑红，目光犀利，穿件中式排扣褂的绸缎服，乍看像个发了的马帮头领。龙云是在一间极富东南亚民族风情的小客厅里会见中宣部长的，态度不冷不热。周佛海知道"乌龟有肉在肚子头"，可不能小觑这个人！龙云同蒋介石一样，看重枪杆子胜过自己的生命。多年以来，他将云南经营成了一个外人休想插足的独立王国。为了排斥蒋介石“中央”势力的渗入，他同四川的刘湘、广东的张发奎等地方实力派人物暗中结成了一张网。然而，龙云又是一个强烈的爱国主义者。抗战军兴，在蒋介石召开的有共产党人周恩来、朱德出席的南京最高国防会议上，他慷慨激昂地表态坚决抗日，表示“代表云南一千三百万民众爱国护国之赤诚愿将全部人力物力贡献国家，决心为国家神圣抗战奋斗牺牲到底”，并自报云南可出兵二十万抗日。在威震世界的台儿庄大战中，就有一万多滇军将士牺牲。

此前，因为陈璧君给龙云弄到两笔数额很大的南洋华侨捐款，还送过他一批极为需要的药品。因此龙云很感谢陈璧君，加上为人义气，数月前，陈璧君由广州飞赴昆明，在龙云面前一把鼻涕一把泪地诉说“汪主席”如何受到蒋介石的压制、排挤；而汪主席又是如何为体面结束中日战争努力时，龙云当场把胸口一拍，说：“夫人，你有什么事用得着我龙云的地方，尽管说。云南什么时候都欢迎你们……”现在，汪精卫要逃离重庆赴河内，有两条道路可以选择，一是走香港转河内，二是走昆明转河内。汪精卫在同周佛海等人反复分析权衡后，决定走昆明。

前天，周佛海去拜访时，龙云问：“周先生这次来昆明，有什么事需要我们帮忙吗?”说话间态度显出一些狐疑。在龙云看来，这个周佛海，现在是汪精卫的红人，当初却又是蒋介石一手提拨起来的很受重用的人。对这个有相当才能，却又变来变去的人，龙云心存警惕。

“我来云南是来看看贵地民众抗日情绪如何。”周佛海没说实话。

“啊，周先生是来检查抗日宣传工作的?”龙云顺势下坡，“正好，12日云南省党部要在昆明举行一场抗日周年纪念大会，请周先生到会演讲、指示。”

“不敢，不敢。”周佛海满脸是笑，连连点头，“我一定届时参加。”

“周先生准备下榻何处?”接着，龙云很关心地问，“需不需要我们出面安排?”

“不要，不要。”周佛海手两摆，“龙主席公务忙，就不麻烦了。我下榻在金城银行，行长是我的朋友。”

“那好，恭敬不如从命。”龙云说，“周先生在滇期间有什么需要我们的地方，尽管说。”

“好的，好的。”周佛海礼节性地拜访龙云后，告辞了。

周佛海坐在候机厅里，点了一支烟，心想，此行尽量避免抛头露面引人注意，一切以安全到达河内为目的。

这时，西边天上响起飞机马达声。周佛海站了起来，他知道，这是今天由重庆到昆明的最后一架飞机了。他步出候机厅，站在机场边上，手搭凉棚循声望去。倏忽间，机场上空出现了一架四引擎的美制运输机——那是客机。客机降落在跑道上，停止滑行，舱门打开，搭上舷梯，乘客络绎而下。他仔细地挨个看去，最后还是失望了，哪有汪精卫夫妇的影子！

他怏怏地转过身，向候在厅外的那辆由金城银行银长派给他自由支配的"福特"牌轿车走去。司机看他来了，赶紧下车，替他拉开车门。周佛海不声不响地钻进车，关上车门，"福特"牌小轿车顶着浓重的暮色向昆明市内驶去。

回到住所，周佛海神情沮丧地脱下身上的米黄色风衣，扔在沙发上。灯光下，他高大匀称的身材已微微有些发福了。接着，他将自己扔在席梦思床上，弹了几下，感到一阵舒适。

"笃、笃、笃！"有人敲门，很轻，似乎有些犹豫。

"进来。"周佛海用他那口带浓郁湖南味的北平官话大声说，"门没有锁。"

门轻轻开了，进来的是一位身材高挑，丰满合度，身穿暗花鹅黄旗袍，长相甜美的十八、九岁的年轻姑娘——她是行长专门调来为他服务的女招待。周佛海的眼睛一下亮了，半天来的不快一下丢进爪哇国去了。周佛海是个好色的人，而且41岁的他，正当盛年。他上下打量着进来的女招待，她长得不算顶漂亮，但身材很好，很性感。合体的暗花鹅黄紧身旗袍，将她全身起伏有致的丰满曲线勾勒得淋漓尽致。这时，她为客人送来一盘水果。当她将那盘装满香蕉、芒果的高脚玻璃盘放到茶几上时，因为微微弯下腰去，开叉很高的旗袍处露出了雪白浑圆的大腿。立刻，周佛海就像中了电击一般，周身血液沸腾，心跳如鼓。

"先生，请用水果。"她转过身来，对周佛海微微一笑，他半个身子立时酥了。女招待有张好看的小圆脸，笑起来露出满口小白牙，特别是绒绒睫毛下的那双眼睛又黑又亮，显得既有情又天真——她虽然弄不清眼前这位身材魁梧，气概不凡的先生究竟是何人物，但从他住在这套银行唯一的高级套房里，黄行长对这人很巴结，又特别对她打过招呼，专门安排她来照顾、服伺这位先生这点上，想必这位先生不是一个普通人。她不能不用心伺候。

“嗯，嗯。”周佛海一时走了神，只是怔怔地看她。

她觉得这位先生好笑，又是抿嘴一笑，丢下一句“先生有什么吩咐，请随时按铃。”去了，周佛海仍是听而不闻，直到姑娘轻步出了房间，他才回过神来。

“她委实同当年的杨淑惠太像了。”周佛海情不自禁地喃喃自语。

出生于湖南沅陵一个破落地主家庭的周佛海，20岁读高中时，已是一子一女的父亲。他读书刻苦，成绩也好。1917年，他考取了官费留学日本，就读于日本京都帝国大学。在校时，他受日本著名马列主义理论家河上肇博士的影响，迷上了马列主义。后来参加了共产党但动机不纯，他一心想在党内做列宁、托那茨基那样叱咤风云的领袖人物。1921年7月1日，中国共产党在上海召开第一次共产主义小组代表会时，周佛海作为旅日共产主义代表回国参会。他同陈公博一样，都是与会十二名正式代表之一。会议期间，他担任秘书工作。

也就是在上海逗留期间，有次他应邀出席一个宴会，恰好同上海富商留学美国的杨卓茂的千金小姐杨淑惠相遇，双方一见钟情。杨淑惠爱周佛海仪表堂堂，博学多才。周佛海爱杨淑惠，经济上的考虑还在其次，首先吸引他的是杨淑惠的性感。她有一张容长脸儿，算不上漂亮，但绝不难看。她身材很好，高挑的个子很丰满。深受西方美学观念影响的他，不爱古典的传统美人、小家碧玉。他觉得好些中国女人，虽然脸蛋长得好看，但像是发育不全似的，要屁股没屁股，要胸脯没胸脯，他私心窍喜东方面孔西方身材的女人，他觉得，这样的女人才够味。杨淑惠恰好够他的标准。二人干柴遇烈火，爱得死去活来，最后杨淑惠不顾家庭强烈反对，同周佛海一起私奔日本。周佛海一边继续完成他的学业，一边同杨淑惠同居。生活没有来源，他便拚命抽时间翻译社会主义、无政府主义的理论文章寄回国内发表，换取稿费。时值“五四”之后，这些文章在国内很受欢迎。

1924年他学成归国，正值国共合作时期。应国民党宣传部部长戴季陶邀请，他去广州国民政府担任秘书一职兼广东大学教授。这个时候，国共两党矛盾越发尖锐，原来加入共产党只为投机的他，因每月要向党组织交纳党费，杨淑惠不喜，国民党势大，他即以共产主义不适合中国为由，登报宣传退党。

之后，摇身一变，成了攻击共产主义学说的猛士。他写的《三民主义之理论体系》，成为国民党员的必读书，并引起蒋介石注意，渐渐受到重视。抗战一开始，周佛海大唱低调，认为“抗战必败”，成为“低调俱乐部”的主要人物，最终滑向了曾与之相互攻击、敌对，此时大搞“和平运动”的汪精卫营垒。

“食，色，性也。”这是周佛海的信条，他深信这是人之本能。无论是头戴金冠身披龙袍的皇帝，还是手提小篮捡煤渣的跛子、沿街卖唱的瞎子……凡是人，都概莫能外。有句俗话叫“何以解忧，惟有杜康”，但对周佛海来说，却是“何以解忧，唯有女人”。时日难捱，他决心施展手段，擒着眼前这个佳人。他睡在床上，双手抱头，眼望天花板，打起了主意。

第二天，太阳升起老高了，周佛海还赖在床上不起来。

“笃——笃——笃！”熟悉的敲门声响了，周佛海精神一震，“请进！门没有锁。”

门轻轻开了，他想了一夜的佳人进来了，手里端着一个黑漆托盘，看周佛海还没有起床，一时有些手脚无措，进退两难。

“张小姐！”周佛海将头靠在床档头，笑眯眯地看着她说话了。

“先生，你怎么知道我姓张？”姑娘的一双眼睛瞪得老大。

“哈哈哈！”周佛海大笑起来，“你可能不知道我是干啥的吧？我是中央的宣传部部长……”周佛海开始“老王卖瓜——自卖自夸”时，张姑娘正将托盘中的一大碗过桥米线和几样精美点心往摆在屋中的小圆桌上放。听到赖在床上的人是这么大一个官，张姑娘不由一惊，手一抖，滚烫的鸡汤溅出来，溅到了她的手上。

“哎哟！”她将手一缩，痛得直咧嘴。

“烫着没有，烫着没有？”身穿睡衣的周佛海赶紧将盖在身上的一床薄薄的鸭绒被一掀，一骨碌翻身而下，趿了拖鞋冲过来，一把握着张姑娘的手，使劲吹。

“先生，不用！”张姑娘涨红了脸，将手往后缩。周佛海放手坐在沙发上，张姑娘给他送上洗脸帕，他接在手上，一边擦脸一边说：“你不知道，我一个堂堂的中宣部部长，之所以肯住在你们金城银行，完全因为你们黄行长是我的好朋友，盛情难却。昨天晚上，你们黄行长来拜会我时，我们还说到你。”

“说我什么?”姑娘一双黑眼仁放光，将重新绞来的温热洗脸帕抖成双层，双手递给周佛海时，态度更显恭敬温驯。

“我对你们行长说你很不错，应该提拔加薪。”见张姑娘一副凝神屏息的样子，他知道，要征服这个姑娘，说一千道一万，最好的办法莫如给她一点实惠。官再大现在有什么用，俗话说得好，现官不如现管——借黄行长的力量就可以事半功倍，达到目的。

看着姑娘急欲知道下文的样子，周佛海一笑，适时炫耀：“我的话你们行长还能不听吗?他平时想巴结我都巴结不上。你们行长同意，从下月起，升你为庶务科长，给你升职加薪。”

“这是真的吗?”姑娘的惊喜表现在了脸上。

“真的，难道我还哄你吗?”周佛海说着又握住了姑娘的手。姑娘这次没有将手抽出去，看着姑娘一双发光的黑眼睛，他问：“你拿什么谢我呢?”

姑娘一怔，从周佛海的眼神中似乎明白了什么。她两颊飞红，低下头去，想了想说：“先生，你请先用饭吧，不然米线就凉了!”就在这时，金城银行行长黄钰的声音在门外响起：“周先生起来了吗?”

“起来了，起来了，请进!”周佛海不情愿地说，黄钰进来时也只是欠了欠身子。行长50来岁，穿西装打领带，人瘦得竹杆似的，五官紧凑的脸上戴副厚似瓶底的近视眼镜，体形神态像只耗子。

“请坐，请坐!”黄钰看出来了，周佛海虽然客气，但心里对他这时来打扰很不高兴，看这副情景，黄钰心中明白，周佛海快得手了。寡人有疾!黄钰还能不知道周佛海好色的毛病?他之所以挑张姑娘专门服伺周佛海，就是摸准了周佛海喜欢这一口，投其所好。昨天晚上，他来拜会时，周佛海在他面前似乎无意间谈到张姑娘，作为过来人，他自然心知肚明。一心想巴结中宣部长的行长，之所以这时过来，就是来为周佛海火上浇油，促成好事的。

小圆桌上摆得琳琅满目，早餐是丰盛的。昆明的过桥米线很有名，吃法也有些讲究。只见一个景德镇大花碗里是一大碗鸡汤，汤上浮着厚厚一层黄澄澄的鸡油。花碗周围还摆着好多杯盘碗碟，里面分别盛着切得薄如纸片的猪肉片、羊肉片、鱼片，亮晶晶的米线，白生生的豆腐，水嫩的各色时鲜蔬菜……黄钰装作不明究里的样子，责怪张姑娘：“鸡汤都快凉了，你怎么还不服伺周先生吃过桥米线?”

周佛海似乎深怕张姑娘挨行长的训斥，赶紧解释：“我这是第一次吃你们云南的过桥米线，正在请张小姐为我示范呢！”

张姑娘感激地看了周佛海一眼，当着行长的面，毕恭毕敬地站在周佛海面前，一边讲解一边示范。

“先生面前这碗鸡汤，表面上看不出一丝热气，实际上，在鸡油下面，鸡汤大开。”说着，姑娘伸出那只藕荷般的手，将摆在桌上盘碟中的生肉切片、时鲜疏菜一指，“先生你想吃什么，只须用筷子将这些挟起，放进汤里涮一涮就行了。随涮随吃。想吃嫩点，时间涮短点，想吃老点，时间涮长点……”

“唷，精彩，还有这样的吃法！”周佛海听得高兴，拿起筷子，挟了一块生鱼片，放到大花碗里涮了涮，挟起来一看，连呼“妙！”吃进嘴里，赞不绝口，接着大吃起来。见周佛海高兴，黄行长不动声色，大拍马屁：“周先生，这过桥米线，源于一个优美的传说。我们张小姐口才很好，要不要她给你说说？”

“好呀，好呀！”听行长这样说，周佛海越发高兴，一边津津有味地吃着过桥米线，一边调过头来，色迷迷地看着候在身边的张姑娘。

“说是古时候有位秀才在离家约二里地的书斋攻书，”张姑娘口齿清亮，吐字如珠，“秀才娘子每天中午都得从家里给丈夫送饭去。时值冬天，娘子不管怎样将饭、菜捂在饭罐里，走那么远一段路后饭菜都凉了。娘子心疼丈夫，为了给丈夫补身体，有次她杀了一只母鸡炖在砂锅里，煨了一夜，鸡肉煨得稀烂。第二天中午，娘子给丈夫送饭去时，为了保暖，她干脆将饭菜倒进鸡汤，结果，丈夫吃了热乎乎的一顿。以后，娘子依法炮制，无意间竟形成了一种吃法。后来，这位书生当了官，官放我们云南，职务相当于现在的省长。我们云南人爱吃米线，这位官员对当年的吃法念念不忘，将我们的云南米线作了改进，形成了云南米线的固有吃法。这位官员，可以说是我们云南米线的创始人。这就是过桥米线的由来。”

张姑娘的故事讲完了，周佛海的过桥米线也吃完了。他拍着手对黄行长连声赞叹道：“张小姐的讲解真是精彩，精彩绝伦！你们这过桥米线，真是天下美味！”看周佛海兴致很高，黄行长马上响应：“张小姐，我来就是特意通知你，从下月起，我决定提拔你为庶务科长，负责交际方面的工作。工资由现在的每月 50，涨到大洋两百元。”

“谢谢行长。”张姑娘给黄钰鞠了一躬，高兴得眼睛都亮了。

“不用谢我。”黄行长看着张小姐说，“你要谢就谢周先生，这都是周先生的美意。你可能还不知道吧，周先生是中央政府的宣传部部长，官职不比我们省的龙省长小。这样大的官看得起我们银行，住在我们这里，是给了我们天大的面子，我们咋个招待都不过分。而我让你接待周部长，更是对你的信任，现在我按周部长的美意给你这么大的提拔、恩慧！”说着颇有含意地笑笑，“张小姐，你更要好生服伺好周先生啊！有句话说得好，滴水之恩也当涌泉相报，何况这么大的恩！”黄行长说着站起身来，对周佛海点点头，弯弯腰，脸上堆起一丝笑，“周先生，你休息，休息，有事吩咐。我俗务在身，这就告辞了。”

“你是大忙人，我就不留你了。”周佛海心领神会，站起身来，送黄钰出门。回来时，张姑娘在收拾桌子。看得出来，经过刚才黄钰一抬，张姑娘神态大变，充满了对他的感激；而且似乎明白了行长的暗示，动作稍微有些扭怩。看着眼前这个欲露还藏，正当妙龄，丰满成熟，令他垂涎的尤物，他相信，她跑不过今夜。

张姑娘临出门时，红着脸对周佛海说：“周先生，我真该好好谢谢你。”

“你老是说谢我，怎么谢我呢?”

她低着头，双颊飞红，低声一句：“不晓得。”随即响起银铃似的笑声，跑出了门。望着她的俏影，周佛海笑了。

中午之前，周佛海一直按捺着性子没有按铃叫张姑娘进来。他现在要让她慢慢品味行长那番意味深长的话，思想上有些准备。他想象着美妙的今夜。

中午，当张姑娘给周佛海送午饭进来时，不由惊讶得睁大了眼睛。时年41岁的周佛海精心修饰了自己，剃光了胡子，大背头往后梳得溜光，身上穿一件质地考究的雪白衬衣，打一条桃红领带，配一条笔挺的西装裤，脚上一双黑皮鞋锃亮。常言道“士为知己者死，女为悦己者容”，周佛海这是“男为悦己者容”，当然，人家张姑娘不一定悦他。但她不悦也得悦，这是必须的。

“你，请用饭。”张姑娘将饭菜摆上时，省略了“先生”等客气话和用语，显得两人关系贴近了些。周佛海从她的言谈举动中捕捉到了她与早上微妙的区别，心中暗暗高兴。

周佛海不说话也不动，怔怔地望着她。将她从上看到下，又从下看到上，最后顽固地盯着她的眼睛。她机械地将饭菜一一摆在桌上后，就像被钉子钉着似的，一动不动，红着脸低着头，脸上挂着微笑。微笑中含着一份不期而至的惊喜和惶惑。

是时候了。

周佛海大步走上前，闩死了门，拉上窗帘；再走到她身边，将她的一只小手捧在自己的一双大手中，轻轻地摸娑着说："我喜欢你。"

这话声音虽小，但对张姑娘却如同雷击。她用一双滚烫的手回握着周佛海的手，两双手慢慢握紧。忽然，像是受了什么惊骇，她又猛地抬起头来，用那双黑眼睛看定眼前这个人，似乎要透过他眼镜上的镜片看穿他的心。她放开了他的手，不无担心地轻轻说："等几天，你倒是走了，我怎么办？"

"你是怕黄钰说的话不兑现？"周佛海这个反问算是对张姑娘的担心的回答，"他敢！"本来，他还想说一句"以后我还可以带你走。"但是，这话他没有说，只要有第一句就足够了。对这个姑娘，他确实有些喜欢，如果在和平年月，将她金屋藏娇又何尝不可！但现在是非常时期。他连自己的命运都很难预料，所以不想用空话来欺骗这位姑娘。他玩过许多女人，但对眼前这位姑娘，确实有点动心，既然"爱"她、却在玩了她后又不能将她带走，是不是有点残酷？不，他已经给了她足够的弥补。他周佛海——作为一个年仅41岁的国民政府堂堂的中宣部部长，未来汪精卫中央政府中举足轻重的人物，占有这样一个姑娘又有什么不应该的？这样一想，他心里坦然了。他按捺着心中的欲望，说："让我先吃饭。有些事，我们晚上谈。"

在下午至晚上的几个小时里，周佛海竟像初恋时等待恋人一样焦急不安，把一切该想的都想到了。刚六点，按了铃，让她进来。

"开饭。"一见她，周佛海如此吩咐。

饭送来了，他坐到饭桌旁，大口大口地往嘴里扒进饭菜，简直就没有吃出什么味来。"人是铁，饭是钢"——他不过是为自己加油而已。吃过饭，张姑娘收拾碗筷时，周佛海以命令的口吻对她说："晚上七时来，我等你。"她什么也没有说，端起托盘，云一般飘了出去。

苍茫暮色水一般漫进屋来。时间差不多了，他拉上窗帘，屋里没有开灯，他只是将席梦思床头柜上的那盏小台灯扭燃。一束黯淡的灯光中，屋里的物件若隐若现。差一刻七点，周佛海换上睡衣，打开门锁，坐在金丝绒沙发上，凝神屏息等着走道上那熟悉的脚步声响起。

"嚓、嚓、嚓！"是她的脚步声，从早晨起，她就穿着一双绣花鞋，周佛海顿时热血沸腾。

她走到门前，似乎犹豫了一下。接着，门无声地开了，她影子似地闪进身来，顺手闩上门，站在门边低着头。周佛海也不说话，站起身来，走上前去，轻轻握着她的手，她的一双小手在微微颤抖。借着黯淡的灯光细看，她今晚没有穿旗袍，而是穿一件浅桃色的有三颗布扣攀的短衣，仅及高耸的乳下。一条大裤腿的黑软缎裤长及脚背，头上拖根油松大辫，鬓发上别朵鲜红的山茶花，左手腕上戴一只玻璃翠手镯，新嫁娘似的，周身散发着一种体香。

周佛海忍着心跳，抹下了她左手腕上那只玉镯，放到桌上，从一早准备好的黑绒匣子里拿出一只纯金镶边钻戒，戴在她左手食指上。顿时，钻戒在灯光映照下耀金溢彩。

“喜欢吗?”他拿起她的左手问。

她看着他，脉脉含情地点了点头。那神情，温柔腼腆，美极了。他由此不禁想到了长烟一空、碧波浩淼的滇池，似乎闻到了高原上特有的醉人的花香……他再也不能自持，“啪”地熄了灯，抱起她的玉体，走向那张宽大的席梦思床……

重庆，上清寺。

当周佛海在昆明沉醉于女色中时，汪精卫却处于极度的紧张、惶惑中。蒋介石回来了！1938年12月10日夜，委员长官邸会议室里准备召开一个小型会议，气氛很怪异——这是一间不大的长方形的屋子，傍花园一面是落地长窗，此时落地长窗的窗帘拉得严严的。一屋子寒霜似的灯光中，正中那面雪白的墙壁上挂一副很大的蒋介石戎装画像，画像的下面是两面交叉的青天白日旗。屋子正中摆一张长长的桌子，桌上铺着雪白的桌布。整间屋子很简洁，没有一件多余的摆设。

出席会议的人不多，依次数过来，长桌两边分别坐着行政院院长孔祥熙、大本营秘书长张群、国民党中央秘书长叶楚伧、国民党中央政府秘书长陈布雷、外交部长王宠惠、组织部长CC头子陈果夫、军统局局长戴笠。正中那把高靠背椅子空着，显然那是今晚的主角委员长蒋介石的坐位。出席会议的大员们，个个伸长耳朵凝神屏息地静听着隔壁房间里传来的声音——汪精卫正同委员长大声争论着什么，不，是在争吵!

隔壁屋里，蒋介石穿一身蓝袍黑马褂，茶几上摆一杯清花亮色的白开水。毕竟是军人出身，他坐姿笔挺，透出一种威势。手中拄根拐棍，那不过是做样子的，显得很绅士。坐在他对面的汪精卫穿一身麻灰色中山服，脸上素常的微笑，这会儿荡然无存。他们在争论今晚将要讨论的主题——对日方略问题。看来，他们的争论已有一段时间了，且非常激烈，汪精卫额上几根青筋突起。

"汪先生，"蒋介石说，"作为一个领导全民抗战的民族领袖，我何尝不知中日力量对比殊悬？何尝不知'鹬蚌相争，渔人得利'的道理？我们的力量大量消耗了就会让共产党坐大，赤祸横行？"委员长一连串反击，让刚才主动进攻的国民党副总裁汪精卫处于防守地位。

"但是！"蒋介石鹰眼闪亮，气势逼人，"虽我再三退让且昭告日本人，只要他们肯停战，只要他们承认长城以南我主权完整，满蒙的问题以后再说，我就答应与他们实现和平。日本人却是步步进逼，过了黄河，过了长江，逼我与他们草签城下之盟，这怎么行？如果这样，不要说共产党会趁机兴风作浪，全国各族人民焉能答应？抗战年余，犹如一辆已然启动了的巨型车辆，陡然去刹车，是要翻车出车祸的，嗯？"

"那么，"汪精卫大不以为然地摇了摇头，脸上带着一丝不屑的笑，"年前德国大使陶德曼居间调停中日和平，日本要价比现在还高，条件比现在还要苛刻，你却能答应。若不是要签字时，你在河南前线往来奔波捉拿韩复榘，孔（祥熙）院长做不了主不敢签字，错过了时机，中日早在那时就达成协议，实现了和平。现在，日本人接二连三地攻下我南京、徐州、广州等大片土地之时，日本首相近卫的声明反而比以往温和。我不明白，在最应该与日本人达成谅解、实现和平之时，委员长为何反而不能接受呢？"说着语气又加重了些，"国家是人民的。当领袖的不能凭个人的喜怒哀乐、情绪变化来决定国家民族命运吧？"

"唔，我蒋某人用不着你来教训！"蒋介石被激怒了，不由得提高了声音："汪先生，你太过分了！你说这些话是什么意思，难道日本人要我下台，你也跟着起哄逼宫吗？"

"这不叫逼宫！"向来在蒋介石面前态度柔驯的汪精卫，今晚态度出人意料地强硬，"事到如今，你蒋先生不辞职无以对天下，更无以对先总理在天之灵。"

"要我辞职，谁来坐我这个位置？"蒋介石近乎咆哮起来，"是你吗？"

不意汪精卫回答："我同你联袂辞职。"

"那你去隔壁问问诸君答不答应。我这个委员长是大家选的，下不下台，得让大家同意。”说着，蒋介石愤怒地站起身来，手中拐棍在地板上一敲，“你去问问，问问他们同不同意！”说完气呼呼地转入内室，汪精卫也气呼呼地冲出来，将门一甩，走了。

陈布雷见状对大家说：“请稍安勿躁，我进去看看委员长，问今晚这个会还开不开。”陈布雷很快便回来宣布：“今晚的会不开了，具体哪天开，请各位等候通知。”一场高层会议，因为国民党总裁与副总裁的争吵，就这样不欢而散了。

汪精卫负气回到上清寺的官邸，将一肚子气向陈璧君倾诉后，原希望得到夫人的安慰，不意得到的却是好一阵埋怨：“四哥，你真是昏了头。”陈璧君说，“在这节骨眼上，你何必去惹姓蒋的？他本来就是嗅到了什么回来的，你再这样一惹他，他还不派人盯紧咱们？这样，我们还能离开重庆？你这样做，岂不是惹火烧身？”

“夫人，这你就不懂了！”汪精卫大有深意地一笑，“蒋介石先派陈布雷回来稳住我，接着，又从桂林行营赶回，今晚开这个高层会议，很明显是听到了什么风声。如果我顺着他的意，做出一副温驯的样子，他反而要多心。反之，我这时跳出来同他对着干，他反而会放心。这叫作‘虚则实之，实则虚之’。”看自己这番莫测高深的话，镇住了夫人，汪精卫不禁吁了口气，说：“其实，我汪兆铭之所以要带着你们出离重庆，除不再受老蒋的气外，主要的目的还是为了国家民族的利益。”继续以众人皆醉我独醒的语气说，“夫人，你要知道，抗战以来，日益高涨的民族情绪已被共产党完全利用了。老蒋他知道什么，在政治上他历来短视。如果老蒋被这股民族情绪架着一直胡闹下去，不久以后，老蒋不仅抗不了日，而且连共产党也驾驭不住了。抗战至今，老蒋手中 240 个精锐师已打掉了一半，而原先只有三万多人、人均五颗子弹的共产党发展得有多快？简直就是星火燎原。我们不能跟着老蒋这样瞎折腾。今晚我这也算是对老蒋作最后一次争取吧，可惜，悲哀呀！”说到这里，那张善于表情达意的脸上愁眉紧锁，汪精卫长长地叹了口气，走到窗前，拉开窗帘，凭窗眺望重庆的夜景，久久不语。

丈夫这一席话，这番举动，陈璧君看在眼里，是别有一番滋味在心间。她觉得，丈夫确实是比老蒋高明百倍。再看丈夫的举动，多么潇洒、典雅、有学问。她不禁循着丈夫的目光看去。

尽管是战时，陪都的夜景还是很美。

漆黑的夜幕将山城白日那些随处可见的破败的、依着山势修建起来的重重叠叠的木板房、吊脚楼都遮掩了起来。无数的灯光在山环水绕、回旋起伏的山城间闪烁，像是天上落到人间的星星。陈璧君站起身来，缓缓上前，将头倚在丈夫肩上凝视着窗外景致。大江上，有一束雪亮的探照灯光利剑一般劈开黑夜，照着一艘艘运兵船缓缓离开码头，向下江方向驶去。远远地，一盏接一盏红色的标灯，在江中抖动着万千条红色光波……

“四哥！”面对此情此景，伏在汪精卫肩上的陈璧君思绪沉浸在了一种绵绵的遐想中。

“你还记得吗？四个月前，我们撤离汉口时，蒋介石要你做中央南下的先行官？”说着她一字不差地背出一首七律，那是四个月前的八月一日，他们从宜昌乘“永绥号”军舰到重庆途中，汪精卫的即兴之作：

峡掩重门静不棼
檥舟犹及未斜曛
月牙影浸玻璃水
日脚光融琥珀云
沙际雁鹅方聚宿
天中牛女又离群
川流东下人西上
惆怅涛声枕畔闻

陈璧君背完了，汪精卫也不说话，只是拍了拍夫人的手，似乎沉浸在那种哀婉、凄楚的意境中。

“四哥！”陈璧君又是深情地唤了他一声，似乎在为自己刚才说的那番无知的话表示歉意。

汪精卫这才回过头来。作为回应，个子高高的他低下头来，在夫人的额上印下了一个法国式的吻。陈璧君幸福地闭上了眼睛，等着丈夫进一步的动作。可是，丈夫却再无声息。她睁眼看时，丈夫已经转身走了；她感到，丈夫这难得的一吻，也毫无激情。

1938 年 12 月 18 日早晨，重庆珊瑚坝机场。

原军统局北平站站长，时珊瑚坝机场稽查处处长陈恭澍在机场内作例行的巡视。他看来30多岁，身材高大匀称，穿件风衣，戴副墨镜，乍看像个机械师。他不声不响地站在机场边上一棵麻柳树下，一双敏锐的眼睛透过墨镜，对机场上的情景作着扫描。停机坪上，有两三架银灰色的客机。跑道线上，停着一架美制大肚子四引擎运输机，即将于上午九时飞往昆明。机械师对这架客机作完检查，加油车加完油后，检票开始，旅客准备登机了。就在这时，一辆美制中型吉普车风一般驶进机场，停在候机楼前。陈恭澍大步走上前，车门开处，下来的竟是身穿海虎绒大衣的陈璧君。陈恭澍心一跳，眼睛一亮，不禁停下步来。接着下来的是手中提一个公文皮包、长得又高又大的汪精卫的机要秘书曾仲鸣，还有汪精卫的大女儿汪文惺和其未婚夫何文杰。他们手中提着简单的行李，有说有笑地簇拥着陈璧君步上阶梯，进入了候机楼大厅。

不用说，陈璧君一行是来赶去昆明的飞机。但不对呀！瞬间，一系列疑点从这个职业特务陈恭澍的头脑中涌过。按理，像陈璧君这样的人物去昆明，该乘专机，怎么会混在一批旅客中？他们又是怎么买到机票的？但是，这些疑点仅仅是在陈恭澍脑海中一闪而逝，他不能也不敢深想下去，因为有组织训令："对领袖应绝对忠诚"——虽然陈璧君不过是汪精卫副总裁的夫人。作为陈恭澍这样训练有素的高级特务，既有职业的敏感，也戴着职业的枷锁。他不敢上前询问，也不敢去相关途径打听，只能把这不正常的情况偷偷记录在笔记本上。

候机厅里，陈璧君显然在等什么人，不时地看看戴在腕上的金表，显得有些着急，在窗前一直朝重庆方向引颈凝望。

"爸爸还没有来，怎么办?"汪文惺走到母亲身边，着急地低声问。

陈璧君向曾仲鸣招了招手。

"仲鸣，"陈璧君对走到身前的心腹说，"你是不是去找一下这架飞机的机长，告诉他，汪主席要乘这架客机去昆明。现在，汪主席没有来，飞机还不能起飞。汪主席什么时候来，飞机什么时候起飞。"

"这样，这样好吗?"曾仲鸣面有难色。

"只有这样了。"陈璧君话刚说完，一位气宇轩昂的中年军人健步来到陈璧君面前，"啪!"地立正，向她行了一个标准的军礼，还向她打招呼说："汪夫人好!"陈璧君闻声调头一看，吓得心脏几乎停止了跳动。来人竟是空军总司令兼国民党航空委员会主任周至柔！这个人大有来头，他是蒋介石的老乡和绝对心腹。虽年仅40岁，却是个战功卓著的老资格军人，早年毕业于保定陆军军官学校，后被蒋介石重用，参与筹建黄埔军官学校。周至柔个子中等偏上，体格魁梧匀称，作风朴实，抗战积极，时为中将军衔，是个势力看涨的人物。

“啊，是周司令！”陈璧君强作笑脸，对身边的曾仲鸣说，“正好，那就请周总司令下命令，要这架飞机推迟起飞。”

“汪夫人要去哪里？”周至柔有些莫名其妙。

“我们要乘这架飞机去昆明。”陈璧君用手指了指机坪上乘客正在上的那架客机。

“夫人怎么不事先打声招呼？”周至柔问，“我也好为夫人调一架专机去昆明。”

陈璧君摇了摇头，“抗战时期，一切从简。”说着反问，“周总司令要去哪里？”

“我也乘这趟班机去昆明。”

“你是空军总司令，怎么也乘这架普通客机？”陈璧君惊骇不已，却强作镇静问。

“顺便了。”周至柔轻轻松松地说，“也没有什么要紧事，我是去昆明检查防空情况的。”

“我们去昆明也没有什么要紧事。”陈璧君接着解释，“志盘（龙云的号）将军多次盛情邀请我们去昆明玩玩，恰这段时间重庆天气糟透了，又冷又阴又潮，我感冒了一段时间，脚关节也有些痛。昆明四季如春，听说这段时间天气特别好，因而昨晚上同志盘将军通了电话。这不，今天我带文惺他们一起去昆明玩玩。”陈璧君同龙云的关系好，周至柔是知道的，只是又问一句，“夫人没有带行李？”

“没有。”陈璧君正要啰嗦什么，周至柔把手一比说，“那就请夫人上飞机吧！”

“汪主席还未到，我们得等汪主席。”

“谁？”周至柔看来吃惊不小，眼镜后面的眼睛瞪得大大的。正在这时，一辆“林肯”牌高级小轿车风驰电掣而来，停在候机楼前。车门开处，下来的正是西装革履、仪表轩昂的汪精卫。汪精卫刚进候机厅，周至柔跑步来到他面前，“啪！”地立正，行了个军礼，大声问候，“汪主席好！”

汪精卫吓了一跳，及至看清站在面前的是空军总司令周至柔时头都大了，以为他们南逃重庆的阴谋为蒋介石发觉，特别派周至柔来抓捕他们的。但他竭力假装镇静，陈璧君走上前来解释，“巧得很，周总司令也要去昆明检查空防情况，同我们一路。”

“好，好！”汪精卫伸出手来，同周至柔握了握；头晕目眩地等待着事态发展。握过手后，周至柔和陈璧君等人一起，簇拥着汪精卫下了候机楼，步入停机坪，上了飞机。

飞机起飞了。坐在舷窗边的汪精卫，因为周至柔坐在后面，觉得有如芒刺在背，忐忑不安。昨天晚上，他弄清楚了今天一天蒋介石的日程安排：上午，去中执委办公厅对年轻中央委员长们训话。然后，飞离重庆去陕西武功主持一个军会事会议。他当机立断，决定和陈璧君等一行人趁机搭乘去昆明的飞机离开重庆。

晨八时。当夫人一行驱车离开上清寺官邸去珊瑚坝机场时，他已稳坐在中执委办公厅礼堂上会议厅里的主席台上。蒋介石对礼堂里年轻的中央委员长们的训话，前来捧场的只有寥寥几人，除了他汪精卫，只有大本营秘书长张群和陈布雷，连王宠惠、孔祥熙这些蒋介石的心腹大将都没有来。礼堂里坐的人倒是满满的，蒋介石老调重弹，毫无新意，汪精卫直听得心中火起。若是平时，比这重要的会议都他懒得参加，而今天他之所以早早来，老老实实坐在主席台上，目的是打消蒋介石的顾虑，让他安心去陕西。

而蒋介石今早讲话似乎上了瘾，他不禁心中暗暗着急起来。装作不介意地抬腕看了看手表，时间已经不早了。他喝了口茶，把茶杯留在桌上，假装去解手。出去时碰见张群，对张群说他有事要先走一步。之后，便赶紧上了那辆候在会场边的“林肯”牌高级小轿车。他连秘书也没有带，要司机开车直奔珊瑚坝机场。

真是“魔高一尺，道高一丈”！满以为今天瞒过了蒋介石，可以顺利逃出重庆，结果还是中了计。空军总司令周至柔就坐在后面，监视着自己，糟了，糟透了！想到这里，汪精卫不寒而栗，冷汗直流。

“汪主席！”周至柔走上前来问，“汪主席你是怎么了，有什么地方不舒服吗？”

在汪精卫看来，周至柔的关切，是猫哭老鼠的假惺惺。但他还是故意皱着眉，抬起头来做出一副痛苦的样子回答：“是有些不舒服，背上的枪伤又发作了，隐隐作痛。”当坐在身边的夫人陈璧君掏出手绢为他揩汗时，空军总司令的一番话，更是让汪精卫、陈璧君听来如晴天霹雳，五内俱焚，“这架飞机开得不平稳，想来是这架飞机的驾驶员技术不行，让我来开吧。”周至柔说着就要往驾驶室去。

“别，别!”汪精卫慌了，情不自禁站起身来，似乎想伸手拉住周至柔。

“汪主席尽可放心。”周至柔一笑，“我是空军出身，飞行技术很好。再说，元首出巡，我这个空军总司令为元首驾机也是应该的。”说着，不管三七二十一，大步进了驾驶舱。汪精卫顿时两眼一黑，颓然瘫倒在座位上，嘴里喃喃自语：“完了，完了。”他呼吸急促，脸色苍白，痛苦地闭上眼睛，想象着飞机重新降落在重庆珊瑚坝机场时出现的可怕一幕……

“四哥，四哥，你睡着了吗?”一会，耳边响起夫人陈璧君温柔的声音。汪精卫睁开眼睛，只见飞机正在平稳地下降。舷窗外，出现了云贵高原特有的赭色连绵的山峦，浩淼无垠的八百里滇池。啊，竟是一场虚惊!?汪精卫心里长长地吁了口气，如释重负地坐直了腰身。

汪精卫夫妇在昆明机场下机伊始就受到龙云热烈的欢迎。

当汪精卫夫妇走下舷梯时，机场上鼓乐齐鸣，上万名由机关职员、学生队伍、民众团体组成的欢迎队伍向他们挥舞起手中的花束，喊起欢迎的口号。汪精卫夫妇满脸堆笑，向欢迎的人群挥了挥手。快步走下舷梯时，佩上将勋章、戎装笔挺的云南省主席龙云大步走了出来，“啪!”地一个立正，向汪精卫夫妇敬了个军礼，热情地说：“欢迎汪主席、汪夫人莅临昆明!”

汪精卫同龙云握了握手，然后夫妇二人躬身钻进了来接他们的那辆“克拉克”高级轿车，等汪文惺、曾仲鸣也都上了轿车后，车队立刻向昆明城内驶去。

第四章

抗战惊雷冲击“和平”梦

四川省省会，成都。

冬天的夜来得早。还不到下午六点钟，浓重的暮色就潮水一般弥漫了九里三分的成都城。虽是抗战时期，这座地处内陆的西南名城，夜市还是热闹的。城守东大街、盐市口……这些繁华路段上，高高电杆上挑起的街灯依次亮了。因为电压不足，一盏盏电灯像是一双双熬红的眼睛。长街两边鳞次栉比的店铺一律热气腾腾。打锅魁的、卖汤元的、卖缠丝兔的、开红锅馆子的，店小二站在店铺前面，长声夭夭招呼客人入内。

挂中央民众训练部部长虚衔的国民党四川省党部主任委员陈公博，坐“福特”牌轿车，驶离了他在红照壁的公馆，行驶在东城根街上。临别成都前，已在电话上约好，他要去拜会刚从抗日前线归来的前22集团军总司令，刚回川上任的川康绥靖公署主任兼四川省政府主席邓锡侯将军。邓锡侯将军这是明升暗降。他在山西率部抗日时，与共产党八路军总指挥、乡人朱德和八路军129师师长刘伯承、政治委员邓小平走得太近，且不时将他们请到自己的部队中讲授游击战术，并暗中资助了他们一些军火，这犯了蒋介石的大忌，于是剥夺了他的军权，将他弄回盆地“关起”。陈公博和邓锡侯将军早就认识，虽然彼此接触不多，但彼此印象不错。

他去拜访邓锡侯，是想尽可能详尽地了解前线的情况。下午，当他在电话中对邓锡侯将军说去康庄拜访时，话筒中立刻传来邓锡侯那川音浓郁的滚雷似的爽朗笑声：“你哥子是稀客，欢迎，欢迎！本来是我该来拜访你的嘛……”客气两句之后，邓锡侯当即在电话中拍定，“今晚黑，我请你吃饭，一定，一定！”陈公博到成都的时间不长，但对四川的饮食文化特别感兴趣，作为美食家的他曾感叹过：“走遍天下，咱们中国的吃最好。然而在中国，又是四川为最好，在四川又是成都最好。”他知道，邓锡侯是个美食家，讲究美食美器，为人也大方，家中养着几个川中名厨。

距约定的时间还早，陈公博让司机开着车先去街市转转。沿提督东街、总府街这些路段比较宽阔整齐的街市看去，灯光朦胧中，好些阶上檐下都摆起了摊肆。卖旧书、花卉、各种舶来品、字画的，可谓应有尽有。游人熙熙攘攘，摩肩接踵，热闹程度竟胜过白日。但从一盏盏光线微弱的油壶灯、电石灯上，让人觉出战时内陆这座名城的几分无奈和虚浮。

陈公博虽然留过洋，是美国哥伦比亚研究生院毕业生，平时西装革履，其实骨子里是很中国的。他喜爱中国传统文化且很有造诣。时年 46 岁的他，个子不高，皮肤黑黑，个性倔犟，有学问，书生气很重，被汪精卫称为“文人中当今唯一有侠士气的人。”他鄚籍福建，后移居广东省乳源县。青年时代同父亲陈致美一起，积极反清，在当地发动了乐昌起义。起义失败后，陈致美被清廷判处终身监禁，陈公博只身逃往韶关。间，他写了一首感时抒怀的诗，名噪一时：

匹马渡韶水，寒风吹峡门。
疏星点浮石，残月照孤村。
投命穷投止，余生耻苟存。
十年须记取，横剑跃中原。

他写这首诗时，比汪精卫写那首《慷慨歌燕市》还要早三年。早年还在北京大学读书时，陈公博因为受共产党思潮和李大钊教授的影响，对共产主义产生了浓厚兴趣，加入了中国共产党。大学毕业后，他同著名共产党人谭平山一起，最早在广州地区开始了共产主义的宣传和组织活动。可是，参加了党的一大后，他却在 1922 年宣布共产主义不适合中国国情而退出了中国共产党。1924 年，他在美国哥伦比亚大学研究生院毕业，获得文学硕士的学位论文竟是一篇《论中国的共产主义运动》。1925 年，他回国后，因受廖仲恺、汪精卫的赏识，不仅加入了国民党而且在国民党政府内地位提升很快。同时，他因为成了汪精卫的心腹和密友，多次受到蒋介石打击并曾经开除出党。1935 年，汪精卫遇刺受重伤去欧洲修养，陈公博失去了靠山，在国民党内地位一落千丈，失去实业部长一职，被贬到成都。然而，“塞翁失马，安知非福”。陈公博到成都两年，深深爱上了这个历史悠久、人文荟萃的温柔富贵之乡。从政之余，他写了好些抗日的、富有远见卓识的文章，其才气横溢，富于创见，很为人称道。

月前，汪精卫召他去到重庆，在上清寺汪精卫官邸内，副总裁吞吞吐吐地征求他对和平运动的看法。

“和平运动不可以搞。”陈公博明确表示反对，“党不可分，国家要保持团结。目前非常时期，战由蒋先生，和亦由蒋先生，不应政出多门。”坐在一边的周佛海转弯抹角反驳道：“蒋先生抗战之意，既然无法一时动摇，则如其最后胜利仍属我，则国家一切，自有蒋先生。如不幸而抗战迫作城下之盟，则汪先生与日本媾和在先，日本自难反讦，今后一切，有汪先生来担当周旋的大任。和战并进，为国家打算，不能不说是一条万全的计谋。”陶希圣也在一边帮腔。当时，陈公博很生气，真想骂周、陶二人居心叵测，是“狗头军师，推汪先生下崖”，但见汪精卫对二人说的话频频点头，表示赞成，只有咽下这口气，拂袖而去。

然而，他担心的事终于发生了。日前，他接到汪精卫从昆明发来的密电，要他火速赶去越南河内会师。与此同时，他又接到了蒋介石要他去重庆的电话。

他去了重庆。

“委员长!”陈公博站在蒋介石的书房门口，小心翼翼。

“是公博吗?”身着一袭长衫的蒋介石显然正在生气，背对着门，面窗而立。

“是。”

委员长闻声转过身来，用他那双犀利的眼睛看了陈公博好一会，似乎想看穿陈公博的内心似的。

“坐。”身姿笔挺的委员长让陈公博进去，并指了指对面的沙发，率先坐了下来。

陈公博落坐后，蒋介石单刀直入地问他：“汪精卫带着周佛海一帮人跑到河内去了，你知道吗?”

虽然一切尽在陈公博的意料之中，但闻言还是不由浑身一震，略为沉吟，回答道：“不知道。”

蒋介石没有再说话，只是将置放在茶几上的一份密电递给陈公博。陈公博接过一看，是龙云本年 12 月 19 日拍来的："重庆。委员长钧鉴，僭密。汪副总裁于昨日到滇，本日自感不适，午后二时半已离滇飞往河内。职龙云。效秘印。"

看陈公博久久地望着这份密电不吭声，蒋介石又冷冰冰地问："汪副总裁要你跟他去河内吗?"

"是。"陈公博承认，抬起头来看着委员长，"但我不知汪先生要我去河内何为!"

"那还用问吗?"蒋介石冷冷一笑，"投降，汪精卫要你去同他们一道投降日本人。"

"我向来对和平运动是反对的。"陈公博表明了态度，"我也向来不赞成汪先生代表党和政府同日本人言和。汪先生之所以如此，是受了周佛海、陶希圣、高宗武这些人的蛊惑。"

"在这个问题上，你的态度我是清楚的。"蒋介石说，"不过，汪先生对你有知遇之恩，提拔之恩。现在你知道了事情原委，还去河内吗?"说时，蒋介石那双鹰眼中闪过一丝不易觉察的狡黠。

"不去。"陈公博的语气很坚定。

"你可以去、也应该去。"不意蒋介石如此说，"你去河内，劝劝汪先生。就说，我请他回来，有什么事，都好商量。嗯? 这样下去，做出什么使亲者痛仇者快的事就不好了!"蒋介石说到这里，霍地一下直起身来，走到窗前，双手在身后背起。

至此，陈公博完全明白了蒋介石让他到重庆的目的。

"好吧!"陈公博这就起身，拿起博士帽适时告辞了，他同蒋介石的谈话前后不过几分钟。

想到明天就要离开成都，经由昆明去越南河内；想到此行肩负的重任；想到在重庆时蒋介石威而不露的神情；想到去了河内见到汪精卫、周佛海等人，因言语不合引致的尴尬，陈公博不由深深地叹了口气。

抬起头来，这才发现，车已入少城。他的目光透过车窗，往外看去。少城在辛亥革命前居住的都是满人，是成都市的城中城。随着辛亥革命的炮声，清廷轰然塌圮，少城的城墙被拆除了，但称谓仍然沿袭下来。这一带环境幽静，街道宽阔干净，条条胡同里大都是粉壁砖墙的公馆，住的也都是有钱人。

小轿车奔驰在祠堂街上。这是一条文化氛围很浓的街道，街道两边绿树成荫，夜间有多家书店在营业。电灯光美孚灯灯光连成一片，街檐边上浓密如云翳的桉树枝叶，洒在街面上，像是片片摇曳多姿的银箔，街道上显得非常安静。视线左前方出现了一座很有名气的饭店——努力餐。这是一幢毗邻少城公园的一楼一底，古色古香的中式建筑。饭店主人车耀先以古诗19首中的“弃捐勿复道，努力加餐饭”和孙中山遗嘱“革命尚未成功，同志仍需努力”意给饭店取名。努力餐注重将四川名菜口味和质量大众化，因而深受上层人士和老百姓欢迎。这家餐厅以“生烧什锦”等菜著称，民间有歌谣赞道，“烧什锦，名满川，味道好，努力餐……”车耀先是大邑县人，当过川军团长，思想追求进步，人亦很风趣，后来加入共产党，投身革命直至牺牲。他在店里醒目处挂一方正黑漆木匾，匾上镌刻着他自撰的一段话：“如果我的菜不好，请君向我说；如果我的菜好，请君向君的朋友说。”这话不胫而走，后来竟成为民间流传的一段名言。

努力餐背后是一条碧波粼粼的金河，金河对面就是著名的少城公园了。公园里一年四季浓荫漫漫，花香鸟语，是成都人休闲品茶会友的好地方。此时公园在夜幕中沉睡，只是隐约可见园中那座剑一般直指夜空的“辛亥秋保路死事纪念碑”的雄姿。

忽然，车速慢了下来。陈公博这才注意到，前面出现了一支游行队伍。两个身穿排扣短褂服装的年青工人，手中高举着一副“成都人民抗日游行”的横幅走在前面。后面跟着工人队伍、学生队伍、郊区农民队伍，还有商人、市民……他们手中挥舞着五色小旗，高喊着“拥护蒋委员长抗日!”“各党各派团结一致共同抗日!”“抗日必胜!”“抵制日货，不买日货，烧毁日货!”等口号，沿途散发传单。顷刻间，幽静的少城内万人空巷，祠堂街、小南街、陕西街口都挤满了前来欢迎和鼓掌的市民……

陈公博的轿车好容易才开出了城，沿着浣花溪飞驰。夜幕中，出现了一片黑压压的庄院——康庄，邓锡侯的官邸已遥遥在望。车到青羊宫，由于街道狭窄，司机只好再次放慢车速，让轿车在石板道上缓行。陈公博注意到，两边的一排排破房乱舍，沉浸在寒夜中，萧索而凄凉。特别是有些做小生意的，比如卖炒花生的、卖炒胡豆的人摊子上点起的灯笼，稀疏黯淡，像是远海中飘弋的渔火。

车在康庄深处一幢考究的法式小楼前停了下来。听到汽车声，主人邓锡侯下楼相迎。时年49岁的陆军上将邓晋公（邓锡侯字晋康）西装革履，方面大耳，眉目疏朗，中等身材。他上前握着客人的手，川音浓郁地说，“陈先生稀客，请!”

刚在中西合璧、宽大舒适、温暖如春的客厅里坐下来，邓晋公高声呼道：“上茶，上真资格的名山顶上茶。”

“来咧!”随着这一声，只见一个中年掺茶师如飞而来，他右手执一把尖嘴大铜壶，左手执泡四川盖碗茶的三件头。说话间，叮叮当当声中，三件头在面前茶几上开了花，像变魔术一样，一个描龙戏凤的景德镇青花细瓷碗骑在了一个黄铜高底茶船上。手中尖嘴大铜壶随着掺茶师的手渐渐升起，一道热气腾腾的鲜开水像一道白色的弧线，端端注入茶碗中，将雪白茶碗中的茶叶冲得旋了几圈，茶水刚到恰好位置时，掺茶师伸出左手，用幺指拇轻轻一扣，“叭嗒!”一声，茶盖翻上来盖住了茶碗。整个动作一气呵成，滴水不漏，干净利落，可作单独的艺术品欣赏。掺茶师提着大铜壶又风一般去了。

“请茶!”邓晋公说着端起了盖碗茶。

陈公博也端起茶船，向主人举举。二人同时用手拈起茶盖，轻刮两下茶汤，弹花，饮茶。

“真是不错!”陈公博喝了口，啧啧嘴，“你们四川名山顶上的雨露茶真是盖世无双。”

邓晋公对陈公博比了比大拇指：“陈先生是真正的文人，到我们四川不过两三年，就完全领会了四川盖碗茶的神韵。”

陈公博没有心思谈论茶经，直奔主题：“本来。”他说，“晋康兄这次回川主持川康政务军务，为我提供了一个请教的机会，我从心眼里高兴。可惜呀，我又要走了。”

“哪里，哪里。”邓锡侯说，“陈先生是大才，从中央到四川，这是屈才。这次上调，是喜事一桩嘛!”

“晋康兄有所不知。”陈公博说着叹了口气。在为人爽直，且没有利害关系的邓锡侯面前，陈公博无需隐藏，便把日前汪精卫等出走河内，蒋介石又要他去河内劝汪精卫回来的内情说了，言毕感叹道：“借你们四川话说一句，这哪里叫上调，分明是叫我去捏一块红炭圆啊!”为表示对邓锡侯的信任，他还嘱邓锡侯保密。

“放心！这等大事，非经过你的同意，我不会告诉第三人。”邓锡侯说着激愤起来，在桌上拍了一掌，“汪先生也真是昏了头！值此民族生死存亡的关头，我抗日健儿在前线同武装到牙齿的日寇浴血苦战，作为党国副总裁的汪先生却因为同蒋委员长打肚皮官司，竟干出这样的事情，对得起哪个?!”说着声音有些哽咽，“我刚从前线回来，晚上我只要一闭上眼睛，就回到烽火连天的前线，看到那些脚穿草鞋装备极差，甚至在这寒冬腊月天还穿着单衣，手上连杆枪也没得，拿着梭标大刀的川军兄弟在同日寇拼命，在日寇的洋枪大炮下一排排倒下去的情景，何其惨烈！而我们川军因为是‘小妈’生的，是‘杂牌’！抗战最高统帅部也不把我们当人，简直是陪着日寇整我们川军，而现在汪先生们又跑到河内去了，安逸!”

看邓锡侯听到这个消息动了感情。陈公博怕邓锡侯一直骂下去会出事，赶紧截住说：“邓将军，我今夜来，就是想听听你这个抗日英雄讲讲前线的事。”

“好，我讲给你听。”于是，邓锡侯接着讲下去，越讲越生动具体。讲到激昂处，情绪不能自抑，讲到伤心处，泪如雨下。于是，一幕幕惊天动地的抗日画面在陈公博眼前亮了起来。

1937年9月，时年48岁的四川省政府主席兼川康绥靖公署主任刘湘上将，在成都督院街省府内，就准备赴京参加最高国防会议向中央请求带兵出川抗日事征求谋士们的意见。手下第一谋士张斯可进言道：“此事，请主席三思。多年来，蒋介石一直觊觎四川。若是这样，四川就算是送给他了。”省府总参议钟体乾等人亦都附议。刘湘却不以为然。他极富民族大义地说了这样一番话：“我刘甫澄（刘湘的号）过去打了二十多年内战，现在想起来都报不出盘，惭愧。现在是大敌当前，‘国家兴亡，匹夫有责’。我若再为个人谋私利，猫在四川，就不是人生父母养的!”

刘湘在南京最高国防会议上，向中央强烈请战，表示：四川可以立即出正规军30万，还可提供500万后备壮丁……总之，愿竭四川所有人力物力为抗战作出贡献！消息传出，全国振奋。最高统战部准其所请，并将全国划分为十个战区，全民动员，展开抗战，刘湘被任命为第七战区司令长官。9月，川军火速出川。刘湘亲率所部唐式遵、潘文华、王缵绪三个军乘船顺江东下出川；时任22集团军总司令的邓锡侯率李家钰、陈鼎勋、孙震三个军出北道，经西安到山西，会同八路军共同作战。杨森率部由贵州直出湘鄂开赴上海……然而，30 万英勇善战的“草鞋兵”刚刚出川，就立刻为最高统帅蒋介石分割得七零八落，像是一群没有了娘的孩子。于是，抗日正面战场出现了这样一种奇怪的现象：越是装备好的“中央军”蒋介石的嫡系部队越是躲在后方。其中装备最好、人数最多的胡宗南集团军，始终没有上抗日前线，而是在西北磨刀霍霍地监视着八路军。越是装备差的“杂牌”军越是能打，越是被统帅部安排在抗日最前线拼命。

到 11 月底。南下的日军继攻克上海后又连占嘉定、常熟、苏州，再兵分两路沿京沪铁路，太湖南下，对首都南京形成了包围态势。危急关头，第七战区总司令长官、陆军上将刘湘挺身而出要求保卫南京。他只有一个要求：“把现存的 20 万川军还我，要死，我 20 万川军死在一起!”然而，刘湘这个起码的要求却被大本营无理拒绝。

刘湘忍辱负重，率临时七拼八凑、大部由川军组成的 23 集团军赶赴太湖前线，从中央军手中接过阵地，万分仓促中同日军三个精锐师团在太湖展开了血战。日本人天上有飞机，地上有大炮、坦克，优势占尽。而 23 集团军没有飞机，没有大炮，没有坦克，连机枪都少得可怜，部队根本形不成火力建制。寒冬腊月，滴水成冰，好些川兵还身着单衣，背着斗笠，脚穿草鞋，手持性能低劣的步枪同敌人作殊死战。

在这一场无异于大屠杀的战争中，川军表现出的英雄气概和英勇善战，让敌人感到震惊甚至钦佩。

在广德、泗安大会战中，川军师长郭勋祺、旅长黄伯光身先士卒。饶国华师长率部坚守城池，在外援无望，城将沦陷前，置生死于度外，咬破手指写下血书：“本部扼守广德，掩护友军后撤，已达成任务。我官兵均不惜牺牲为国效力……余不忍视陷入敌手，故决与城共存亡……今后深望我部官兵，奋勇杀敌，驱寇出境，还我国魂，完成我未竟之志，余死无恨矣!”

日军攻陷南京，并用屠刀血洗我南京 30 万人后，拟分兵两路夹击军事重镇徐州。邓锡侯属下师长王铭章时为 41 军前方总指挥，率 122 师师部、364 旅旅部坚守藤县，以解徐州之围。王师长临危受命慷慨表示：“以川军薄弱的兵力和窳败的武器，担当津浦线保卫徐州第一线的重大任务，力量不够是不言而喻的。我们身为军人，牺牲原为天职，现在只有牺牲一切以完成任务，虽不剩一兵一卒，亦无怨尤。不如此，则无以对国家，更不足以赎二十年川军内战的罪愆了!”

激烈的战斗从14日展开。敌人以两个师团兵力，配以飞机、大炮、坦克向藤县展开夜以继日的疯狂攻击。翌日，王铭章仅有守城部队八个连，一个卫生队，总兵力不足三千，实际战斗部队只近两千人。自16日黎明开始，敌人以密集炮火作地毯式轰炸，发射炮弹在万发以上。敌机从早到晚对藤县狂轰滥炸。王师长率部以血肉之躯作干城，竟让占尽优势的日军机械化部队不能越雷池一步。当晚，日军出动三万多兵力，配七十多门大炮，三十余辆战车疯狂攻城。17日，北风凄厉，阴霾满天，藤县保卫战到了最后关头。从拂晓开始，敌以每分钟十发以上炮弹的密集火力猛轰县城，全城被炸成一片焦土。敌步兵在坦克掩护下，向突破口冲锋。我守城官兵用手榴弹、大刀顽强抵抗，血溅长街。情知已到最后关头，王铭章对协同作战的周县长说："周县长，你应该走了，现在立刻就走。"周县长却说："抗战以来，只有殉职的将领，没有殉职的地方官，请以我始。我决不苟生，决以守城将士共存亡！"他们相互凝视后握别，奔向阵地指挥作战。王铭章派出最后一支突击队后，就着身边一棵正在燃烧的大树，向友军连续发出三电：

"41军军长孙（震），现17日黎明。敌以大炮向城猛轰，东南角城墙被冲塌数处。王团长麟身负重伤。现督各部死力堵塞，毙敌甚多。"

"敌以炮兵猛轰我城内及东南城墙，东门附近又被冲毁数段。敌步兵登城，经我军冲击，毙敌无数，已将其击退。若友军（汤恩伯部）再无消息，则孤城危矣！"

"独立山（藤县东南10余里，汤恩伯部预定到达地）友军本日无枪声，想是被敌所阻。目前敌用野炮、飞机，从晨至午，不断猛轰，城墙缺口数处。敌步兵屡登城，屡被击退，毙敌甚多。职每忆委座成仁之训及面谕嘉慰之词，决心死拼，以报国家知遇……"

大批如狼似虎的日军最终还是涌进了藤县县城。王铭章师长率随身参、副人员数十人，被气势汹汹的日军逼向死角而坚不投降。敌人一阵冰雹似的枪弹扫过，王师长用双手护着打得蜂眼似的胸，怒视敌人缓缓倒下，时年仅45岁。这场血战，除王铭章身边卫士李少昆急中生智倒在死人堆中，幸免于难外，守城万余将士全部以身殉国。面对这壮烈的场景，连嗜杀成性的日寇也感到震惊。是的，当一个民族有了这样一群为保卫国家而视死如归的勇士和民众，世界上还有什么暴力能征服这个民族呢！

英勇的藤县保卫战极大地延缓了敌人的进攻速度，为我军赢得了宝贵的时间，从根本上保证了台儿庄大战的完成和胜利。事后，第五战区司令长官李宗仁向蒋委员长报告电称：“此一战役我官兵伤亡不下万人。阵亡师长王铭章、参谋长赵渭滨、邹亲陶，团长王麟……查该集团军以劣势之装备与兵力，与绝对优势之顽敌独能奋勇抗战，官兵浴血苦斗三日半以上，挫敌锐进，使我援军得以适时赶到，战役中心之徐州得以转危为安。此种为国牺牲之精神，实不可泯灭。”

川军接着在江苏、浙江、山西、湖南、湖北、安徽、河南等九省同日军激战。在前线督战的第七战区司令长官刘湘因辛劳过度，竟于11月28日吐血，旋即送至武汉万国医院医治。1938年1月13日病情恶化，延至23日逝世，时年48岁。临终时，刘湘写下遗嘱：“余此次奉命出师抗日，志在躯赴前线杀敌，为民族求生存，为四川争荣光，以尽军人之天职。不意夙病复发，未尽所愿，今后希我全国军民在中央政府暨最高领袖蒋委员长领导之下，继续抗战到底，尤望我川中袍泽，一本此志，终始不渝，即敌军一日不退出国境，川军则一日誓不还乡，以争取抗战最后胜利，以求达到我中华民族独立自主之目的，此嘱。”刘湘的遗嘱在川军中引起巨大反响，每天升旗时，官兵都要同声诵读一遍，以效法抗日精神。委员长特派军政部长何应钦代表他到汉口，向刘湘的灵柩致哀，并送上他亲笔撰写的挽联：“板荡识坚贞心力竟时期尽瘁；鼓声思将帅封疆危日见才难。”同是川人，时任大本营第三厅厅长的郭沫若，送给刘湘的挽联是：“治蜀是丰皋以后一人，功高德懋，细静不蠲，更觉良工独苦；征倭出夔门而东千里，志决身歼，大星忽坠，长使英雄泪满襟。”

一领“故上将刘湘之灵”的白布黄字横幅似在陈公博眼前飘拂。那是他到成都后亲眼所见的场面——1938年二月的一个春寒料峭的早晨，天色阴沉，空中飘着霏霏细雨，九里三分的成都城沉浸在一种深沉肃穆的悲哀中。沿街比户摆香帛点红烛上供果，檐下悬挂三角纸旗，上印刘湘遗像。皇城坝上的三个城门洞内，“为国求贤”的石牌坊和门前的一对石狮子披素戴白花……

哀乐声由远而近。军乐队后，长长的灵柩行列缓缓而来，最令人触目惊心的是，走在前面的素车上支根高杆，挑起一架黄呢军服，衣领上一副陆军上将衔金板上镶三颗金星。在寒风中翩跹的半旧军服右背上赫然有个小弹孔——看着刘湘的遗物，全城人大恸失声。之后，在台儿庄大战、徐州大捷中居功至伟的王铭章将军的遗体运回成都时，也是同样的悲壮情景。

门帘一掀，一位管事模样的人轻步而进，走到邓锡侯身边屈身请示：“总司令，是不是现在请客人入席?”

“啊!”邓锡侯这才从悲壮的情绪中回到现实，看看摆在墙边的大座钟的指针已指到了八点，对陈公博说：“陈先生，时间不早了。你看，我光顾着和你摆龙门阵，冲壳子，把吃饭的时间都忘记了。怕是把先生的肚皮都饿得贴到肋巴骨上了?”邓晋康又恢复了幽默恢谐的川人本色。

“哪里，哪里，我是深受感动!”陈公博真城地说，“我还想听听你率部在山西同日军作战的情况呢!”

“那我们就边吃边摆。”邓锡侯站起身来，以手示意。陈公博跟着邓锡侯进了隔壁的小餐厅，这是一间很阔气的小餐厅，中西合璧，暗香浮动，地上铺着红地毯，吊在天花板正中的一盏枝子形灯，散发着柔和的灯光，处处显得富丽堂皇。一张做工考究的中式餐桌摆在正中，桌上铺着雪白的桌布，宾主二人各踞一方，相对坐下。主人将手一比，示意佣人上菜。

先上的是下酒的冷盘，有椒麻鸡、王胖鸭、缠丝兔……摆了满满一桌，鱼香味、荔枝味、葱油味，味道各异，上的酒是陈公博爱喝的绵州大曲。为免他人打搅，酒菜上齐后，邓锡侯不要佣人在一边伺候，说是要时再喊。佣人连连点头，轻步而去，并随手带上了门。

邓锡侯亲自替客人斟上酒，举杯说：“公博先生，我们连饮三杯。这第一杯，我为你洗尘。”

陈公博举起杯来，“咣!”二人碰杯，一饮而尽，并照了空杯。当陈公博争着往主人的酒杯里斟酒，再给自己倒酒时，才注意到，两只酒杯都比一般酒杯高，而且杯底凸起一块，像是一个小灯泡。酒斟上后，酒面上浮起一个笑靥如花的佳人。

见多识广的陈公博好奇地问：“晋康兄，你是什么杯子?”

“这是美人杯。”邓锡侯笑道，“实不相瞒，这对美人杯是清宫宝物。当年，八国联军攻占北京后大肆抢掠，这对美人杯流落民间，我是偶然发现后用巨金买来的，平时不轻易示人。”

言毕，主人争着敬客人第二杯，敬陈公博此行去河内，不负委员长重望。

第三杯，客人站了起来，端起酒杯，情绪有些激动，说：“这杯酒，我是借花献佛，献给为抗日壮烈捐躯的王铭章等川中诸烈士!”

邓锡侯也举杯站起身来，二人同时把杯中酒洒在地上，一时，气氛又显得沉重。直到主人喊佣人撤去凉菜，换上热菜，气氛才又活跃起来。

汤端上来后，邓锡侯指着一成窑蓝花大品碗说："陈先生，不怕你吃遍世界。这汤和汤里的肉，我敢保证是你从未尝到的美味。"

陈公博用手中乌木包金筷子，好奇地从汤里夹出一块肉看。只见这肉白生生的，细嫩，什么肉，看不明白。及至放进嘴里一嚼，不禁连声问，"这是什么肉，这么细嫩好吃?"

邓锡侯哈哈大笑："这是果子狸，又名花面狸，只有本省汉源县泥巴山下皇木村才有。"

陈公博很好奇，连连催促道："快请讲来听听。"

"这是一种极为珍贵的小动物，只有四、五寸长，大的也就斤把重，一般也就是几两，外形似鼠又似猫。人说，'天上的天鹅肉，地上的狸子肉'，属于山珍。吃的时候，只能烫毛不能煮。一煮，肉就涨，肥肉鼓起。你尝了，是不是瘦肉也细?"

"是是是。"陈公博赞叹不已，"人说吃在四川，真是名不虚传。"

酒席间，陈公博还委托邓锡侯帮助照顾他的家眷一段时间。邓锡侯连声答应，要他放心。邓锡侯知道，表面上守旧的陈公博其实生活很浪漫。除了北师大毕业的太太李丽庄外，他在外面还有两个小妾——何大小姐和何三小姐姊妹。姊妹两个都长得美，但性情却是截然不同。何大小姐性情温柔随和，同李丽庄和陈家人都相处很好，而何三小姐则很有个性，同李丽庄形同水火，陈公博只好在外面给何三小姐置了套小公馆另住。

当晚两人尽饮而散。当陈公博驱车回到他在红照壁的公馆时，更夫已打起二更。

"各家各户，小心火烛——"更夫苍老沙哑的嗓音和铜锣的沙沙声混和起来，在静夜里传得很远很远，给人一种说不尽道不出的凄迷感。

第二部　河内追杀

第五章

河内，高朗街27号

河内，是越南北部最大的城市。

午饭后，从成都经昆明一路辗转而来的陈公博步出河内大饭店，到高朗街去找汪精卫。他昨天买了一张河内市区地图，知道高朗街并不远。他一边按图索骥，一边打量起这座极富亚热带风情的越北名城。历史上，越南为中国的附属国，深受汉文化影响，直到清朝后期，法国人的势力才伸向这里。因此，这座城市的建筑、风俗民情、居民外貌都与中国的岭南，特别是与广州十分相似。一路看去，街上店面的招牌几乎一律都是用中文书写。

他顺便去看了一下剑湖。剑湖是河内的名胜，椰林婆娑，亭台如画，湖中画舫如云。湖的四周浓荫中掩隐着幢幢或乳白色或乳黄色的尖顶阔窗法式小楼。岸边绿草如茵，湛蓝的湖水一碧万顷，铺向天际。如此人间仙境，游人却不多，向来钟情于山水的陈公博因心中有事，只在剑湖稍作停留后便调头向高朗街走去。

河内的街道因为人少，显得宽阔整洁，两边都是亚热带的阔叶林和花草。街上大都是一楼一底的木板房，具有中国汉唐风韵。也有些法式小楼，掩隐于花木丛中。街上偶尔有车辆驶过，一阵汽车马达声后，很快便又恢复宁静。

时年46岁的陈公博不管到哪里，都喜欢看女人，他认为，女人是一座城市的另一道风景。这里的姑娘大都肤黑，凸额，眼凹，体瘦，黑黑的头发在脑后绾成一个又歪又大的髻，显得别有风情；她们上身着白色紧身短衫，下面或是穿大花绸筒裙，或着大裤腿黑色绸裤，头戴一顶小小的斗笠。可能是因为紫外线太强烈的缘故吧，有的嘴上还围着一条白毛巾，一直围到眼睛。这里的美女很少，但美就美得惊人。

拐一个弯，高朗街到了。

这是一片高级住宅区，一片片浓荫中矗立着一座座花园洋房。风过处，阔叶林哗哗作响，整条街越发显得宁静。陈公博一路找去，终于找到了27号。这是一幢占地面积很大的中西合璧的花园洋房，粉壁高墙铁门，庭院深深。这是曾经作过中国国民党军委代理参谋总长朱培德在河内的别墅。

陈公博按响了门铃。稍顷，门内石板甬道上响起脚步声。铁门上的一扇小窗户“吧嗒”一声开了，一个瘦骨嶙峭的中年男人，用警惕的目光盯着门外的不速之客，用流利的中国话问：“先生，你找谁？”

“我找汪先生，汪精卫。”

男子的小眼睛突然睁大，似乎惊了一下，神情更为警惕，冷冰冰地盯着来人问：“你是谁？”

“我是陈公博。”

“啊，是陈先生！”立刻，中年男子冷若冰霜的脸上泛起一丝微笑，口气也变了，“久仰，陈先生，请稍候，我立即去为先生通报。”说着，鞠了一躬，却又毫不客气地关上铁门上的小窗户。

过了一会，里面甬道上响起了杂沓急促的脚步声。

“哐啷！”一声，沉重的大铁门开了一扇。站在陈公博面前的竟是西装革履、笑容可掬的的陶希圣。

“啊呀，公博兄，我们终于把你盼来了。”陶希圣热情地说，“汪先生刚才还和我们在念叨你。真是说曹操曹操到。”说着，伸出双手，要同远道而来的陈公博握手。

陈公博却毫无热情，只是说：“希圣，走吧，带我去见汪先生。”

“好，好！”陶希圣打量了一下满脸不快的陈公博，手上做出“请”的姿势，“公博兄，请！”

二人前后相跟，过了花园，绕过一处假山，陈璧君带着曾仲鸣、周佛海已站在主楼下的阶前相迎了。

“辛苦，辛苦！”陈璧君带着真城的笑意，率先一步迎上，握住陈公博的手。周佛海、曾仲鸣也上前寒喧一番后，一行人簇拥着陈公博进到底楼客厅。众人刚刚坐定，只听楼梯上传来一顿一顿“笃——笃——笃！”的声响。陈公博循声望去，见汪精卫手执拐杖，正一瘸一拐地走下楼来。

“公博，你终于来了。”没容陈公博开口问候，汪精卫先开口说话了。他因为穿套雪白的薄西装，越发显得典雅英俊，只是因为脚痛，一丝微笑刚刚浮上脸颊便凝住了。

“汪先生，你这是？”陈公博一惊站起。

陈璧君赶紧上前扶住汪精卫，扶他在沙发上坐定。

“倒霉透顶，倒霉透顶！”汪精卫看着陈公博露出一丝苦笑，“昨天，我经不起大家劝，驱车去河内近郊风景胜地桃山游玩。我爬山时不当心，把脚崴了一下。俗话说，伤筋动骨一百天。这下，哪里也别想去了。公博，你是什么时候到河内的？怎么也不事先来个信？”

“昨天。”陈公博冷着脸说，“我按你们留在龙云那里的地址，一到河内就去河内大饭店找你们。可是，哪里有你们的人影！”汪精卫注意到陈公博满脸的不高兴，问坐在旁边的陈春圃等人：“昨晚你们不是还住在河内饭店，今天一早过来的吗？怎么公博会找不到你们？”

周佛海敷衍道：“不巧得很，我昨晚有个应酬。”

陈春圃、陶希圣却听而不闻。

还是曾仲鸣老实，有些不好意思地说：“昨晚我们到红灯区去了。”

陈公博一听，脸上顿时一黑。陈璧君是知道陈公博的脾气的，赶紧叫了女佣来，吩咐：“带陈先生去他的卧室休息。”

陈公博由于前一天晚上辗转反侧没有睡好，这就跟着女佣去了。

午饭很丰盛，是汪精卫专门为陈公博洗尘的。

饭后，汪精卫在客厅里召开了第一次非正式会议。坐在当中环视了一下陈公博、陈璧君、周佛海、陶希圣、陈春圃，汪精卫开口说：“现在公博来了。我们从事和平运动的‘首义’九人，现在除高宗武、梅思平、林柏生在香港同日本人打交道外，该到的都到了。为了挑起历史赋予我们的重担，我意立即成立政治、军事、财政三个委员会开始工作。政治、军事两个委员会由我当挂名主任，公博实际负责。佛海任财政委员长会主任并开始筹集活动资金。不知大家意下如何?”

因为在座的人中除陈公博外，都经汪精卫事前吹过风，因此都表示首肯，只有陈公博反对。他开诚布公地说：“我来河内之前，蒋委员长让我去了一趟重庆。”

“啊!”周佛海急切地问，“老蒋没有把你扣起来？你是汪先生的股肱！你是怎么到河内的，老蒋对我们出走河内有何评论?”

“蒋先生要我去重庆时，已经知道我得到了汪先生要我来河内的信。”陈公博说，“他不仅没有将我扣起来，反而为我赴河内提供了一切支持。蒋先生要我给汪先生带来一个口信，对汪先生和诸位不辞而别赴河内一事，他已对重庆方方面面打了招呼，要求务必口径一致，即：汪先生等去河内纯属休养性质。外间所传汪先生出走河内，是为了与日本人议和等等，纯属谣言。他请汪先生等在河内休养一段时间后回重庆。”陈公博说时，客厅里一片肃静，大家你看我，我看你，面面相觑。只听陈公博继续说下去，“蒋先生要我代话：一，请汪先生速回重庆，和他一起继续领导抗日；二，若汪先生想去欧洲休养一段时间，他提供一切费用……

“总之，蒋先生一再强调，请汪先生以大局为重，提高警惕，不要上日本人和卖国求荣者的当!”

“胡说!”陈公博话刚说完，气得满脸通红的陶希圣就激动地说，“汪先生和我们从事的和平运动，是挽救民族危亡的明智之举，根本不是为一己一小团体之利。开弓没有回头箭！他老蒋现在想通过你让我们回去，简直就是白日做梦!”

陈公博怒视陶希圣回应道：“日本首相近卫发表的对华声明就那么诱人，就那么靠着住?”说着，嗤笑一声，“我看蒋先生并无恶意，他的话值得考虑。现在全国民众抗日呼声日益高涨。若你们坚持这样，不仅会害了汪先生，害了你们自己，也对不起抗战以来为国捐躯的先烈们……”想起临别成都之夜，邓锡侯将军讲的那许多可歌可泣事，不禁喉头也有些哽咽了。

“公博的看法我不敢苟同!”从事“和平运动”的干将周佛海出马了。他以惯有的闪烁其词说：“问题是，我们负有救国救民的历史重任，不能沉浸于一种民族情绪中。现在，国家民族命运系于一发之际。事情很清楚，战则亡。不亡在日本人手中，就是将来亡在共产党手中！只能一条路可走，就是和，同日本人和。”在场的人都亮了牌，都公开站出来反对陈公博，连向来偏袒陈公博的汪夫人陈璧君也站出来，反对陈公博。

陈公博绝对孤立。

陈公博看了看汪精卫的神情，激愤地说："汪先生，既然如此，我就不说什么了。但是，汪先生对公博的期望，公博只有愧对了。公博家中尚有八十高龄老母独居香港，我得去尽孝道，请恕公博不能为汪先生效命，告辞了！"说完，向汪精卫曲身一揖，拂袖而去。

"公博——"背后传来陈璧君愠怒的呼声，可是，性情执拗的陈公博头也不回，转瞬不见了踪影。

"哎！"汪精卫什么也没有说，只是皱起眉头，长长地叹了口气。

"是嫌怠慢他了。"陶希圣满脸都是刻薄的神情。

"陈公博怎么翻脸不认人，忘恩负义！"陈璧君气呼呼地道。看大家还要继续发泄对陈公博的不满，汪精卫神情沮丧地挥了挥手，大家都不好再说什么了。汪精卫站起身来，拄着拐杖，又一瘸一拐地往楼上走去。大家看得很清楚，他转身时，那张俊美的脸上竟流下了泪。

第六章

日本人的口风怎么忽然变了

1938年12月22日早晨。

周佛海等人正在饭厅吃饭，先吃完饭去街上散步的陶希圣这时疯了似地冲进来，手里扬着一张刚出炉的，还散发着油墨香的中文版《河内日报》，大声嚷嚷：“登出来了，近卫第三次对华声明发表了！”大家忙丢下饭碗，上去看。

“别抢，别抢！”陈璧君说，“让佛海念。”大家安静了下来，只听周佛海用他那湖南音浓郁的北平官话大声念了起来：“……帝国政府始终依照今年以来屡次声明之方针，彻底击灭抗日之国民政府，与新生之政权相提携，建设东亚新秩序。中国新政府之基础，已趋巩固，支那各地拥护新政府之运动，亦澎湃不已，新中国建立之时机已成熟……”周佛海念着念着，声音却是由高渐低。念完了，大家好半天都没有说话，面面相觑。

“不对呀！”过了好一会，陈春圃像刚从噩梦中醒过来似地说，“近卫的口气怎么变了呢？他原来只要我们承认满洲国，承认华北为中日反共协作区，就保证在两年之内将在华日军全部撤走。怎么这次避而不谈撤军，反而给我们增添了许多和谈的苛刻条件？如此一来，我们还有什么主权可言，我们未来的国民党中央政府岂不是成了日本人刺刀下的傀儡政权？早知如此，我们何必冒险出离重庆，来到河内？现在弄得我们是上不沾天，下不着地！”

“这近卫葫芦里卖的究竟是什么药？”连一向号称“和平运动中流砥柱”的周佛海也发怒了，一把扔下手中报纸，在地上踱来踱去，一副愁眉苦脸的样子。大家亦都大骂近卫，唏嘘不已。

其实，不能怪日本首相近卫说话不算话，这是他们自作自受。日本国内各派政治力量向来斗争激烈，政局异常复杂，并不稳定。近年来在日本，激进好战的陆军少壮派异军突起，大有独霸政坛之势。他们不知道，二十多天前，在一次天皇召开的御前会议上，专门负责对中国诱降的特务机构“梅机关”机关长影佐祯昭少将，提议通过在香港同梅思平、高宗武签订的《调整日华新关系方针》时，遭到陆军鹰派人物的指责。鹰派认为这份《调整日华新关系方针》过于温和，要求修正。会上，以东条英机为代表的鹰派和以近卫为代表的鸽派进行了激烈的争论，结果是，鹰派占了上风。因而，近卫文职内阁发表的第三次对华声明，口径语气与以往大不一样，有一种咄咄逼人的架势。

汪精卫一瘸一拐下楼来了，详情他已知悉。原以为他会拿出什么主意，不意却像霜打了似的，颓然坐在沙发上，双手捧着头，一副无可奈何的样子。

大家议论纷纷。有的说：“干脆依了蒋先生的，现在既然已成骑虎之势，不如到海外当寓公算了。”

有的说：“还是陈公博聪明，不像我们脱鞋下水，他说‘日本人就那么靠得住么?’看得真准。”

“不行，不行！此时散伙，岂不是前功尽弃，功亏一篑?”

虽然也有人反对，但“散伙论”还是占了上风。

这场景让陈璧君实在看不下去了，她眉毛一挑，当众向汪精卫吼喝道：“兆铭，大丈夫遇事哪能这样垂头丧气？船载千斤，掌舵一人，你得拿出主见来!”

经夫人一喝，汪精卫清醒了。他挺直了腰板，环视众人，开口说：“和战大计，事关国家民族之生死存亡。现在我们是棋盘上过河的兵——只能进不能退。”顿了顿，继续说下去，“我等为和平运动冒险出离重庆，辗转赴河内，决非是为个人私利。现日相近卫第三次声明虽较前言论有所偏离，然我等可与之协商，决不能退。退，能退到哪里去？决不能乱了阵脚，功亏一篑，贻笑大方。此刻，我拟发表一个公开声明，将我等为国是之一腔赤诚昭告国人，也给重庆政府一个反省的机会，不知各位以为如何?”

汪精卫虽然平素看似阴柔，但毕竟是一个在宦海沉浮多年的老党棍，不仅资历声望在此，再加上他伶牙俐齿、咄咄逼人的言论，犹如兽王出山一吼，大家立时表示赞成，再无杂音。

“这份事关重大的声明谁写呀?”汪精卫笑着问。在座的都是些铁笔御吏，都能写却都不愿写。周佛海滑头地说：“这样的大事，自然非汪先生莫属。那份声名远播的《总理遗嘱》是由汪先生执笔；当年日本辛亥同志著名的‘丙午七人’讨胡书也是汪先生的妙笔，连孙先生反复推敲后也只改一字。这份事关重大的声明，当然是汪先生写！”

在座的人都深怕这件苦差事落到自己头人，因此，除陈璧君外，纷纷附和。见推不脱，汪精卫抱着“跳火坑”的心情，苦笑一下，一瘸一拐地走到桌边，展纸提笔，顷刻间拟就一篇著名的、公开降日的文章。写完之后，半是欣赏自己的文采，半是让在场的大将们都知道内容，他念了起来：

重庆，中央党部、蒋总裁暨中央执委诸同志钧鉴：

今年四月，临时全国代表大会宣言，说明此次抗战之原因，曰：“自塘沽协定以来吾人忍辱负重与日本周旋，非欲停止军事行动，采用和平方法，先谋北方各省之保全，再进而谋东北四省之合理解决，在政治上以保持主权及行政之宪政之完整为最底限度。在经济上以互惠平等为合作原则”。自去年七月芦沟桥事变突发，中国认为此种希望不能实现，始迫而于抗战，顷读日本政府本月 22 日关于调整中日邦交根本方针的阐明：

第一点、为善邻友好。并郑重声明日本对于中国无领土要求，无赔偿军费之要求，日本不但尊重中国之主权，且将仿明治维新前例，以允许内地营业之自由为条件，交还租界，废除治外法权，俾中国能完成其独立。日本政府既有此郑重声明，则吾人依于和平方法，不但北方各省可以保全，即抗战以来沦陷各地亦可收复，而主权及行政之独立完整亦得以保持，如此则吾人遵照宣言谋东北四省问题之合理解决，实为应有之决心与步骤。

第二点、为共同防共。前此数年，日本政府屡曾提议，吾人顾虑以致之故，干涉吾国之军事内政。今日本政府既以阐明，当以日德意防共协定之精神缔造中日防共协定，则此种顾虑，可以消除。防共目的在防止共产国际之扰乱与阴谋，对苏邦交不生影响。中国共产党人既声明愿为三民主义之实现而奋斗，则应彻底抛弃其组织及宣传，并取消边区政府及军队之特殊组织，完全遵守中华民国之法律制度。三民主义为中华民国之最高原则，一切违背此最高原则之组织与宣传，吾人必积极地加以制裁，以尽其维护中华民国之责任。

第三点、为经济提携。此亦数年以来，日本政府屡曾提议者，吾人以政治纠纷尚未解决，则经济提携无从说起。今者日本政府既以郑重阐明尊重中国之主权及行政之独立完整，并阐明非欲在中国实行经济上之独立，亦非欲要求中国限制第三国之利益，惟欲按照中日平等之原则，以谋经济提携之实现，则对此主张应在原则上予以赞同，并应本此原则，以商定各种具体方案。

以上三点，兆铭经深思熟虑以后，以为国民政府应即以此为根据，与日本政府交换诚意，以期恢复和平。日本政府11月3日之声明，已改变以往声明之态度，如国民政府根据以上三点，为和平之谈判，则交涉之途径已开。中国抗战之目的，在求国家之生存独立，抗战年余，创巨痛深，倘犹能以合于正义之和平而结束战争，则国家之独立生存可保，既抗战之目的已达。以上三点，为和平之原则，至其条例，不可不悉上商榷，以求适当。其尤要者，日本军队全部应由中国撤去，必须普遍而迅速。所谓在防共协定期间内，在特定地点允许驻兵，至多以内蒙附近之地点为限，此为中国主权及行政之独立完整所关，必须如此，中国始能努力于战后之休养，努力于现代国家之建设，中日两国壤地相接，善邻友好有其自然与必要，历年以来，所以背道而驰，不可不深求其故，而各自明了其责任。今后中国固应以善邻友好为教育方针，日本尤应令其国民放弃侵华侮华之传统思想，而在教育上确立亲华之方针，以奠定两国永久和平之基础，此为吾人对于东亚幸福应有之努力。同时吾人对于太平洋安宁秩序及世界之和平之保障，亦必须与关系各国一致努力，以维持其友谊及共同利益也。谨此提议，伏祈采纳，汪兆铭。艳。（注释：因发明此声明的时间为29日，故而依据其韵目代日而称为“艳电”。）

汪精卫念完了，周佛海、曾仲鸣、陈春圃、陈璧君等不约而同地鼓起掌来。

“好。既然大家都同意这篇文字，就事不宜迟！”汪精卫看了看大家激动的表情，开始点将，“这篇文字就请希圣带去香港，让顾孟余看后，交林柏生在29日的《南华日报》上全文发表。”

陶希圣很敏感，总觉得在河内在要出点什么大事。正想离开河内，听此如蒙大赦，赶紧从汪精卫手上接过这篇文字。

向来奸滑，遇事总是先行一步的周佛海对汪精卫说：“汪先生，看来我也得到香港去。”

“周先生怎么能走？”陶希圣深怕周佛海把他的美差抢了，赶紧说，“你是汪先生的首席辅佐，你走了，汪先生有事找你商量怎么办？”

“现在的大问题是兵马未动，粮草先行。”周佛海振振有词，“汪先生要我当财政委员会主任，我得到香港筹款。”看这句话说到汪精卫心上去了，周佛海笑着继续说：“有什么办法呢，开门七件事——柴米油盐酱醋茶，总不能让大家饿着肚子去救国吧!”

汪精卫点点头:“对的,佛海应该去。”

香港,是当年英国人仗着船坚炮利,从清政府手中抢去的一块宝地,号称“东方之珠”。维多利亚海湾,如同一只温柔而有力的臂膀环绕着它,使其成为南中国海一块不可多得的珍宝,无论战略地位和经济地位都十分重要。香港由新界、九龙、港岛三部分组成,总面积一千平方公里左右,新界同深圳相接。那里一年四季天高云淡,有金色的沙滩、绵长的海岸线,而且一律都是深水港。万吨巨轮鳞次栉比地停靠在港湾内,犹如宝宝睡在母亲甜美的摇蓝里。香港是在二十世纪最先进入现代化都会和世界著名金融中心的亚洲城市。丽日蓝天下,港岛上幢幢华美的大厦,都是世界上著名的大银行、大商行。而隔着维多利亚海湾与港岛相望的九龙则保持着繁华中的宁静,新界更是一派田园风光。香港,既是世界名港、金融中心,又是旅游胜地。

1938 年 12 月 28 日早晨。一轮红日披着霞光,刚刚从维多利亚海湾上升起,在铜锣湾顾孟余那间阔气的花园洋房里,西装革履的周佛海、陶希圣已坐在主人豪华的客厅里高谈阔论了。

顾孟余同陈公博一样,也是汪精卫器重、信任的人,是国民党内的改组派重要人物;与陈公博一起,被视为汪精卫的左膀右臂。汪精卫做行政院长时,顾孟余做铁道部长,后做国民党宣传部部长。蒋介石独揽国民党大权后,虽然没有将顾孟余解职,但因其长期留驻香港,遗职由周佛海代行后正式继任。

顾孟余是个自恃有才、性情傲慢的人,他皮肤白皙、身姿颀长。这会儿,衣着考究的他戴副金边眼镜,坐在沙发上,架起二郎腿,背对着落地玻璃窗,一边品着咖啡,一边细细看着陶希圣带给他的那篇由汪精卫亲笔撰写的重要文章。看到第二遍时,他眉毛不禁皱了起来,因为激愤,细长的手指也有些抖动。

“汪先生这分艳电不能发!”他“啪!”地将文稿拍在玻璃茶几上,看着周佛海、陶希圣说,“汪先生怎么这样说呢!我坚决反对汪先生这样说。一句话,我是决不当汉奸的!”话很刺耳。坐在一边的《南华日报》社社长、西装革履的矮胖子林柏生当即将顾孟余的话打回去。

“顾先生！”他针锋相对，“汪先生要我们把这篇艳电给你看，是看得起你。你有不同看法是你的事，汪先生指定我将这份文稿在29日的《南华日报》上全文发表，那是板上钉钉的事情。文稿上署了汪先生的名，你我都无权反对！”

“好吧！”看了看周佛海、陶希圣的神情，顾孟余站了起来，做出一副送客的架势，火气很大地说，“既然如此，我同汪先生的缘就算尽了。”林柏生收起文稿，同周佛海、陶希圣气鼓鼓地走了。从此，顾孟余同汪精卫断绝了一切关系。

汪精卫的文稿——艳电，如期在29日的《南华日报》上以头版头条的显要位置刊登了出来。国内国际舆论哗然。《路透社》评论员的文章以其西方人的幽默笔调，一针见血地评论道：“这位时常犯规而又屡次踏回正途的政界顽童（汪精卫），这回终于永不回头了……”

朝阳漫过窗外一株肥大的蕉叶，从浅网窗帘上泻进室内。无数金色的斑点在地板上闪烁游移，风吹过，编织出一个个好看的波浪状图案。

晨九时，习惯晚睡晚起汪精卫起床了。陈璧君穿着休闲服走出卧室，到隔壁将一个描金漆盘——女佣已经端来放在外间的早点端进卧室，放在床头柜上。盘里，有一杯正在冒热气的牛奶，两个牛角面包，旁边一只小碟里装有一只烤鸡腿。此外，还有一张还散发着油墨香的刚出版的中文版《河内日报》。汪精卫穿一身宽大睡袍，脚上穿着一双拖鞋，去隔壁盥洗间洗漱后，又将身子歪在床上，头靠在床档头上，将那杯加糖牛奶从托盘里拿起来，一边慢慢喝着，一边看报。

这时，陈璧君也开始做她的早课——坐到梳妆台前，一边对着那面莹澈的意大利进口镜梳妆，一边用浑圆得像小香肠似的手，扭开放在梳妆台上的美国短波收音机，收音机里开始传出一阵轻微的沙沙声。她调了调，杂音消失。

“美国之音、美国之音！”收音机里传出一位女人软绵绵、娇滴滴的声音，接着是一阵轻快的广东音乐。乐声过后，那女人用北平（京）官话开始播音：

“据重庆电台广播。昨日，国民党中常委发布文告：‘汪兆铭承本党付托之重，值此抗日紧急之际，擅离职守，匿迹异地，散发违背国策之主张。艳日来电，竟主张以敌相近卫根本灭亡我国之狂悍声明为名逞摇惑人心之技，而其电文内尤处处为敌人要求曲意文饰，不惜颠倒是非，为敌张目；更复变本加厉，助售其欺。就其行而言，实为通敌求降。据此，中常委决定，撤销汪精卫一切职务，永远开除其党籍，以儆效尤！”

在插入一段轻快的音乐《良宵》之后，女播音员继续播送：“另据重庆中央社讯，中国国民党第一、第四、第五、第九战区高级将领以及他们所辖的各省政府机关，还有广东、山西、广西、山东、江西、四川、甘肃、河南、湖南、湖北、浙江、新疆等省的政府官员、民众团体都坚决表示与蒋委员长一致的态度，纷纷通电，要求国民政府明令通缉汪精卫。

“此次反对汪兆铭氏的浪潮，似乎来得比人们预料的激烈。据悉，从延安激进的共产党人到素来亲汪的粤军将领，如张发奎、余汉谋等，也对汪持批判态度，而且用了‘明正典刑，以肃纪纲’等激烈的措词……”

听到这里，陈璧君再也沉不住气了，“叭嗒！”一声关了收音机，气呼呼地转过身来，见斜倚在床铺上的丈夫早已停止了喝牛奶，神情紧张，脸色苍白。看着夫人，汪精卫用竭力沉着的语气对夫人说：“其实，我的艳电发表后，重庆的反应早在意料之中。可是，万万没有想到，连川、滇、粤这些向来由军阀盘踞的地方也跟着重庆跑了，真是匪夷所思！”他很失意地仰起头来望着天花板，“这样一来，我的全盘计划就被打乱了。本来，我已同日本人讲好，他们不进攻川、滇、粤三地，我可以从中选中一地建立国民党中央政府同重庆抗衡的。这样一来，”他霍地站起身，焦燥地踱起步来，“我们该到哪里建立我们的中央政权呢？我们只好将中央政府建在日占区，但这样岂不是授人以柄?!”说着，他大步上前，将放在床上的《河内日报》一把扔到了地上。

“车到山前必有路，船到桥头自然直。”陈璧君一边安慰着丈夫，一边弯腰拾起报纸。无意中瞥了一眼后，脸色大变，将报纸在手上几抖，睁大眼睛问，“四哥，这张报，你看了没有?”

“没有！”汪精卫转过身来来，看着夫人的脸色，烦燥不安地吼了一声：“我不是在听《美国之音》吗？你看到了报纸上的什么东西?”

“你看，你看！”陈璧君指着报纸上的一段文字念，“日本内阁改组，首相近卫宣布辞职，平沼骐一郎组阁……”

“什么？什么？我怎么没有注意到呢！”汪精卫快步上前，一把从夫人手中抢过报纸，一看，头都大了。两夫妇正在屋内穷思对策，女佣送上一份香港急电。陈璧君接过，一边看一边说："是香港周佛海来的。"汪精卫接过来一看，让他亦喜亦忧。周佛海在来电中报告了他目前最感兴趣的消息："虽然近卫辞职，然上届实力人物陆相板垣留任……"这让他喜。但是电文中的"新相平沼与支持我的'梅机关'机关长影佐等人关系不深，对我态度冷淡，新的密切关系正在寻求之中……"又让他平添忧烦。

但是，汪精卫很快就冷静下来了。他将周佛海从香港来的密电放入抽屉中，坐到桌前提笔给周佛海回电指示："设法寻求同平沼新内阁的密切关系……"电文写好了，他对夫人说："等一下，你将电报交由仲鸣发给周佛海。另外，我想同你商量一下，我们是不是在河内把文惺、文杰他们的婚事办了？"

"你真是昏了头！"陈璧君睁大了眼睛，满面愠怒，"这是什么时候什么地方，你竟要嫁女？你有这个心情？"

"夫人，这你就没有想到了！"汪精卫慢慢解释，"这接二连三的消息，对我们很不利。前天，就在近卫发表第三次对华声明后，我们首义九人中，有的人不就产生了动摇？今天这个消息更比近卫的第三次对华声明还要震撼。许多人都在看着我们。这个时候，我们倘若有一点动摇慌乱，那就非坍台不可。为稳定军心，我想——"

"四哥，我懂了，就照你说的办。"陈璧君转过身去，看着镜中的自己，说，"我马上叫仲鸣给周佛海发电。文惺、文杰他们的婚事，你就不要费心了，一切由我来操办。"

第七章

强作镇静，汪精卫河内嫁女

剑湖大饭店是河内数一数二的豪华饭店，既有越南民族特色，又很有些法式风格。进出这座大饭店的不是中东巨富、西洋大亨，就是越南显贵。

中午，一辆接一辆的小轿车，披着金灿灿的阳光，陆陆续续地驶进了剑湖大饭店，站在盘龙金柱前的红衣侍者赶紧下阶相迎。首先来到的是一辆“林肯”牌高级小轿车，下来的是汪精卫、陈璧君夫妇。

汪精卫今天穿一套雪白笔挺的西服，有些苍白的脸上挂着一丝微笑。按照习惯，下车后，他摘下戴在头上的一顶白色盔式礼帽，向四处看了看。乳白色的主建筑楼下花木茂盛，雀鸟啁啾。几步之外有个喷水池，池中有座假山。假山上有个长着两只翅膀的可爱的小天使。无数的水柱从小天使的翅膀里喷涌而出，冲向半空，带给人一种凉爽的舒适感。这天，汪精卫夫妇包了这座主楼。陈璧君也是第一次来，她打量着映入眼帘中的一切。阳光过于强烈，虽然置身在阳光晒不到的巴亭式廊檐下，她仍抬手遮挡阳光。她无名指上的大克拉南非钻戒和颈项上的一串翡翠珍珠项链，在阳光下格外耀眼。陈璧君虽然从小生长在有钱的南洋华人家庭，但并不讲究穿戴，今天她显然是着意打扮的：身着金线走边黑色缎面旗袍，脚蹬一双奶黄色高跟皮鞋。很明显，她并不擅长此道，她身材本来就不高，又发福了。这样一穿，显得越发矮胖，种种缺点暴露无遗。

风度翩翩的汪精卫显然对夫人的安排很满意，他微笑着，侧过头恭维陈璧君：“夫人真是会办事，有眼力。这饭店确实是第一流的。”陈璧君也笑了，得到丈夫的称赞，她很高兴。

这会儿，一辆辆小轿车鱼贯而来。

“客人们来了。”汪精卫说着把手伸给夫人，“我们进去吧。”夫妇手挽手进了大门，去往宴会厅。

具有中式色彩的宴会厅里张灯结彩，喜气洋洋，地上铺着大红地毯，处处溢满了欢快的广东音乐。身穿大红绸缎旗袍的服务小姐们，手端托盘，身姿袅娜地在30余张排列有序的大圆桌间穿梭往来，摆设杯筷，作着宴会正式开始前的最后准备。圆桌上都铺着雪白的桌布，摆着鲜花。来的都是达官贵人，汪精卫夫妇站在宴会厅前，向来宾一一握手点头微笑。该来的客人都来了，细心的记者发现，座中独缺在邀之列的中华民国驻河内总领事许念曾。

汪文惺和何文杰的婚礼完全是西化的，程序很简单。客人到齐后，一对脸上带着甜甜微笑的新人，手拉着手走了出来，在来宾们面前挥手致意；像是一对男女演员从后台走到了前台。两个粉妆玉琢的花童，跑上前去，向一对新人献上鲜花。场上响起了一阵热烈的掌声，一阵镁光灯闪烁，记者们在忙着拍照。

站在来宾们面前的汪文惺是汪精卫夫妇的长女，刚在国外一所教会大学毕业。她长得不算漂亮，有一张同母亲陈璧君很相似的椭圆形的脸，皮肤也不算白净。不过身材和风度都很好，这方面酷似其父。她个子高高的，四肢修长匀称。嘴唇很好看，下巴不太尖也不太圆，一头烫成波浪形的丰茂黑发，松松地垂到颈上，显得活力十足。她的眼睛不大，但很黑很亮，穿一件淡黄色暗花旗袍，开叉高，走路时，不时闪露出丰腴修长的大腿，和那又高又硬、封着颈子撑着下颏的衣领形成明显的对照。她身上不着一点首饰，显出一派大家气。

汪文惺的夫婿何文杰是她的大学同学，身材瘦高，五官清晰，穿一身笔挺的咖啡色西服，雪白的衬衣，打一根桃红领带。汪文惺、何文杰两人，一个用中文一个用带牛津腔的流利英文，向来宾们发表了简短的欢迎词。待来宾代表致词完毕后，婚礼仪式也就宣布完毕。仆役们鱼贯而入开始给各桌上菜。菜是中式法式越式混杂，很是精美丰盛。

觥筹交错间，来了一位不速之客：中年人，西装革履，仪表不凡，神情干练，从一张张圆桌间绕过来，径直走向汪精卫。

那是谁？莫不是自己喝醉了？汪精卫好生惊讶，他看清楚了，笑吟吟地向自己走来的，正是重庆蒋介石手下大员谷正鼎！

“夫人，你看，那向我们走来的是不是谷正鼎？”汪精卫用手轻轻碰了碰坐在身边的陈璧君。胃口向来很好的她，正在津津有味地吃一条夹到盘子里的红河鱼。

“啊!”陈璧君抬起头来，看见来人果真是谷正鼎。

“小谷!”陈璧君高声招呼道，“你是从天上掉下来的吗？快坐。”他们身边正好有一个空位，她示意谷正鼎坐在身边。

谷正鼎尽量不引人注意地在他们身边坐了下来，小声说：“在报纸上看到汪先生大女公子结婚之喜，蒋先生特派我赶来河内道喜。”汪精卫注意到，谷正鼎说这些话时，那双细长的眼睛里充满内容。

谷氏三兄弟可是鼎鼎有名的人物。他们是贵州人。老大谷正伦原是贵州军阀，后来跟了蒋介石，抗战前任首都南京警备总司令兼中央宪兵司令。十年反共中，双手沾满了共产党人的鲜血，深受蒋介石器重。

谷正鼎是老三，他和二哥谷正纲原先都是汪精卫营垒中人，是改组派重要成员。1935 年，蒋、汪合作期间，蒋介石通过老大谷正伦，将老二老三都“挖”了过去。谷正鼎在汪精卫作行政院长时，很受汪精卫器重，当过铁道部部长顾孟余的下属——铁道部总务司长。

情知他这个时候找来，必有重庆的重要使命，汪精卫向陈璧君使了个眼色，二人离座，同谷正鼎去隔壁小客厅谈话。

“蒋先生要我代表他专程来河内，向你们——汪先生、汪夫人致意。”一坐下，谷正鼎当即表明来意，并开门见山地说，“蒋先生的意思是，若汪先生对国是有不同见解，若要在报刊上发表文章，或是直接向他发电表示意见，蒋先生任何时候都表示欢迎。如果汪先生夫妇需要赴法国等地疗养，经费由中央财政部负责供给。这里，我代表蒋先生先向汪先生送上 50 万元，请笑纳。”谷正鼎说时，将一张可以在河内提取的巨额支票和两张去法国的官方护照放在汪氏夫妇面前。看陈璧君拿起护照、支票细看，谷正鼎又补充说，“如果汪先生同意去法国，以后你们所需经费当由财政部随时筹寄。蒋先生还说，希望汪先生不要去南京、上海另组中央政府，以免为日本人利用，造成严重后果!”谷正鼎说到这里戛然而止，同时仔细地打量汪精卫的神情。

汪精卫脸色铁青，看着谷正鼎问：“你的话说完了？”

“说完了。”

“那你可以走了。”汪精卫说，“你回去对蒋先生说，我汪兆铭所做的一切，不是为了我自己，完全是为了国家民族的利益。因而，他的种种好意、劝告甚至是警告，兆铭断断不能接受。你代表蒋先生送来的厚礼，我们拒收，请你带回去!”说完，带着陈璧君站起身来，也不管谷正鼎神情如何尴尬，愤然拂袖而去。

重庆上清寺委员长官邸。

晨九时，时年42岁的军统局局长戴笠准时出现在蒋介石书房门前。透过挂在门楣上那副精致的富有四川特色的竹帘望进去，身着蓝袍黑马褂的委员长背对着门，身姿笔挺地站在窗前沉思。宽大锃亮的书桌上，委员长百读不厌的线装书《曾文正公全集》翻开着。正面墙壁上有幅委员长手书的横匾“寓理帅气”，字如其人，瘦而硬。另外一面墙壁上挂的是一幅裱过的张静江书法，是被蒋介石视为座右铭的《孟子》里的一段话：“居天下之广居，立天下之正位，行天下之大道；得志，与民由之；不得志，独行其道。”张静江和戴笠一样，都是委员长的老乡。张静江不仅极善理财，而且极有政治头脑，先后同孙中山、蒋介石过从甚密且对他们财政支持颇多，1914年，张静江应孙中山之邀，去广州作过国民政府财政部部长。

1926年，时任北伐军总司令的蒋介石，面对国共联合的武汉革命政府的挑战，因为资历浅、威望低、号召力不够，而一筹莫展。正当此时，一个秋雨濛濛的黄昏，一乘装饰豪华的马车翩然来到总司令部门前。从车上下来的就是骨瘦如柴，一只腿行走不便，但点子极多、手中又有钱的张静江。蒋介石闻讯大喜，赶紧迎出门来。结果，张静江帮助蒋介石转危为安，度过难关，从此，两人关系更进一层。

凝神屏息站在门外的军统局局长戴笠心中清楚，委员长之所以过了时间还不理他，显然是发脾气。蒋介石有个特点，遇到什么不顺心的事，总爱在他喜爱的下属面前发作；在不喜欢或是心中有过节的人面前，反而会假装热情。

佩少将军衔的戴笠，今天没有着军装，而是穿一套藏青呢中山服，不明就里的人还以为他是委员长的侍卫官——委员长的侍卫官们一律身着藏青呢中山服，军衔大都是少校。

屋内，虽然委员长还是没有调过身来，但戴笠始终在门前站得端端正正，保持着一个职业军人在长官面前应有的姿势。作为委员长的学生，戴笠在黄埔军校毕业后，曾做过一段时间的校长副官。因为身上有种与生俱来的特务才干，校长让他单独组织了一个谍报科。戴笠完全是白手起家，条件相当艰苦，在南京鸡鹅巷“开业”时，人没有几个，枪没有几支，在好友胡宗南等人的支持下，谍报科很快就取得了不凡的成绩，引起委员长极大的重视，并很快成了直接为委员长服务，直接受委员长指挥的军统局。戴笠功勋卓著，但委员长只是在军统局成立时封过他一个少将，对他说话时还时常叫他“戴科长”。这一点，时常让戴笠心中暗暗抱怨，但又自傲，自己虽然只是一个少将，但若干中将、上将都不在眼里。俗话说：“宰相门人四品官”，他一个堂堂的军统局局长，又是委员长的心腹干将，权倾一时。现在，他的军统局已发展到十多万人，在世界各地都有下设的机构，人多势强，财政上也特别富裕。他同胡宗南、何应钦等军政大员抱成一团，其力量，在一定程度上甚至可以左右中央。不要说一般中央大员，就是陈诚这样的一品大员，平时也不得不让他三分。蒋介石重用的人需要有两个条件：一是浙江老乡，二是黄埔军校毕业生。这两个条件，戴笠都具备，而且随着时间的推移、时局的演变，他的军统局越来越重要，深受委员长器重，这一点他心中有数。表面上，委员长几乎从来没有给过他好脸色。对这一点，他不仅不恼，反而沾沾自喜。委员长对他越打越骂，他心中越欢喜，因为这表明，委员长不把他当外人。

“是戴科长吗？”委员长背着身子发问了，声音有些低沉。

“是！”戴笠赶紧将胸脯一挺，脚上皮鞋一碰，“啪！”地一个立正。

“报告校长！”戴笠爱称蒋介石为校长。他私心认为，这样称呼可以唤起曾经创办黄埔军校并任黄埔军校校长的委员长对他——黄埔军校毕业生戴笠的一种特殊的回忆和感情。

委员长霍然转过身来，看着他，鹰眼闪亮，低喝一声：“进来！”

“是。”戴笠应声迈着军人的武步进了门，面向委员长仍然站得端端正正。校长不让他坐，他不敢坐，就是校长让他坐，他也不敢贸然坐。

“戴雨农（戴笠字雨农）！”蒋介石看着他，忽然发怒，“你活得不错，你这个军统局长当得不错，嗯！”

戴笠一时摸不清这话的来由，不敢回话，只是挺了挺胸脯，做出一副只要委员长吩咐，我戴雨农随时赴汤蹈火的姿态。

“唔！”蒋介石背着手在地上气呼呼地转圈子，“日本人，现在又加上一个逃到了河内去的汪精卫！你是要看着他们联手组成另一个‘中央政府’，危害党国是不是？”

“不是！”戴笠又将头一昂，胸一挺，喊操似地大声回答。这会儿，他才明白委员长找他来，并大发脾气的缘由。

“对汪兆铭，我蒋某人已经是仁至义尽，他却是要对抗到底。对这样的人，我只好格杀勿论。嗯!?”蒋介石说到这里，猛地停下来看着戴笠，眼神冷酷如冰、锋利如刀。

“是。”戴笠反应很快，赶紧立正领命，“我立即派骨干去河内，务必近期内诛除汪精卫等人！尽快为校长摘除党国身上长出的毒瘤，请校长放心!”

蒋介石将手一挥，示意谈话就此结束，以训代命，前后不到五分钟。

“是。”戴笠给委员长敬了礼后，唯唯诺诺退了出来。

第八章

月黑风高夜，刺杀汪精卫

1939 年春节过后，地处亚热带的河内一派葱郁的景象。时值越南的旱季，多日无雨。在北部湾登陆的湿润海风，掠过广袤的红河三角洲，到达河内时已变得像一只温柔的手，轻轻抚摸着成群结队去郊外踏青的人们。

天气很好。

从早晨起，河内天空如洗，像是一块干净的蓝玻璃的天上，不时飘过几朵薄云。上午十时，高朗街 27 号两扇平日总是关闭着的黑漆铁门突然打开，驶出三辆黑色小轿车首尾衔接，风驰电掣，往城外开去。汪精卫、陈璧君夫妇就坐在中间那辆防弹“林肯”牌高级轿车上。

就在这时，高朗街 27 号对面一幢高层建筑物上，由河内国民党军统局组成的“暗杀汪精卫行动小组”组长陈恭澍缓缓放下手中的高倍望远镜，棱角分明四方脸上浮起一丝杀气腾腾的微笑。

“好，蛇终于出洞了!”陈恭澍说着，对身边的四五个便衣特务将手一挥，“走，斩蛇捕蛇，今天是个好日子!”几个特务跟着陈恭澍小跑下楼，分头钻进已经发动起来的两部大功率美式中吉普车里，闪电般追了上去。

日前，戴笠在蒋介石那里领了暗杀汪精卫的指令后，立即指定陈恭澍带精干力量奔赴河内，组织“暗杀汪精卫行动小组”；同时亲自飞去香港，协调指挥各方面力量配合陈恭澍行动，以保万无一失。戴笠为人向来机警、考虑周密。他知道，河内是法国人的势力范围，如果他亲自去河内，容易暴露。而香港离河内并不太远，乘轮船去只需一个昼夜。同时，香港是国际商港，容易掩护，且交通和电讯业都非常发达，去香港指挥此次重大的暗杀活动，相对理想。

陈恭澍在河内组建的“暗杀汪精卫行动小组”一共是十八个人，个个身怀绝技。他们秘密到达河内近半个月的时间里，在许念曾总领事的密切配合下，设法在汪精卫居住的寓所对面的高层楼房里，租到了一间带顶的房间，他们用高倍望远镜对汪精卫一行进行24小时不间断的监视，并且动用特工手段，设法在汪家电话线上安装了窃听器。今天以前，他们有多次下手机会，无奈鬼使神差，都让汪精卫逃过了。汪精卫有爱吃法国牛角面包的习惯，每天早晨都要“法兰西”面包房派一越佣送面包去。那天早晨，经陈恭澍重金买通的越佣在给汪精卫送的面包中下了剧毒，偏那天早晨汪精卫没吃，把面包原封不动退了回去……

汪精卫很爱干净，每天一早一晚都要洗澡。那天早上，他浴室的水龙头坏了，打电话找修理部派工人去修理。陈恭澍知悉后，派特务化装混了进去。事情计划得天衣无缝：水龙头修好后，“工人”会打开煤气，关闭窗子，只要汪精卫一走进浴室立毙。不料，从那天早晨起，汪精卫竟一连三天没进那间浴室……

本想继续寻找机会暗杀汪精卫，不料在香港的“戴老板”不断打电话来催，限期完成任务，并告诉陈恭澍一个惊人的消息：日本本部为确保汪精卫安全，决计近日派人去河内，保护汪精卫一行出走。电话上，“戴老板”声色俱厉，责令陈恭澍“克日诛除汪逆！否则，军法从事。”

正当陈恭澍一筹莫展之际，机会自己找上门来了。坐在第一辆美式中吉普车里的“暗杀汪精卫行动小组”组长陈恭澍，透过前窗紧紧盯着前面汪精卫那辆车，并通过对讲机对后面车上的副手唐英杰下达命令：“你的车超过去，提前一步到德莫桥，隐匿于桥边那块巨石后面。他们的车到时，放过前面一辆车，对中间汪精卫那辆‘林肯’牌轿车用特殊枪弹猛烈射击。我跟在后面，前后夹击。”

“明白了。”随着对讲机中唐英杰清亮的应答，跟在陈恭澍身后的那辆美式吉普，呼地一声从他们旁边蹿了上去。可是，就在陈恭澍心中暗喜时，只听后面一阵马达轰响。陈恭澍一惊，调头一看，不由连声叫苦，后面跟上来的是一辆河内警察局的大功率警备车。他们好像是有备而来，车厢两边堆满沙袋，沙袋后埋伏着十多名越南警察，架着机枪、冲锋枪，作好了战斗的准备。显然，是汪精卫一行发觉了危险，用车上无线电报警，找来了救兵。陈恭澍不得不临时改变作战方案，用对讲机通知了已赶到前面的唐英杰。

前面汪精卫的三辆轿车突然停了下来，调转车头，在警车保护下，向市区飞驰。陈恭澍率领的小分队不甘心就此放弃，两辆车紧咬着“蛇尾”不放。

追到河内十字街口时，“哐啷啷！”一辆有轨电车拉长汽笛，由北向南驶来。这当儿，只见汪精卫乘坐的那辆“林肯”牌轿车在电车驶过的瞬间冲过了铁轨。陈恭澍、唐英杰的车却都被电车挡住了。当那辆有轨电车好容易慢慢摇过去后，哪里还有汪精卫的影子！这次在郊外处决汪精卫的行动计划，又失败了。

1939年3月21日深夜，有风无月，树叶沙沙，一切已经在夜幕中沉睡。唯有高朗街27号汪精卫一行居住的庭院深处的主楼上——三层法式小楼二层中间的一间房子里，还亮着乳白色的灯光，从窗帘缝隙间泻出的灯光洒在夜幕中，显得特别温馨。这是一间舒适华丽的卧室，自去年底汪精卫夫妇来河内后，就一直住在这个房间里。

然而，今夜，这间屋子换了主人。柔和的灯光下，门窗紧闭，浅绿色窗帘拉得严严的。迎窗右边墙角放着一张淡绿色梳妆台，一面莹澈无比的意大利梳妆镜里反射出台上置放着的大大小小、高高低低的进口化妆品。迎窗左边有张淡绿色写字台，墙角立着一张淡绿色大衣橱。房子中央是一张硕大的席梦思床，床上铺着薄薄的天蓝色缎被。一对并排的枕头上，绣着色彩斑斓的鸳鸯戏水。离床稍远，靠墙壁处摆有一张淡绿色小圆桌，桌的两边是淡绿色竹编矮背靠椅，桌子当中摆有一只翡翠色高颈鼓肚花瓶，细细的瓶颈中插了两束花，都是康乃馨：一束水红，一束雪白，散发着淡淡的幽香。从整个房间的布置看去，清爽、舒适、温馨，像一对新人的房间。

汪精卫的心腹秘书曾仲鸣，脸上堆着幸福的微笑，穿一身宽大的白纺绸中式裤褂，坐在竹编矮背靠椅上，含情脉脉地看着久别重逢的妻子方君璧。久别胜新婚，这一对情深意笃的夫妻，今天一见面就如胶似漆，有说不完的话。偏爱曾仲鸣的汪夫人陈璧君特意嘱咐，任何人都不要去打扰他们，连饭都是女佣给他们送进去吃的。

曾仲鸣、方君璧夫妇和汪精卫、陈璧君夫妇的关系可谓源远流长。方君璧的哥哥是辛亥革命中在黄花岗战役中牺牲的著名烈士方声洞，嫂嫂是曾仲鸣的姐姐曾醒。

1912年，还是小姑娘的方君璧随寡嫂曾醒、姐姐君瑛，还有曾仲鸣跟着到法国去留学的汪精卫夫妇到了巴黎。在汪精卫的悉心栽培下，曾仲鸣在里昂大学毕业，获文学博士学位，后又到波铎大学理科学习了一段时间。1921年，曾仲鸣因汪精卫推荐，任里昂中法大学秘书长。1925年，曾仲鸣应汪精卫召唤回国，长期做汪精卫的心腹机要秘书并曾任国民党中央候补委员、中央政治委员会副秘书长。

方君璧是位女画家，长留法国。曾仲鸣自 1938 年 12 月随汪精卫夫妇潜赴河内以来，这是他们夫妇第一次见面。本来，方君璧这次专门从法国回来看望夫君，陈璧君想在河内大饭店给他们租一间套房的，汪精卫却说：“仲鸣、君璧夫妇同我们关系不一般，连文惺的名字都是他们给取的，让他们住在外面就太见外了，既不安全又不方便，就把我们那间卧室让给他们住吧!”陈璧君便同意了。

这会儿，曾仲鸣将心中要对妻子说的话都说完了，取了眼镜，满脸漾笑，久久打量着坐在对面的妻子。此时，方君璧也用她那双又大又黑又亮的眼睛，深情地凝视着夫君。灯光下，方君璧容长脸，三十多岁，看起来比实际年龄轻，很有风韵。身姿颀长丰满，穿一身法国最流行的晚妆——宽松闪光白色绸缎衫裙。她刚洗完澡，周身散发着只有成熟丰腴女人身上才有的体香；像是一枚树上熟透了的红果子，只要轻轻一碰，就会落下地来。在法国巴黎住久了，她的举手投脚间自然而然地流露出一种艺术家的洒脱和洋气。

曾仲鸣也许因为妻子久不在身边，精力又特别充沛，因而爱嫖妓。但那仅是一种生理需要，并不是真情别移。他们一行人跟着汪精卫到了河内后，因家眷都不在身边，夜晚都去红灯区嫖妓，但自那次陈公博来到河内埋怨他们，把他们夜晚出去嫖妓的事都抖了出来后，“管家婆”陈璧君为了安全，也为了面子，便不准他们晚上出去，并定下“家法”：“从此后天一黑就关门，任何人，未经我的允许，不准出去。”陶希圣、周佛海去了香港，只是苦了他和陈春圃。曾仲鸣只老实了两天，终于还是憋不住，深夜架梯子翻墙出去。陈璧君知道了也佯作不知，对他网开一面。这以后，每天晚上，曾仲鸣都做贼一样，蹑手蹑脚地架上梯子，越墙而出。嫖完妓，快天亮时再翻墙而回。

“璧!”曾仲鸣看着妻子说，“汪先生告诉我们，河内住不久了，也许是去香港，也许是去上海。一旦我们安定下来，你可要尽快回到我的身边啊!”

已同丈夫倚坐在床边上的方君璧，听话地点了点头，用一双手勾着丈夫的肩，撒娇似地一笑：“鸣!”她用一只涂了寇丹的手，轻轻梳理着丈夫头上浓密的黑发，星眼发亮，双颊潮红，柔声轻问，“我问你，我不在你身边时，你想不想我?”

“想!”曾仲鸣用手轻轻拍了拍妻子勾在自己颈上那双又白又嫩莲藕似的

小手，老老实实地承认，“想，怎么不想，我做梦都在想你。”

“我不在你身边，你出去浪漫过没有？”方君璧眯起眼睛看着丈夫，“你老老实实告诉我。”

曾仲鸣说了假话，矢口否认：“没有。”

“我不信。”方君璧闭上了眼睛，“你们男人，在这方面没有一个是老实的。何况，你在这方面的要求，又是如此强烈。”

“那你呢？”曾仲鸣既不承认，也不否认，来了个反问。俗话说，“三十如狼，四十如虎”。方君璧在这方面同样要求强烈，而且也快到“如虎”的年龄，况且，她的身体是如此健康！尽管他不是一个将女人的贞操看得多么重的男人，但经妻子这一提醒，他想到了这一层，也想探探妻子，有没有这方面的隐秘。

“我是一个身体健康、生理正常的女人。”方君璧大大方方地回答丈夫的问题，“但是，我极热爱我的绘画事业。我的情趣、注意力完全为我的事业所转移，根本无暇顾及别的。我只有在同我最热爱的丈夫——你在一起的时候，才会唤起我身上火一样的激情。”方君璧善于言词，这一番诗一般的语言，不仅打掉了他刚刚涌上来的一丝疑虑，而且让他陡然间感到周身热血沸腾。

“那好！让我现在就来唤起你火一般的激情！”说着，他一手将她香软的胴体搂紧，“啪！”地关了床头灯。很快，床上响起了他们忘情的喘息声、呻吟声。借着夜幕的掩护，他们爱得昏天黑地，欲生欲死。灵与肉结合在一起，情感如决堤洪水，随着身体的大动而激越飞迸。方君璧是个成熟透了的女人，深受西方文明的洗礼，没有半点加在中国女人身上的传统约束，很放得开。对于丈夫的进攻，她配合默契，热心引导、呼应。于是，他们飘飘欲仙，无休无止。

就在这夜正深、情正浓时，有十来个身影在高朗街 27 号后园大墙下闪动着——这是“暗杀汪精卫行动小组”副组长唐英杰带着他的手下，正要逾墙而入诛杀汪精卫。为了这次行动，陈恭澍事前作了充分的准备。他用重金收买了高朗街警局，今夜一切行动更是经过精心策划的。参加今夜行动的都是特务中的精英，副组长唐英杰是四川人，有攀房登高、倒卷珠帘的绝技；组员山东人王鲁翘是百步穿杨的神枪手。除此，还有爆破专家余乐醒、擒拿格斗高手陈步云，方炳西、岑家焯、曹师昂这些人也都不是等闲之辈。为了确保行动万无一失，陈恭澍临时又增派了谭天堑、魏春风、王钟岳、余鉴声、张逢义、陈邦国等人。

当唐英杰带领一帮人，神不知鬼不觉地摸到汪精卫一行人住的主楼时，发现大门是关上的。特务中的开锁专家轻易地打开了主楼的大门。唐英杰对人员一一作了安排后，带领王鲁翘等三人执枪轻步上了二楼和三楼。走到二、三楼转角处时，恰好遇到不知是解手，还是听到了什么动静出来探头探脑的汪精卫女婿何文杰。王鲁翘当即用手枪指着他，将他喝到楼梯处，用绳子绑在楼角转弯处，再用毛巾塞住他的口。这时，余鉴声上了三楼。唐英杰、王鲁翘寻到二楼汪精卫那间卧室，准备动手时，王鲁翘轻声问唐英杰："这间不会错吧？"

唐英杰肯定地说："没有错，就是这间。"

王鲁翘先是推了推门，门是锁死的，推不动。两个职业特务从身上掏出匕首轻轻撬门。当门板撬出一大块，露出一尺见方的窟窿时，屋里的人显然被惊醒了，响起一阵杂沓的脚步声。他们透过窟窿看进去，依稀可见一个身穿白色衣裤的男人藏到了床底下，像只顾头不顾屁股的大狗熊。这不是汪精卫还有谁？通过他们连日二十四小时不间断的严密监视，断定这间卧室是汪精卫夫妇的。而且，汪精卫睡觉时，总是穿一身宽大的白色真丝衣裤。

唐英杰咬了咬牙，果断地对伏在身边的神枪手王鲁翘点头示意。王鲁翘使的是一支德国造二十响驳壳枪，人称手提机关枪。对准目标，一按枪钮，子弹连珠发射打中目标。

可惜被打中的是替死鬼曾仲鸣。他的腰部连中数弹，哼了一声，便倒卧在血泊中。床上睡着的方君璧被当作了陈璧君，连中三弹，一在右腿，一在左臂，一在右胸，幸好都不致命。

睡在曾仲鸣夫妇对面房中的汪精卫夫妇，被一阵密集的枪声惊醒。汪精卫一骨碌坐起来，说声有刺客，就要开门冲出去，被陈璧君死死拉着不放。倘若汪精卫冲了出去，必死无疑。假如在门外的唐英杰、王鲁翘知道了今晚汪精卫夫妇是睡在曾仲鸣房里，汪精卫也必死无疑。

枪声响时，满院子的人都醒了。胆子大的，或是沉不着气探出头，或是吓得跑了出来，特务们见一个打一个。汪精卫的随从戴芸手臂中了一弹，厨子何就腿、臂各中一弹。吓慌了的陈国星糊里糊涂冲到院子中，一头钻到小汽车底下。特务一枪打来，溅起地上水泥碎片使他胸部受轻伤。陈璧君内侄陈国琦腿部受轻伤……

一阵枪声过后，骤然止息。特务们逃遁了，大家这才纷纷走出房间，给被绑在楼梯转角处的何文杰松了绑。何文杰、汪文惺赶紧带着人去看父母亲。推开门，只见汪精卫、陈璧君坐在床上周身颤栗不已，但完好无损。

“你们看着我们干什么，还不赶紧报案！”经陈璧君这一声猛喝，大家才清醒过来，但苦于没有一个人懂法语。陈春圃猛然想起，原汪精卫故友、曾担任过孙中山大元帅府机要秘书的朱执信之女朱徽这晚正好住在汪家，她精通法语，便留下何文杰、汪文惺守在父母处，下楼去找朱徽。吓得浑身哆嗦的朱徽被带进客厅，陈春圃让她用法语向高朗街警局报警。他们哪里知道，就是打电话这一步，无意中又救了汪精卫一次。这时，唐英杰、王鲁翘等特务还没有撤离，正躲在大门外的黑暗中，确认汪精卫究竟有没有死。当特务们听到朱徽用哭泣的声音向警局报案，才信汪精卫已死，目的达到，这才从容撤离。

“呜——”一辆敞篷警车闪着警灯开到了高朗街 27 号。从车上跳下的几名警察，头子是一名法国人，其余的越南人都是新手。长得又白又胖的法国警司，带着几名越南新手查看了谋杀现场，向几名越南警探交待了警戒任务后，竟扬长而去。

陈璧君看在眼里，对那名法国警司恨得要死，却又无可奈何。她要陈春圃火速与河内法军军部医院联系，派人将重伤在身的曾仲鸣送去救治。其他受轻伤的人，则就近请来医生一一作了包扎。忙完这些，天就亮了。

3 月 22 日整个上午，汪精卫不吃不喝，一直坐在客厅里，不时用电话询问曾仲鸣的伤情。汪精卫不时用流利的法语同医生争论着什么，商量着什么，乞求着什么。渐渐，他放下电话，什么都不说了，惨白的嘴唇不时抖动。一夜的过度惊吓，使他素常英俊光鲜的面容突然变得憔悴不堪。平时总是亮着光彩的黑眼睛里尽是悲凉。捱到下午二时，汪精卫从电话中获知，曾仲鸣的生命已处于弥留之际。

“不行！”汪精卫霍地站了起来，泪如泉涌，“无论如何我要去医院看看仲鸣！”

“兆铭！”陈璧君死死抓着汪精卫，指着窗外说，“凶手现在知道你还活着，正愁找不到下手的机会。你这一出去，岂不是去寻死？”

“他们要我的命！”汪精卫怒吼道，“就让他们拿去好了，是我害了仲鸣。我无论如何要去医院看看他。”

“兆铭！”陈璧君也提高了声音，“你的生命不是属于你自己的！”她星目圆睁，“你要知道，你担当着何等重要的责任！”经夫人这一喝，汪精卫才止住了哭泣，也冷静了些。他焦燥地在屋里踱来踱去，说：“我不见仲鸣一面，于心何忍？于心何忍！”突然止步，调头望着夫人，“有了。”他说，“文惺、文杰夫妇不是也要去医院看望仲鸣吗？他们夫妇，还有春圃坐在车位上，我躺在他们脚下，身上再用衣物遮盖，这样不就行了。凶手要的是我汪精卫的命，不会对其他人怎样的。这样准行！”

陈璧君想了想，只好同意。

午后，高朗街27号的两扇铁门突然洞开，一辆锃亮的福特牌轿车缓缓驶出。

汪寓对面高楼上，狙击手王鲁翘的高倍望远镜里清晰地看到了驶出门来的轿车和车中的人。他当即通过电话向陈恭澍作了报告。

“车内有无汪精卫？”陈恭澍在电话中问。

“没有。只有汪文惺、何文杰、陈春圃三人，看样子是去医院看望曾仲鸣。”

略为沉吟后，电话中传出陈恭澍冷峻的声音：“放过他们。”

汪精卫一进入曾仲鸣那间特护病房就泪流不止。曾仲鸣睡在病床上，盖着一床薄薄的白被子，脸色苍白，呼吸急促，闭着眼睛。他鼻里插着的鼻饲在输氧，旁边一个铁架上挂着一个玻璃瓶，在滴静脉。

“仲鸣、仲鸣！”汪精卫俯身轻轻呼唤。

“曾叔叔、曾叔叔！”汪文惺跪在地上，双手趴在床沿上，啜泣不已。

曾仲鸣好不容易睁开了眼睛，看见汪精卫，他竭力想挣扎着起身，被守护在侧的法国医生制止——事实上，他也起不来。

“汪先生！”曾仲鸣看着汪精卫，气喘吁吁地说，“你不该……来！”点点清泪从他那双有些凝滞了的眼睛里流出来，顺着双颊落在了洁白的枕巾上。

“我怎么能不来，仲鸣！”汪精卫紧紧地握着曾仲鸣的手。他发现，曾仲鸣的手冰冷且伴着阵阵痉挛。看着从幼年起一直追随左右的革命遗孤，也是他最亲密的视同骨肉的同志加兄弟的生命正在不可阻遏地逝去，汪精卫伤心极了。

“汪先生，我……好多了。”曾仲鸣竭力装出笑脸。

“不要叫我先生，叫我兆铭，这样亲热一点。”汪精卫坐在女儿抬来的一把椅子上，目不转睛地看着生命垂危的曾仲鸣，竭力安慰，“仲鸣，你要挺住呀!”

“兆铭兄!”曾仲鸣灰白的脸上泛起一丝欣慰的笑，眼中闪过一丝神往的表情，“兆铭兄，你知道我现在看见什么了吗?”

“你看见了什么，仲鸣?”汪精卫心中骇然，他看出，曾仲鸣已处于回光返照阶段。

“我看见了巴黎的埃菲尔铁塔和旁边的茵茵草地。”曾仲鸣神往地闭上了眼睛，“我还记得你第一次带我去巴黎的情景。我们在草地上追蜻蜓……我看见了绿荫如幔的街中森林公园，还有碧波荡漾的塞纳河和河中一艘艘天鹅般飘弋的游艇……嗯，还有那些热情似火的漂亮法国女郎丰腴雪白修长的腿、高耸的乳峰……”曾仲鸣开始呓语，“想起了我刚跟你到巴黎时的快乐，想起了法兰西如火的热情……”说着说着，曾仲鸣猛地睁开了眼睛!

“主席!”曾仲鸣又清醒了些，神情转为严峻，“以防万一，趁现在神志清醒，我得赶紧给汪先生你办一个支票转手签字手续”——他是汪精卫的心腹秘书，以往汪精卫的现金、支票、印信都由他保管处理。

事情确实紧急。陈春圃赶紧从曾仲鸣随身携带的皮包里拿出了支票、印信等。汪文惺、何文杰小心翼翼地将曾仲鸣扶起来，曾仲鸣勉强握笔，颤抖着在支票上一一签上自己的名字后，颓然倒在床上，气息微如游丝。暮色朦胧时，42 岁的曾仲鸣死在了汪精卫怀抱里。

屋里的一切都沉寂了。汪精卫流着泪，看看腕上金表，时间指向 1939 年 3 月 22 日下午六时。

4 月 6 日，时值清明。

河内市城外，到处都是踏青的人群。

城郊，青草萋萋，黄莺乱飞。一座座坟茔从早到晚红烛明灭，纸钱翻腾。这天，汪精卫在《河内日报》发表悼念曾仲鸣的文章，题名《曾仲鸣先生行状》:

鸣呼！余诚不意今日乃执笔为仲鸣作行状也！当二十四年十一月一日，余在南京中央党部为凶徒所狙击，坐血泊中，君来视余，戚甚，余以语慰之，此状今犹在目前，乃今则君卧血泊中，而又语慰我也。余当日虽濒于死，而率不死，乃今则君竟一日冥弗视也。国事至此，死者已矣，生者当死以继之，其有济于国是与否，未可知也！即幸而济，茫茫后死之憾，何时已乎！君以中华民国纪元前16年岁次丙申二月二十八日，生于福建之闽县。幼孤，母氏至贤。君于诸兄弟姊妹中，年最少，姊氏醒，适方氏，少孤，携孤子贤与夫之女弟君瑛，及夫弟声涛、声洞留学于日本，先后加入中国同盟会，从孙先生致力革命。庚戌之岁，尝与君瑛暨黎仲实、喻云纪、黄复生、陈璧君及兆铭谋刺清摄政王，事败，复生、兆铭被执，复与君瑛等，参加辛亥三月二十九日广州之役，云纪、声洞战死。元年，与君瑛、璧君等得官费留学于法国，各携其弟妹偕行，节三四人之所得，以资六七人之用。君于此时，年十五。君瑛之妹君璧，则少于少君二岁，自幼时，久闻姊氏之教，知以身许国之义。既入蒙达尔智中学，锐意力学，孜孜矻矻，又自以年幼，去国远，每学校休假，则移移息之唇，以补习国学，兼程并进，学识日懋，而习以勤俭，志节坚定，他日为国服务，廉节之操，亦于此养成焉。

六年以来，国事靡定，兆铭仆仆奔走。留学之愿，有志未逮。君则沉潜专一，中学毕业，更入大学，初治化学，兼治文学，先后在法国波铎大学获化学学士，在里昂获文学博士学位，名实斐然……数年之间，中国之进步与纷乱，更迭起伏。君与兆铭，相从患难，识定而气闲，然备尝险阻，习知情约，其恢弘之度，遂与日俱增……夫和战大计，为国家生死安危所关。不得不战则战，可和则和，此为谋国之常规……君以参与机要，知之尤深且切……二十八年三月二十一日晨丑时，天未明，凶徒数人，持械突入寓所，发弹数十，伤五人，君伤最重，是日申时卒。夫人君壁以奋身救君，亦中三弹，余三人伤，轻重不等。凶手被捕三人，越日，法文各报皆以大字标明蓝衣社所为，且凶手供称，谋杀目的实在兆铭云云。君生平文学著述甚多，而于政治则重实行，少言论，且以处机要之地，盖以慎密为务，然亦正由其处机要之地，于中央决策之经过及其蹉跎变化之所以然，了然个中。忧国之心既深，及其未亡，而思有以救之，积诚已久，一旦决然行其心之所安，凡悠悠之毁誉，及其一身之死生祸福，固所不计也。呜呼！是可谓仁且勇矣！君自伤至逝世前，神志清明，语亲友曰："国事有汪先生，家事有吾妻，无不放心者！"夫人君璧，身受三伤，目睹君之临命，茹痛言曰："在此时代，抗战可死，致力于和平亦可死，吾人当心一己之死，换取国家民族之生存。"君卒时，三子均幼。方曾两家，自前清未造；参加革命，至于今日，或生死国事，或尽瘁未已。兆铭往还既密，以公艾兼私交，于君之死，为国家痛，为两家痛，仓猝记述，未足以尽君之生平，仅举其志事之大者，告之同志，俾以之继述云尔……

汪精卫以生花妙笔，借曾仲鸣之死，在报刊上大做文章，诅咒蒋介石目光短浅，粉饰自己。

汪精卫的这些“宏论”引起国内外一致愤怒声讨。南洋侨领陈嘉庚等联名要求国民政府“通缉汪精卫，以正国法”；贵阳人民仿西湖畔遭千人恨万人骂的秦桧夫妇跪像，在公园内用铁铸汪精卫、陈璧君夫妇膀体跪像，任百姓唾骂。报刊上对汪精卫口诛笔伐者更是数不胜数。最让汪精卫寒心的是，当年选拔他出国留学的恩师吴稚晖对他的讨伐。时年 74 岁的吴稚晖以雄健的笔力在报刊上写道：“……汪氏最不相信的，就是老实。他的志气要想达到无上的高昂，差不多宇宙有如上帝，他还想驾上帝而上，其实他无论如何能学孙悟空的善变，终变不了那条尾巴，人家看了只是一畜牲。他的尾巴到底是什么呢？是惨绿少年（不老的），是不懂选择为何物的诡辩家，是寻章摘句的书生，也是爱几个臭钱的的凡夫。从前我称他为伪君子，乃是上了人家的当。什么党魁汉奸，都是他过度暂居的头衔，终要被人一脚踢开，捉了尾巴再变：从极左变到极右，从极高变到极低，从极香变到极臭，他都无所谓。他自以为‘看透了’，马上变。他看透了革命的左边来，便觉得至少要与列宁、托洛茨基三位一体，斯大林决不是他的对手；他又看透了东亚的百年大计，至少希特勒、墨索里尼少壮军人，都要受他的支配。人家说汪精卫早已加入某某西湖上秦桧王氏夫妇用白铁铸成，而对于他们夫妇，至少要准备钨钢……”

看了昔日恩师吴稚晖的声讨文章，汪精卫有如芒刺在背，不由得想起了江南一段几乎家喻户晓的评弹唱词：“昔日猛虎去学道，虎在深山乍遇猫。猫儿曾把虎道教，猛虎得道反伤猫。猫儿一蹿上了树，猛虎坐地把尾摇。猫儿朝天叹口气，无义之人莫相交。”他汪精卫是猛虎，吴稚晖便是教虎道的猫。他自以为文章盖世，结果还是比“老猫”吴稚晖差了一截啊！

自己最信任的曾仲鸣被重庆派来的蓝衣社杀了，笔仗也打输了，汪精卫忽然觉得，河内再也呆不下去了。于是，他急电在香港的周佛海、梅思平，指示他们速同日本“梅机关”联系。他要日本人出面保护他们一行，尽快逃离河内。

第九章
死里逃生，海上漂流惊魂

“对不起，汪先生，你受惊了！”前日本大本营参谋部中国课课长，现“梅机关”长影佐少将毕恭毕敬站在汪精卫面前，深鞠一躬后，用一口地道的北京话对汪精卫致意，“我代表日本内阁和大本营，向阁下表示慰问，向牺牲的曾仲鸣先生表示哀悼；并奉命保护汪先生一行近期离开河内。”说着，向汪精卫递上有日本外相有田、陆相板垣、海相米内和兴亚院总务长官联名签署的慰问信。

西装革履的汪精卫微笑着，伸出一双白皙的手接过慰问信，说：“哦，谢谢。中日两国唇齿相依，手足情深，患难与共。请代向天皇陛下、平沼首相等内阁五相致以问候！”

然后，汪精卫请影佐入密室详谈。汪精卫一边说话一边细细打量起这位代表即将日本政府与他共事的“太上皇”。影佐祯昭 40 来岁，是个以全优成绩毕业于日本帝国陆军大学的“中国通”，个子在日本人中算高的，体格匀称，穿一身深色西服，打领带，戴眼镜，留平头，脸瘦肤白眉重。外表看起来文质彬彬，完全不像一个军人，像个大学教授。汪精卫知道，尽管眼前这位影佐沉默寡言，不显山不露水，可是个军功卓著的老牌特务。近年来，日本大本营见武力摧毁不了中国，打起了另一张牌——在中国扶植傀儡政权，欲“以华制华”达到不战而胜的目的。为此，日本在中国组建了四大特务机构——梅、兰、松、竹。

“梅”专对汪精卫，“兰”对两广，“松”对华北，“竹”对重庆。其中，日本军部对“梅”配备力量最强，寄予希望也最大。

影佐先向汪精卫报告了“梅机关”组织情况：陆军方面有谷狄大佐、一田中佐、睛气中佐等；海军方面有须贺少将、扇少佐等；外务省方面有矢野书记官、清水书房官等；民间方面有前首相犬养毅之子犬养健和兴亚院的冈田西次等。此外，还有日本国内一些主要新闻媒介派出的记者，可谓声势浩大。

汪精卫在影佐向他报告时，频频点头。他由“梅机关”组成的庞大阵容中看出日本内阁对他的重视，虚荣心得到了满足。

接着，影佐向他报告“营救”他们出河内的打算：“为了解除汪先生所处的恶劣环境的威胁，帝国政府决心伸出友谊之手，责成我率队完成。”

“出了河内，我们去到哪里？”问这话时，汪精卫心中涌起一阵苍凉和空虚。

“汪先生以为去哪里最好？”

“去香港吧！”汪精卫认为，若是去日本人控制的区域组建政府，会把脸面丢光。

“帝国政府认为汪先生应该去上海。”

见汪精卫脸上闪过一丝不快，影佐解释：“香港是英国人的天下。汪先生若是去香港，不要说不好开展工作，连安全也得不到保障，因为那里重庆蓝衣社（军统）活跃，我们不好保护汪先生。汪先生可能还不知道吧？”影佐说时，镜片后的眼神突然变得十分犀利，让汪精卫不由地浑身打了一个寒战。

“就是今天早晨，”影佐说下去，语气中有种恐吓意味，“你们的《南华日报》社社长林柏生去上班时，在弥敦道一无人处，被蓝衣社的特务砍了头！”

“哎呀！”这个消息汪精卫确实还不知道，除了惊叹之外，也愤怒起来，“堂堂的香港，光天化日之下，林柏生竟被人砍了头，这成何世界，成何香港?!”

“汪先生不必惊惶！”影佐眼中闪过一丝不易察觉的狡猾和轻蔑，“林柏生幸好头上戴了顶厚厚的绒帽。凶手持利斧虽砍在他头上，但因为有绒帽一挡，林柏生没有死，只是头上受了伤。”汪精卫这才吁了口长气。

正说着，陈春圃隔帘报告，说香港周佛海拍来一封紧急密电。汪精卫打开一看，是林柏生遇险受伤经过，与影佐说的别无二致。汪精卫心想，日本人的情报真是灵敏、快速，考虑得也周到，因此接受了去上海的安排。陈春圃出去后，影佐对汪精卫谈起出走的细节。

“对我们来说，汪先生的安全比什么都重要。我来时，专门从日本带来了一艘五万五千吨的货船‘北光号’。船上给养、保卫、医务设备一应俱全。”

“不！”汪精卫将手一挥，拒绝了影佐的安排，“我不乘你们的‘北光号’去上海。我要自己雇船去上海，我要以与你们平等的兄弟朋友的身份，踏上祖国的码头！”

影佐看了汪精卫的架势，沉吟半晌后让步道：“好吧，汪先生。用你们中国人的话来说，这就叫——尊敬不如从命。”

1939 年 4 月 25 日，越北著名风景胜地下龙湾，椰林婆娑。绵长的海岸线，细浪轻吻着金屑似的沙滩。一轮夕阳渐渐沉入大海，一望无垠的海面上抖起万千条血红的光波。海边寂寥无人。椰林深处，随着轻柔的海风，送来阵阵如泣如诉的具有浓郁民族风韵的独弦琴声。

迎着落日，一列车队，首尾衔接，穿过椰林，停在了码头上。车门开处，陈璧君走下。她穿了件灰色风衣被海风吹得下摆飘飘的。她看了看泊在码头前，在海浪击打中不断起伏的小个子“紫罗兰”号货船，不禁皱起眉头，问身边的下属，前国民党外交部日苏科科长周隆庠：“难道我们就乘这艘小破船回上海？”

“是的。”周隆庠向她报告，“这是汪先生选定的。这是一艘中立国瑞典的货船。日本人心细，将船上的中国水手全部换成了日本人，为了确保汪先生和夫人你的安全，他们还特意在船上安排了两个日本宪兵。”

“嗯。”陈璧君鼻子里哼了一声，“这船吃水多少吨？”

“750 吨。”

“哎呀！”陈璧君惊叫一声，气得直跳脚，“坐这样一艘吃水仅 750 吨的小破船，能经得起远洋中狂风大浪的颠簸？能回得了上海？你们说这是汪先生定的？汪先生书生一个，你们这些人真不会办事！影佐呢，我问问他是怎么安排的！”

周隆庠嘟囔道：“影佐坐‘北光号’先走了，说是边走边等着我们。”

“我不走！”陈璧君大发脾气，当着大家的面，一屁股坐在沙滩上，“这明明是去送死！与其死在海上，不如就死在河内。”

“璧君，你怎么这样说话呢？”这时，汪精卫在陈春圃、陈昌祖和两三个保镖陪同下，从椰林里走了出来。汪精卫今天兴致很好，穿了套笔挺的白色西服，头戴一顶白色越式盔帽，右手拄根司的克，容光焕发，风度翩翩。好像不是要飘洋过海，而是要到波澜不惊的海上去领略月落乌啼的韵致。

“兆铭！”陈璧君霍地站起身来，对汪精卫大声喝道，“你要慎重行事，我这是为你的安全着想。”

看夫人太失体统，而且在大庭广众之下对自己大声咆哮，于是向来怕夫人的他以教训的口吻对陈璧君说，“安全固然重要，但名节更重要！当年你我潜赴北京谋刺清廷重臣摄政王，安全在哪里？你我何曾考虑过生死？仁人志士，宁杀身以成仁，勿伤死以害义！”说着，迈开大步踏着舢板上了船。陈璧君看他又犯了犟脾气，情知无奈，便也上了船。

披着落日，“紫罗兰”离开了下龙湾，驶向公海。当船驶离下龙湾时，汪精卫用拄在手中的那根漂亮的司的克，兴致勃勃地指着逐渐远去的下龙湾说：“下龙湾，这名字好，也很吉利。下龙湾，这名字含意好深，预示着我们有一个光明的前景。有好的名字，就是事业成功一半的保证。”陈春圃、周隆庠等赶紧凑趣。

上半夜，船体油绿并有白道的“紫罗兰”像只美丽的白天鹅，在风平浪静的海面上轻快地滑行，让人感到快意。一轮皎皎圆月倒映海中，静影沉璧，浮光耀眼，美丽极了。汪精卫身披风衣，在陈春圃等人陪同下，在甲板上观赏美景。

汪精卫兴致高涨，回到卧室后，仍意犹未尽，浮想联翩，得诗一首，赶紧提笔记下：

卧听钟声报夜深，海天残梦渺难寻。
柁楼欹仄风仍恶，灯塔微茫月半明。
良友渐随千劫尽，神州重见百年沉。
凄然不作零丁叹，检点平生未尽心。
……

在汪精卫看来，历史上留下了“人生自古谁无死”这一千古绝唱的文天祥和为国蹈海的陈天华都已去矣。今天，真正能救民于水火者，只有他汪精卫了。

汪精卫甚至觉得，乘桴浮于海，特别是像今夜这样，当海波不兴时，犹如住进了水上疗养院，真是太舒服了。几乎每次出海，他都诗兴大发，文思泉涌。汪精卫这个名字，就是当年他第一次跟随孙中山先生漂洋过海去马来西亚从事革命活动时触景生情取的。那时，他站在甲板上凭栏远眺。海天之间，有群海燕在勇敢地翱翔，它们快乐地鸣唱着，一会儿翅膀贴着波浪，一会儿箭一般直上云霄……饱读诗书极擅诗词的他，面对此情此景，豪情满怀。倏地，头脑中幻化出了精卫鸟填海的故事。《山海经·北海经》载：发鸠之山有鸟焉，名曰精卫，其鸣自詨，常衔西山之木石以湮于东海……传说中，一只精卫鸟，竟有衔石填海大志，我汪兆铭要推翻清廷、开天辟地，要的就是这种精神。于是，他开始用“汪精卫”一名。他成名了，“汪精卫”也取代了他原来的名字汪兆铭。而今，他这只精卫鸟又要迎着暴风骤雨，辗转啁啾，振翅高飞，去衔石填海了。

汪精卫正独自坐在舱中沉思默想时，“紫罗兰”开始剧烈地颠簸起来。

“呀——”熟睡中的陈璧君被猛地颠醒了，猝不及防，被摔到了甲板上。汪精卫站起身来，想上去扶起她，不意随着剧烈抖动，他的身子也踉跄了一下。他赶紧用手抓着牢牢支在甲板上的桌子才没有摔倒。一边拉开舷窗上的窗帘，往外看去。大海真是说变就变，刚才还是月朗星稀，此时一片漆黑，就像是有一口硕大的黑锅倒扣到了头上，一切变得那么可怕。随着呼啸的海风，小小的“紫罗兰”被巨浪撞击得“砰、砰！”发响；只有750吨的“紫罗兰”被排排巨浪玩弄于鼓掌之间，一会儿被托向浪峰，一会儿被抛进浪谷，显得异常脆弱、渺小，随时会被巨浪打翻、吞噬。

“啪！”汪精卫放在桌上的派克金笔滚落在地上，碰弯了笔尖。

“天呀！”向来做事果断坚决的陈璧君怕极了，脸色惨白，头发散乱地紧紧抱着固定的床架，浑身哆嗦得像一片风中残叶。

幸好汪精卫头脑还算清醒。他双手支在桌上，硬挺着身子，打开室内送话器，大声吩咐陈春圃：“通知船长，要他立刻用无线电通知影佐，要他的‘北光号’迅速向我靠拢！”

“船长说……船上的无线电失灵。”传话器中很快传来陈春圃断断续续的回答，伴着阵阵呕吐声，“影佐联、联系不上。”

“文惺、文杰他们怎样？”陈璧君毕竟是母亲，在这生死存亡关头，首先想到的是她的孩子。

那边又传来陈春圃的回答：“都眩晕，呕吐不止……”

“我命休矣！”汪精卫冷汗直淌，满面凄凉。

“兆铭，你不要这样！”陈璧君怒目圆睁，“我对你说过，这船不行，你却不听，说是名节要紧。如果连命都没有了，看你还到哪里去找你的名！”说着，在剧烈的颠簸中，把牢一根铁架，通过传话器吩咐身在隔壁的陈春圃，“你告诉船长，闯过了这一关，他要多少钱，我给多少钱。”

陈春圃很快回过话来：“船长说，这是一场少见的狂风恶浪。他不是为了钱，为了船上所有人的平安，他和他的船员们要竭尽努力，这是他应尽的职责。现在，浪仍大，所幸风势已经转弱。为了保证船只行驶安全，他决定来个‘以毒攻毒’，调正船头，直直对着海浪辗过去。”汪精卫、陈璧君听了，心稍安。很快，船只虽然还是浮上浮下，但不那么剧烈颠簸了。

危机四伏的一夜终于过去了，黎明姗姗来迟。咆哮一夜的大海似乎也疲倦了，巨浪渐渐变得平缓。可是，死里逃生的“紫罗兰”已是遍体鳞伤：用以指明航向的罗盘坏了，无线电通讯坏了，轮舵也失灵了。被解除了一切“武装”的“紫罗兰”，像片渺小的树叶，飘浮在茫茫的大海上。所幸，中午时分，船长的望远镜中出现了一个荒岛。“紫罗兰”驶向荒岛，犹如躲进了一个天然的海港。船上饱受惊骇磨难的人们不禁齐声欢呼起来。

甲板上，汪精卫从船长手上接过望远镜，打量起这个海图上没有的荒岛。它足足有一平方公里，林木茂密，怪石嶙峋。向着沿海边倾斜的浅滩上，是一片茵茵草地，草地上开满了各种叫不出名的叶子阔大的鲜花。几条银色的山泉，从因藤萝缠绕而显得阴深高耸的山上流出来，曲折地流向大海。站在汪精卫身边的女儿汪文惺欢呼雀跃，从父亲手中接过望远镜看了看，说：“爸爸，岛上风景那么漂亮，我们何必闷在船上，上岛去看看吧！”话未说完，忽然惊叫起来，“我看见草丛中有眼镜蛇，还有树上的蛇。”她用手指着，脸色惨白地说：“那是一个蛇岛！”

面色憔悴的汪精卫听女儿这一说，心情又变得沉重起来，劫后余生的欣喜，顷刻间消失得干干净净。一种无路可走的威胁清楚地摆在面前，让他焦虑不已。

天晴了。一轮血红的太阳，升起在白云缭绕的天空，好像一个炙热的火炉，暴晒着一动不动的“紫罗兰”，就像烈火无情地烤着一条薰鱼。大家不敢上岛，也不敢下海，因为船舷边不时蹿过凶猛的鲨鱼。瑞典籍船长和他的船员们周身脱得只剩下一条短裤，露出黑黝黝的胸毛，近乎赤身膀体地在船上走来走去。就是陈春圃等人也因暑热难耐，脱得只有一条裤衩。船上任何人都可以随意，只有自视为元首级人物的汪精卫不能随意，陈璧君也不能随意。船上的淡水有限，饮水都是严格限量，更不用说洗用了。汪精卫、陈璧君夫妇只好躲在自己的舱里，张大嘴不住喘气，像两只就要干涸死去的鱼。

第一天熬过去了。趁着夜晚凉爽，大胡子船长指挥船员们加紧抢修罗盘、轮舵、无线电通讯设施，但因损坏严重，收效甚微。当第二天来到，太阳又从海上升起，将万把金针洒向大海，准备再次向“紫罗兰”号肆虐。苦不堪言的船长站在甲板上，举着望远镜瞭望时，突然激动起来。他忽地亮开衣襟，胸脯上那片红毛，一直红到脸上。举着望远镜的手不住颤抖，他向站在身旁莫名其妙注视着他的汪精卫说："汪先生，船来了，我们有救了！"

汪精卫一听这话，一改平日的斯文，一把从船长手中抢过望远镜。看着，看着，他的眼睛亮了。望远镜中，"北光号"正在向自己驶来。"紫罗兰"立刻向"北光号"打起求救旗语。

是"北光号"首先发现"紫罗兰"的。当按照事先与汪精卫商量好的路线，"北光号"先行一步时，影佐考虑到"紫罗兰"吨位小，为以防万一，要求"紫罗兰"同自己保持五海里的距离。谁知当天晚上后半夜突遇罕见的狂风巨浪袭击。影佐大惊，急命"北光号"调转船头，循原路去搭救"紫罗兰"。可是，沿线寻去，哪里有"紫罗兰"的踪影！当时，影佐的心直往下沉。在他看来，载重量55000吨的"北光号"抗击这样的狂风恶浪都很吃力，何况只有750吨的小不点"紫罗兰"！在急风暴雨的经夜打击下，"紫罗兰"很可能樯倾楫摧，船毁人亡。当第二天的黎明到来时，"北光号"已在"紫罗兰"走过的航道上，反复搜寻了一遍。可是，一无所获，影佐凭着日本军人特有的固执，站在高高的塔楼上，举起手中的高倍望远镜，向四周海面反复观察。而在他心中真是沮丧极了，在他看来，汪精卫一定是随着"紫罗兰"葬身海底了。这个时候的汪精卫，对两脚深陷中国大陆泥沼的日本军方来说，是一个无价宝啊！正如他的副手——今井武夫事后在日记中记述的那样："时日军陷入泥坑，出乎意外地汪兆铭跳了出来。他提出的计划要建立和平政府作为解决时局的方针。老实说，纵然没有像在地狱里遇见菩萨那样的信任心，也有在渡口遇着船时的安慰感……"

影佐为此深感自责，他下定决心，就是翻遍整个大海也要找到汪精卫。一旦确定汪精卫果真遇难，他这个专事对汪精卫的"梅机关"的机关长，就一死以报天皇。因而，当发现了"紫罗兰"，并指挥着"北光号"靠近时，同样形容憔悴的影佐见到活着的汪精卫，喜极而泣。他一步跳过船去，紧紧抱着汪精卫，连连说："真是吉星高照呀，今天是天皇的生日！"说着，"扑咚！"一声跪在甲板上，面向东方，连连叩头，"托天皇洪福保佑……"

影佐当即将汪精卫一行转移到"北光号"上。

在日本船员的帮助下，"紫罗兰"上损坏的无线电通讯设施等，很快得到修复。影佐给了瑞典籍船长赔偿后，"紫罗兰"返回了越南下龙湾。

第三部 上海较量

第十章

黑暗处，群魔乱舞

香港九龙约道五号，一幢濒海花园洋房，是周佛海的寓所。因港英政府明令禁止民间有枪，周佛海只得花钱从九龙镖局雇来两个彪形大汉看家。一个大汉手持一把汽枪守卫大门，另一个大汉怀揣匕首整天在园内巡逻。在香港，这也算得上是戒备森严了。

这天天气很好。

从早晨起，周佛海就安静地坐在二楼他的书房里，透过落地玻璃窗，似乎很有兴致地观赏外面的风景。维多利亚海湾将九龙与港岛隔了开来，两边各有各的景致。海湾对面的港岛上鳞次栉比的摩天大厦流光溢彩，美轮美奂，尽显国际大都会风采。海湾这边的九龙则处处点缀着田园风光，赏心悦目。香港的地理位置太好了！维多利亚海湾虽然宽不过一里，但是优良的深水港，万吨巨轮可直接开进港湾停泊。澳门就不行，澳门是浅海，因此经济发展远远比不上香港。

香港的心脏——寸土寸金的港岛上，还有一处得天独厚的太平山。从落地玻璃窗中望去，绵延青葱的太平山，像是一匹扬鬃奋蹄的骏马，横跨在港岛南北两端。住在太平山上的都是家资上亿的高官巨贾。山上冬暖夏凉。当绵绵的季风起时，太平山是港湾中的轮船最好的屏障；太平山不仅是富人的天堂，也为居住在香港一千万平方公里土地上的数百万居民提供了庇护。

太平山最初叫扯旗山。它是港岛上的地势最高处，山上啸聚着一帮盗匪。每当有商船进港，若是觉得值得抢，时机也好，就会在山顶上扯起旗帜，发布信号，召唤盗匪们下山抢劫。香港成为了英国人的殖民地后，港英政府好不容易整肃了山上的盗匪，为粉饰太平，将扯旗山改名为太平山。地产商们不失时机地在山上修建起一幢幢高规格的别墅。很快，太平山成了香港上流社会人士集中聚居区，住在山上的有港英总督、空军司令、赌王、富商……跨入二十世纪后，港岛与九龙间修起了两条海底隧道，一条是政府的，一条是私人的，车辆过往更为快捷方便。

周佛海觉得，他从河内陡然来到香港，就像是从农村进入了繁华喧嚣的大城市。香港，连风都是香的。特别是，蓝天白云下，维多利亚海湾对面的港岛上，幢幢造型别致的华美大厦，利剑一般直指云霄，那些特制的玻璃幕墙在明丽的阳光照射下闪闪发光。与之隔海相望的香港文化中心又是那么的恢宏。世界著名的米黄色的半岛饭店，象牙般地精致堂皇……住在这座人间天堂里，周佛海有种不知今夕是何夕的恍惚感和幸福感。

视线所及中，绿色绸缎般的维多利亚海面上，一艘艘有钱人家的豪华游艇，或乳白，或淡黄，或天蓝……像是一只只雍容华贵的天鹅，滑行在海面上。

当周佛海的目光转到烟敦山时就不动了。山上那座烽火台还保留着古老的遗风，有缕缕白烟从中升起来，被风扯着，向东飘去。他想，如果不出意外的话，汪精卫乘坐的“北光号”，今天下午或是明天上午会经过这里，向上海驶去。“北光号”不会在香港停留，因此他也不必去同汪精卫见面。汪精卫海上遇险，他是从影佐副手，“梅机关”重要人物今井武夫那里得知详情的。后怕之余，他暗暗庆幸，自己这会儿能安安稳稳、舒舒服服地坐在香港小洋楼里观山望景，全靠自己脑瓜子灵。在河内，当他一听陈公博带来的蒋先生的话，就听出蒋介石这是先礼后兵，要出事，出大事。数月前还是重庆国民党大员，国民党特务机构 CC 高级领导人的他，对蒋介石的阴险、狠毒是太了解了。如果不是逃得快，说不定像曾仲鸣一样，当了汪精卫的替死鬼。

在暗暗庆幸自己逃过一劫的同时，周佛海的思维很快转到了当前的局势以及如何应对的思考上。毫无疑问，要抓紧时机抓钱抓权抓人，搭自己的班子。汪精卫和他是在互相利用。目前，汪精卫、陈璧君是在唱夫妻双簧戏。汪精卫在前台发号施令，陈璧君则在后台组织陈家班——以陈春圃、陈国琦为骨干的“公馆派”。他们招兵买马，壮大势力，希图在未来的中央政权中攫取尽可能多的关键席位。作为“公馆派”中参谋总长人选的陈璧君，周佛海内心是看不起的。在他看来，在未来自己同公馆派的斗争中，真正的对手是至今还没有出场的陈公博。别看现在陈公博同汪精卫政见不合，一怒而去，但他早迟会站在汪精卫一边而且要挑起大梁的。他太了解陈公博的性格了，也太了解陈公博和汪精卫之间的关系了。

周佛海想起一句西方哲语：在这动乱的年头，要紧的是两眼盯着自己的鼻子，尽快将自己的根基夯实！汪精卫不是让我搞钱吗？我就借此由头尽量搞钱，只要手中有了钱，就会有一切！

周佛海一到香港，找到“志趣相投”关系也深的交通银行总经理唐寿民一说。唐寿民很快就给他送上80万元。唐寿民心中明明有把锯锯镰，可嘴里说得蜜蜜甜：“汪先生勤劳国是，需款必殷。我们在此略表微忱，以申敬意。但求为我们严守秘密，以后我们再当筹款敬献。”——未雨绸缪，两面讨好，脚踏两只船。对唐寿民这些买办阶级的特征，早年研究过马克思主义的周佛海真是太了解了。

周佛海在历史上同汪精卫有过龃龉。他们现在之所以走到了一起，除了政治上臭味相投，向一个共同的目标奔，需要互相利用。周佛海需要的是借汪精卫这块招牌，设法将“和运”变成自己的股份公司；汪精卫则需要周佛海的经验、关系和找钱能力。周佛海清楚汪精卫性格上的弱点——做事向来“无一定主张，容易变更，故十年屡遭失败”，且“无担当、作事反复、易冲动”。相对比较起来，难对付些的是汪精卫背后的陈璧君。

周佛海在心中暗暗计算他到香港后收罗到手的人。在军事方面有叶蓬，其人担当过蒋介石的武汉警备总司令；杨葵一，清末留日武备生，在东京士官学校第三期毕业，曾在武汉国民党行营当过参谋长。文人方面有樊仲云，其人是反马克思主义的文化特务，是一个以中国本位主义文化相标榜的十大教授之一，当过《星岛日报》主笔；罗君强，是他的湖南老乡。早在抗战前，因为周佛海的提携，罗君强便官拜国民党大本营（军委会）少将秘书。抗战期间，在武汉，罗君强在交际场中认识了一个叫孔小姐的美人，为敷开支，贪污了一笔巨款。事后，罗君强脚底板抹油溜到香港，被他收罗门下。此外，还有一个专门从日本回来依附于他的作家周作人……

周佛海正在沉思默想时，门上湘帘一掀，夫人杨淑惠进来了，吵嚷着说："我们不是讲好了要去香港海洋公园的吗？你看看几点了，怎么在那里不动呢！"杨淑惠指指自己戴在腕上的金壳坤表，噘起嘴，"都十点了！"杨淑惠显然是打扮过的，穿了一件黑丝绒旗袍，纹了眉，脸上扑了粉，唇上涂了口红。看不出她的实际年龄，但毕竟是人到中年，本来丰满高挑的身材有些发福，旗袍在身上箍得又紧，开叉又高。这样，浑圆的乳峰、肥大的臀部显得太突出了些。走动间，两条肥腿不时亮出来，白晃晃的。周佛海看在眼里，不禁皱了皱眉。

"好，走、走！"周佛海虽是一个强人，但有些惧内，不太情愿地站起身来。

周佛海夫妇带一个保镖，驱车来到了举世闻名的香港海洋公园。下车后买票进入公园，只见一座秀丽的山峦傍着维多利亚海湾拔地而起，山上遍披青翠，像是一只展翅欲飞的硕大青鸟。他们登上九级台阶，进入缆车站。只见空中高架上托起的两根长长缆索上，一个个红红绿绿装了游客的椭圆形玻罐，在空中滑来滑去，交错不断；游客们把爽朗的笑声洒在空中。这时，一个绿色漂亮的椭圆形玻罐从空中滑下来，停在了他们身边，罐门自动打开。周佛海夫妇带着保镖进入能容六个人的玻罐坐好，罐门自动关闭。倏忽之间将他们举到半空，在那条足有三、四华里长的空中索道上滑了起来。透过透明的特制的弧形罐壁望出去，一幅幅美景展现眼前。脚下是渐次展开的波光粼粼的大海，头上是万里蓝天，漂亮的缆车带着他们，嬉戏于蓝天、苍山与大海间。周佛海感到少有的心旷神怡，杨淑惠乐得开怀大笑，银铃似的笑声在空中传得很远很远。

终于，缆车稳稳地停了下来，他们从空中回到了人间。罐门开处，他们鱼贯而下，沿着石板甬道，在鲜花丛中穿行。他们去到了百鸟园，然后再到海洋馆。沿着特制的透明的管道向大海深处走去。身边海洋中那些五光十色的珊瑚鱼、形态可掬的海狮、体形庞大性情憨厚的鲸鱼、凶猛的鲨鱼……无不在身前身后碧绿的海水中游弋、沉浮，似乎伸手可及。

走出透明的海中管道，他们这就上了另一座绵延青葱的山峦。步换景移，视线中，过山车呈360度在空中猛冲旋转，惊险刺激……他们去了海洋剧场，在台阶上坐了下来。从密密麻麻的人头往下望去，远远地，山下一湾碧潭中，一只杀人鲸正在作惊彩表演。随着驯养员的指令，它忽而跃到岸上，用嗜支起身肢，昂起头同人接吻；忽而像只炮弹“咚!”地投入水中，炸得水花四溅；忽而，一只海豚从碧波中跃起来钻圈、衔球……煞是有趣。节目精彩纷呈，场上掌声不断。

高潮出现在美国高空跳水队表演。碧潭边上支起一根极高的高杆，高得让人仰起头看，危得让人噤着呼吸。高杆顶上又是一根横杆，整体看，很像是当年蒙难的耶稣戴在胸前的十字架。倏忽间，高架上站了三个人，小得只有三个黑点。周佛海从保镖手上接过望远镜看去。蓝色天幕的巨大背景下，在架上最高一点上站着一位身着三点式金发白人姑娘。稍下，横杆两边一边站一个铁塔似的黑人，真是黑白对比分明。姑娘轻舒双臂，脚一蹬，头朝下，在空划出一道优美的孤线，像只紫燕钻向大海，她身边的两位黑人跳水队员也动作整齐一头栽了下去……高杆那么高，他们脚下的碧潭那么小，稍有闪失不得了。周佛海不由紧张得透不过气来。望远镜中，一白两黑三位跳水队员前后准确地钻进小小的碧潭，溅起三朵高高的水花……周佛海正在心中好生感叹，有人在背后轻轻拍了拍他的肩：“周先生、周先生!”他一惊，和坐在身边的保镖调头一看，不禁睁大了双眼。

“啊，是翦建午翦先生?”周佛海用眼色制止着保镖不要乱动，“巧了，你怎么也在这里?”翦建午原是他的属下——国民党特务组织CC中的一个中层干部。

“我早就听说周先生到香港来了。”翦建午藏头露尾地说，“我一直在找你，好容易才在这里找到周先生。”看周佛海满脸惊惶，西装革履的翦建午不怀好意地一笑，“周先生，我们是不是到外面去谈谈?!”

周佛海怀疑眼前这个翦建午是重庆派来暗杀自己的特务。猛地一惊，林柏生被重庆特务在光天化日之下砍头的恐怖场面闪现眼前。他知道，被蒋介石牢牢控制手中的CC——中统，在香港有个暗杀团。前天，汪精卫的外甥沈崧就是被中统暗杀了的……“三十六计，走为上计!”他一边在心中埋怨杨淑惠纠缠着让他来海洋公园，一边不由翦建午分说，拉起杨淑惠，在保镖护卫下匆匆走了。

随后两天，周佛海一直猫在家里，哪里也不去。想着香港的不安全，他就忐忑不安。

第三天一早，日本驻香港总领事中村丰一竟寻到了他家来。在客厅里坐定，一副文人打扮，人精瘦、戴眼镜、穿西装打领带、唇上护一绺仁丹胡子的总领事略为寒暄，站起身来，双手递给周佛海一封电报。然后又是鞠躬如仪地端坐。周佛海狐疑地接过电报，电文很精短：

“典，我已抵沪、速归。昭。”

这是一封汪精卫由上海拍来的电报。“典”是周佛海近期的代号。“昭”是汪精卫的代号。其余的“首义”分子都有代号：陈璧君是“兰”、梅思平是“福”、高宗武是“深”、陈春圃是“农”、林柏生是“琸”。仅管陈公博拂袖而去了，但汪精卫也给他取了代号等着他归来，陈公博的代号是“群”。

在接下来交谈中，能说一口流利中国话的中村丰一，引用了一句中国的成语“闻鼙鼓而思良将!”他人虽然显得斯文，但金丝眼镜后的眼神像出鞘的利剑，颇有深意地笑了一笑：“汪先生一回到上海，风尘未洗，就来急电召周先生回去，足见汪先生对足下的重视。足下是汪先生身前独当一面的良将、大将。不知周先生帐下的兵马是否物色齐备?”

不用说，这位日本驻香港总领事中村丰一，是代表日本军部来同自己谈话的。周佛海言谈举止清楚地掂出了中村的分量和来意。

“实不相瞒!”周佛海略为沉吟，说了下去，“我现在别的人才不缺，紧缺的是一位特工人才。上海虽在贵军的势力范围内，但因为有租界，蒋介石的特工在那里十分猖厥。我们如果没有一位得力的特工人才，尽快组织起一支有相当保护力的特工队伍，那么，不要说我们没有办法开展工作，连安全也无法得到保障。”

中村丰一频频点头。

“周先生，”中村说，“我今天来，主要就是向你推荐这样一位人才。”

“谁?”周佛海陡然来了精神。

“周先生，你认识李士群吗?”

“啊，李士群——认识。”周佛海说时，头脑中立刻闪现出一张四四方方的青水脸。时年 34 岁的李士群堪称精干，中等身材，寡言笑，体格结实匀称，一看就知是经过训练的。素常穿一套麻格格的劣质西服，看人目光凌厉，动作敏捷，是个特务的料。

李士群是浙江遂昌人，农家出生。早年在上海读书时加入中国共产党，1927 年被中共送去苏联接受特工训练，1928 年回国后从事中共地下工作。1932 年在上海被国民党 CC 秘密逮捕后叛变。过后，李士群和另外两个与他有相同经历的共产党叛徒丁默邨、唐惠民臭味相投。他们合伙在上海租界白克路办起一家《社会新闻》周刊，为掩人耳目，他们伪装进步，在报上发表文章大肆抨击汪精卫。李士群为人阴险，脚踏两只船，一边向国民党 CC 出卖情报，一面又向共产党表示忠诚。不久，共产党在上海的地下组织怀疑李士群，为了考验他，交给他一个任务，要他秘密处决丁默邨。可是，李士群当面答应，转过身却将这个秘密向他的“丁大哥”和盘托出，作为加深他和丁默邨友谊的礼物。然而，怎么向共产党组织交待，以便自己继续在共产党内混，捞到尽可能多的好处呢？他想好了一条毒计。

1937 年一个晚上，国民党中央组织部调查科上海区区长马绍武，绰号马大麻子，同公共租界巡捕房政治部督察长谭绍良、上海警察局特务股主任刘愧，还有丁默邨，在广西路小花园一家高等妓院出来时，已是深夜。深深的弄堂里万籁无声。这时，李士群不知从哪里钻了出来，笑嘻嘻地向他们迎上去，在醉眼朦胧的马大麻子肩上一拍后，赶紧同丁默邨避开了去。黑暗中两声枪响，马绍武应声倒地而死。国民党中央组织部闻讯大惊，严令上海有关当局限期破案。案子很快破了，丁默邨、李士群同时被捕。因为丁默邨有他的至交好友、CC 高级特务、上海市社会局局长吴醒亚力保获释，李士群却大吃苦头。他被押到南京受尽酷刑。看来必死无疑，幸好李士群的妻子、长他五岁的叶吉卿闻讯后变卖家产，赶到南京，用重金贿赂中统高级人物马啸天、苏成德、顾建中、徐兆麟等，李士群的死刑案被放了下来。趁热打铁，叶吉卿最终走通了 CC 头子陈果夫、陈立夫兄弟的表弟——关键人物徐恩曾的路子，李士群这才转危为安，不仅获得了自由，而且还在中统上海行动股股长马啸天手下重操旧业，当了一名侦察员。只是中统规定他不得擅自离开南京，算是对他限制使用。李士群干特工有一手，而且在新东家面前也确实卖力，因而，他很快得到主子的赏识，在中统内混到了中层干部职务。抗战时，他奉命到上海审判一名日本女特务，却沉迷女色，被日本女特务拖下了水，离开组织溜去了香港……

想了想，周佛海问中村：“李士群不就在香港吗？”

“现在他又回上海了。”中村说，“他到香港后，在我手下做情报工作。这个人年轻、精明能干、又是从重庆那边杀出来的，对那边的情况熟悉。在未来同重庆的激烈斗争中，李士群是对付国民党以及共产党的最佳人选。”

周佛海深感日本人虑事之周密。确实是这样，他想，李士群既是共产党营垒中的叛徒，又是国民党营垒中的叛徒，这个双料叛徒对国共两党的特工情况都熟悉、确是我们这方特工的最佳人选。于是，他说："谢谢，中村先生真是雪里送炭。"对他来说，李士群无异是他回上海前夕，日本人送给他的一份厚礼。

太阳刚刚升起。苏州河的浊水被阳光幻成了金绿色，静悄悄地向东流去，注入大海。黄埔江正在涨潮。晨风送来外滩公园中播放的音乐，是软绵绵的《何日君再来》。这种让人骨头都快酥了的音乐，与当前紧张的时局完全是格格不入。缕缕晨雾笼罩了外白渡桥上高耸的钢架。

"哐啷啷!"电车从桥上驶过时，空中不时爆出几朵碧绿的火花。浦东一排排洋栈像是蹲着的一头头怪兽。向西望去，一幢幢插入碧霄的洋房顶上，霓虹灯管闪射着火一样的赤光、青鳞似的绿焰；"仁丹"、"富士山"……招牌时隐时现。

就在这个时候，一辆"雪铁龙"轿车闪电般过了白渡桥，向西一个转弯后，沿北苏州一路急驰。坐在车内的汪曼云，听名字该是个妙龄女子，其实是个身材健壮的中年男人。汪曼云轻声问坐在身边穿中山服、戴博士帽绅士模样的章正范："李士群说好了在家等我们的吧?"

章正范没有说话，只是肯定地点了点头。

身着长袍、头戴博士帽、长不像葫芦、短不像冬瓜的汪曼云爱笑，笑起来像个弥勒佛。但俗话一句，"笑官打死人"。这个爱笑的汪胖子才不是个简单人。他原是国民党上海市党部委员。日军占领上海后，他惶惶然不可终日，想另找靠山，这时，他的把兄弟章正范找上了门。章正范原来也是吃国民党的饭，是国民党中央宣传部驻沪特派员，同时又是上海青帮头子杜月笙的门生。章正范告诉汪曼云，现今最好的办法就是去投靠与他们有相同经历的李士群。汪曼云听了求之不得。于是，章正范在电话上同李士群说好后，又约了时间，这就带汪曼云去见李士群。

"李士群对我的情况是清楚的吧?"在车上，汪胖子似乎有些不放心，问章正范。

"清楚。怎么不清楚呢，大家都是在上海滩上混的人嘛!"章正范言在此而意在彼，给汪曼云吃了一颗定心丸。说着，大西路67号到了。汪曼云下车后用职业的眼光一看，暗暗佩服李士群。李士群住的房子很有讲究：地处租界边缘，视野开阔。若有刺客来，在房外无藏匿之地。特别是旁边紧邻着一座美国兵营——无论如何，重庆暴力团是不敢为杀一个李士群而去惊动美国人！

章正范上前按了门铃。稍顷，里面石板甬道上一个大汉沉重的脚步声响了过来。

“叭嗒!”铁门上开了一道小窗子，贴着一双警惕的眼睛。“啊，是章先生!”认清站在门外的是章正范，门开了。开门的，不知是李士群的保镖，还是李士群发展的第一批打上了“汪记”的特务，其人苏北口音，身材健壮、穿身黑色纺绸宽松衣裤，一张紫酱色的四方脸上，有许多小痘痘，络腮胡子，手脚粗大有力，眼睛里的光枪弹似的又冷又硬。章正范客气地给双方作了介绍，汪曼云记下了这苏北口音的家伙名叫张鲁。

两人进了门，刚走到主楼前，李士群已迎下楼来。听了章正范的介绍，李士群很热情地同汪曼云握了握手，一边说：“汪先生我是知道的，知道的。”他们上楼进了客厅坐下后，佣人送上茶水点心，轻步而退，并轻轻带上门。

“幸会。”李士群同他们两人寒暄之后，直奔主题，“可能汪先生已经知道了，我现在为日本人做事……”汪曼云心想，他不说自己为汪精卫做事，而是说为日本人做事，是标榜自己的后台大，靠山硬！只听李士群继续说下去，“之所以如此，一是为报复 CC。想当初，他们对我李士群手段何其歹毒！灌辣椒水，坐老虎凳；二是想利用我这点本事，在日本人手上弄上二、三十万块钱溜之大吉，哪管你共产党、国民党、日本人!”说着，他看了看汪曼云的反应。汪胖子大智若愚地笑着。

“我和章先生是朋友，现在同汪先生也是朋友。俗话说得好，在家靠父母，出外靠朋友。以后，我们互相帮助!”李士群的话就说到这里。汪曼云看李士群的话说得欲露还藏，便点了一句：“李兄想必清楚，现在租界虽是外国人的，日本人虽不敢怎样，但毕竟已是海中孤岛。”他指了指章正范，“若是我们这些过去吃老蒋饭的人被日本人拿着，李兄有没有办法帮助我们?”

“没有问题。”李士群说，“只要你们说是我李士群的兄弟，日本人就不会怎样你们的。”

“那李兄可不可以告诉我们，你在日本人那边是什么地位?”汪胖子很好奇，来个打破砂锅问到底。他心想，这个李士群一脚刚刚才踩进汪精卫的圈子里，难道又一脚踩到了日本人那里？这个李士群的“水”究竟有多深?

李士群说：“我在日本人那边挂了个特务机关长名义。”

“啊！”汪曼云听到这里，犹如吃了一颗定心丸，他下定了决心投靠李士群。因为是初次相见，话谈到这里，汪曼云用眼色同章正范会了一下意，就起身告辞。李士群也不挽留，只是很客气地将他们送出大门。

就此开始，汪曼云、章正范就算正式加入了李士群的营垒，不过相对独立；尽可能送些情报给李士群。李士群在他们面前也不做出一副上司相，之间不时酬酢往来。李士群明明有自己的汽车、保镖，可是每次出来，都神神鬼鬼的，来回都是一人，既不带车又不带人。开始，汪曼云对李士群这招解不开，后来才知道，李士群警惕性很高，也有长期从事特务工作的经验。他怕来去带车带人目标大、遭到重庆方面暗杀。他那幢在大西路67号的花园洋房里的汽车从来不用。汽车就摆在车库里，车库门早晚都开着，摆出一副迷魂阵，让图谋暗杀他的杀手摸不清他的行踪……

其实，李士群对汪曼云也有所图。李士群虽然算是投靠了日本人，但不要说开展工作，连安全都没有保证。国民党的中统、军统在上海都很活跃，每天都有噩耗传来，令李士群一夕数惊。李士群是中统出身，对这个特务组织的活动路数、暗杀方式都很清楚，心也不那么虚。况且，在上海的中统内，还有他的把兄弟唐惠民等可以暗中为他通风报信。但对戴笠领导的军统，他却完全摸不着底，而上海青帮头子杜月笙同戴笠关系很好，汪曼云又是杜月笙的学生。他是期望通过汪曼云巴结上杜月笙。

天从人愿，这个机会终于来了。

那天，李士群电话约请汪曼云、章正范到他家去。一见面，李士群便义愤填膺地从抽屉里拿出一份厚厚的档案，拍在茶几上，非常气愤地对汪、章二人说：“两位仁兄，可能你们还不知道吧？张师石把杜月笙出卖了！我是知道的，老杜对张师石不错呀，这个家伙太没有良心。我是出于义愤，看不过这种卖友行径才通知你们这个事的。你们看看档案里的材料吧！”

汪曼云、张师石吃惊非可，赶紧从档案袋里抖出档案——这是一套张师石向日本方面提供的有关杜月笙情况的详细材料。从杜月笙的出身、初步发迹到后来与法租界烟赌业的关系及与上海滩黑社会人物黄金荣、张啸林、虞洽卿、王晓籁、钱新之、杨虎、陈群、徐采丞、杨志雄、杨管北等人的种种关系。档案中特别强调了杜月笙与军统头子戴笠的关系以及杜月笙留在上海一帮干将（上海沦陷后，杜月笙避往香港）的情况，如：金廷荪、顾嘉棠、高鑫宝、叶焯山、芮庆荣、陆京士、汪曼云、王先青、吴绍澍、徐懋棠、章荣初、徐大统、万墨林等。见汪曼云、章正范神情紧张，李士群大方地说："东西太长，你们一时也看不完，就带回家去看吧。不过，看了后，务必将原件还给我，因为我在日本人那里是签了字的。他们一旦要，我就要立刻还给他们!"汪曼云见李士群如此仗义，便大起胆子提出要求："李先生是否可以让我将原件带去给在香港的杜先生看看，我们会尽快还给你的!"

"可以，可以!"李士群满口应允。

香港，九龙。庭院深深的杜公馆里，时年51岁，具有国民政府陆海空军总司令部顾问、上海市抗日救国会常务委员、上海市地方协会会长、中国通商银行董事长等诸多头衔的杜月笙，正躺在他华宅中吸烟室里的烟榻上抽着大烟。这是一间宽大舒适的中西合璧的房间，地上铺着进口波斯地毯，壁上安装着空调，室内温度适中。雕龙刻凤镶嵌着进口意大利玻璃的一排中式窗棂上，金丝绒窗帘拉得严严的，屋里光线黯淡，由他最喜欢的使女雪儿陪着。躺在烟榻上的杜月笙像吹箫似的，用一只瘦骨嶙峋的手托着一只镶金嵌玉的的长嘴烟枪，很舒服地闭着眼睛。躺在他对面的雪儿用一只火捻，将他拄在长烟嘴上的烟泡点燃。

"嗤——"地一声，在杜月笙苍白的嘴唇一吮一吸间，便有烟圈缕缕升起，顿时异香满屋。看杜月笙将一袋大烟烧完，伺候他抽烟的雪儿赶紧坐起身来，伸出手，将一只砌着上等龙井的鼓肚描金弯嘴小茶壶递上去，见主人并不接。雪儿便弯下腰去，将茶壶嘴轻轻插进主人嘴里。

"咕噜、咕噜!"主人很响亮地喝了两口茶，睁开了眼睛。一双虽然凹陷却灵动有神的眼睛转了两转，很舒服地吐出一口长气——杜月笙向来身体羸弱，大烟早晚必抽，但并不上瘾，完全是为了提提精神。

这当儿，管事来在门外，隔帘向他小心翼翼报告说，汪曼云专程从上海赶来，有要事向他报告。

"啊!"杜月笙一个鲤鱼打挺坐了起身来，赶紧说："请汪先生赶快进来。"

当汪曼云进来时，雪儿已将窗帘拉开，为他泡好了茶，杜月笙也坐在了沙发上。汪曼云隔几坐在了他旁边的沙发上，连茶都没有喝一口，就将张师石背主求荣的情况向他作了详细报告。

“有这等事?!”杜月笙听完汪曼云的报告，一下坐直了身子，转过身来，看着汪曼云，目光陡然间得非常凌厉，伸出手来，“把你从上海带来的档案给我看看。”

汪曼云拿出一个黑皮包，“唰!”地一声拉开，拿出厚厚的一叠杜月笙的挡案，放在茶几上，将第一册捧起，递到杜月笙手上。杜月笙接过来翻开，先是有关他的情况提要，因为气愤，他那张苍白瘦削的脸，渐渐转成了紫青色，两道疏淡的眉毛微微抖动。

“嗨，长见识了，真是长见识了!”杜月笙向随伺在侧的雪儿吩咐，“你去叫王秘书来。”年方二八，长相俊俏，身材适中，穿一身素色绸缎衣裤的雪儿应声去了。很快，穿西装打领带皮鞋擦得锃亮的秘书王幼棠快步进来了。

“这些东西!”杜月笙指了指放在茶几上的三本厚厚的材料，吩咐王幼棠，“你抱了去，辛苦一些，尽快用正楷字抄一份给我。”王幼棠领命而去后，杜月笙又向汪曼云问了些上海的情况并慰勉了几句。看杜月笙精神有些不济，汪曼云适时地起身告辞。汪曼云出了杜月笙的烟屋，自有下人将他带去休息。

三天后，王幼棠将杜月笙的档案材料抄完了，将原件还给汪曼云。汪曼云回上海前，又被杜月笙找去。

“曼云，你立了一大功。”杜月笙很亲切地说，“本来我想留你在香港住些时日，但我知道，你回上海还有事，在香港心也静不下来，就不留你了。你到账房去领些钱，你想领多少领多少。替我在香港给李士群买些东西送他，要买好点，值钱的，还他的人情，就说是我送他的。”

“好的，好的。”汪曼云笑得弥勒佛似的，连连点头。他当即到账房领了好大一笔钱，去香港最繁华的轩尼诗道为李士群买了一只瑞士最新产纯金高级挂表，另有两套高级西装。他自己狠捞了一笔，那就不用说了。

汪曼云回到上海，稍事休整，立刻约李士群、章正范到大上海饭店吃饭。要的是一间雅室，有悠美的轻音乐相伴。席间，汪曼云将他从香港买的东西拿出来，送给李士群，特别说明：“这些礼物，都是杜公特意送你的!”

“太破费了。”李士群从讲究备极的包装盒里，拿起沉甸甸的瑞士挂表，高兴得嘴都合不拢了，“正好有个好消息先告诉两位仁兄。”李士群喜滋滋地对汪曼云、章正范说，“因为日本人牵线，日前，周佛海代表汪精卫正式请我出山，为他组织、主持特工工作。”

“都谈好了?”汪曼云、章正范问。

“都谈好了。”李士群说，“但我对周先生声明，我可以出山为汪先生主持特工，但不坐头把交椅，头把交椅我推荐丁默邨坐，老丁是周先生的湖南老乡，大家都是故人，相互了解，我这一说就准。你们二位仁兄，也望多多帮助。你们想不想见老丁？若是想见，我给你们引荐。”正在想方设法找靠山的汪曼云、章正范听这一说，喜不自禁。他们当即约定，第二天上午十时，汪、章二人到李士群家见丁默邨。汪曼云心中清楚，李士群之所以不坐汪记特工的头把交椅，并不是他说的让贤，而是资历浅、威望不够。原先，李士群与丁默邨同属国民党 CC，但丁默邨职务要比他高得多。

觥筹交错间，三人间关系又深了一层。

第二天，按照约定的时间，汪曼云、章正范准时去了大西路 67 号李士群家。门铃按响后，自然是翘嘴巴苏北人张鲁来开的门。二人刚刚上楼，李士群带着一个人笑嘻嘻地迎了上来，同二人握了手后，指着身后那位虽西装革履却瘦得烟鬼似的人介绍：“这位就是大名鼎鼎的丁默邨先生。”

“幸会，幸会！”丁默邨上前一步，主动同二人握了手，相跟着上了楼上客厅。只见客厅里正面墙壁上斜钉着国民党党旗和中华民国国旗，上面是一幅孙中山先生遗像。看汪曼云、章正范吃惊的样子，丁默邨笑着解释：“两位仁兄，这个场面久违了吧？看着也有些吃惊？从今以后，国民政府这青天白日满地红的旗帜，不是他蒋介石在重庆可以挂，我们在上海也可以挂。因为，汪先生马上就要在上海组建起一个真正的国民党中央政府，这是日本人同意的。”

汪曼云、章正范乐道：“好呀，这是好事情。什么时候开张？”

“这下好了，我们也不愁没有饭吃了。”

李士群说：“汪先生马上就要去日本访问，他回来后，所有的‘店铺’就正式开张营业。”

就在即将出台的汪精卫特务组织机构的头子丁默邨、李士群和幕后同伙汪曼云、章正范等人弹冠相庆、摩拳擦掌、跃跃欲试时，上海重光堂内正在召开一个重要的秘密会议。

重光堂又叫六三花园，是一座日式建筑的花园洋房。从一道雕花铁栅栏围墙望进去，庭院深处，那幢主楼——乳白色的一楼一底法式建筑物几乎全被蓊郁的花木掩隐。茵茵草地上，有多株日本樱花树，花开时节，烂漫一片，绯红如云。战前，这是日本特务六三老头的私宅。他躲在这里，大搞中国情报，大玩女人……上海沦陷后，这幢华屋变成了日本侵华军大特务头子土肥原的私宅。

这天，六三花园主楼二楼正中一间不大的会议室里，汪精卫坐在当中主持会议；铺着雪白桌布的椭园形长桌两边依次坐着周佛海、陈公博、陶希圣、梅思平、陈春圃、高宗武、林柏生等未来汪记国民政府的大将们。引人注目的是陈公博，在河内他因为不同意汪精卫另组中央政府拂袖而去，而今天，他却来了，而且是坐在汪精卫左首第一位，与坐在右首第一位的周佛海相对。正午灿烂阳光从落地长窗中漫进屋来，屋子里很光明。

“诸位!”身着一套高档白西服的汪精卫今天气色很好，精神也很好。他挺着胸，环视左右后，振振有词地说道：“为让和平运动尽快走入正轨，早日建立中央政府，我决定近期访日。今天需要和诸位商议的第一要事是，我们未来的首都定在哪里？请诸位发表意见。”

周佛海当即表示，定都南京。理由是：既然重庆蒋介石的中央政府是伪的，我们的中央政府才是真的，那么非南京莫属；因为，南京本来就是中央政府所在地!

高宗武却反对。理由是：现在梁鸿志的维新政府就设在南京。在国人眼中，梁鸿志的维新政府是日本人刺刀保护下的一个汉奸政府小朝廷，中央政府设在那里，岂不是同梁鸿志的汉奸政府小朝廷同日而语？试想，堂堂中国国民党的中央政府设在日本人的势力范围内，这成何体统？在外人眼中，这个中央政府，还是中国的吗？

大家都承认高宗武的话有理。但中央政府不设在日本人的势力范围内，又能设到哪里去？到大西南的任何一个地方不行，到日本人势力范围外的任何一个地方也都不行！扯来扯去，问题还是回到原地。既然这个中央政府非设在日本人的势力范围内，那当然还是在南京最宜，虽然这有点令人尴尬，但没有办法。

汪精卫暗暗叹了口气，拍板了。

“既然大家的意见最后趋于一致，那这事就这样定了。”汪精卫正想宣布会议结束，不想被他好容易重新招致麾下并被赖以为干城的陈公博要求发言。汪精卫只好应允。

“把我所知，”陈公博满面愁云地说，“日本内阁和日本大本营对我近期组建国民党中央政府的意见很不一致。”他透露了在这个问题上，日本军界、政界不同的看法后接着说，“现在，局势如此之微妙。在这个时候，汪先生去访日本，倘有差错，何以对国人?”

“公博!”汪精卫对陈公博这番很不合时宜的话大不以为然，以教训的口吻说，“请你别这样一而再、再而三地泄气好不好？干什么事情不冒点风险?我这次去日本，是同日本内阁通了气的。”说着，激昂起来，提高了声音，“气可鼓而不可泄！我汪某是在为和平奔走，就是为国人牺牲也在所不惜！有什么好前怕狼后怕虎的?!”他的这一番话堵住了陈公博的嘴，为了给在座的“首义之人”打打气，他当即宣布了一个激动人心的消息：“我们的经费问题解决了，而且相当宽裕。月前，为我们服务的日本‘梅机关’机关长影佐先生拟了一个提案交日本内阁，今已正式通过。从本月起，由日本上海正金银行每月向我们提供300万元活动经费，这是一笔巨款。”

果然，汪精卫一说，在座的都欢呼起来。因为，每个人都可以从中领取好大一笔款项。其实，日本人向他们提供的巨款，是借中国人的骨头熬中国人的油——这是历史上，中国对八国联军的赔款。历年由中国海关在税收内支付，并有严格规定，若有多余款项（俗称“关余”），存入英国人的汇丰银行。日军占领北平、上海、广州等中国大城市后，发现“关余”已有相当数额，日本军方强行将所有的“关余”转入日本正金银行。

真是“人为财死，鸟为食亡。”梅思平等人就像被注射了一针兴奋剂，当即提出：“今后，大家都要全身心地致于和平运动了，无力顾及家庭生活，组织是不是应该考虑考虑我们的生活问题?”众人立即附议。梅思平的话虽然说得含蓄、委婉，但意思是很明白的，这就是摊起手来，向他们的主子汪精卫要更多的钱。

汪精卫笑了一下，话说得很幽默：“思平不愧是搞外交工作的，话说得又明白又好听。”他当即大方表示，“在座诸君都是和平运动首义人物，每人发安家费10万元。但是，以后参加和运的同志，不得援引此例。”

汪精卫“出访”日本前的重要会议，就在发钱的高潮中皆大欢喜地结束了。不过，陈公博不知哪股犟筋又犯了。会后，他又持同一个理由向汪精卫告假，说他在香港的年届八十的老母亲最近身体不好，身边需要人照顾，他得回香港尽一个儿子的孝心。汪精卫没有办法，只好让陈公博又回香港当他的寓公去了。

第十一章

卑躬屈膝，换回卖身条文

从飞机上看出去，绵长的日本海岸线一闪而逝。飞机降低了高度，汪精卫的目光透过飞机舷窗，久久凝望着视线中显现的“友邦”大地。日本的绿化很好，所有的山峦、田野、城市无不遍披青葱。从高空往下望，渐次显现的日本本土无一处是裸露的，只见无边的绿浪起伏。

“这就是我熟悉的、已经阔别了三十年的日本么?”汪精卫的心，猛烈地跳动起来。

这天——1939 年 5 月 31 日，上午十时，汪精卫率周佛海、高宗武、梅思平和周隆庠、董道宁一行乘日本海军飞机，从上海虹桥机场起飞，约三个小时后飞抵日本本土。汪精卫此行有些一厢情愿，也太急了些。并不是事前同日本内阁通气，而是他主动向人家打了份要求访日的“申请报告”，经影佐递交东京，十天后才收到日本方面一纸冷冰冰的回文：“同意。”

这次汪精卫访日，日本上层曾经展开过激烈的争论。争论的焦点是：在中国，日本当前究竟该扶植谁？在他们掌握的名单中，除了汪精卫，还有两位强有力的竞争者，分别是住在上海、北平的唐绍仪和吴佩孚。也就在汪精卫一行飞赴日本时，向来消息灵通的中立国瑞士发了一则很幽默的电讯：“赤手空拳的汪一行十二人访日！”是的，日本人是最讲究实力的，也是最功利的。既然他汪精卫是“赤手空拳”去日本，那么，受冷遇是必然的。

汪精卫一行乘坐的日本海军飞机午后降落在指定地点——东京附近的追滨机场。下飞机时，机场上冷冷清清，来迎接他们的仅有大本营派来的两位职别不高的联络员西义显和依藤芳男。他们一行人悄无声息地上了几辆轿车，车队首尾衔接，沿国道线向东京驶去。

坐在中间那辆轿车上的汪精卫，用手轻轻掀开白色窗帘向外看去。他发现，三十年后的日本，人口激增。田畴间，村庄毗邻，人烟稠密。一时间，让他似乎对日本之所以向外扩张又增加了理解和同情，面对此情此景，他不禁又诗兴勃发，随口吟出一首诗来：

疆亩纵横绿野恢，禾苗如水树如苔。
老农筋力消磨尽，留得川原锦绣开。

他的思绪正在诗的氛围中翱翔时，忽觉眼前一亮，车已进入东京。尽管是战时，但东京毕竟是日本首善之区，是世界著名大都市。展现在眼前的条条通衢大道宽阔如砥，两边绿树成荫，街市繁华。过银座一带时，街上各种高级车辆如过江之鲫，幢幢华丽壮观的银行、商行等摩天大厦扑面而来，霓虹灯闪闪烁烁，人群摩肩接踵。忽然，汽车一拐，首尾衔接的车队鱼贯进入一条幽静的大街，两边浓荫中掩隐着一幢幢日式花园洋房。

汪精卫乘坐的轿车驶进了一座绿化很好，环境幽静的别墅。车轮在花木夹道光滑如镜的柏油路上辗过，发出轻微的好听的沙沙声。轿车在一幢乳黄色的象牙雕刻般的一楼一底的主楼前停了下来。车门开处，已等候在那里的联络员西义显趋步上前，替汪精卫开了车门，深鞠一躬说："这是东京男爵的别墅，是你在东京期间的下榻处。你的随员们，除秘书周隆庠跟在你身边，"说时，指了指周围紧邻的几幢别墅，"其他的人都分别安排了，你们联络起来很方便的。"然后，西义显就告辞了。

汪精卫吃了午饭就坐在屋里生气，他觉得他是国家元首，到日本却没有受到应有的礼遇和尊重，连接风宴都没有安排。接待他的，是职别不高的西义显，而且人一晃就不见了。

这时，电话铃声响了，他没有好气地拿起话筒。

电话是住在楼下的秘书周隆庠打来的。

"汪先生。"秘书向他报告，"先已回到东京的影佐先生，还有犬养毅先生想来拜望你，不知可不可以？"尽管这两个来拜望他的人都是"梅机关"的，汪精卫还是很高兴，有人来总比没有人来好。他说："好的好的，就让他们来吧！"

6 月 14 日，当一轮通红的朝阳刚刚从东京郊外一处葱郁的树林中探起头来，习惯早起的平沼首相已穿着一身和服，站在他东京郊外的别墅典雅的书房里，望着正面壁上挂着的那幅硕大的二十万分之一比例的"支那作战态势图”，处于沉思默想中。

那面公鸡形的土地资源广袤的中国地图上，标志着日军占领的一面面小太阳旗，已插遍了大半个中国。然而，首相那张线条刚硬的、络腮胡刮得发青的四方脸上，却无一点欣喜。那副浓重的眉，因忧愁而蹙起来……平沼是今年一月继近卫之后担任首相的。他中等身材，笃实，剪平头，虽戴一副玳瑁眼镜，却无半点书卷气。从整体上看，平沼首相给人一种日本武士咄咄逼人的霸气。

作为一个首相，一个政治家，平沼对日军在“支那”战场上表面上看似节节胜利，实际上却是泥足深陷的局面，心中比谁都清楚。随着美国军用物资的大量援华，蒋介石对日态度越来越强硬了。在正面战场上，日军不仅再无力进攻，而且不断遭受反击。在日军已经占领的广大地区，因军力不敷，共产党领导的八路军就像中国《西游记》中的孙悟空钻进了牛魔王的肚子里。他们不断发动民众，星星之火，竟成燎原之势。在满洲（东北），数十万精锐的关东军，因为有苏军的对峙、牵扯而不能动弹。再看东南亚、太平洋上的局势，更是不乐观。日美之间大有大打之势。如果日本陷入“支那”的泥潭，那么，四面树敌的区区岛国——日本最终面临的结局是什么，是显而易见的，也是可怕的！而今最聪明的办法，就是帝国政府必须尽快在中国找到一个足可同蒋介石抗衡的，有影响的人物出来，建立中央政府，同蒋介石的重庆中央政府对抗，从而达到“以华制华”的目的。近年来，帝国政府为了找到这样一个人选心机费尽，花了大钱出了大力。屈指算来，有华北的王克敏、南京的梁鸿志……事实证明，这些人物都如中国《三国演义》中扶不起来的阿斗，是一砣砣臭狗屎，根本排不上用场。之前，军方建议，起用在中国名噪一时的前直系首领吴佩孚吴大帅。可是，偏偏吴佩孚吴大帅桀傲不驯，用中国人的话说，就是——给他梯子就上墙，说他胖就喘。吴佩孚手下啸聚了四、五万绿林好汉，却专找替日本人效命的王克敏华北政权搞摩擦。

没有办法，只好找到了在上海的唐绍仪。时年 78 岁的唐绍仪，有相当的影响力。他是广东香山人，留学美国，曾经作过袁世凯政权的内阁总理，又秘密加入过孙中山领导的同盟会。1912 年 6 月，因袁世凯破环责任制内阁，他愤而辞职，因而平添声望。1931 年“九一八”事变后，唐绍仪任国民党中央监察委员、国民政府委员。土肥原到上海后，在唐绍仪身上下足功夫，唐绍仪答应出山。工作刚有头绪，不料一个月黑风高夜，唐绍仪被军统特务用利斧砍死家中……就在这个时候，汪精卫跳了出来。无疑，汪精卫是最理想的人选。虽然大本营内派系林立，对汪精卫的看法、评判也不一致。但作为首相的他，还是说服了各派。今天，他要在东京郊外的家中接见已在东京盘桓了多日的汪精卫。

按照约定的时间，晨九时，联络官西义显带着汪精卫和秘书周隆庠驱车来到了首相宅邸。汪精卫下车时疑为到了仙境。眼帘中，四周都是苍苍的森林，一片茵茵草地上，有嬉戏的梅花鹿，雀鸟啁啾……这里，没有军人，没有尘嚣，只有一幢乳白色的日式小洋楼，掩隐在花木丛中。

“汪先生，请！”西义显走到他面前，把手一比，深鞠一躬，将四顾频频、处于遐恩中的汪精卫唤回。

汪精卫笑着点点头，跟着联络官西义显进了栅栏门，穿过樱花烂漫的庭院，来在主楼前时，平沼首相降阶相迎——他着一身宽大的和服，脚蹬木屐，举止打扮，相当随便。一丝不易察觉的不快和失望，从汪精卫俊美的面庞上闪过。他暗想，这哪里是双方元首级的晤谈，分明是民间的串门！

然而，汪精卫心中的不快不过是短暂的一瞬。就在平沼首相向他伸出手来时，他的脸上浮起微笑，趋步上前，同首相热烈握手，相互鞠躬问好。然后，首相引他上楼，进入一间一尘不染，具有浓郁日本风味的精致小客厅里，双方坐在榻榻米上。女佣向主客献上茶点，鞠躬、脚步轻捷地默默后退，并随手掩上门。

正襟危坐的平沼首相言简意赅，在对汪精卫访日致简短的欢迎辞后，便直接进入主题：“在这日中关系非常期，我赞赏汪先生挺身而出，为处理日中间不幸事变而努力之热情。新内阁仍将继续坚持前首相近卫声明原则——对中国实行和平、反共、经济提携三原则精神。”

汪精卫精神一振。坐在榻榻米上的他，向平沼再鞠一躬后，感激涕零地说：“中日长期战争并无意义。兆铭曾留学贵国多年，也曾跟随先总理孙中山先生，在友邦进行过长期的反清斗争，得到过许多友邦朋友的支持。深知日本朝野对我的友好感情。中日两国一衣带水，唇齿相依，兆铭决意为中日和平尽一切努力……”

整个会见时间很短，不过几分钟就结束了。然而就在当天，汪精卫却骤然忙碌起来，他在下榻的东京男爵官邸内接受了日本枢密院、兴亚院议长等人的拜会。这些，不过是一种礼仪、过场。他知道，真正的主角还在幕后没有出场，这人就是日本战时大本营陆相、对整个时局有举足轻重作用的鹰派代表人物板垣征四郎。

两天后的晚上，汪精卫终于接到了久盼中的电话。“梅机关”机关长影佐在电话中通知他说：“明天上午九时，板垣陆相接见阁下。”放下电话，汪精卫心中又是一阵不快。“板垣陆相接见阁下！”究竟应该谁接见谁？我是元首级人物，而板桓不过是日本陆相。不是元首接见陆相，反而是陆相接见元首，简直弄倒了！一开始，日本人就摆出一副救世主的角色，而将我汪精卫放在儿皇帝的位置上，真是欺人太甚！很晚了他都没有睡着，后来，他渐渐想通了，心情也平静了。中国古话中不是有“有奶便是娘”、“人在屋檐下，安能不低头”一说吗？到这份上，也只好认了！

从汽车里望出去，透过眼前一片茂密的树林，日本陆军省大楼遥遥在望——那是一幢毫无色彩的平地突起、占地面积很大的四层洋灰大楼。整个看去，像是一个蛮不讲理的戴盔披甲的日本武士。

板垣陆相不像平沼首相那样，礼貌周全地降阶迎接汪精卫，这会儿正站在他二楼的会客室里，面对着一张挂在壁前的硕大“支那作战态势图”，用手托着下巴沉思。毕竟是职业军人，陆相的会客室也布置得像他的作战室。落地长窗两边的厚重的金丝绒窗帘拉开。阳光泻进屋来，铺着地毯的屋子正中，摆有一张椭园形的铺着雪白桌布的长桌，周围摆着椅子，似乎正准备开一个有关作战方面的会议。屋子中，除了挂在墙上的那张“支那作战态势图”引人注目外，异常简洁。面图沉思的板垣时年 54 岁，身材不高而笃实，身着一套笔挺的黄呢军服，没有戴军帽，剪着平头，脸上的络腮胡刮得发青。横肉饱绽的四方脸上戴一副眼镜，样子看起来很横。他出身于岩手县，与日军著名将领冈村宁次、土肥原贤二、矶谷廉介、永田铁山等人都是日本东京士官学校的同班同学。

板垣陆相突然在地上踱起步来，腰身挺直，步伐也很均匀，似乎竭力表现出一种军人的沉稳。只是大眼镜后那一副又短又粗又黑的的眉毛抖着眉翅，暴露出他内心的不安。板垣也是个“中国通”，曾经在中国东北中苏边境线上担任过日本驻中国边防军参谋长；其后，同大特务土肥原一起，在云南、汉口、沈阳等地从事特务活动。后调回国内，任大本营参谋本部中国班班长，“九一八”事变后，任日本侵华军第五师团师团长，1938 年初跻身内阁，以陆军中将师团长的资格，取代了杉山大将为陆相，开创了日军史上的一个先例。作为一个职业军人，板垣从内心里瞧不起女性化的汪精卫。但身在其位，为帝国利益，他不得不委屈自己，在首相之后，会见汪精卫。

板垣陆相就是带着这样的心情会见，不，是接见汪精卫的。

室外响起橐橐的皮靴声。副官准时前来，向他立正、敬礼后，挺腰报告汪精卫一行到了。

“请他们进来!”板垣大声命令。

当西装革履的汪精卫、周佛海一行鱼贯而入时，陆相已稳坐在椭圆形长桌上首。看见汪精卫等人，板垣弹簧似地也是礼节性地站起了一下身子，用手一比，对汪精卫等人说：“请坐!”神态冷峻。好像汪精卫不是带着一群大员专程从中国来，同他商谈有关两国间大事的元首，而是来听他布道什么的。

汪精卫乖巧，一看陆相这个铁腕人物的架势，也不多说，带着周佛海等人坐下后，便开宗明义地对板垣说：“日前，我与平沼首相进行了很好的会谈。今天能在我访日期间同陆相交换意见，深感荣幸。现在看来，实现中日和平，无非有两条途径：一是贵方以重庆政府为对手；二是以我为中心组建新的中国国民党中央政府，由我着手与贵方缔结和平。”

板垣点了点头，很明确地说：“帝国政府排除重庆蒋介石政府，支持汪先生组建新的国民政府，并在此基础上同中国新政府缔结和平。”

汪精卫向板垣鞠了一躬深表谢意，并讨好地对他刚才讲的话作了点解释和补充：“组建并保存国民党政府的形式，可以避免中国人民抱有受日本的压迫而亡国的念头，也便于从重庆国民党政府方面拉拢更多的人。”

“明白。”板垣横肉饱绽的脸上肌肉牵扯了一下问，“现在中国大陆存在维新王克敏、梁鸿志两个政府。不知汪先生的中央政府成立后，对他们如何安排?”

“华北王克敏临时政府，因地域远离中央政府所在地南京，可设中央政府领导下的政务委员会，作为地方政权给予一定权限。而当中央政府还都南京之时，现在南京的梁鸿志维新政权即应宣布解散，所有解散人员，考虑安排。”

板垣略为沉吟后说：“拟议还都南京的中央政府，我们意以汪先生同吴佩孚大帅组成核心，一正一副。再加以幡然悔悟的重庆分子组成中央机构。维新政府应保留实体!”

板桓真是欺人太甚！周佛海面有怒色。汪精卫也勇敢了一回，硬顶板垣一句：“若这样，未来的中央政府就是有名无实，则我只好延期组织中央政府！”

板垣见这个话题无法谈下去，便转移了话题，虎起脸问：“汪先生对满洲国的存在有无异议？”

汪精卫用了外交辞令：“我承认满洲国作为独立国的存在为既成事实。”

汪精卫说时向板桓攻了攻，他提起近卫声明中承诺的日本定期在中国撤军一事，还有答应当新的中国中央政府成立时，使用青天白日满地红旗等问题，期望能得到板桓这个铁腕人物的承诺。

可是板桓只吐出“再议”两个不置可否的字眼，就闭上了两扇铁门似的嘴。

汪精卫同日本陆相板垣的谈判就这样不愉快地结束了。

显然，汪精卫的日本之行没有达到他预先期望的目的。6月18日，汪精卫留下周佛海在日本继续谈判听取消息，他则带着周隆庠等人打道回府了，正如法新社电讯所说的那样：“空手而来的汪精卫，仍然空徒手乘‘五星丸’离日。”

留在日本的周佛海，在接下来同板垣的谈判中，按照汪精卫留下的“锦囊妙计”行事，却一无所获，最后只好在板垣规定的条约上一一签字。周佛海唯一争取到的是，充许届时“中央政府”在南京“还都”时，挂出国民党的青天白日满地红旗帜；但有一个附加条件，就是，旗摆下面挂两条黄绸飘带，飘带上写“和平、建国、反共”六个大字。

日本大本营的横蛮做法，让汪精卫此行签定的“卖身”条文，令日方联络官西义显也看不过去。他在日记中一针见血地写道：“把平沼首相坚持近卫声明要点和板垣陆相肆无忌惮地交换意见结合起来，就是说，日本要把蒙疆作为日本的防共特区，把华北作为日本国防和经济的合作区，把华中作为日本的经济合作区。这只是日方罗列片面的要求，根本否定中国民族主义的主体。平沼政府的真实意图，根本不是超越近卫声明，而是从近卫声明后退。虽然表面上依照声明，但随着问题的具体化，就想用旧有对华权益思想无多大差别的消极解释，强加给汪精卫，如果这也为汪所接受，这只能说汪的宽宏大量。单这一点，已毁环了和平工作的基础……这就等于以战败国的条件加给中国。”

第十二章

睡浴室，汪精卫享受特殊待遇

上海极司斐尔路是一条模范街，是英美公共租界工部局在租界外强行修建的一条街。街上多西洋华宅，哥特式、日式、法式……即使是中式建筑也大都中西合璧“穿西装戴瓜皮帽”——洋房上骑着中式飞檐斗拱的屋顶。林林总总，这条街可谓是世界上各种建筑物的汇聚地。

76 号座落在长街中段，这是幢美轮美奂，占地面积达二十余亩中西合璧的花园洋房。是这条街上建筑面积最大，也是最引人注目的建筑物。战前，这是国民党安徽省主席陈调元的华宅，每天从早到晚，都有美妙的钢琴声从庭院深处飘出。上海沦陷后，为日本人强占。

1939 年 6 月中旬的这一天，凡是经过极司斐尔路 76 号的人莫不瞪大惊奇的眼睛，都诧异怎么在一夜之间，原先一幢漂亮、温馨的华宅就变成了一座魔窟？大门外站岗的人，虽都穿着草绿色的军服，荷枪实弹，却又没有戴帽徽领徽；一个个原先上海滩上的地痞流氓们都歪戴帽子斜穿衣，嘴里叼根香烟，手中捏着两个铁弹子或核桃，贼眉鼠眼吊二郎当地盯着从大门前经过的人看。仔细看这些人，不就是上海滩上臭名昭著的以张国震、顾宝林、赵嘉猷、夏殿元为代表的打架斗殴、掌红吃黑、杀人不眨眼的一群恶棍吗！

倘若有胆量的停下步来，隔街往里一看，更是吓人一跳。院中那道中式二门改成了不伦不类的牌楼，横阁上镌着“天下为公”四个蓝底白色大字——这是孙中山的名言。而在两侧掏出了两个枪洞，从中支出两挺机枪，黑洞洞的枪口正对着大街、对着路人。这座由上海滩上地痞流氓组成的准军事组织，门口没有挂任何牌子。路过这里的人们不知道，这个武装团体，是日本人支持的汪精卫的特工组织，是汪精卫的看家本钱。也就从这一天起，上海极司斐尔路 76 号就成了人人闻之丧胆的魔窟。

76 号内组织严密。汪记特工一开张就有 300 余人——行动队 150 人，其中20人暗布在新闻文化系统，20人搞情报，40人搞通讯……中层以上大都是原国民党中统、军统过来的干部。此外，还有一些马路政客、失意军人，有臭名昭著的唐惠民、马啸天、苏成德、王天木、裘君牧等。76号的主管是周佛海，实际负责为丁默邨、李士群、唐惠民。而暗中操纵者是日本“梅”机关的晴气中佐。

76号的警卫大队长吴世宝，更是“赫赫有名”，是上海滩人人闻之色变的魔头。孩子夜哭，只要听大人说“吴世宝来了!”都会吓得立刻噤声。吴世宝是江苏南通人，生得南人北相，身高马大，满脸横肉，争强斗狠，目不识丁，粗野横蛮，对上司却很恭顺。他原是上海公共租界上一间跑马厅中的马夫，后来改行做了汽车夫。那时，他还是个二等流氓，为“丽都”舞厅老板高鑫宝开车，拜高鑫宝为先生，态度亦很恭谨，很得高鑫宝欢心。见吴世宝对自己孝顺，高鑫宝便将自己的干女、有些姿色受过中等教育，身材高大丰满的佘爱珍嫁给了吴世宝为妻，让吴世宝喜之不禁。佘爱珍这个人不仅让吴世宝满意，而且还是青帮“老头子”季云卿的干女。婚后，吴世宝通过妻子的关系步步攀升。之后，季云卿将吴世宝介绍给了李士群。真是物以类聚，人以群分，李士群与吴世宝一见如故，这样，吴世宝摇身一变，成了76号中极有权势的警卫大队长，成了李士群的打手和亲信。

吴世宝上任伊始，特别卖劲。他命令76号的大门平时不要打开，所有人员一律从大门旁的小门进出。76号的守卫更是戒备森严，平时驻防站岗的特务有一个班。出入者需持证——那是一张淡蓝色的卡片，卡片上印着莫名其妙的“昌始中学”、编有号码、贴有本人照片，发证日期、骑缝章等一应俱全。若是进二门，还得出示一种红色证件……吴世宝将76号弄得鬼气森森，路上行人过此皆不敢侧目。

8月27日这一天，上海愚园路上，虽然夜里下过些小雨，仍燥热无比。上午十点钟左右，一派葱郁的树木花草都垂着头，躲在树荫深处的知了有一声无一声地叫着，让人昏昏欲睡，街上寥无人迹。而1136弄门前岗亭里站岗的日本宪兵，虽然汗水湿透了军衣，但还是持枪站得得笔直，木杆似的。能让日本宪兵站岗的人，绝不是无名之辈——住在1136弄这幢花园洋房中的不是别人，正是汪精卫、陈璧君夫妇。

这幢华宅原先是国民党交通部部长王伯群的私宅。当年，王伯群出任上海大夏大学校长时，与该校校花保志宁恋爱、结婚。王伯群为金屋藏娇，不惜斥巨资在这里大兴土木，修建起华宅。这条弄堂内，住的都不是无名之辈，间隔有序的十余幢花园洋房内，分别住着周佛海、梅思平、陈春圃等汪记政权高官。

下午五时后，天气稍微凉快了些。三辆锃亮的轿车首尾衔接，徐徐驶出愚园路后，调头向西疾驰。中间那辆车上，坐着汪精卫和他的内侄陈春圃。这是辆由日本人配给的高级防弹车。

汪精卫这是往极司斐尔路76号去视察。明天，他寄于很大期望的汪记国民党第六次全国代表大会，将在那里召开。必须走好这一步！只有走好这一步，他才能名正言顺地出来公开活动——搭班子，还都南京……

一路看去，大街上已是华灯闪烁。不夜的大上海，排山倒海般扑进眼帘。

"姑父！"坐在身边的陈春圃私下都这样称呼汪精卫，"姑妈（陈璧君）昨晚从香港打电话找你，大概没有找到你，打电话问我，问姑父你到哪里去了？"

"啊！"汪精卫的神情一时有些紧张，也有些尴尬。他没有正面回答，只是问坐在身边的陈春圃，"你是怎么回答你姑妈的？"

"我对姑妈说，姑父这几天为筹备全国代表大会，很忙，很可能到极司斐尔路76号去了，也可能到别的什么地方去了。"

"很好。"汪精卫点了点头，脸上露出欣慰的笑。

这一切，陈春圃都看在眼里。他知道，姑父——汪精卫在上海有个相好，这些天趁姑妈不在，汪精卫与他的相好约会很忙。在这个问题上，平时将汪精卫管得很紧的姑妈要是知道，那不知要出什么事呢！陈春圃曾留学苏联，在汪精卫、陈璧君身边的几个内侄中，是最有头脑的，也有一些才具，因此颇受汪精卫赏识、信任。听陈春圃这一说，汪精卫高兴之余，乘机扭转了话题。

"你姑妈在电话中怎么说，那个书呆子肯不肯回来？"汪精卫说的书呆子指的是陈公博。陈璧君此次赴港，就是专程去动员陈公博回来的。

"那个书呆子还是不肯回来。"

"那就再等一等吧！"汪精卫失望地将身子往后面沙发背上一靠，叹了一口气。他们夫妇之所以希望陈公博尽快回来，是他们清醒地认识到，周佛海是个有野心的人，靠不住。而陈公博脾气虽然怪些，却是他汪精卫最可信任的，也是他未来中央政府中不可或缺的人物。

看姑父失望的神情，陈春圃想了想又说："姑姑在电话中还要你原谅褚民谊。她说'打虎要靠亲兄弟，上阵全看父子兵'，毕竟是自家人要靠得住些……"

"这个民谊呀！"汪精卫苦笑着摇了摇头。车内天光很有些暗了。陈春圃看不清姑父的表情，可还是感悟得出那分鄙屑。他当然知道褚民谊和汪精卫夫妇的特殊关系：褚民谊的妻子陈禹贞是陈璧君母亲卫月朗的养女，汪精卫同褚民谊算是"连襟"。时年51岁的褚民谊出生于浙江吴兴一个官僚士大夫家庭，先后留学日本、法国。虽拿了两顶博士帽子，其实糊涂，办不成什么大事。那样一个大胖子，喜欢并擅长的尽是些踢毽子、放风筝、唱京戏类玩意。之前，当汪精卫在香港发出"艳"电后，时任上海中法技术学校研究部主任的褚民谊在全国人民的讨伐声中，深怕与汪精卫有所沾染，竟连续在报上发表声明："汪氏的一切概不知悉，一切同我概不相关……"

就在汪精卫沉思默想时，汽车"嘎！"地一声，停在了极司斐尔路76号大门前。坐在前头那辆车上的日本宪兵，下来同守门的特务办了交涉后，两扇平素关得紧紧的铁门洞开，让汪精卫乘坐的"林肯"牌轿车一直驶进去，在庭院深处的那幢主建筑前停下来。

候在阶下的丁默邨、李士群赶紧趋步上前，轻轻拉开车门，曲身迎候道："汪先生，请！"

汪精卫笑吟吟地下了车，由丁默邨、李士群陪着，巡视了大楼内会场，听取了这两个特务头子拟采取的保安措施汇报后，颇感满意。完了，汪精卫欲回家，李士群却说："汪先生，你今晚最好就住在这里，安全些。待明天开完会，你再回愚园路，这样保险些。"见汪精卫一副既不乐意却又狐疑万端样，他解释，"上海滩这几天重庆暴力团嚣张得很。汪先生可能还不知道吧？就是今天早晨，季云卿被暗杀了，死在他家门前。"

"啊?!"汪精卫被吓住了，略为沉吟，他问李士群，"那我睡在哪里？"

"我们早为汪先生准备好了。"李士群、丁默邨这就领汪精卫去看为他准备的卧室，陈春圃紧随其后。他们进入卧室，李士群紧走两步，推开房间浴室。浴室内有个硕大的白塘瓷浴缸，上面架一张绷床，很是简陋。李士群指着架在浴缸上面的绷床对汪精卫说："这里最安全，汪先生就睡在这里。"

见汪精卫眼睛都大了，惊讶中流露出一丝气愤，丁默邨赶紧解释："为了安全，我和士群晚上也都睡在浴室，卧室只不过是装样子的。”说着用手拍了拍周围的墙壁，只听当、当作响，原来浴室周围团转的板壁都是特制钢板，门一关，里面就是一座天然的堡垒，刀枪不入，安全极了。

见两个特务头子都如是说，汪精卫只好答应。不过，他又作了布置，他睡浴室内，陈春圃睡李士群的卧室，卧室外面走廊上由日本宪兵昼夜巡逻保卫。

1939 年 8 月 28 日。一大早，76 号的街坊邻居和路人无不惊奇，往日这座神神秘秘、鬼气森森的大院今天怎么布置得如此热闹？一夜之间，大门外搭起了一座高大的牌坊，中间缀有一个用彩色灯泡组成的“寿”字。原来，76号想要竭力营造出在做生日的假象，深怕别人知道里面今天要召开一个汪记色彩的“国民党第六次全国代表大会”。为了以防万一，又由日本人出面，请他们轴心国盟友、此段租界主人意大利驻军司令部派出官兵 100 余名，在 76号周围荷枪实弹地巡逻警戒。

说也怪，晨九时，当代表们陆续入场时，本来朗朗晴天忽然间下起了滂沱大雨。

一辆辆载着代表的汽车，顶着不期而至的大雨，开到 76 号的侧门。这些所谓来自全国各地的代表，都是七拼八凑的，共有二百余名。他们之所以来，好些是奔着丰厚的酬金而来，而有些有点地位的代表，则是被特务们威逼着来的。而且，这些代表中，有些连国民党员都不是。他们大都互不认识。每一个后来者都引起彼此间的惊诧。他们先签到。领了材料后，再将一朵大红花戴在胸前，进入会场胡乱坐了。抬起头来，只见主席台正中墙上钉着两面国民党的青天白日满地红旗帜。两面旗帜中间则挂着孙中山遗像，遗像下面贴着孙中山遗嘱中名句：“革命尚未成功，同志仍需努力”。台前，簇拥着冬青和盆花。执行会议的主席们开始鱼贯入坐。他们是：汪精卫、周佛海、陈璧君、褚民谊、梅思平、陶希圣、高宗武、林柏生、陈春圃、曾醒等。

十时整。会议的主持者周佛海宣布：“中国国民党第六次全国代表大会现在开幕，请大家起立。”座下二百余名代表齐刷刷站起，乐队奏起国民党党歌：“三民主义，吾党所宗……”久违了的国民党党歌在礼堂内回响，代表们自己听来都觉得不是味，心情各异。因此，当周佛海宣布“请同志们坐下”时，好些代表还在出神，一个个伸长颈子，像一只只待宰的鹅。

接下来，大会秘书长梅思平出来宣布议程后，主角汪精卫出场了。他今天的着装十分考究，一身笔挺的白西装，头发梳得溜光，脚下皮鞋锃亮，言谈举止也不乏英俊潇洒，可神情忧郁。向来在大庭广众中擅长演讲、侃侃而谈的他一反常态，讲话异常简短。当他在讲话中以“国势艰危，未来任务艰巨，同志们仍需精诚团结，共赴国难”结束时，声音哽咽了。

在沉闷的气氛中通过大会主席团人选后，由梅思平代表主席团宣布即日起修改国民党党章、废除总裁副总裁制，设中央执行委员会，设主席一人。主席为汪精卫。让大家鼓掌通过后，梅思平又宣布，“中央政治会议”即将择日召开，会议上将建立新的“国民政府”，为“还都南京作准备”云云。

中午举行了盛大的宴会。

午间休息时，大楼前忽然传来闹哄哄的吵嚷声。大家都觉得奇怪，本来出席这个会议的代表都是汪精卫手中的提线木偶，还有什么值得争吵的？有好事的代表就去看，只见上海代表汪曼云、蔡洪田会同浙江代表沈尔乔、章正范，湖南代表戴策在主楼前，气呼呼地对守门特务声称要见汪主席。

周佛海大大咧咧出来了，以当仁不让的口吻对这些闹事的代表说：“汪主席正在休息，你们有什么事，可以对我说。”

这就有连连诘问：

“卢英是个出名的汉奸，他怎么也来出席党代会？”

“不仅如此，听说卢英还被列入了中央委员人选，这是怎么回事？”

……他们议论纷纷，气愤难平。

周佛海板起一张脸回答：“卢英是不是汉奸，后世自有公论。不过，我现在想告诉大家的是，卢英虽是第一个公开为日本人工作的国民党党员，但是大家不要忘记，当汪先生从河内回到上海时，是卢英第一个公开站出来响应汪先生的和平运动的。他以极大的热情去迎接汪先生时，出了车祸，差点把命都丢了。另外，我还要提醒诸位这样一个现实，卢英现在是上海维持会的警察局长，负责各位的人身安全。如你们这样一闹，引起卢英的误会就不好了！”周佛海这一番暗示性、威胁性的话一说，在场的已经打上汪记标志的汉奸们再说卢英，就如战场上五十步笑百步的逃兵。大家都是汉奸，不过程度不同而已，他们还能说什么，闹什么呢，于是都怏怏而去。

下午开会时，大会副秘书长陈春圃、罗君强将中央委员候选人名单发下来，好些人一看都傻了眼。委员名单中，不仅有卢英，而且好些声名赫赫的大汉奸也都名列其中，有维新政府中头面人物梁鸿志、温宗尧、陈群、任援道；还有华北临时政府中的头面人物王克敏、王揖唐等等。场上顿时窃窃议论起来，有些骚动不安。有个叫胡志宁的代表霍地站了起来，因为激愤，满脸通红，正要发话，腰挎左轮手枪的李士群带着凶神恶煞的张国震、顾宝林大步走了上来，往他两边一站。胡志宁像老鼠见了蛇，立时萎了，一屁股坐下来，吓得什么话都不敢说了。周佛海见状趁热打铁，在主席台上扬着手中的名单说："这份中央委员名单若是大家没有异议，请鼓掌通过！"说着，带头鼓掌，场上响起了寥落的掌声。

"好！"周佛海一锤定音，"全部通过。现在进入大会最后一项议程，请汪主席宣读大会宣言。"

步上讲坛来的汪精卫似乎很疲惫，他低下头，正对着他的麦克风里响起他略有些沙哑的诵读声："……但求能挽国家民族于将亡，而致之于复兴，即无愧于先烈，无负子孙，此外一切生死、祸福、荣辱、毁誉皆当置之度外，党内之能精诚团结胥系于此，而对于全国有志之士能真实合作，向和平反共建国之目标携手前进，亦胥系于此也！"毕竟是做贼心虚，汪精卫念完后，环视台下，补充说，"外面有人造谣诬蔑，说我们是日本人的傀儡。请大家看看，我们今天会场里有没有日本人？"汪精卫说完这些，退回主席台上坐下，周佛海复又上去宣读法规草案。

这时，罗君强急匆匆走上主席台，在大会秘书长梅思平身边俯下身去，神色惊慌地说了几句什么。梅思平脸色大变，立即起身，跟着罗君强出了会场，进了楼上一间小客厅。

小客厅里已有日本人铁青着脸在那里等着了。见了正副秘书长梅思平、罗君强，"梅机关"干将犬养毅对他们劈头发问："你们这是什么意思？"说着将大会上午发给代表们、再三嘱咐不准外传的一份文件——"组织法"拿在手中猛摇，"你们事先信誓旦旦承认满洲国，为何在下发的这份文件中又有'东三省'一说？"说时，这个不穿军装但武士道精神十足的日本特务，弹簧似地从沙发上直起身来，将手中握着的"组织法"拍到梅思平手中，大有证据在手，兴师问罪的样子。

梅思平心中诧异，而反应敏捷。他回答说："阁下手中这份'组织法'中的问题，是我们秘书处个别人员在操作时粗心大意，工作疏忽所致，现在已经改了。此次大会准备工作不够充分，时间又急，好些法规都是套往届政府旧例。因此，'组织法'中出现了'东三省'，并非我们故意。"

“阁下适才提到的问题，我们已经察觉，所有下发文件也都悉数收回，正在追查，怎么少了一份？还没有追到原因。想来，少的一份正是阁下手中的这一份。请问，阁下手中的这一份文件是谁给的？”梅思平这急中生智的一说一问，理由堂堂正正，无理成了有理，反让犬养毅尴尬起来。

“这个么，原来是这样的，哈！”犬养毅咧开大嘴一笑，连说“误会。”也不解释他手中那份文件的出处，只是顺势下台，说，“解释清楚就行了。你们忙吧，再会！”并主动伸出手同梅思平、罗君强握握，然后走人了。

梅思平、罗君强打发了犬养毅这尊瘟神，松了一口气，连说：“营垒里出了可怕的叛徒，这人是谁，快回去查查！”他们回到大会秘书处，责令秘书们将中午收回来的文件按名册对号索查，查出来的结果令人后怕。原来这个没有将“组织法”归还大会秘书处，而是直接送给日本人告密邀宠的不是别人，正是76号特务头子、在日本人眼中身价看涨的李士群！

大会休息时，梅思平将此事直接问及李士群，李士群毫不隐讳地承认了。梅思平奈何他不得，只得苦笑作罢。

大会只开了一天，当天下午结束。就在大会结束前，周佛海又走上台来宣读了一个大会主席团动议，说是“汪（精卫）同志倡导和平，艰贞奋斗，挽救危亡，解民倒悬，大会全体应致敬意，以表尊崇。”于是，与会代表二百余人一起起立，提线木偶般同台上主席团人员一起，向汪精卫三鞠躬致谢。

汪记国民党全国第六次全国代表大会就这样走走过场完结了。然而，会后报载这次会议时却说开了三天。汪记机关报《中华日报》宣称：“中央党务机关负责人员，选出中执会常务委员如次：汪精卫、陈公博、周佛海、梅思平、丁默邨、林柏生、陶希圣、高宗武、李圣五、陈群。”显而易见，汪记国民政府已见雏形。

第十三章

间谍大战，重庆败北

“在支那事变史上占有重要地位的是躲在幕后的‘76’号和重庆特务队的拼死博斗。如果没有76号的保卫工作，大概汪精卫和所有的人都会被重庆的恐怖活动所暗杀，建立南京政权大概就不能办到了吧!”

——（日）益井康一

“76”号主楼上的一间密室，门窗紧闭，连厚厚的紫色窗帘也都拉上了，气氛显得神秘而鬼祟。

负责分管特工的周佛海，神情肃然地，正在召开一个紧急会议。他坐在长条桌上首，两边分坐着“76”号的大特务们，有：丁默邨、李士群、唐惠民、马啸天、苏成德、王天木、戴英夫、汪曼云、顾继武、李志云、茅子明等11人。

自汪记“国民党六大”以后，76号虽然仍未挂牌，但已经有了正式称谓“中国国民党中央执行委员会特工总部”，丁默邨为主任，李士群、唐惠民为副主任。这个“特工总部”名义上直接由汪精卫管辖负责，实际上由周佛海操纵。尽管如此，周佛海还是感到名不正言不顺。他想，既然自己是特务委员会主任，他汪精卫又何必再来插上一手?

周佛海看了看在座的“阎王”们，用了上海滩上的袍哥语言说：“在座的都是中央委员，也都是特务委员会的委员。在座各位，加上不在座的罗君强、梅思平、章正范都是兄弟。是兄弟就要抱成团！在这里的都是自己人，我就打开窗子说亮话，在即将成立的国民政府中，我们至少要争得十个以上部、次长的位置，让在座的兄弟都弄个部、次长当当。这样，我们不仅有相当的物质条件可以享受，而且在中央政府中亦有相当的发言权!”周佛海说到这里，场上立即响起热烈的掌声。

“政府的人事安排，不通过我们不行!”周佛海看他的话说到这些“阎王”们心中去了，能得到这些“阎王”们拥护，他很得意，将心中的话继续说下去，越说越明确，越说越横。

“但是，有人同我们过不去!”周佛海的话说到这里转了一个弯子，面容也有些阴森。看大家全神贯注地看着他，他不点名地说，“有人在暗中组织‘公馆派’同我们作对。”说到这里，他的口气显得有些酸，也有所指，“从前在重庆，有蒋家天下陈家党一说。现在，再搞出一个汪家天下陈家党麻烦就大了!”说到这里，他的话戛然而止，环视全场，见他的心腹大将们对他的话已心领神会，话锋又是一转，“我们是护卫新生党国的特务委员会，现在，摆在我们面前的形势相当严峻。大家想必都知道，这几天内，暗杀不断发生。继季云卿被重庆暴力团暗杀在家门口外，维新政府外交部长陈篆也被暗杀，甚至连杜月笙的大将张啸林因为同日本人套近乎，重庆方面也下了毒手……重庆暴力团的手段不算不毒，他们嚣张已极！这是在向我们示威，向我们挑战！我们不能不针锋相对，以血还血，以牙还牙。有不少人说戴笠的手段如何了得，蓝衣社和CC又是如何高明。在这种鼓噪声中，甚至连日本人也开始怀疑我们有没有还击、遏制重庆暴力团的能力……”

经周佛海这样一激，昔日重庆特务组织中的干将，今日位置更上一个档次的汪记特工队伍中的大将们，无不气得嗷嗷叫，尤其是马啸天、苏成德等人更是气得立即站起身来请命，周佛海笑了，他要的就是这个效果。

周佛海的手在空中一扬一压，示意马啸天、苏成德坐下后，大声说：“在座的基本上都是我的老下属，各位的手段好生了得，这也是我知道的。原先各位在军统蓝衣社，或在中统CC，因为讲究论资排辈，讲究后台，各位的才干都受到限制。现在正是各位英雄一展所长之时……”看在座的都被鼓动起来，周佛海这就宣布了他和丁默邨、李士群、唐惠民拟定的作战计划，很周密，分为两个方面：一、教育方面：为了对上海三百万师生加以控制，由周佛海承头成立“教育委员会”；二、新闻方面：拟耗巨资对沪上所有大小报，从主编到编辑以重金收买。如果收买不了，就武力对付。接下来，对在座者一一分配了任务，监视、跟综、绑架、恐吓、暗杀——“76号”准备全面出击了。

然而，事与愿违，压迫愈深，反抗愈烈。上海市数百万师生、市民纷纷走上街头，游行示威，他们高喊“打倒汉奸卖国贼汪精卫!”口号声、呐喊声，似滚过上海滩上的隆隆春雷。在新闻界，因为各报联合抵制，让汪记机关报《中华日报》及打上汪记色彩的《时代晚报》、《总汇报》等陷入孤立。尽管印刷这些报纸的设备一流，纸张也好，但日销售量加起来也不过五、六百份，少得可怜。

新闻界是各派争夺的前哨阵地。“76号”恼羞成怒，势在必争。几乎与此同时，上海数千家报刊都收到了“76”号发出的“中国国民党铲共救国总指挥部”的恐吓信，声称：“我等奉令谨慎行动，故未以暴力相加。无识之徒，认为我等无此力量，实属大谬。自今日始，台端主编之部份，如再发现反汪拥共反和平之记载，无论是否中央社之稿件，均认台端甘为共产党爪牙，希图颠覆本党及危害国家，按照国法，断难容忍，并决不再作任何警告与通知，即派员执行死刑，以昭炯戒。见信与否，均希自裁。如必欲一试我等力量，也愿听尊便也。”

金融界的斗争更是短兵相接，硝烟弥漫。就在汪记“国民党六大”召开前夕，上海金融界破天荒地钻出来一个“中央储备银行”，由周佛海任总裁，发行中储券，遭到了上海银行钱业公会的强力抵制，所有的银行拒绝接受中储券，更拒绝与“中央储备银行”业务往来。“76号”以武力强行通过中储券，重庆方面以武力对抗。于是，在上海滩上一桩桩神仙打仗，凡人遭殃的事情频频发生。

先是汪记“中储行”银行专员季翔卿在上班路上，被重庆蓝衣社特务开枪打死。接着，重庆军统又袭击了“中储行”上海分行，设计股股长楼侗被害……

“76号”开始加倍还击。

一个伸手不见五指的深夜，淫雨霏霏。“76”号的两扇黑漆大铁门突然无声地洞开，两辆有篷大卡车从中驶出，驶进了雨夜。雪亮的车头灯光被雨帘折得弯来扭去，灯光吃力地小心翼翼地向前延伸。

坐在第一辆车驾驶室里，长得熊腰虎背的警卫大队长吴世宝，瞪着一双嗜血的铜铃似的眼睛，透过刮雨器刮开雨水的玻窗，凝视着前面。杀气腾腾、窄衣箭袖的他，手摸着插在腰皮带上的一只上了红膛、号称手提机关枪的德国造二十响驳壳枪。他率领两大车的四五十个兄弟，个个凶神恶煞，像是阎王爷忘了上锁从阴间跑出来的一群恶鬼。

在雪亮的车灯光中，当街口闪出蓝底白字的“霞飞路”路标时，吴世宝顿时像被注放了一剂吗啡针，巨大的身躯因为激动而微微发抖，像是一匹马上就要扑向猎物的凶猛巨兽。

他发出了准备战斗的命令。

两辆有篷卡车，在夜幕、雨声的掩护下，悄悄地停靠在了“江苏农民银行”宿舍门前。篷布掀开，四五十条黑影从两辆车上快速跳下来。吴世宝持枪在手，手一挥，率领着特务们，撬开大门，杀死门房，迅速上楼，逐屋搜索。很快，十一名银行职员被特务们从被窝里抓了起来，押到楼下，在雨地里站成一排。

吴世宝确信银行宿舍里再没有其他人了，便大手一挥，喝令开枪。与此同时，架在楼上的两挺机枪开始疯狂扫射。

“哒哒哒!”随着密如飞蝗的子弹扫过，顷刻间，血花飞溅，惨叫声声，十一名无辜银行职员惨死在“76 号”特务们枪口下。吴世宝还不放心，走上前去，用脚上的皮鞋将死难者一个个踢过来、翻过去，确认十一人都死后，这才率领着他的弟兄们呼啸而去。

其实，吴世宝这次奉命要杀的是与“76 号”对抗的“中国农民银行”的人，并非“江苏农民银行”的职员们。只是李士群在向他交待任务时，他心不在焉，结果杀错了人，但这对于吴世宝而言犹如杀错了几只鸡。事后，他轻描淡写地说：“这有什么，反正杀的都是农民银行的人。误杀几个人，没有什么了不起的……”

杀人成性的吴世宝，一开杀戒便成瘾。以后一连几日，他又带着杨杰、万里浪等特务，借着夜幕出去滥杀无辜。一天晚上，他们的车开到“中国银行”职员宿舍时，吴世宝又如法炮制，带着特务破门而入，将该行的 108 名职员像老鹰抓小鸡似地，悉数从被窝里抓起来，两人一副手铐铐上，押回“76 号”拷打审问取乐。“76”号的暴行，让整个上海滩都震惊了。最后经好些社会名流、贤达站出来说项、斡旋，无辜被抓、饱受磨难的 108 名银行职员才得以从魔窟里解脱出来。

然而，在“76”号，恶贯满盈的吴世宝还仅算得上是徒弟，李士群才是师傅。

“姚师!”这天，李士群派人把化验师姚任年叫到办公室来，皮笑肉不笑地说，“你手艺好，赶紧给我做两颗威力巨大的定时炸弹!”姚任年不敢不从。炸弹制作好了，李士群命特务将这两颗定时炸弹连夜弄去英租界中央银行上海分行藏好。

天明时分，只听“轰、轰!”两声巨响从英租界方向传来。李士群高兴得手舞足蹈，对身边特务们说：“我们成功了!”果然，那两颗威力巨大的定时炸弹，几乎将中银上海分行全部炸塌，死15人，伤无数。事后，周佛海派人送来大洋三万元，以示奖赏。李士群接了，却不以为然地说：“这么小气！这么点钱，还不够我造两颗炸弹的本钱!”

“76”号本为鸡鸣狗盗之徒聚集之地，特务既多且杂，什么肮脏龌龊事都干得出。在租界、华界两不管地区，“剥猪罗”（剥男人衣服）的、“剥绵羊”（剥女人衣服）的、“剥田鸡”（剥小孩衣服）的……都有“76”号的人。

对共产党，“76”号更是恨之入骨，一旦发现，必欲杀之而后快。

那是一个寒风瑟瑟的晚上，十时左右。从四川路职业俱乐部里走出一位三十多岁的年轻妇女。她叫茅丽瑛，面容端庄，衣着朴实，神态沉稳，梳一头短发。看上去精干而温柔。她原是上海海关的一名打字员，也是一名没有暴露身份的共产党员。在海关，她因积极从事工运活动，保护工人利益，深受大家爱戴，被推举到职业俱乐部做了主席。最近，她正用职业掩护，为苏北地区的新四军秘密筹集资金物品并送去了一批药品、寒衣。

她正思索着下一步的工作，不知不觉间来在了离家不远的地方，一片黑黝黝的棚户区。这里，路灯稀疏，了无人迹。她远远地看到了自己的家——那个她熟悉的棚户还隐隐约约亮着灯，心中不禁一喜。那灯，好像是大海上一星远航的鱼火，好像是做工人的丈夫下班了在等他夜归的那双清亮的眼睛，像是刚刚七岁的女儿送上来的吻……一丝欣慰的笑，浮上了她的脸颊，她不觉加快了脚步。

“茅丽瑛!”一声陌生、粗野、瘆人的呼叫从前侧那黯淡、摇曳的树荫中猛然传来，令她不禁一悸，停下步来，循声望去。就在这时，“砰、砰!”两声枪响。茅丽瑛似觉身上被人猛地一推，又似一根尖锐的针一下插进了自己的胸脯……她本能地用双手护着自己流血的胸脯，踉跄地往前走了两步。最后望了望就在眼前的家，倒在了血泊中。

第二天一早，当“76”号的大头目丁默邨走进办公室，一眼看到摆在办公桌上的，当天刚出的报纸，不由得气从中来，大发脾气。

“这是怎么搞的?”他让一个小特务去把总队长林之江叫到办公室来，指着报纸上的文章责问林之江，“这是你干的吧？你叫什么神枪手？茅丽瑛根本就没有死嘛，她当晚被人送进了附近的山东路‘仁济’医院。而且，取出了子弹头！这下好了，羊肉没有吃到，反倒沾上一身腥。”

“哈哈哈！”受到丁默邨责备的林之江不但不恼，反而笑起来。

“你笑什么，你有什么好笑的？”烟鬼样的丁默邨脸上乌云密布，简直绞得出水。

林之江笑够了，阴险地解释：“茅丽瑛要这样死去才好，我就是要茅丽瑛这样死。一枪结果了她，反而便宜了她。我打出去的子弹是加工过的，我用刀子在子弹上划出一个个十字，再用毒药浸过。茅丽瑛中了这样的子弹，不仅痛苦无比，而且必死。我敢保证，茅丽瑛无论如何熬不过今夜。”

丁默邨听林之江这一说，半信半疑。果然到下午，《大美晚报》便报道了茅丽瑛的死讯。

抗日志士茅丽瑛之死，很快就真相大白，激起了大上海，乃至全国人民对汪记特务暴行的切齿痛恨。在上海，有数十万人上街游行，前去吊唁茅丽瑛的有几十个社会团体……

夏夜。

百乐门歌舞厅二楼上一间包房里门窗紧闭。夜已深，一小束乳白色的灯光照耀下，桌上杯盘狼藉。身材高大、体格健壮的刘森借着酒兴，将身上敞开的白衬衣一脱，露出满身疙瘩肉；胸前黑森森的胸毛根根直立。他红着眼睛走上前去，一把将“三杯竹叶穿心过，两朵桃花上脸来”的情妇文英拦腰一抱，就势在她的香腮上亲了一口。

“乖乖！”刘森说，“我好想你，我现在就想要……”

“馋猫！”文英轻轻打了一下他的手，眼波流转，半推半就道，“你温柔点不行吗？”她的嗲声嗲气、香言软语进一步刺激了刘森。顷刻间，情欲加上酒意的刘森像头发狂的雄狮，一下抱起她来，扔在旁边席梦思床上……过度发泄后的刘森，像是散了架似的。而睡在他旁边的文英却余兴尚存，她用手掀了掀懒得动的刘森说：“喂，你这个狗东西，今天如此尽兴快活！该怎么谢我？”

伏在床上的刘森转过身来，反手从枕头下摸出一把精致的的小手枪逗着眼前的情妇：“喜欢这只小手枪吗？”文英接过，拿在手上反复把玩。这只精致的小手枪确实可爱，不仅可作单独的艺术品欣赏，而且名贵，枪把上镶有一层纯金，绿色的翡翠在枪把上镶成了一副梅花图案，灯光下，这纯金、这梅花图案五颜六色、闪闪发光耀人眼目。文英不是一般的舞女，她是上海滩著名的女流氓、交际花，见过世面，摆过花会，开过妓院。她知道这枪价值连城，真是爱不释手，便问刘森："这是什么枪，这么漂亮?"

"这枪可不是平常之物。"刘森得意地说，"这叫'掌心雷'，是世界著名兵工厂——德国克虏伯兵工厂造的名枪，数量有限。它不只漂亮，照样打得死人。既然你喜欢，我就将它作为礼物送给你。"看自己的情妇喜之不尽，刘森又教她如何瞄准、打枪。说着，卸了弹夹，不厌其烦地教她如何上枪、装子弹。文英将一夹黄澄澄的小子弹托在手中，问刘森："一夹子弹不是五颗吗，怎么这一夹少了一颗子弹?"

"我用这颗子弹杀了上海滩的一个名人，这只'掌心雷'就是从他身上捡来的。"

文英一惊，问："是哪个名人?"

"季云卿。"

"啊?!"见文英眼波闪闪地看着自己，重庆派来的军统特务刘森半是得意，半是讨好，一五一十地将日前他如何接受组织命令，如何在季云卿的家门前暗杀了这个向汪记靠拢的"名人"抖了个干干净净。刘森说着说着声音就模糊起来，后来就睡着了。

第二天，刘森醒得很晚。醒后发现文英已不在了，身边的那只"掌心雷"也不见了。他知道这只手枪是情妇带走了，所以并未在意。

第三天深夜，正在熟睡中刘森突然被捕。在"76"号阴森恐怖的刑讯室里，起初，他百般抵赖，但当亲自审讯他的"76"号大头目丁默邨将"掌心雷"拍在桌上时，他一下瘫了。刘森的命丢在了情妇文英的手里。其实，文英不仅只有他一个相好，一个很有钱的掌房师爷张德钦也是她的相好。文英头天晚上陪了军统特务刘森，第二天晚上就陪张德钦。张师爷年龄并不大，有钱脾气也好，文英一心想做张师爷的姨太太。

为了讨张师爷喜欢，文英对张师爷曲意奉迎以后，将"掌心雷"又送给了张师爷。张师爷果然喜欢，反复把玩后，照例取下弹夹，数了数子弹，就问文英怎么这夹子弹少了一颗，文英知道男人也是会吃醋的，为了抬高自己的身价，就将刘森为取悦于她送给她这只"掌心雷"的前后经过说了。文英的原意是想向张师爷传达这样一个信息：追我的男人很多。不意张师爷与上海滩青红帮和汪记“76”号都有千丝万缕的联系，警惕性也高，知道抓到重庆军统特务刘森肯定是有奖的。因此第二天一早，张德钦就到极司斐尔路向汪记“76”号特工总部报告了此事。

看着萎了下去的刘森，稳坐在审判桌后的丁默邨冷笑一声：“这下明白了吧？要想活命就得老实交待！”说着用手指了指在两边侍立的几个杀气腾腾的打手，又指了指审讯室里的皮鞭、老虎凳、烧红的铬铁，威胁道，“如果你不来个竹筒倒豆子，我也就只好公事公办了！交待了就好办，况且，你我都不是外人！”

军统特务刘森个子大胆子可不大。他胆怯地看了看烟鬼似的丁默邨，讨好道：“丁先生，我保证如实交待，没有一点隐瞒，我这就来个竹筒倒豆子。”

“那你说吧。季云卿如何死的就不说了，我只问你，是谁指使你杀季云卿？”

“陈恭澍。”

“是他？他到上海来了吗？”丁默邨闻此言，相当振奋，瘦额上的青筋一抽一抽的。

“他被戴笠秘密派来上海，任军统上海区区长。”

“这真叫不是冤家不对头。”丁默邨就将手在桌上一拍，吩咐旁边坐着的两个记录员，“作好记录，刘森你详细说。不得有一点隐瞒！”

“是。”刘森为了将功赎罪，有多少说多少，真正来了竹筒倒豆子。

月黑风高夜，特务活动时。

因为刘森招供，第二天晚上，“76”号警卫大队大队长吴世宝奉命，率大队特务去沪西将在军统内有“四大金刚”之称的陈恭澍顺利“捉拿归案”，刘森却并没有得到宽大处理。就在当夜，汪记特务借口转移，将他押往上海中山北路租界处麦根路的小森林里，用匕首刺死。

抓获军统“四大金刚”之一的陈恭澍，是汪记特工的重大收获。

在“76 号”的一间密室里，周佛海亲自出马审讯陈恭澍，丁默邨、李士群、唐惠民等皆来作陪。

“陈先生，久违了！”坐在一张宽大锃亮的审判桌后的周佛海，看着坐在对面作为犯人的陈恭澍如此讽刺一句，脸上闪过一丝奸笑，一双眼睛锥子似地发亮。周佛海怀着一种复杂的心情打量着眼前这位军统要人。40 来岁的陈恭澍，稍高的个子，精明干练——他是河北省宁河县人，毕业于黄埔军校和中央陆军大学，1932 年进入军统。曾先后任军统北平区区长、陪都重庆卫戍司令部稽查处处长……素称干员的他，为军统立下许多汗马功劳，深受戴笠器重、赏识。现在，戴笠将陈恭澍派到上海来，可见重庆方面打算与汪记汉奸在上海滩上来一番生死较量。周佛海决定，要千方百计撬开陈恭澍的嘴，进而将蒋介石布在上海地区宠大的特工系统一举摧毁！

他决定，先礼而后兵。

“陈先生！”周佛海的话说得很艺术，似乎也很有些人情味，“咱们都是老熟人。我就在这里打开窗子说亮话。你是一个聪明人，不会不知道‘人在屋檐下不得不低头’的道理。在这个时刻，没有办法，只得委屈你。我希望你能同我们合作，接下来，你该说些什么，我们希望你说些什么，你这个老特工是知道的。”

周佛海的话说到这里戛然而止。平素不抽烟的他，这时从丁默邨那里要了一枝烟点上，默默地等待陈恭澍的反应。

陈恭澍被捕时，一定是经过相当反抗的，这从他的身上可以看出来。到这会儿了，他那张棱角分明的四方脸上，还有一道血痕。上身穿一件雪白的衬衣，撕烂了一道口子……

最初，陈恭澍表现得很强硬，他对周佛海说：“我们现在是两个营垒的人，我们是敌人，我不会同你们合作的。我陈恭澍是蒋委员长的学生，始终牢记委员长教诲，为党国尽忠，不惜杀身成仁！”

“哈哈哈！”周佛海忽然仰起头大笑起来。坐在他身边的丁默邨、李士群、唐惠民等先是惊了一下，接着似乎悟到了什么，也附和着大声笑起来。笑声中有种不屑的意味，笑得陈恭澍不由得瞪大眼睛。

“这都是些套话、空话。”周佛海笑够了，用手夸张地揩了一下似乎笑出泪来的眼睛，看着陈恭澍说，“你是受过高等教育的，不会那么蠢。‘为党国尽忠’？尽什么忠，他老蒋给什么人尽过忠？人只有一条命，命丢了，还谈什么？再说，三十年河东，三十年河西。分分合合，说不定蒋委员长一个晚上‘磨子上睡觉——想（响）转了’，同我们走到一起来了，你陈先生一条命不就白丢了吗？”

“你要知道！”周佛海的话说到这里，语气越发变得凌厉了，“像你这样重量级的人物，被我们抓到，日本人不会不知道，不会不榨出油水来的，就在今天他们已经开始向我们过问了。我们对日本人说，我们会解决得很好的。如果陈先生采取这种不合作态度，我们将你交给日本人，日本人就不会像我们这样客气了!”见陈恭澍略为沉吟，周佛海抓着机会，趁热打铁，继续攻心，“还是借一句四川话说吧，我们干脆来一个‘月亮坝里耍关刀——明砍’。我们来做一笔交易，陈先生你肯同我们合作，以往你欠我们的血债，就一笔勾销，什么都好说。化敌为友，何乐而不为?假如陈先生执迷不悟，哼哼，就不要怪我周某人不讲交情了!”周佛海说时身子前倾，镜片后眼神凌厉，最后加了一句，“这也是汪先生的意思。”说完，周佛海看着陈恭澍。陈恭澍的表情不再似刚才那么桀骜不驯，开始低头沉思。

周佛海知道，自己的话说到他心里去了，调头示意丁默邨、李士群等再劝他一劝。

“陈兄!”丁默邨很亲热地对陈恭澍说，“脑袋不是韭菜。韭菜割了一茬可以再长起来，脑袋掉了，什么原则、主义、信仰都没有了。这些，刚才周先生都说得够透彻的了。你我原来都是一个甑子里舀饭吃的人，因为政见不合竟成仇人，丢了脑袋，值得吗?其实，现在究竟是蒋先生做得对，还是汪先生做得对，你我说得清吗?细想起来，我们的所作所为，同蒋先生又有多大区别?我们反共，蒋先生不也反共?我们同日本人合作，蒋先生不是也说过‘宁与友邦，不与家奴’?只不过我们不要一块遮羞布，步子比蒋先生迈得快一些，如此而已。陈先生，你想想，是不是这样的?”

看陈恭澍又有所动，李士群、唐惠民再轮番上阵劝降，并给陈恭澍递烟上茶，表示亲热。

与这边文戏劝降相反，隔壁进行的是一出声色俱厉的武戏。

“说!”吴世宝的咆哮声如雷，夹杂着乒乒乓乓的刑具撞击声从隔壁屋里传来。

“滋——”是烙铁烙在身上发出的声音；“呀——”一阵撕心裂胆的惨叫声传了过来，令人闻之心惊，毛骨悚然。

“把烙铁再烧红些，待会儿让陈恭澍也好好吃一顿‘红烧肉’!”吴世宝瘆人的低吼声也时不时地传了过来。

陈恭澍那一双又深又黑的眸子里，先是闪过一丝犹豫，紧接着为恐怖所代替。在隔壁阵阵揪心的惨叫声中，他觉得有一只魔爪紧紧地攥住了心，让他紧张恐怖得透不过气来；陡然间，全身都哆嗦起来，满头满脸的冷汗顺着脸颊往下滴……

在76号“阎王”们的注视中，陈恭澍的喉结动了动，哑声道：“给我一杯水。”

唐惠民赶紧站起身来，亲自给他递去一杯水。

“咕咚、咕咚!”陈恭澍仰起头来，一口气喝光了杯子里的水，放下杯子，低下头，哑声道：“我说……”

军统局中“四大金刚”之一，新近派往上海担任军统上海区区长的陈恭澍，就这样在汪记特务头子周佛海等人的威胁利诱下，投降了，并将所知道的情报全部作了交待。这些情报价值大得惊人。据陈恭澍交待，戴笠在上海的布置方略是“擒贼先擒王”、“射人先射马”——拟在近期内，赶在汪精卫还都南京前夕派人刺杀汪精卫等要人。日前，戴笠已向上海方面派出了三名杀手。一名戴星柄，神枪手，是个少将特派员，有一手飞檐越壁的本领，现潜伏在法租界内。

第二个陈三才，是个留学美国回来的特务，在上海的掩护职业是北冰洋公司经理。

第三个人已经打进了汪记高官林柏生内部，是美食家林柏生新近延聘的广东名厨黄逸光。其人极擅近身搏斗，双手出奇地有力，在南洋森林中曾只手单拳打死过一只老虎。林柏生属汪记“公馆派”要员，同汪精卫个人关系很好。戴笠的安排是，趁汪精卫去林柏生家中吃饭时，要黄逸光瞅住机会直接刺杀汪精卫……

戴笠不愧是职业杀手，被外国同行称为“中国的特工王”！他的布置一环套一环，势在必得！经陈恭澍交待出来，在座的特工老手们不禁暗暗惊出了一身冷汗。他们庆幸这些天竟钻出来一个舞女文英，让他们顺藤摸瓜，抓到了陈恭澍，否则后果真是不堪设想。

“76”号根据陈恭澍提供的情报，轻而易举地逮捕了陈三才、黄逸光。然而，在抓军统少将特派员戴星柄时，却颇费了些心机。去法租界捕人很不容易，得先同法巡捕打招呼。难的是法租界巡捕多为军统收买。当李士群亲自带着特务去法租界抓捕戴星柄时，虽然计划周密，但还是走漏了风声，因法巡捕放水扑了一场空。

一计不成，再来一计。李士群再去法租界，会同法巡捕抓戴星柄时，故意走错地址。当法巡捕们离去后，他再率特务火速直扑戴星柄藏匿处，将其拿获。事后，虽然法租界巡捕房为此大为不满，但人已拿去，也只好接受现实了。

周佛海大获全胜，他将这一重大成果向汪精卫作了汇报，并听候汪主席亲手裁定这三个重庆特务的命运。

向来优柔寡断的汪精卫，看过材料后，毫不迟疑，用他那只白皙的手提起朱笔，在报告上作如此批示："将戴星柄、黄逸光、陈三才立即处死。陈恭澍因戴罪立功，同意你等意见，留在'76'号用……"

因为陈恭澍叛变，汪记"76"号特工组织在同重庆的第一个回合的较量中取得了决定性的胜利，斩获颇丰。他们不仅将戴星柄、黄逸光、陈三才这三个"定时炸弹"挖了出来，收缴了军统在上海的秘密电台九座，枪支弹药、特务器材若干，并由此引发了埋伏在上海的军统中层以上干部百余名向"76"号投诚。与此同时，汪记特工组织还在《中华日报》上公布"渝方蓝衣社上海区组织系统及其名单"大肆炫耀战果。军统上海区的十个部门、八个行动大队、五个情报组的所有人员名单一并在报上披露，并且其中大部分人员已为"76"号接收。

至此，蒋介石在上海地区布下的特工系统几乎被"76"号全部铲除。

第十四章

外有傲霜红梅，内有尔虞我诈

“卖报、卖报，《大美晚报》!”

“看知名记者朱惺公又在《大美晚报》上发表文章!”

黄埔江边、外滩码头、南京路上……一时人头攒动，人们都争相购买刚出版的、散发着油墨清香的《大美晚报》。顷刻间，《大美晚报》被抢购一光，而且好些人当场开始看报，指点着朱惺公的文章赞不绝口，议论纷纷。

这时，一辆黑色小轿车风一般驶来，在南京路上最大的报亭前停了下来。车门开处，下来一位西装革履、博士帽在头上压得很低的中年人，后面跟着两个便衣。这个人直接走进南京路上最大的报亭“大上海”，也不答理人，气派很大地走进内堂，对卖报的小厮口口声声说：“去找你们经理。”

身穿深色纺绸长袍胖胖的经理迎了出来，一看来人是“76”号中的三号人物、大特务唐惠民，立刻将博士帽握在手中，弯了弯腰，笑问：“唐先生是大忙人，怎么有时间有兴趣光临小店?”

唐惠民也不答理笑容可掬的经理，只是一边随手翻着旁边堆得小山一样的各种各样花花绿绿的报刊杂志，一边问：“我来了解一下各种报刊销售情况。”他着重问了汪记机关报《中华日报》的销售情况。

经理也不隐瞒，摇了摇头说：“不好卖，不好卖。虽说卖这报很优惠，无奈人家不买，两个月了，才卖出去一张。”

“哦?”唐惠民不知是吃惊，还是因为有人买了他们一张报来了兴趣，眼睛一睁，凝神问经理：“是什么人买的?”

“是隔壁弄堂里一位不识字的老太婆。她到隔壁买了包盐回家去，因为纸破了，见《中华日报》纸好，又便宜，就买了一份报包盐回去。”

“啊，哈哈，哈哈哈!”唐惠民也不动气，安慰胖经理，“不要灰心，久等必有一善，慢慢就会有很多人买的。”说着，打了两个假哈哈，上汽车走了。

“我以为，菊花生来是一个战士!”有几个青年人，站在报店阶沿下，围着看《大美晚报》，其中一个指着名记者朱惺公发表在副刊《夜光》上的连载散文《菊花专辑》很动情地念，“它挺起了孤傲的干枝，和西风战，和严寒战，和深秋的细雨战，更和初冬时的冷雪战——抗战时期的国民皆宜效法……”

在白色恐怖笼罩的上海，朱惺公的每篇文章在报刊上发表，都似在严寒阴霾的天空滚过阵阵春雷，让人们看到光明，极大地鼓舞着人们同汪伪政权作斗争的勇气。朱惺公是江苏丹阳人，是靠艰苦的自学成为记者、作家的。战前，他任《浙江日报》副刊主编，后到上海编报。上海沦陷后，为保持气节，他辞掉工作，有段时间摆书摊度日。后来，比较进步的《大美晚报》看中惺公的才华人品和在广大读者中的影响，将他礼聘到报社，主编《夜光》副刊。《大美晚报》是一份以美国人名义办的中英文报纸，比较敢讲话，立场也还公允。

朱惺公上任伊始，因《申报》记者金华亭抨击汪记“76”号遇害，他顶风而上，毫无畏惧，连夜在《夜光》上编发了“汉奸史话”，借古讽今，锋芒所指，不言自明。朱惺公编发、撰写的一系列进步文章，极大地振奋、鼓舞了百万上海人民，引起了方方面面的强烈反应。在上海，一时《大美晚报》洛阳纸贵。

时值清明，因《大美晚报》副刊刊发了《祭抗战阵亡将士》四言长诗，该报负责人张似旭被恼羞成怒的汪记“76”号杀害了。然而，汪记特务挥起的屠刀并没有吓着朱惺公，他在《夜光》副刊上接着发表了战斗性更强的《菊花专辑》。于是，危险向他逼近了，朱惺公清晰地闻到了四周的血腥味。但他仍然一如既往，继续在他主编的《夜光》副刊上，以笔墨作刀枪，连连刊载令汪记汉奸们如芒刺在背的战斗檄文。

那是一个朝霞满天的早晨。朱惺公一上班，就见桌上放有一信，封上写明他收，却没有署寄信者姓名、地址，只有“中国国民党铲共救国特工总指挥部”的署名。他拿起沉甸甸的牛皮纸信封，打开，“啪!”地一声，一颗黄澄澄的手枪子弹落在了办公桌上。他抖开信纸。信写得很短，只一句：“反汪反日者，杀!”——不用说，这是汪记“76号”给他的恐吓信。

长衫一袭，满面清癯的朱惺公没有被死亡的威胁吓倒，他拍案而起。“民不畏死，奈何以死惧之!”愤然提笔写下雄文，在《夜光》上发表了《将被

“国法”宣判“死刑”者之自供——复所谓“中国国民党铲共救国特工总指挥部”书》，大气磅礴地声称：“这年头，到死能挺直脊梁，是难能可贵的。‘贵部’即能杀余一人，其如中国尚有四万万五千人何？余不屈服，亦不乞怜，余之所为，必为内心之所安，社会之同情，天理之可容！如天道不灭，正气犹存，余生为庸人，死作鬼雄，死于此时此地，诚甘之如饴矣！”紧接着，他在《夜光》上又推出读者有感诗《生挽不怕死亡之惺公》。

1938 年 8 月 30 日，他上班路上发现有特务跟踪，编发稿件时更有“鬼影”在窗前晃动。自知死亡在即，他坦然面对，提笔给妻子和年幼的女儿留下了绝笔：

慧芳如晤：

惺公自知生命已到最后关头，我要同你们惜别了，永远地去了。

我死不足惜。惟一有愧的是负你们母女太多！处于此鬼蜮横行之时，惺公自知前进一步死，后退一步生。我何尝不珍惜自己的生命？蝼蚁尚且惜生，何况还有你们——我的爱妻爱女。但中华民族已到最危险的时刻。在这阴霾低垂、黑云压城城欲摧的上海滩上，我愿以一死唤起国人反日反汪伪汉奸集团之决心、勇气。犹如在无边的黑暗中掷出一团火炬，虽然这火炬燃烧得只有短暂的一瞬，但毕竟照亮了一些路人，显示了光明仍在。只要亮起这点火光，很快黑夜里就会燃烧起弥天的大火和光明。

倘若再有来世，惺公愿再世作慧芳丈夫，再作英儿慈父，希望在那个崭新的世界里给你们补偿今生今世对你们的歉疚。我死后，慧芳勿以我为念，应大胆追求自己新的生活。明年清明，倘若慧芳能带着英儿到我的坟上掬几滴清水，那在清风中向你们点头的坟上野花，就是我对你们的微笑和祝福。

写毕，朱惺公封好信，步出编辑部，去邮局寄了，感觉言犹未尽，又回到编辑部，在办公桌上留下一首七绝：“懦夫畏死终须死，志士求仁几得仁……”然后，整整衣衫，大步出门，昂然而去。

夜幕低垂时，朱惺公信步来到了外滩。此时外滩了无人迹，葱茏的树木在夜幕中影影绰绰。堤外，大江东去。朱惺公转过身来，对着隐匿在树林中的特务，凛然拍了拍胸脯，说：“此地很好，开枪吧！”

朱惺公话刚落音，“砰、砰、砰！“丧尽天良的“76”号汪记特务连开数枪，年仅39岁的朱惺公倒在了血泊中。他死了，死得很安详很从容。他仰面朝天躺在大地上，枕着黄埔江不息的涛声，一双明澈的眼睛，凝望着青灰色夜空中闪烁的寒星。

第二天，《大美晚报》以头版头条显著位置加黑框刊发了朱惺公遗像和惨死在汪记“76”号特务手中的消息，并发表了报社编辑部致汪精卫的公开信，要他们对朱惺公之死负责。

上海滩愤怒了。上海各界人民不怕死亡威胁，纷纷上街示威游行——这是上海沦陷后，继茅丽瑛之死后的又一场声势更大的示威游行。9月1日，万国殡仪馆里从早到晚都是来沉痛悼念朱惺公的人们和社会团体。

“默邨，你说该怎么吧?”在上海极司斐尔路“76”号里主楼密室里，气氛紧张得就要爆炸了。李士群在向丁默邨摊牌，他那张青水脸上，一双恨眼狰狞有神，看着狼狈不堪、惊惶失措的昔日“大哥”丁默邨，李士群毫不留情地继续攻击，“你让唐惠民去南京担任特工总部南京区区长这样的重任，他竟脚踏两只船，同重庆方面眉来眼去，替中统招兵买马。还利用手中电台同中统头子徐恩曾联系、出卖情报……可谓犯下了十恶不赦的大罪。我手中有足够的证据。你看我要不要向日本人报告?”

丁默邨是唐惠民的后台，唐惠民是丁默邨的心腹。而李士群越来越得到日本人信任。李士群对丁默邨连珠炮似的攻击，让丁默邨有些招架不住了。

丁默邨有些心虚，陪着笑脸，他知道，如果捅到日本人那里去了，事情就大了，第一个脱不掉干系的就是他。其实，脚踏两只船，同重庆方面暗中来往的，岂止是唐惠民一个？焉知他李士群是不是就那么干净？李士群之所以抓住唐惠民的尾巴不放，大动干戈，说明已经羽翼丰满的李士群，再也不甘人后，要向他抢班夺权了。

丁默邨因为同周佛海是湖南老乡，历来关系还好，因此在汪记“六大”以后青云直上，身兼数职，是中央社会部部长、中央肃清委员会主任。这让李士群大为不满，况且两人之间的矛盾已很有一段时期，且有愈演愈烈、从背后走向公开之势。特别是最近一段时间，简直到了水火不相容的地步。这些，在“76”号尽人皆知，今天这一出，不过是两人矛盾的公开爆发而已。当初，野心很大的李士群之所以让丁默邨出来作前堂经理，是因为他的名气、资历没有丁默邨大，担心做第一把手压不住堂子。现在，由于他的苦心经营，特别是着意巴结上了日本人，他在“76”号中势力急剧膨胀起来，时机已经成熟，他要从丁默邨手中夺权了。不久前，他特意给汪精卫写了一封长信，有毛遂自荐意味。汪精卫对李士群并不很了解，将信转给了特工委员会主任周佛海，周佛海又将信给丁默邨看了。丁默邨对李士群暗中恨得牙痒痒的，有周佛海在背后撑腰，他一心要把李士群压下去。这样，公开的较量借一个人事安排开始了。本来，“76”号只有李士群一个副主任，为了架空李士群，丁默邨通过周佛海之手将唐惠民也提拔成了副主任。这样，一正两副，傻子都看得出来，丁默邨是要让唐惠民牵制李士群。李士群也不示弱，他处处搬出太上皇——“梅机关”负责监管汪记特务机构的日本人睛气中佐来压制周佛海、丁默邨；并在背后暗中积极拉帮结派、招兵买马，成了“76”号中的实力派人物。

在同丁默邨长久、激烈的倾轧中，渐渐，李士群占了上风。狡猾的唐惠民为了避免卷入两人之间愈演愈烈的争斗，同时为捞到更多的好处，在汪记国民党六大召开以后，还都南京的工作进行得紧锣密鼓之际，建立特工总部南京区自然而然地提上了特工总部的议事日程之时，他竭力争取。南京特工区区长是块肥肉，很多人都争。然而，提出让唐惠民去当南京特工区区长的不是别人，正是李士群，这出乎许多人预料。李士群是想借此砍掉丁默邨的一只臂膀。唐惠民对此求之不得，欣然同意。丁默邨本心是舍不得放唐惠民走的，但事已至此，他也只好同意。

唐惠民如愿以偿去南京走马上任了。自以为聪明的他，筹划着“狡兔三窟”：上任伊始，就向重庆方面暗通款曲，为自己留下退路。他以为自己做的事万无一失，哪知李士群比他更鬼，暗中派人监视着他的一切。等拿到唐惠民“通敌”的充分证据后，向丁默邨摊牌了。

“我看，”丁默邨在咄咄逼人的李士群面前期期艾艾，说起了软话，“我们都是自家兄弟，家丑不可外扬。把唐惠民调回上海，大事化小，小事化了算了。”

“不行！”李士群声音大得惊人，火气也大得惊人，“这个事情一定要认真处理。处理不好，让日本人知道了，不要说他唐惠民，就是你丁默邨也会像四川人说的猫抓糍粑——脱不了爪爪！”

“那你看怎么办好？”丁默邨惊恐地四下看看，深怕让日本人听见。在李士群连珠炮似的猛烈攻击下，他越来越下起了矮桩。

“按纪律办事!”李士群脸红筋涨,手一挥,“立即将唐惠民押回上海审问、枪毙!”

李士群最后这一声,没有丝毫的通融余地,把丁默邨吓了一跳。

“这样吧!”丁默邨略为思索,使开了拖刀计,“既然要把唐惠民的问题公开,我们就召开一个有全体特务委员参加的会议,按会议的决议办!”

“也对。”李士群同意。他不怕召开这样的会议。

当天下午,丁默邨主持召开了有全体特务委员参加的会议,专门讨论如何处理唐惠民的问题。出席这个会议的有特务委员会委员汪曼云、顾继武、蔡洪田、凌宪文、黄香谷、茅子明等人。丁默邨对这次会议很有信心,因为其中大部分都是他的人,而在背后,他又分别做过这些人的工作。

会上,李士群抢先发言。他态度坚决,情绪激昂,列举了唐惠民的罪行后,坚持认为应该按纪律以“叛党叛国罪,处以唐惠民死刑!”

李士群慷慨激昂地表了态后,丁默邨对他的干将,瘦得竹杆样的茅子明示了一个意,茅子明就站出来,对李士群的意见表示反对,认为自己“弟兄”的问题,在内部处理一下算了。

“大家都发表意见。”丁默邨四下看了看,他希望大家顺着茅子明的意思说下去;即使不敢站出来公开反对李士群,对茅子明的意见表示附议也好。然而,除茅子明外,都闷起头不吭声。

冷场了。

丁默邨急了,他一再拿眼示意坐在旁边的汪曼云。汪胖子是个滑头,是个玻璃球似的人,也是个菜刀打豆腐——两面光的人,同丁默邨关系不错,同李士群关系也不错。如果汪胖子出来劝劝李士群,事情或许会有转机,而且这在背后分明是说好了的,怎么这个时候汪胖子却不闻不问?然而,汪曼云只是一个劲喝水。汪曼云这个水晶猴子,在心中琢磨的是怎么才绕得过去,两方面他都不想得罪,也得罪不起。很显然,如果帮了李士群,唐惠民弄不好,真的就要丢命。若是帮了丁默邨,那就得罪了李士群。而且,唐惠民同他本身之间也有点过节,现在想起来都还有气……

“曼云兄!”李士群没有容他沉思默想下去,点他的将了,“我想听听你的高见。”

“好,那我就来说说。”汪曼云这个典型的上海人,门槛很精,思考的时间很短,却已经找到了一条两全之策。

“以惠民的严重违纪情况来看，李兄主张枪毙，倒也应该!”汪曼云这话出口，举座皆惊，就连李士群似乎也怔了一下。尤其是丁默邨，他那张白里泛青的瘦脸上，顿时浮现起失望和恼怒的神情，恨不得把他吞下肚去。

“不过!”这时，汪曼云缓了口气，“我们的和平运动才刚开始，需要干才，特别是特工方面的干才。唐惠民是这方面的干才，人也还年轻，杀了可惜，应该给他一个改过自新的机会。我们现在杀我们自己的人总是不好，况且，唐惠民是‘76’号的发起人之一。他对默邨、士群，对我们在座的都帮过不少忙。我看还是宽大为怀，友情为重吧!”汪胖子这番话说得滴水不漏，两面受听。话说到这里，他顿了一顿，笑微微地看着李士群，“士群兄，我看还是将他秘密押回上海，暂时留他一条性命，停职反省，以观后效。”说着，看了看左右，“各位意下如何?”

丁默邨这才默默地吐了口长气，首先表示同意。在座的赶紧趁机下梯子，都表示同意。李士群见事以至此，也乐得卖大家一个顺水人情，说：“既然大家都对曼云兄的意见表示同意，我也不再坚持。但只有一点，以后无论如何不得起用唐惠民。”

又是汪曼云带头一声唱诺：“同意。”大家没有意见，会议就这样散了。

在汪记“76”号，丁默邨和李士群势均力敌，两派旗帜鲜明。而茅子明和吴世宝又分别是丁默邨、李士群门下第一大将。各为其主，两边主帅战过后，两边大将又打上阵来。

这天早晨，为了一点鸡毛蒜皮的小事情，茅子明和吴世宝吵起架来。

“别以为你背后有他妈的屁主任撑腰，咱老子就怕你!”吴世宝鼓起一双铜铃大的眼睛骂茅子明，“去你娘个屁主任!”

茅子明不像吴世宝那样直接开口骂人，而是用有盐有味的上海话转弯抹角地回敬道：“侬省省心，蹲到你的二门去吧!”茅子明这话很毒，也很阴，意思是：“你吴世宝是李士群的看门狗!”

吴世宝虽然没有茅子明会说，但会听。他发作了，气得双脚跳，用手指着茅子明的鼻子大骂：“侬这只老枪（茅子明是个鸦片烟鬼）虽长，勿如穷爷短枪厉害!”说着一把拔出别在腰间的那只德造盒子炮，就要动武。幸好这时林之江等头目闻讯赶来，紧紧地拉着吴世宝，这才没有闹出人命。吴世宝在林之江等人的劝说下，把枪插回去时，恨恨地看了看主楼上丁默邨的办公室，一语双关地警告说：“侬要当心点。勿要惹穷爷光火！随便啥人，惹恼老子，都没有便宜头!”

在这个早晨，茅子明、吴世宝由吵闹引发的差点大动干戈一事，预示着“76”号里，两派斗争已经进入了白热化，不久就要流血。

张小文是重庆派到上海来的中统特务，时任国民党地下上海党部统计室主任。被“76”号抓捕后，表示愿意投降，并通过熟人找汪曼云说情，汪曼云也当即答应下来，赶到“76”号找李士群说情。李士群正与吴世宝等人在打麻将。李士群很爽快地说：“既然曼兄说了，还有什么说的，行!”

汪曼云有点不放心，又试探一句：“张小文的妻子要求明天早晨给她丈夫送点衣服和点心来?”

“也行。”李士群仍然打他的麻将，头都不抬，说，“你老兄咋说咋办吧。”

汪曼云放心回去了，对张家人如此一说，都很感慨，说李士群讲交情，办事漂亮。

然而，三天过去了，对张小文这个普通中统特务，李士群不但不放，反而亲自给吴世宝下了“非经本人批准，任何人不得释放，也不得接见”的命令。汪曼云很纳闷，这可是从来没有过的事。紧接着，张小文失踪了。受人之托，终人之事。经汪曼云百般打听，终于知道，张小文被李士群秘密处死了，而且死得很惨。他是被李士群派人用匕首刺死后，再砍成几块，装进罐子里，用硫酸溶解后，深埋在地下……过后才知，李士群下手之所以如此狠，是因为张小文以往同丁默邨关系不错。如此而已!

与此同时，在“76“号光线阴暗的机要电讯室里，另一场阴谋正在紧张进行。随着电报员的手指在电键上快速移动发出的有节奏的嘀嘀哒哒声，和有条不紊而急促的呼叫声，电报机上的红绿信号灯鬼火般闪烁不停，给室内平添了一种鬼祟。坐在电讯员旁边，指挥收发报员操作的是个马脸特务，他头上戴着耳机，正在紧张地监听着什么。他是李士群的心腹，电讯室主任。

电讯室主任听着听着，忽然振奋起来，就像一头逼近了猎物的嗜血的狼。他一把抓起桌上的钢笔，在一本拍纸薄上记下监听到的内容——是一个嗲声嗲气的女人打给丁默邨的电话：“丁老师吗?我是郑苹……好久不见，想你……”

“啊，是苹苹，我也想你。你在哪里?”电话里传出丁默邨的声音，既激动又急切。

“飾!”电话里，女人的声音变得亲昵，“我下午去戈登路西伯利亚皮货店买大衣，你能来陪我挑选吗?”

“能，当然能。”

“下午两点，我在店门前等你，好不好?”

“好。一言为定！不见不散。”

电讯室主任狞然一笑，叫坐在旁边的亲信特务继续监听丁默邨这个红杏出墙的电话，他则去找李士群邀功去了。

李士群听完他的秘密报告，青水脸上浮起一丝难得的笑容，当场夸奖：“好，有功，我会奖赏你的!”说着，手一挥，“你回去亲自继续监听，有什么情况随时向我报告。”

“是。”马脸特务胸脯一挺，向李士群敬了一个军礼，唯唯而退。

李士群这就一把抓起桌上的电话，高兴地边打电话边坐在高靠背椅上转了一个来回。

“恭澍吗?”李士群在电话中对之前投靠他，并已成了他手下亲信大将的陈恭澍说，“你知道中统或是军统在上海区有郑苹这样一个女人吗?”

“知道。”电话中清晰地传来陈恭澍的河北口音，“她是中统的人。”

“你带过来的资料中有郑苹的吗?”

“有。”

“好极了。”李士群很高兴，“你立刻到资料室中提取郑苹的资料，到我的办公室来。”

“是。”

陈恭澍很快来了。他将郑苹的全部资料放在李士群面前。李士群翻开郑苹资料的第一页，是郑苹的照片，人很年轻，还漂亮。陈恭澍指着郑苹的照片向李士群介绍：“她今年 21 岁，是个混血儿。她父亲是战前国民党上海市的一个检查官，母亲是日本知识女性……”

李士群边听介绍，边注意打量照片上这个叫郑苹的重庆中统派往上海的女特务。郑苹是个典型的东方美人。一头油光铿亮的丰茂黑发，一张白皙的瓜子脸，五官清秀端正，峨眉下有一双秋波盈盈的眼睛，显得很多情。皮肤凝如羊脂的颈子上戴着一串天然珍珠项链，樱桃似的小嘴龛张着，露出一口珠贝似的小白牙……整个看去，可爱极了。

“战前，她在上海民光中学读书。”只听陈恭澍继续说下去，“校长是丁默邨，两人就是那时好上的。抗战前夕，因丁默邨的介绍，郑苹秘密加入了中统……”

陈恭澍介绍完了郑苹的情况，李士群看了看腕上戴的浪琴手表，说：“我们对对表。现在是十一点钟。你去吧，我要静观丁默邨和郑苹上演的这场好戏。”

下午一点四十五分，打扮得油头粉面、西装革履的丁默邨自个驾车出了“76”号，驱车来到戈路，将车停在西伯利亚皮货店对面的街沿上。他下了车，一眼就看到了郑苹。她站在皮货店门前的一棵女贞树下，穿一件束了腰的红色风衣，脚蹬高跟鞋，烫了发。丁默邨的眼睛一下亮了，赶紧过了街，深情地打量着多日不见的心上人。郑苹也含情脉脉地看着他。丁默邨觉得，两年不见，郑苹更漂亮了。

“苹苹，你来多久了。”他很想去牵她的手，但街上人多，好些过往的人都在注意郑苹，他不好去牵。

“默邨，我等你好久了。”郑苹用一双满含忧怨的眼睛望着他——她的恋人。那之间微妙的感情，只有他们——恋爱中的男女才体会得到。

“走，进去吧，我们进去挑大衣。”丁默邨很大气地上前挽着郑苹的手，像一对热恋着的老夫少妻，亲亲热热地进了豪华的西伯利亚皮货店。

丁默邨陪着自己心爱的女人，不厌其烦地挑选皮大衣。他们经过了一个又一个的柜台，看了一件又一件皮大衣，郑苹都不满意。

丁默邨毕竟是职业特务，猛地，他觉察到了什么地方不对。他警觉起来，发现玻窗外有两个形迹可疑的男子在偷偷窥视他——他们都身着身藏青色西服，戴在头上的博士帽压得很低。也就在这时，有好几个顾客正在进出皮货店大门。趁着这会儿的混乱，丁默邨忽地从大衣口袋里摸出一大叠钞票，往柜台上一扔，对郑苹说：“你自己慢慢挑吧，我有点急事。”说着，混进人群中朝外猛奔出去。

丁默邨没有看错。两个徘徊在门外，博士帽压得很低的男人是重庆派来上海的中统特务。他们今天的任务，就是以郑苹为诱饵诱出丁默邨，杀掉他。可是徘徊在门外的两个中统特务，万万没有想到这会儿丁默邨冲了出来，而郑苹既未按原先定下的暗号快步跟上，也未作任何一点暗示，他们一时不知所措，竟让丁默邨从眼前飞快地跑了。他们哪里知道，郑苹对占有过她而且至今仍然深爱着她的丁默邨这会儿动了恻隐之心。就在两个特务稍为犹豫间，丁默邨已窜过了街，钻进了汽车。两个特务这才如梦方醒，赶快追上去开枪。可是，迟了。瞬间，丁默邨驾驶着小汽车跑得没有了踪影。

恰恰当晚“梅机关”机关长影佐在上海饭店宴请“76”号所有中高级特务。时间到了，唯缺“特工部主任”丁默邨。影佐显得不高兴，问丁默邨呢？都说不知道。影佐这就说，不等他了，吩咐宴会开始。一会，丁默邨才慌慌张张赶到，来到影佐面前赔罪，说有些急事，耽误了时间。影佐什么也不说，对丁默邨视而不见，主动同李士群等碰杯，让丁默邨当众大丢面子。

李士群阴险，隐忍不发，继续派人密切监视着丁默邨的一切。这样，丁默邨处在明处，李士群在暗中。

“默邨！”马脸特务——电讯室主任的耳机中又传出郑苹好听的声音，哭兮兮的，“那天是怎么回事？竟有人开枪打你，我好担心，你没有事吧？”丁默邨当然不知道，郑苹这会儿这番话是她的组织逼着说的。那天，她于心不忍，放过了丁默邨，事后“组织”严厉地警告了她。现在，又逼着她故伎重施。

情场中的人往往头是昏的，哪怕像丁默邨这种上了些年纪的职业特务。这些天，他一门心思都在郑苹身上，想着她念着她，干什么事都恍恍惚惚的。

“我没事。”电话中，丁默邨底气很足，饱受相思之苦的他连连问郑苹，“你在哪里，我立即出来见你。这次，我们开个房间……”真是色胆包天，利令智昏。其实，丁默邨并不是完全没有察觉出郑苹的问题，只是他太垂涎郑苹的肉体。他深信郑苹对他有感情，他决心来个虎口夺食——打个间隙差，同中统争夺心上人。

“好吧。”电话中，郑苹说，“今天下午我们在百乐门饭店二楼五号房间见面，不见不散。”

“好！”丁默邨很豪壮地说，“一定、一定。不见不散！”

这回，李士群没有兴趣再让丁默邨和郑苹把他们的鸳鸯梦做下去。他亲率一帮精干特务先丁默邨一步赶到，在百乐门外捕获了郑苹，打死了两个逃跑的中统特务，让赶到了现场明白了真相的丁默邨，又害怕又尴尬。

当天下午，李士群将丁默邨晾在一边，自己亲自审问郑苹，让“76”号大院里二、三百特务都到现场旁听。

“我是上海片区的中统。”审判席上，郑苹坦率承认，“我奉组织命令诱杀丁默邨。但因我过去长期同他有肉体关系，况且，他至今仍想着我爱着我，我不忍心杀他，生死关头，让他逃了活命……”

场上的特务都是色魔，他们起哄：

“你就捡荤的说……”

“说说丁默邨第一次是怎样把你哄上床的……”

李士群并不制止特务们在场上起哄，他把郑苹和丁默邨的私事，尤其是不堪入耳处问得又细致又具体，目的是羞辱丁默邨。郑苹不敢隐瞒，有问必答，听得场上特务们很过瘾，一个个抓耳搔腮，嗷嗷怪叫。

桃色案件，人人有兴趣，何况是有关汪记“特工总部主任”丁默邨的，真是又刺激又传奇。这就惊动了上层。陈璧君、杨淑惠等夫人们也专门来到“76”号看郑苹。丁默邨的面子丢尽了，消息捅到日本人那里，连周佛海都受到了影佐的申斥，幸亏有汪精卫出面，不然事情还不知要闹到何种地步。

曾经大权在握，自以为不可一世的丁默邨终于败在李士群手中，被李士群一脚踢出了“76”号。紧接着，李士群在“76”号开始一步步地排除异己，培植亲信，他重用吴世宝等人，将汪记“76”号变成了针插不进，水泼不入的李士群个人的天下。

第十五章

吴佩孚大帅惹恼了日本人

北京之夏，燥热难熬，日本华北派遣军司令官邸内部却是清爽宜人，别有一番天地。这原是清摄政王府，占地上百亩。广庭深院里，花园、假山、红柱、黄瓦的宫观式建筑精美，却又是浑然一体。非胸有沟壑者难成如此佳景。处处透露出肃穆森严而又温柔富贵的清王朝皇家气息。到了夏天，这里浓阴匝地，雀鸟啁啾。更有一浩淼大湖，沙鸥翔集，清风徐来，无疑是一避暑胜地。

这天上午，花园旁边那间中西合璧的客厅内，华北临时政府首脑王克敏遵杉山司令官之命先来了一步，静候汪精卫。他坐在松软的藤沙发上，抽了口雪茄，悠然指着窗外的景物，无话找话地问坐在身边的“泰山”大人王揖唐：“这原是一座王府吧?”时年66岁的王克敏，是浙江省抚县人，字叔鲁，曾先后任北洋政府中法银行总经理、财政总长。他说的一口北平官话有浓郁的江浙味。窗外是一片碧波粼粼的大湖，远处湖边假山重垒，有亭台楼阁……风过处，吹动飞檐上的风铃，叮当作响，好听而显出幽静。岳父大人只比他大四岁——这是一对政坛上的活宝。他二人仅从外表上看就很有趣，老女婿王克敏体貌清癯，戴副金丝眼镜，已然染霜的一头头发梳成大背头，穿西装，打领带，说话咬文嚼字，像是一个大学教授，又像一个艺术家。而“泰山”王揖唐的打扮却是一副“国粹”，着一袭中式长袍，脚蹬黑面白底的朝元布鞋，颏下护一绺三寸长的花白山羊胡子，右手拄根象征身份的藤条手杖。

听贤婿发问，王揖唐故作深沉地眯起右眼，右手抚着下巴上的山羊胡子，一时无言，正襟危坐，像个道行很深的圣人——他是安徽合肥人，清光绪甲科进士，留学过日本。1907年回国后，先后任清廷兵部主事、北洋政府段祺瑞内阁时的内务总长等要职，对北京有种特殊的感情。

他用一双细眼斜睨了一下女婿，慢声说：“杉山司令官这座官邸过去是清摄政王府。再往上数，是光绪皇帝父亲醇亲王的府第……”王揖唐说着目光变得凝重起来，用恭敬的语气从这座王府扯到朝代的兴衰，语气中大有一种今不如昔的忧伤。

王克敏并没有专心听“泰山”讲古，实际上在默想等会儿汪精卫来时与之会谈的种种细节。汪精卫即将还都南京，组织国民党“中央政府”。汪精卫此次北上，是遵从日本人之意，来同他敲定有关人事安排事宜的。汪精卫同他谈后，还要同在北京做寓公的吴佩孚吴大帅谈……

十时整。门上的湘帘被轻轻掀起，一位身着和服，脚蹬木屐，打扮得像个绢人的日本姑娘弯着腰，迈着碎步来到王克敏面前，深鞠一躬后，用标准的北平话报告：“王先生，汪精卫先生到了。”

“请!”王揖唐、王克敏翁婿随即起身，出去降阶相迎。当西装革履的汪精卫带着陈春圃从前面的花丛中走出来时，王克敏快步迎上，拱起手来道：“欢迎，欢迎！多年不见，汪先生风采依然，克敏常对先生怀云树之思。”

“彼此、彼此。”汪精卫伸出手，挨次同王克敏、王揖唐握过——他的手绵软无力，握得很轻。主客相跟着进入客厅，落坐。两位袅袅婷婷的日本侍女，给客人送上茶点后，再深鞠一躬，轻步而退，并带上了房门。

王克敏代表华北临时政府首先向汪精卫致词：“汪先生为建立新的国民政府，造福于人民，实现中日和平，于盛夏时节，不辞劳苦北上，实在是可敬可仰。克敏代表临时政府，愿服从汪先生领导，共襄盛举。”

“谢谢!”一丝欣慰的笑容浮上了汪精卫俊美的脸庞。

“叔鲁（王克敏字叔鲁）、揖唐先生算是德高望重的前辈，”汪精卫咬文嚼字故作谦虚，“在未来的中央政府中，兆铭还要借重二位。”他说着看了看坐在旁边的陈春圃，示意他作好记录；这就开始侃侃而谈，旧事重提，“自1937年卢沟桥事变以来，国民政府因军事失败，先后放弃北平、南京、武汉、广州……政纲解组，民无所依，幸叔鲁、从异（梁鸿志）诸先生挺身离乱之际，相继组织政权，以与日本为和平之周旋，使人民于流离颠沛之余得所喘息，苦心孤诣，世所共见……唯时至今日，和平运动已为刻不容缓之图。而既成政权，如叔鲁先生等，从前曾服官国民政府，投艰遗大，必能继其遗志，使国家民族得以转危为安！对此，不知叔鲁先生有何教我?”

王克敏在外交上哪是汪精卫对手！他想了想说：“吾人不是国民党员，对党派观念亦薄。凡为复兴中国而崛起者，不论何人，吾均拟与之协力。汪先生为中日两国计，振袂而起，临时政府决不惜加以协力。吾人已风烛残年，在中央政府建立时，拟告老退休。如阁下要我参加中央政府，可以同意，但希留北京工作。”汪精卫听出来了，王克敏所谓“告老”是假，留在北京占山为王才是真，慨然答应。

于是，谈判结束了。

汪精卫心中高兴，提议：“机会难得，今天天气又好，让我们凭湖留影一张如何？”二王欣然同意。陈春圃赶快去找他的随行秘书布置照相具体事宜。汪精卫同王克敏、王揖唐步出客厅，来到湖边，凭栏远眺。只见湖上烟波浩渺，不时有鱼儿跃出水面。遥遥可见湖心有座风景绝佳的岛屿，岛上绿林中有座飞檐斗拱、金碧辉煌的宫观建筑。一条长长的细堤将这边与那岛连结了起来。细堤中段有座汉白玉拱背桥——汪精卫看到这里，心潮起伏。那座汉白玉拱背桥是他当年藏身其下，准备炸死清摄政王未遂的被俘处……

“汪先生！”王揖唐看出汪精卫的心境，用握在手中的藤杖遥指湖中那座汉白玉拱背桥笑道，“就以这座意义不凡的汉白玉拱背桥为背景拍照吧。这可是汪先生当年那首千古绝唱‘慷慨歌燕市，从容作楚囚。引刀成一快，不负少年头！’灵感萌生处啊！”

汪精卫久久没有说话，只是遥望着湖中细堤上的汉白玉桥。

这是北平一天中最热的时分。然而，他们的头上却是浓荫覆盖，蝉鸣起伏，清风徐来。汪精卫今天很潇洒，挺拔的身上穿一套白色西服，戴在头上的白色巴拿马帽握在手上。他转过身来，用一双略带忧郁的黑亮眼睛看着王揖唐，若有所思地问：“揖唐先生，依你看，若是我当初如愿以偿炸死了清廷重臣摄政王，今天会是一个什么局面呢？”

“天下太平。”

汪精卫闻言一怔，若有所悟地说：“愿闻其详。”

“当时，”王揖唐说得振振有词，“只要炸死了清廷的顶梁柱摄政王，清廷就会立刻倒坍。这样一来，何以有后来的武昌起义、辛亥革命？何以有后来的军阀割据？何以有共产党起事？又何以有中日战争？”

“高见！”汪精卫击节赞叹，再问，“若当时我同摄政王同归于尽了呢？”

“可惜！”站在一边的王克敏插话了，他顺着汪精卫的思路给他一个劲戴高帽子，“摄政王算什么？他不过是清廷的一条狗，一条看家恶狗，而汪先生是天下第一才子。这一点，天下谁人不知？若是当时汪先生同摄政王一起殒命，那就是佳卉与朽木同枯，是当代中国的重大损失！”这话捧得实在太过份了，连王揖唐听来都浑身起鸡皮疙瘩。但汪精卫显然沉浸在那种自以为天下无双的虚幻中，脸上呈现出迷醉。二王已将天下最无耻的吹捧都悉数送给了汪精卫，但看样子，汪精卫还嫌不够，还想再听下去，可是该再说些什么呢？幸好这时陈春圃带着摄影师来了。

“我专门去请来了一位技术高明的日本摄影师。”陈春圃一边高兴地说着，一边请汪精卫、王克敏、王揖唐背着雕栏站定，背景就是长湖中细堤串起来的那座汉白玉拱背桥。

日本摄影师调好了焦距，举手示意后，一连照了两张。

然后是相互握手作别，行礼如仪。

当天下午，下榻于北京饭店西楼的汪精卫，对来访的杉山司令官将他同王克敏的会谈情况作了详细通报。

“亚西！”听完了汪精卫的通报，正襟危坐的杉山司令官，情不自禁用日本话说了一声好，胡子刮得发青的脸上流露出一丝浅笑。而罩在黑色玳瑁眼镜后的眼睛犀利地凝视着汪精卫，他意味深长地说，“愿下轮汪先生同吴大帅的会谈进行得更好，为汪先生此次北上画上一个圆满的句号。”

杉山司令官告辞以后，汪精卫一直在想，看来日本人把他即将与吴佩孚的会谈看得至关重要。然而，吴佩孚是一个什么态度？虽然他对自己的才能素来自信，但想到大名鼎鼎的吴佩孚吴大帅，心中还是有些打鼓。

出身于山东蓬莱的吴佩孚，字子玉，是一个带有传奇色彩的人物。他早年书读得好，很年轻时就已中了秀才，在地方上颇有文名，但因国事蜩螗家事身世坎坷而投笔从戎，文韬武略，在行伍中战功赫赫，以后竟一直坐到了直系首脑人物的交椅上。吴佩孚在同关外“胡子”出身、有日本作靠山的张作霖奉系军阀的第二次直系战争中，因为部属冯玉祥的反戈，功败垂成，以后辗转四川，投靠四川军阀杨森，意欲东山再起，无奈已是明日黄花，终不能再成气候。这就彻底下野，1931 年“九·一八”事变后，吴佩孚在北京做寓公，但虎倒雄风在。他反共，但又有一定的民族气节，在全国，尤其是在北方有相当的号召力，向为日本人看重，一心期望吴子玉出山。听说杉山司令官曾经去吴子玉居住的什锦苑，代表日本政府，请求吴大帅出山；甚至不惜在吴佩孚面前半跪，然而，还是被有民族气节的吴佩孚拒绝了。

但是，再难也得去。汪精卫去见吴子玉前，先去了一封信投石问路。

“不通，不通！真是岂有此理!”这天，时年66岁的吴佩孚，一早就在他的书房里发起了脾气。夏日初升的阳光明亮而又温柔，如瀑的阳光，经窗前那株肥大的翡翠般的芭焦树一滤一筛，再透过镶嵌在窗棂上的红绿玻璃，洒进雕龙刻凤的中式书房里，在地上闪烁游移，编织出一个个梦幻般的图案。屋中，沿墙摆一溜中式书柜，屋中的屏风、家具、长案……无不雕饰着中国的连锁纹图案。雪白的正面墙壁上挂着名人字画，有齐白石的虾、苏东坡的竹、唐伯虎的字，都是真迹。书柜里的线装书排列整齐，有《史记》、《五经》类书，还有一些《孙子兵法》类兵书。墙角一矮几上，放着一尊翠蟾蜍，蓝烟袅袅，散发着淡淡的幽香。

仪表堂堂、重眉蚕目、穿一袭洒金绸缎长衫的儒将吴佩孚，将桌子拍得山响。他一边看汪精卫的来信，一边生气。

刚才，替汪精卫打前站的陈春圃前来，送上一封汪精卫写给他的信。信中，汪精卫很委婉地说：“多年不见子玉大帅，兆铭时时都在念中。兆铭此次北上，极望拜会子玉大帅，并就有关还都建国事宜，聆听大帅教诲。而且，这也是杉山司令官和喜多先生的意思。请先生安排时间!”信末拖了这样一句，“若吴大帅不好安排，请择日来杉山司令官官邸，兆铭在此恭候。”吴佩孚看到这里就火大。

“哪有这个道理?”他根本不把汪精卫放在眼里，也不给陈春圃面子，指着陈春圃质问，“圣人制礼，历来坐者为主，行者为宾。只有行者拜坐客，哪有坐者拜行客的道理。再说，咱们中国人谈自己的事情，哪有跑到日本人家里去谈的道理?”

“汪先生其实本来的意思是——”尴尬的陈春圃从凳子上抬了抬屁股，解释，“他先来拜望大帅，然后在他下榻的北京饭店接受大帅的回拜，可是，日本人不同意。去杉山司令官宅邸谈，是日本人的意思。”

“我不去，也没有什么可谈的。”吴佩孚气鼓鼓地说。

“大帅!”陈春圃又坐了下去，“你还没有看完汪先生的信呢。”

吴佩孚忍着气，继续看汪精卫给他的信。

“去岁冬初，兆铭曾致电左右，略陈悃福。惟辞意未尽，而耿耿之诚，幸蒙监察……中日两国为敌则两败俱伤，为友则共同发达，其理自明。不幸数十年纠纷胶结，郁结于今日，遂败坏决裂一致于此！欲谋收拾，且引之于正轨。其事成难，然又不可以已，且舍此实无他道也。国民党人当此厄运，抚躬自责，不敢有一息之安，而旋转乾坤，则非海内仁人志士心力以共谋之，不能有济。我公功在民国，蒿自颠危，诚知心恻然有动于中也。铭自去腊之末，发表《艳电》，栖迟河内，未尝别有谋划。盖以此身曾参加重庆政府，虽谏不从，言不听，而去国之际，深维孟子三缩而后出画之义，不惮再三呼吁，以期重庆当局之最后觉悟。今此望已绝，不得不易地奔走，期与海内豪俊，共谋挽求。现在国难日深，而国际危难又日趋紧迫，非恢复和平，无以内除其祸，外应世界大势。非组织一有力自由之独立政府，无以奠定和平，公老成谋国，如有所示，极愿承教……”

“好!”吴佩孚看完了汪精卫的信，把信拍在桌上，对一直观察着他的陈春圃说，“汪先生在信中说，他‘极愿承教’。那你听着：一、要我一个六十多岁的人去拜他五十多岁的人，不行，天下没有这个道理。二、汪先生要我出山，可以。不过位置应该调过来，我吴佩孚要做就要做独立的国家元首。”看陈春圃无言以对，不胜惊惶，他说，“这样吧，我回汪精卫一信，你回去给他，以免你为难。”说着，提笔展纸，笔走龙蛇。

“汪先生勋鉴:

大函致意。自卢沟桥变起，兀坐故都。本所信念，日以启导和平为事，而其要领，则以保全国土，恢复主权为唯一主张。委质国家，誓与国家生存同其命运，苟能山河无恙，自计已足!”

陈春圃收好信，立即回去复命。

第二天一早，什锦花园门外响起一阵急促的汽车马达声。车停，从一辆小车上下来三个身穿黄呢军服的日本高级军官，他们是杉山司令官和大特务土肥原、喜多。门房看来的是这三个日本“阎王”，赶紧躬腰致礼，就要进去通报。杉山司令官却很傲慢地用戴着白手套的手挥了挥，径直同土肥原、喜多走了进去。

喀喀喀！他们脚下的皮靴在花径上踏过时敲打出的声响，一路向幽静的宅邸深处传去。

吴佩孚已经得到通报，但毫不影响他做早课。这时，他身穿一袭素服，在书房的一把黑漆太师椅上，正襟危坐，闭着眼睛，吐纳丹气。当他睁开眼睛时，三位不速之客已在书房里不请自坐，看着他，眼神中露出明显的愠怒和阴森。

也不做过场，大特务土肥原单刀直入："敝国内阁及有关人士对你同汪精卫组建中央政府已经取得共识。"透过眼镜，土肥原用犀利的眼睛打量着吴佩孚，话说得一字一顿，简直就是在对吴大帅下达军令。

"经日本军部批准，决定请吴将军出山收拾时局。同时，汪精卫先生也起而与将军一致合作，进行日中友善和平工作。这对于端正日中两国及解决中日战争都是值得庆贺的！但我们不明白吴将军为什么不愿回拜汪先生？"

"我在给汪精卫的回信中已经表明了我的态度。"吴佩孚在日本人面前依然桀骜不驯，"我之所以不去回拜他，是我要确立优于他的位置。要我出山，可以。但我要做新政府的国家元首。日前我已告王克敏，请他将我的意见转告你们，虽然新的国民中央政府即将成立，但应充分尊重临时政府目前的事实……"看干瘦如柴的喜多在一边假意频频点头，吴佩孚的话更是说得口无遮拦，"新的国民政府成立，我拟以南京维新政府立法院院长温宗尧为副总统，负责南中国事务。因为王克敏提出退休，北中国事务由王揖唐负责。南京设作陪都，总统居北京，副总统住南京。"

"那么，"土肥原讪讪一笑，问吴佩孚，"不用说，总统就是阁下你了。那汪精卫呢，你准备如何安置汪精卫？"

"也可以让汪精卫做个副总统。"吴佩孚神情肃穆，简直就是一个即将登基，君临天下的皇帝，他旁征博引发挥道，"明朝永乐帝入主北京，但以南京为陪都。予与汪氏合作，当仿效之。"

"那么，如依阁下之说，"杉山司令官插话发问，"以你为首的中央政府成立后，与我大日本帝国关系当如何处置？"

"我的地位当同天皇平等！"吴佩孚在对他操有生杀荣辱大权的三个日本高级将领面前毫无畏惧，颐指气使，"我所任命的国务总理，地位等同贵国首相，以此类推！"听到这里，前来对他作最后考察和规劝的三位日本将军再也听不下去了，他们铁青着脸相继站起身来。

"这是吴将军最后的决定吗？"喜多虎着脸，气势汹汹地问。话中有明显的威胁意味，这是他给吴佩孚最后的机会。

"军人无戏言。当然这是我最后的决定！"吴佩孚说时也呼地站了起来，摆出一副送客的姿势。

杉山司令官和土肥原相跟着先离去了，日本军部设在北平对吴佩孚机关的机关长喜多，最后看了看执迷不误的吴子玉，摇了摇头，跟在杉山和土肥原之后垂头丧气地走了。

饱经世故、戎马一生的吴佩孚当然明白，今天的事情发生后，对他意味着什么。他却毫无畏惧，大步走到案前，抄起一枝大笔，饱蘸浓墨，运了一口长气，在一张宣纸上唰唰两笔，写下一个大字——“人”！然后掷笔，转身进入佛堂，在蒲团上打坐，闭上双眼，敲起木鱼，口中念念有词。吴佩孚自下野后，不知是为了排遣心中的苦闷，还是怎么的，开始礼佛。

走出什锦花园的土肥原、杉山司令官，一直等到喜多出来一起上车。他们看了看喜多沮丧的神情，明白吴佩孚是决心对抗到底了。到这时，他们也才恍然明白，刚才吴子玉那番大话，根本就是在拿他们开涮。

“可恶的吴子玉！”土肥原在车上咬牙切齿地说，“这个人是完全没有希望了，也是完全没有利用价值了……”

几个月后，身体异常强健的吴佩孚猝然而死，死在日本人手上，起因是一次普通的牙疼。日本军医来替他诊看后，不仅不见好，反而越来越疼，腮帮肿得老高。日本军医给他拔牙，说只有拔了牙才能根治，于是注射麻药，天知道注射的是什么。当日本军医用力将吴佩孚那颗大牙连根拔起时，吴佩孚痛苦至极地大叫一声，接着血流如注，当即殒命，时年65岁。

第十六章

汪精卫的急行先锋要反正

1939年10月。这个季节，在北方正是水瘦山寒，而在地处亚热带的香港，却是一年中的舒适期。

从上海流亡到香港的大亨杜月笙在他的吸烟室里，没有开空调，只是将翠绿色的窗帘拉上，挡着窗外强烈的阳光。室内的光线淡淡的，给人一种舒适感。时年51岁的杜月笙躺在烟榻上，由丫环雪儿陪着抽烟。一缕烟从杜月笙的银质烟枪嘴上袅袅升起，瘦骨嶙峋的杜月笙舒服得眯起眼睛，他感到有种七窍通畅感，进入了飘飘欲仙的快乐境界。

"杜公!"声音隔帘传来，熟悉而且急切。杜月笙闻声不禁睁开了眼睛，湘帘一动处，进来的不是徐采臣还是谁?杜月笙一惊，一骨碌翻身坐起，他对徐采臣的莽撞很不高兴。

"你不是刚回上海吗，怎么又来了?"杜月笙问，同时用一双眼睛上下打量起因为兴奋满面通红、两眼发亮的徐采臣。徐采臣是杜月笙留在上海从事地下工作的主将，其人四十多岁，面皮白净，向来遇事有主意，办事沉稳有章法。自陈恭澍在上海被汪记"76号"逮捕叛变后，重庆设在上海的中统、军统几乎被日汪特务组织摧毁殆尽。蒋介石又秘密派遣中央组织部副部长、中统高级领导人吴开先潜回上海开展工作，同日、汪展开了更为隐蔽、尖锐、复杂的斗争。作为杜月笙心腹大将的徐采臣往来香港、上海间更为频繁。

"杜公，我特来向你报告一个好消息!"站在杜月笙的烟榻前，因为激动，向来口齿伶俐的徐采臣说得结结巴巴的，"汪精卫手下大将……高……高宗武，要……要反正!"

"什么?!"杜月笙眼都大了，口气也变得急促起来，他用瘦手指着前面的一把软椅，"采臣，你别急，坐下来慢慢说。"

徐采臣并不坐下，而是从怀里摸出一张字条，上前递到杜月笙手里，挺神秘的样子。杜月笙赶快接在手中，展开匆匆浏览了一眼，见纸条上是一行字：“高坚决反正，速向渝洽。”看来事情重大。杜月笙让徐采臣坐下，让雪儿给上了茶点后嘱咐不准任何人来打扰。雪儿点头去了。

杜月笙要徐采臣将事情的来由详细说说。徐采臣开始说下去。

杜月笙在上海时，与之过从甚密的徐寄庼是个贤达人士。而徐寄庼同汪精卫的外交干才、手下大将高宗武的父执黄溯初老先生又是多年的朋友。黄溯初是老一辈留日生，早年加入过进步党，当过梁启超财政经济方面的智囊，也做过国会议员。是黄溯初将高宗武接去日本读书，并使他成名。

日前，高宗武受汪精卫派遣，去东京与日本人就“中日密约”进行秘密谈判时惊讶地发现，日本人又涨价了，开出的签约条件竟比当初开给袁世凯的“二十一条”还要苛刻、狠毒，他不禁犹豫起来。然而，消息报告给汪精卫后，汪精卫因为要急于还都南京，建立他的国民党中央，竟不管不顾地指示高宗武同日本人签约。高宗武怕了。他知道，这个密约一签，他就是遗臭万年的千古罪人。他不愿当这个历史罪人，但他又不得不签。在极为苦闷、徘徊时，高宗武去到长崎晓滨村，找住在那里的父执黄溯初请教。黄老先生是个有民族气节的人，听高宗武说后，劝说高宗武万万不可签这个出卖民族利益的密约，并劝高宗武反正……

徐采臣把事情的来由说完后，补充一句：“听说，汪精卫的手下另一大将陶希圣，因私下同高宗武相交密切，受了高宗武的影响，也要反正。但他们在反正前，需要得到重庆方面最高当局的人身保证！”

杜月笙听完了徐采臣的报告，摸了摸寡骨脸上光光的下巴，沉思着说：“汪精卫小朝廷不得人心，分崩离析是早晚的事。但是，我总觉得高、陶二人变化太快了些，这中间会不会有诈？这两个人是汪精卫搞和平运动的急先锋，是汪伪集团的首义九人，也是汪精卫叛国投敌的牵针引线人。他们怎么说反正就反正了呢？”

“杜公，事情是真的，只怪我没有说清楚。高、陶二人之所以反正，还有一个重要原因，就是他们在狗咬狗斗争中的失败，促使他们下了反正的决心。”看杜月笙精神一振，徐采臣接着说下去，“此前，汪精卫还都南京，建立中央政府的各部重要人选已定。围绕着各部重要人事，汪伪政权内互相倾轧，争权夺利。高宗武一心以为他在外交上有大功，外交部长非他莫属，汪精卫却要亲自兼任。公开的理由是，高宗武太年轻，资历和经验都浅了些，要高宗武先当一段时间的外交部次长。而同样野心很大的陶希圣上层关系一团糟，尤其是同梅思平关系很僵。陶希圣现在是汪伪的中宣部长，汪精卫准备还都后陶希圣官职不变。但陶希圣嫌他的宣传部是个清水衙门，他一心垂涎实业部长这个肥缺。而这个肥缺，汪精卫却给了他的老对头梅思平。

“这两棒子简直把高、陶二人打懵了，他二人愤愤不平，随着汪精卫还都南京日近，同汪精卫、还有周佛海的矛盾越来越大，隔阂越来越深。‘首义’之人，都住在愚园路1136弄中的一间花园洋房里。他们二人却住在外面。现在上海蒋记、汪记特务之间暗杀层出不穷。汪精卫、周佛海对高、陶二人的离心离德有所警觉，以安全为由，屡劝二人迁入，而高、陶二人却一味托词延宕，这就为我重庆特工从中策反提供了可乘之机。

“为了高宗武的反正，黄溯初先生专门从日本回到上海，找到了老朋友徐寄庼，希望徐寄庼能通过有关方面，争取得到重庆方面对高、陶二人反正的保证。徐寄庼老先生当即拍胸脯说，‘放心，我可以通过杜月笙先生，保证届时作好配合，既让高、陶二人平安离开上海，又要让重庆方面对高、陶二人过往不咎，准许他们将功折罪……”徐采臣将事情的来由报告完毕后，很小心地陪着笑说，“徐寄庼老先生说了，因为事情紧急，事前来不及请示杜公，不知我们这样做对不对？”

杜月笙也不回答，只是点了点头，沉思着问：“高宗武反正后，不知他有何打算？”

“从此退出政坛，远赴美国定居。”

“陶希圣呢？”

“他反正后的打算不明。”

杜月笙毕竟处事老练，又问：“高宗武、陶希圣如此表现，难道就没有引起汪精卫集团的怀疑？他们目前的处境是不是已经很危急？”

“还不至于如此。”徐采臣回答得很肯定，“因为高、陶二人在汪精卫阵营里一直表现得非常出色，是和平运动的急先锋。比如，汪精卫、周佛海虽然已经同蒋委员长分道扬镳，可至今仍然称蒋委员长为先生。而高、陶二人却要偏激得多。陶希圣在他拟定的《宣传大纲》中，开始就将锋芒对准委员长：‘蒋为国殉共，以党殉人，挟持军民，诬主和者为汉奸，以暴力相摧毁’，表现得比谁都要激进。现在，汪精卫、周佛海只以为二人在耍脾气，闹待遇，万万没有想到他们从重庆营垒中反了出来，又要再反回去。当然，局势瞬息万变，不可知不可预见的因素很多，恐怕我们也得加快步伐才行啊!”

徐采臣把话说到了这里，杜月笙的态度仍不明朗，他说：“我可以让重庆方面做到准许高、陶二人反正，也可以答应他们的反正条件。但这之中，我想他们得有对应的一个条件，就是他们是否能够将汪精卫与日本人签下的见不得人的密约带出来，让我们公诸于世?”

徐采臣说：“这事我也问过，那边保证将‘密约’带出来，没有问题。”

“采臣，你这事办得漂亮!”杜月笙这才眼睛一亮，双手一拍，眉飞色舞道，“这是件大事，事关抗战前途、国家大局。我明早就乘飞机去渝，当面向委员长请示报告。你在港休息两日，等我回来你再回上海。”

1939 年 11 月 5 日，午后一时，杜月笙在香港启德机场乘一架民航班机直飞陪都重庆。

难得的冬阳嵌在重庆灰蒙蒙的天空，像是嵌在灰玻璃上的一块鸡蛋黄。

国民政府战时大本营（军委会）秘书长张群站在珊瑚坝机场上，手搭凉棚向东方天际瞭望。他今天穿一件黑呢大衣，脚上黑皮鞋擦得锃亮，头戴博士帽，下颏上长有一颗朱砂痣，很有些福相的圆脸盘上，神情焦急。他在等一个人，在茵茵草坪上已经站了好一会了——都知道，这位出生于成都的政学系首脑，在国府中的地位很特别。他是蒋介石读日本士官学校时的同学、几十年的密友。他的出场往往是代表蒋介石。以张群的身份，长时间地站在停机坪上等一个人，是极为罕见的。今天，机场上的气氛也十分特别，周围三步一岗，五步一哨，戒备森严，好像在等待什么重大事件发生。

东方天际忽然响起了隆隆的马达声。倏忽间，一架美制 B 型银色双引擎飞机——从香港飞重庆的一架民航班机，从云层里钻了出来，随即降落在了跑道上。张群由身边一位副官陪着，急步向班机走去。客机停稳了，舷梯放下，从飞机上缓缓下来三人——班机得到通知，其他乘客缓下。

张群一看，走在前面那位很瘦，身着长衫，一手轻拽袍襟，一手将博士帽握在手中的，正是杜月笙。他的后面，有两个彪形大汉作保镖。一段时间不见，本来就瘦的杜月笙更瘦了，走起路来有些飘。

“杜公——”张群缓行鸭步，迎上前去，拱起手来，“我已在此恭候多时了。”

“不敢，不敢!”杜月笙紧走两步，下了舷梯，双手作拱道，“有劳岳军兄了。”抬起头来，那双有些凹陷的眼睛很有光彩。

“杜公，沿途可还顺当?”

杜月笙点头应答时，张群那辆锃黑发亮的高级防弹轿车“克拉克”已经缓缓开了过来。副官趋步上前，替他们拉开车门，张群手一比，请杜月笙上车，“委员长在等你。”

两人谦让了一下，先后上了车。“克拉克”轿车由两辆轿车前后保护着，离开机场，沿着山区公路向黄山别墅而去。

当张群引着杜月笙进入黄山别墅二楼那间别致的小客厅时，蒋介石已经在那里坐等了。委员长今天穿一件玄色长袍，脚蹬一双白底黑直贡呢朝圆布鞋，正襟危坐，面前茶几上放一杯清亮的白开水。

“委员长好!”杜月笙揭下头上礼帽，握在手中，向委员长深鞠一躬。

“好，好。”蒋介石满脸堆笑，用手指着对面沙发，“月笙兄辛苦了，快请坐。”

主客落座，张群一边作陪。

一位侍卫官进来，给他们送上茶水、点心，然后轻步退出，掩上房门。

不待蒋介石发问，杜月笙便将高宗武、陶希圣准备反正之事，向蒋介石作了详细报告。

“唔，这是好事。”听完杜月笙的报告，蒋介石端起杯子，喝了一口白开水，向杜月笙面授机宜，“要高宗武、陶希圣不必担心！就说是我说的，国民政府准许他们将功折罪，保证既往不咎。此事，要抓紧，要秘密！嗯？事关党国安危，做好了，实乃是涣散汪精卫汉奸集团之大事。有关具体事宜，月笙兄可相机处置，并随时同岳军兄取得联系。”

听了蒋介石这番话，杜月笙犹如拿到了尚方宝剑，他当即表示，事不宜迟，下午返回香港。

“嗯!”蒋介石也不挽留，只是问张群，“岳军兄能为月笙兄派架专机吗?”

“不用，不用!”杜月笙说，“抗战期间一切从简、重在实际。重庆同香港间每天都有一班对开的民航客机。”说着，从衣服口袋里摸出一只瑞士金壳怀表看了看，“我乘下午四点的飞机回去，时间完全来得及。委员长国事忙，月笙就不占委员长的时间了。”说着，知趣地站起告辞。

“唔，那就偏劳月笙兄了。”蒋介石也站起身来，很感动的样子，“月笙兄的一切，由岳军兄代为安排，嗯！”说着破例地将杜月笙送至别墅大门作别。

张群陪杜月笙驱车去重庆四坡公园“小洞天”吃午饭——这是一家很有名的川菜馆，依山筑楼、飞檐斗拱、古色古香、设置豪华，菜肴精美。因价格昂贵，一般平民百姓不敢问津。他们算好时间，吃完饭，张群又亲自把杜月笙送到珊瑚坝机场，一直看他们——杜月笙带着他的两个保镖上了那架返回香港的飞机，并待飞机起飞后才驱车离去。

乘坐的那架返港民航班机飞行平稳后，坐在窗前的杜月笙感到疲倦，便将身子倚在舒适的高靠背椅上，很快睡着了，坐在他身边的保镖给他盖上了一件大衣。

忽然，飞机剧烈地颠簸了一下，杜月笙醒了。机舱里响起空姐软绵绵的广播声：“飞机现在正在飞越秦岭……”杜月笙知道，因为大气流的关系，飞机每次从险峻高耸的秦岭进出四川盆地时，都要剧烈地抖动一阵。

睡意消失了。杜月笙示意旁边保镖收起大衣，他转身伏在窗前，很有兴致地打量起从机翼下掠过的、起伏巍峨的秦岭山脉。虽然阳光朗照，但四川盆地特有的天气，总是让视线中的景物云里雾里。飞机过了秦岭，眼前便是晴空万里，视线好极。

忽然，一个可怕的场面出现在视线中，让他惊骇得差得叫出声来。在飞机的右下方，从云团里钻出来一架日本零式战斗机，机翼和机尾上的太阳旗，在刺目的阳光照耀下，好像在滴血。它的头尖尖的、身躯小小的，像只蜇人的马蜂，气势汹汹地对着自己乘坐的民航班机冲了上来！

也就在这时，客机猛地拉起，急剧爬高。

在旅客们的惊叫声中，行李从行李架上“砰、砰！”地掉下来……

身体虚弱的杜月笙猛地觉得自己的心被一只巨手捏着，往下扯。他感到呼吸急促，屈起腰难受得想吐。他的一个保镖赶紧半跪在他面前，扶着他；另一个在他背后轻轻搓背，尽量让他舒服些。机舱里响起空姐略带惊惶的声音：“现在飞机开始爬高，请各位旅客系好安全带。”虽然空姐没有说飞机爬高的原因，但旅客们此时都看清了外面的险情，日本那架零式战斗机正对他们紧追不舍！瞬时，机舱里死一般静，大家面面相觑，一个个面如死灰。

客机一个劲地拼命上升、盘旋，力求摆脱日机的追赶。

“哒哒哒——”穷追不舍的敌机开火了。一串串子弹，在飞机四周窜来窜去，带着死亡的阴影，让人触目惊心。幸好这架飞机的中国航空公司驾驶员技术高明，在升高的过程中，东挽一个花子，西转一个圈子……

当时的客机，没有空气调节器，也没有其它安全设施，条件很差。这就苦了本来身体羸弱，呼吸系统也有病的杜月笙。在客机剧烈的上升，盘旋中，他始则呼吸急促，继则头晕眼花，最后实在忍不住了，大喊一声，头脑里金星四溅，昏厥了过去。当客机爬升到九千多公尺时，稀薄的空气，让杜月笙几度窒息。他难受极了，要保镖替他松了腰上的安全带，脸一侧，躺在舱板上，眼睛一闭，索性等死。

正当客机上的所有旅客都认为必死无疑时，奇迹发生了。驾驶零式战斗机对客机紧追不舍的日军驾驶员，猛一看油表，发现油料所剩不多了。虽然猎物就在上方，而且客机灵活性也大不如战斗机，但他驾驶的战斗机爬高却不如这美国人造的客机。只怕这样穷追下去，非但击不掉客机，弄不好还会将自己的命连带这架战斗机也赔了进去，日军只好咽下这口气，降低高度，来一个急转弯，向汉口方向飞去了。

客机驾驶员见敌机确实已经离去，这才降低飞行高度，继续向香港方向飞去。

危险过去了，客机飞得平稳了。死里逃生的一机人欢呼庆幸，唯杜月笙躺在机上，喘息不止，痛苦万分。

暮色，在香港启德机场潮水般升起来了。

机场上，灯光通明。天还未黑，整个东方明珠已是灯光璀灿，灯光倒映在维多利亚海湾中，犹如英国女皇戴在头顶的流光溢彩的王冠。

杜公馆的人站在启德机场的候机楼上，目光透过落地长窗，望着不停起落的飞机，心中焦急万分。他们三三两两，窃窃私语，神情紧张地小声议论——中午过后，杜月笙的家人、亲朋好友、弟子门生约二十余人，早早就到了启德机场，迎候杜月笙从重庆归来。

时间早就过了，可是，杜月笙乘坐的客机却毫无踪影，去问事处询问，只说请再等等，全然不得要领。当维多利亚海湾燃起满天灯光时，杜门中有人看了看手表，用上海话说："弗对呀，辰光早过去了，怎么飞机还不回来呢?"又赶快差人去问事处问询，可是仍然不得要领。小道消息和着种种猜测开始了，有人小声地说，该不是飞机失事了？有人说，会不会是飞机从重庆飞香港的时间推迟了……

杜月笙的四姨太姚玉兰身体不适，但也撑着病体来了。一是因杜月笙对她宠爱有加，二是怕杜月笙多心。她还不到三十岁，高挑的身上穿件白底缀满黄菊的印度绸无袖旗袍，越发显得丰满合度、别有风韵。一头波浪式的短发蓬蓬地披在脑后，鹅蛋形的脸上，绒绒睫毛下一双好看的大眼睛里，神情有几分忧郁。这时，她同杜月笙的儿子，年龄长她一岁的杜维藩都站在落地玻窗前，朝外望去。她自觉地与杜维藩保持着相当的距离。在男人问题上，她是有教训的，因而相当警觉。她知道，别看杜月笙平时对她“心肝”、“宝贝”地喊，但如果不小心越雷池半步，保不住就把小命丢了。

在这方面，“大太太”沈素娥可以说是前车之鉴。当杜月笙还是上海滩头一个无声无息的小瘪三，投奔到大流氓、青红帮头领黄金荣手下做小伙计时，因为灵动，被黄金荣的老婆桂姐看中，一手提拔了上去。以后，桂姐又把自己的远亲，说话嗲声嗲气的苏州姑娘沈素娥许配给了杜月笙。杜月笙就像一根柔软、绵长、坚韧的青藤，顺着桂姐这条线爬了上去，直到有一天比黄金荣还要高。

当势力不断膨胀，成了上海滩头数一数二的大亨时，杜月笙对原配夫人沈素娥的态度也开始发生变化。他开始在外面搞女人。这时杜月笙的眼中，女人好比是穿在身上的衣服，是可以一件件脱，也是可以一件件穿的。就在沈素娥生下杜维藩时，他又迷上了妖冶过人的陈帼英。先是明铺暗盖，然后干脆将陈帼英娶进家门，作了二姨太，并把自己公馆后院的洋楼全给了二姨太。沈素娥气不过，同自己的表兄好上了。杜月笙知道后，大发雷霆，派人将沈素娥的奸夫——表兄杀了：挖去了眼珠，砍去手脚，成了一个肉冬瓜，丢在上海北郊一处乱草中。就这样，杜月笙仍然余怒未息，将沈素娥撵到家里一间黑暗潮湿的老屋囚禁起来，派人看守。每月给沈素娥五百元生活费外加一盒鸦片，让沈素娥在每日的吞云吐雾中戕害自己。

很快，陈帼英怀孕了。生下孩子后，原来腰细、隆乳、丰臀、身姿高挑、容貌漂亮的陈帼英简直变成了一个黄脸婆。杜月笙便又物色了一个名叫孙佩豪、只有十六岁的苏州漂亮小姑娘作他的第三房姨太太。再以后，又娶了她姚玉兰作第四房姨太太。若不是因杜月笙酒色过度，身体越来越不行，还会接着再娶。虽然刚过“知天命”之年的杜月笙如今在男女之事上犹如一只阉了的公鸡，但对年轻貌美的两个姨太太却像防贼似的。他常把孙佩豪和姚玉兰叫到烟榻前，唬起脸威吓她们：“你们还晓得大太太住黑房子的原因?”见两个年轻的姨太太吓得连连点头、浑身发抖，心理得到极大满足的杜月笙，便在吞云吐雾中对她们讲一番陈腐不堪的诸如“嫁鸡随鸡，嫁狗随狗”和贞女不二的道理。不过，杜月笙往往在教训她们后，又会买许多金银首饰、漂亮衣服送给她们……在用钱方面，杜月笙向来是毫不吝啬、出手阔绰的。

就在姚玉兰沉思默想间，机场广播响起“……此班客机在河南境内受到日机袭击，所幸驾驶员技术高明，苍天庇护，客机终于摆脱敌机追击，毫发无损。现在，该班客机马上就要降落启德机场……”话音未落，西边天际响起了隆隆马达声。杜门中人纷纷额手称庆，暗诵“阿弥陀佛”，迟到的客机平安地降落在了启德机场上。杜维藩率家人在旅客出道口迎接父亲时，机场上一个穿制服的职员寻了上来，急急问：“哪位先生是杜公馆的人?”

又高又瘦，长相酷似其父的杜维藩赶紧迎上去说：“我就是。”

“杜月笙先生因在高空体力不支，已经昏厥了很长时间。”机场职员不无紧张地说，“机上通知，请你们赶紧准备担架……”

“哦!”杜家人方才落进胸腔的一颗心，又齐齐往下沉。他们赶紧找到机场医务室，租了一副挑架，由杜维藩领着，上了飞机，把气喘吁吁、法起身的杜月笙小心翼翼抬上担架，下了舷梯，抬上专车。

杜月笙回到家，香港名医庞京周已在家中候着了。三姨太四姨太赶紧指挥家人，将杜月笙从担架上移到卧室中舒适的大席梦思床上，要不相干的人退去；屋子中，她们两人和杜维藩陪着名医给杜月笙诊断，又看着医生给杜月笙打针、服药。稍顷，杜月笙缓过气来，过后就能坐起，虽然脸色仍然苍白，但流露出一丝到家了的欢欣。

“庞医生，你看我不要紧了吧?”杜月笙坐起身来问。

戴一副金丝眼镜，面庞白净的脸腮上有圈络腮胡子，穿件白大褂，长得高高大大，像个外国人的庞医生很肯定地告诉杜月笙：“已经不要紧了。要紧的是好生休息，睡觉之前再服一道药，我明天再来看你。”说着站起身来。

杜月笙吩咐儿子维藩：“替我送送庞医生，好好谢过庞医生!”目送着儿子送庞医生出了卧室，他对两个家眷挥了挥手，“快请徐采臣来，你们不必进来听。”

四姨太去请徐采臣，三姨太往丈夫枕头下垫了两个松软的枕头，徐采臣进来了。两个姨太太看丈夫很舒服的样子，这才出去，随手轻轻带上门。

待徐采臣对他问了安，杜月笙说："高宗武、陶希圣担心事已经解决了，请你即刻回上海，办两件要事。"看徐采臣一副凝神屏息的样子，杜月笙吩咐道，"一、请黄溯初先生即刻转告高宗武、陶希圣，他们所提的条件，委员长全部答应。委员长要他们出来时，将《密约》复印本设法带出来。二、通知万墨林他们作好秘密送走高宗武、陶希圣的一应准备工作。只要高、陶二人什么时候说声走，他们就得不惜一切代价，将高、陶二人连同他们的家眷平安送到香港！"

徐采臣领命后，不敢怠慢，立刻向杜月笙告辞。杜月笙要儿子杜维藩派车派人连夜将徐采臣送到码头，乘当夜驶往上海的船走了。几天后，受到杜月笙邀请的黄溯初老先生由上海来到香港，杜月笙非常高兴。大病初愈的他，亲自到码头迎接。

黄溯初到了杜公馆，二人立刻关起门来密谈。黄溯初做事老到，当他听完杜月笙对此事的前后策划、布置以及冒险飞到重庆，如何在蒋委员长面前领命的前因后果后，大喜。当即写了一份备忘录给杜月笙，内容有：他从高宗武口中得知的《中日密约》要点，以及高宗武等人同日本人谈判《中日密约》的前后过程种种。

杜月笙看后，深感事情重大，略为沉吟，对黄溯初说："看样子，我还得明天再飞一趟重庆，就有关事宜请示蒋委员长。黄先生就放宽心，在香港逗留两日，等着我的好消息！"然后，这就吩咐下人领黄老先生下去休息。

杜月笙当晚住在四姨太姚玉兰的房中。四姨太听说刚刚死里逃生的丈夫第二天又要飞重庆，很不放心，对丈夫说："你身体还未复原，刚刚才能够起身，能不能让维藩代你去重庆？"

"不能。"杜月笙将头摇得拨浪鼓似的，"事关重大，非我亲自去不行！"

姚玉兰叹了口气道："你实在要去，我也拦不着你。那你坐船去吧！坐船去河内，转昆明……这样安全些，也舒适些。"

杜月笙听出这是姨太太对自己无知的关切，当即哈哈大笑："那要等到猴年马月才能到重庆。"说着，打起戏腔，拖长声调说，"哪有那么怪的事，这趟又会遇上日本飞机？我此刻是恨不得肋插双翅穿云破雾去到重庆！"说着，睡到床上，看着四姨太道，"说得好不如做得好，快来给我按摩按摩！"

屋里的灯光熄灭了。

第二天一早，杜月笙特别出重金请名医庞京周同他一道，带着上次的两名保镖，冒险二度飞渝。很顺利，当他们到达重庆珊瑚坝机场时，来迎接杜月笙的，不仅有大本营秘书长张群，还多了军统局局长戴笠。

“杜公!”当张群迎上前来与杜月笙握过手时，个子不高不矮、穿件藏青色中山服、剪着平头、一双眼睛骨碌碌转、显露着特务本色的戴笠快步走上前来，握着杜月笙的手，很恭敬地说：“杜公对党国劳苦功高。上次杜公来渝，我外出没有来接，实在抱歉。”

杜月笙同戴笠关系很好。他握着戴笠的手，笑着说：“戴局长公务繁忙，情理之中。”

“不要叫戴局长，杜公是我戴某的恩人，还是叫我戴老弟亲热些。”说着，将杜月笙迎进轿车。很快，一行四辆轿车相跟着向黄山别墅驶去。一路上，坐在杜月笙身边的军统局局长戴笠对他嘘寒问暖，关怀备至，显示出关系非比一般。向来为人傲慢的军统局长实在是从心里感谢杜月笙，没有杜月笙，就没有他戴笠的今天。

当年，杜月笙在上海滩大红大紫时，戴笠还是一个从浙江乡下跑到上海滩头混饭吃的小瘪三。有次在杜月笙辖下的一个赌场里，号称“神骰子”的戴笠因弄虚作假，在他投掷的骰子里灌了水银，百发百中，赢了不少钱，却被闻讯而来的赌场主万墨林发现了，把戏当场揭穿。万墨林大怒，当即要手下喽啰将戴笠剥去衣服，捆绑起来，按行规，戴笠至低限度要被砍去几个指头的。危急时刻，戴笠急中生智，口口声声说，他认识杜老板，要求见过杜老板再说。消息传到杜月笙耳里，“神骰子”戴笠这个名字他是听说过的，也许是出于好奇，他让万墨林将戴笠押来见他。一番交谈后，善于从各行各业中网罗“人才”的上海青帮大头领杜月笙看出，戴笠不是等闲之辈，结果，不仅没有治他的罪，反而资助他去广州投考了黄埔军校。以后，从黄埔军校毕业的戴笠投在校长蒋介石门下，终于飞黄腾达，二人之间关系也日渐加深。

蒋介石照例是在他黄山别墅的小客厅里接见杜月笙的。当蒋介石听完大病初愈的杜月笙关于高、陶二人反正的有关报告，看了黄溯初书写的有关《中日密约》要点，对杜月笙慰勉有加后，当即拍板，说：“唔，杜公，此事就这样决定了。为了你以后更好调动各方面力量开展工作，我现在下一张手谕给你。”说着，提笔展纸，一挥而就，递给杜月笙。杜月笙赶紧站起，接在手上一看：“此令，任命杜月笙先生为上海党政统一委员会主任。蒋中正。”杜月笙受宠若惊。因为这个委员会的委员都是国民党中部长级大员，计有蒋伯诚、吴开先、吴绍澍、俞鸿钧、戴笠等。以往，这个委员会直接由蒋介管辖。

杜月笙心中感激涕零，正不知如何说话时，蒋介石意又提笔给高宗武写了一封信，交给杜月笙说："杜公，你看这封信是不是可以交黄溯初先生转给高宗武，要他们放心行事，嗯？"

委员长对自己是如此信任，关怀备至，喜得杜月笙眉开眼笑。他挺了挺瘦弱得竹杆似的身子，捋起长衫袖子，向蒋介石抱拳保证："委员长这么信得过我杜月笙，月笙一定放胆去做。为党国大业，即使肝脑涂地，也在所不惜。这次高、陶反正，委员长如此看重，我一定作好策应工作，把事情搞得尽善尽美！"

"唔。"蒋介石高兴地点点头，看着陪坐一边的张群、戴笠说，"今天无论如何不能让杜公再回香港，得在重庆休息两日。听说交通银行送给杜公的礼物——汪山别墅已经完全弄好了？"

"完全弄好了，完全弄好了。"张群兴致勃勃地说，"所有安装完毕，一应摆设俱全，厨师、车夫、仆人也一应俱备……只待杜公赏光呢！"

"唔、唔！"蒋介石这就站起身来说，"那就请杜公前去汪山别墅休息休息。"

杜月笙握着委员长的手，感激零涕地说："事情紧迫，本来月笙是要赶回去的，既然委员长如此关照，我就在汪山别墅休息一晚，明早回去。"

"嗯！"蒋介石很感动的样子，调过头来，对毕恭毕敬的军统局长戴笠说，"岳军兄还要在我这里留一下，你送杜公先去休息，代我好好照应。"

"是！"戴笠立即一个立正，向委员长敬了一个标准的军礼。

汪山距黄山很近。

戴笠陪着杜月笙驱"克拉克"轿车很快到了汪山别墅。这儿离市中心二十来里，在嘉陵江南岸。欧式风格、尖顶阔窗的红色汪山别墅掩隐在半山的茂林修竹中，四周古木参天，十分幽静。门内门外，有戴笠派出的便衣特务游动，平时根本看不到人。当戴笠陪杜月笙驱车来到时，别墅中所有仆役、丫环二十来人齐齐在门外列队迎候。

杜月笙下了车，由戴笠陪着先看了看大环境。比起他在香港的公馆，这里自有一番山林野趣。他很满意，啧啧赞叹间，一一观察书房、客厅、卧室、吸烟室、保卫室、乃至家眷室……无不精致舒适。他们在中西合璧、暗香浮动的客厅里坐定，一个梳翘毛根，穿红花衣服，长相很乖的小丫环服侍着他们，另一位女仆打扮身姿轻盈的川妹子手托一个托盘，给他们上了茶点。茶是真资格的四川茉莉花盖碗茶，点心是重庆冠生园刚出炉的糖果糕点心，然后，两个川妹子相继轻步离去。

两人坐在沙发上，边喝茶边品尝糕点，很是惬意。戴笠乐得借花献佛，他对杜月笙说："我知道杜公是个美食家，我特意关照交通银行给你配了六名名厨，其中川厨两名，沪厨两名，粤厨两名，你要什么菜式，通知他们，今天中午就可以试出他们的手艺……"说着，伸手按了一下安在茶几上的电铃。铃声未落，刚才那位年龄稍大些的川妹子进来了，看样子是个领班的。

戴笠问这个川妹子："你叫什么名字？"

"我叫冬妹。"川妹子大大方方地说，"在家里，爸爸妈妈都叫我冬儿。"

"那好！"戴笠看了看只有十七、八岁，模样清纯的冬妹，指了指身边的杜月笙，"以后，杜先生就是这座汪山别墅的主人，你们要好好服侍杜先生。"

"是。"冬妹低着头，叫了一声"杜先生。"

"嗯，好好好。"杜月笙客气地点了点头。

"冬儿！"戴笠当仁不让的样子，"灶上鲜肉果蔬准备齐没有？"

"都准备得巴巴式式的。"冬妹说一口四川话，声音脆脆的，"我就是来请示杜先生，今天午饭，是吃川味，还是吃上海味？"

"既然到了四川，就吃川味吧？"杜月笙笑着看了看身边的戴笠，"川菜天下有名。到了重庆，我们吃的肯定是真资格的川菜美味！"

"对头。"戴笠学着说了一句四川话，嘱咐冬妹，"一定要上一盘真资格的四川回锅肉。"

"好嘞！"冬妹去了。

不一会，冬妹请他们到隔壁小餐厅吃午饭。一桌川菜做得很是精美，色香味俱全，让他们还没有吃就垂涎不已。真是名不虚传，一菜一味，烹、炒、蒸、熘，让人目不暇接。仅是这些带有浓郁历史风味的小吃名称，从旁边冬妹的口中报出来，就是一种享受。

好在二人都是不喝酒的，举起筷子直奔主题。席间，杜月笙连连叫绝，说："我的食量不大，肠胃也不争气，不敢多吃。但这川菜太好吃了，也就顾不得肠胃承受不承受得起了！"他连连举筷，尤其是一盘喷香的回锅肉，很是让他赞叹不已。肉片切得纸一样薄，配上青的蒜苗、黑的永川太和豆豉……

让他们大快朵颐。

为了让杜月笙好好休息，饭后，两人到小客厅里小坐了一下，戴笠就告辞了。临走，戴笠说好第二天来送杜月笙去机场。

杜月笙一觉好睡。醒来后，看看腕上手表，已是下午四时。他趿着拖鞋，出了卧室，来在走廊上，凭栏观山望景。只见风过处，山前山后那片苍松翠竹摇曳得如海浪翻卷，极有气势。这时，他的保镖朱汉轻步上来报告，说刚才范绍增将军打来电话，问杜先生午睡起没有起，他想前来拜望拜望。

“啊，是范哈儿?”杜月笙一听范绍增的名字笑得哈哈的，连说：“请他来，快请!”

保镖朱汉得令，下楼打电话去了。一位略显笨拙又憨厚可爱的川军将领出现在杜月笙的脑海里，过去的一幕幕，犹在眼前，是那么有趣。

杜月笙结识范绍增是1931年的上海。

范绍增是四川大竹县人。据说他从小不喜欢读书，家里人认为他长大以后不会有什么出息，不料一棵弯弯树竟长成了材——范绍增后来成了一位赫赫有名的川军将领，绰号“傻儿”，被人们写成了“哈儿”，他的成长经历具有传奇色彩。

1934年，爆发了一场四川近代军阀史上最残酷的“二刘”战争，即：叔叔刘文辉与侄儿刘湘之间的战争。当时，范绍增任四川军务督办兼21军军长，是踞川东全境的刘湘的一个师长。刘湘与他在四川最为强有力的竞争对手，也就是他的幺爸——四川省政府主席兼24军军长刘文辉，关系很紧张，开战前夕，刘文辉借口到重庆吊唁刘湘的母亲，在刘湘的军队中暗中策反。刘文辉首先看中的是有实力的范绍增。刘文辉送给范绍增白花花的45万元大洋进行拉拢。不意当天晚上，刘文辉前脚走，面带猪相、心中透亮的范绍增后脚就去刘湘处自首。

“军长!”他毫不隐瞒地对刘湘说，“你幺爸送了我45万元，你看咋办?”说着将前因后果和盘托出，交待得清清楚楚。

“拿着，拿着。”范傻儿此举取得了刘湘谅解，刘湘显得很大方，对他说，“我再送你10万元，钱不怕多，钱多还怕烫手么?”目光如炬的刘湘看着范绍增，笑道，“你是怕拿了我幺爸的钱不好在战场上见面?那你就拿着这些钱，到大上海花花世界去操一盘嘛!”

于是，当“二刘”之战打得如火如荼，最后侄儿刘湘把么爸刘文辉一直打出成都，打到雅安时，范哈儿正在灯红酒绿的上海挥金如土，广交朋友，笼络青红帮头目。在上海，范哈儿与势力看涨的青帮头目杜月笙交上了朋友。但是，梁园虽好，不是久留之地。年底，范绍增要回四川了。在为范绍增举办的送别宴上，平素很少喝酒的杜月笙竟执杯在手，连敬他三杯。

“一祝大哥回川一路顺风!”杜月笙称范绍增为大哥。

“二祝大哥与月笙友情日日加深!”

“三祝大哥事事如意，步步高升!”

“咣、咣!”前两杯，范绍增都一饮而尽，并且亮了杯底。但第三杯，范绍增却是举杯而不饮。看杜月笙和他的门人迷惑不解的样子，范哈儿用手摸了摸自己的大嘴说：“我这次到上海，承蒙月笙兄和诸位帮衬，百事顺遂。可在范某要离沪回川前，有一事在心中梗起。”

“范大哥有啥事尽管说。”杜月笙很豪爽地拍了一下自己的瘦胸脯，用袍哥语言嗨了一句，“只要是上海滩上的事，大哥你只要言语一声，我杜某没有摆不平的!”

“不瞒杜兄台，我一直想同黄白英亲个嘴，一直没有亲到!”杜月笙听了这话，先是一怔，继而哈哈大笑，杜门中人无不笑得捧着肚皮。范哈儿也不恼，看大家笑，他也笑。

黄白英是上海滩上有名的舞女、交际花，舞跳得好，人也长得漂亮。此前，杜月笙开家庭舞会，请了范绍增，也请了黄白英。那天，到场的人很多。杜月笙专门把黄白英介绍给他。本来，范绍增是不敢下场子的，行伍出身的范哈儿什么时候跳过舞？在十里洋场他第一次看到男女抱在一起跳舞时，眼睛都大了。他觉得很新鲜，男的可以在大庭广众之下抱着漂亮女人的细腰，在半明半暗的灯光中，在蓬嚓嚓、蓬嚓嚓的音乐声中，走来走去。而且，抱了这个又可以抱那个，让他心跳不止，也艳羡不已。现在，在满天星似的灯光闪烁中，明眸皓齿、打扮新潮、像仙女下凡似的黄白英邀他下场跳舞，顿时让范哈儿一身都酥了。他不顾一切地大步走上前去，紧搂着黄白英的细腰，在《何日君再来》绵长、优雅的音乐声中，推磨似地转来转去。刚转了两圈，只听黄白英“哎哟——”一声，弯下腰去揉脚，原来他脚上的大皮鞋，踩在了人家的高跟鞋上……

以后，他没有机会再见到黄白英，可总是日思梦想的。

“算事!”杜月笙很豪爽地应了，这就举起手中的酒杯。

“咣!”范哈儿同杜月笙干了第三杯。

当时，范哈儿是借酒盖脸，提出了要同黄白英亲个嘴的要求，原想杜月笙也不过是在大庭广众下的虚应一句。他没有想真能亲得到。谁知，就在回到重庆的第三天，黄白英竟亲自送上了门……从此，他同杜月笙的关系又深了一层。

门外汽车喇叭一声响，将杜月笙从回忆中唤回现实。他知道是范绍增来了，急忙迎下楼去。

“杜公!”穿一身黄呢将军服，个子不高但笃实，腰上束一条宽皮带的范哈儿一进门，看见杜月笙便双手打拱作揖，川音浓郁地说，“稀客，硬是稀客!”时任第三战区集团军副总司令官的范哈儿是从前线回来催饷的。他说，“戴老板告诉我杜公来了，你看，我这就扑爬筋斗地赶来看你来了。怕你在这地方不好耍，还专门带了两个小姐来陪你打麻将!”说着，要两个女人上来见过。

她们向杜月笙行了礼，范哈儿指着一位满月脸、身材高挑、穿一袭黑丝绒旗袍、烫着卷卷头、手上挽着个小提包、打扮得珠光宝气的年轻女子介绍：“这是我的十七姨太!”又指着另一个身穿紫色暗花旗袍、丰满合度、穿着打扮洋气的年轻女子介绍：“这是娜娜小姐!”这时暮色已近，相貌没有看清，杜月笙只觉得这位娜娜小姐细腰丰臀，神态妖冶。

他们进了客厅，各据一方，麻将就搓开了，范哈儿粗中有细，见杜月笙似乎有些精神不济，心不在焉，时不时看一眼娜娜小姐，暗中一笑，便将麻将一推，对十七姨太说：“麻将就不打了，杜先生有些累。我们先走一步，让杜先生好好休息，娜娜小姐留在这里，给杜先生按摩按摩。杜公可能不知道，娜娜小姐不仅人长得漂亮，还有一手推拿按摩的绝活。她给你按摩后，保证安逸得很!”说着打着哈哈，作拱告辞，“下次杜公来，我们的时间宽裕些，再好好尽地主之谊。”

杜月笙心领神会，一直把范哈儿夫妇送出门，看到他们上了车才回。

一个小时后，杜月笙和娜娜已经吃了宵夜，又洗浴完毕，进了卧室。杜月笙舒服地躺在宽大的席梦思床上，只盖着一床薄毯，闭着眼睛接受娜娜小姐的按摩。身着闪光白色丝绸宽松睡衣，细束丝带的娜娜先从杜月笙露在外面的一双腿开始按摩。娜娜按摩得很专业，一双浑圆的小手很有力，由下至上，按、推、捶、抚、拍……直把杜月笙服侍着周身毛孔都舒展开来，愉快得直哼哼。猛然间，杜月笙睁开眼睛，只见娜娜身上已经脱得只剩乳罩。灯光下，她浑身雪白，丰白的大腿，高耸的乳峰，具有一种不可抗拒的诱惑力。多日不能尽人事的他，忽然间爆发了，伸出双手一下抱紧了她，娜娜趁势拉灭了灯。

第二天下午，深感不虚此行的杜月笙，一回到香港的家中，立即找来黄溯初如此一说，并把蒋介石的亲笔信交给黄溯初。黄溯初十分振奋，当晚就乘船离开香港回到上海做高宗武、陶希圣的工作去了。与此同时，徐采臣得到杜月笙的密电，赶到香港领命……

就在徐采臣回到上海后两天，杜月笙得到徐采臣密报，说高宗武、陶希圣看了蒋介石的信，放心了。他们保证，尽快反正，并把那份《中日密约》原件搞到手，尽快脱离汪伪集团，动身离开上海赴香港。徐采臣还说，他已通知万墨林等人作好了各方面的策应准备……

至此，万事齐备，只欠东风。也就是从这天起，无论是远在香港的杜月笙，还是在四川重庆的蒋介石，都在翘首盼望汪伪集团内爆发的一场地震——高宗武、陶希圣带着见不得人的《中日密约》反正。

第十七章

透密约，一波三折

陶希圣的书房相当典雅考究：四四方方的书房里，地板上铺着地毯，一面大的落地玻窗让屋内光线明亮。一张锃亮硕大的书桌摆在靠窗处，旁边是一溜高架书柜。与书桌有点距离处，摆有一排进口真皮沙发，那是给客人预备的。屋角有个高脚盆架，上面有一钵盛着苍松翠柏的盆景……屋内暗香浮动。

书房里很静。时近黄昏，外面的天光已经黯淡了，独自呆在屋子里的陶希圣像是深怕人家看到了他似的，又拉上了窗帘。几乎在书房里苦苦思索了一天的他，叹了口气，大步走到书桌前，"啪!"地一声拉亮了桌上的台灯。于是，摆在桌上的厚厚一迭书稿，被乳白色的灯光笼罩起来，发出一种森然的白光。时近年关，作为汪记中宣部部长的他，脸上不仅没有一点喜色，而且显露出一种极度的痛苦和莫名的恐惧。

毕业于北京大学法科的陶希圣，在国民党内，是个著名的铁笔御吏，原先深受蒋介石器重。他同陈布雷、戴季陶一起，并称为蒋介石的三大"文胆"。但是，蒋介石对他的三个"文胆"有不同的评价。还在陶希圣叛变以前，蒋介石就不止一次私下对人说过"陶希圣这个人，文人的傲气少了些，政客的媚骨多了些。"真可谓入木三分!

陶希圣确实是条变色龙。抗战初期，在主编《民意周刊》时，他时常在上面发表文章，言论忽左忽右，让人捉摸不透。时人给他一副对联，总结了他历史上的所作所为，算是对他一副逼真的画像：

见冯（玉祥）言战，见汪（精卫）言和，见蒋（介石）和战皆言。

对国（民党）骂共（产党），对共（产党）骂国（民党），对日（本）国共都骂。

他一生善于把握时机，采取实用主义，完全没有一般文人身上的迂腐和礼义约束。因而，在加入国民党后，由于善于钻营，很快青云直上，当了高官。然而，变来变去的他，现在又面临着一次人生的重大抉择。

个子高高，面黄少须，思维敏锐的他，忽地从桌前站起，眉头紧皱，在地上踱了两个来回后，关了桌上的灯。屋里完全黑了下来，他踱到窗前，背着手凭窗看去。天压得很低，下起了小雨。他转身踱了回来，颓然坐下，将头靠在沙发背上，闭上了眼睛。最近一段时间以来发生的种种不愉快，就像一面面闪光的多棱镜，在眼前一一闪过。

不久前，汪精卫结束了他的北行回到上海。尽管此次北上两手空空，但在日本人的支持下，还都南京的工作仍然紧锣密鼓地进行。内定的、捞到了“油水”的大员们弹冠相庆，正如陈璧君所说，“宁做鸡头不作凤尾”，汪精卫是“十年的媳妇熬成婆”——终于要做一国之君了。然而，既然汪精卫这顶国君帽子是日本人给的，得付出相当大的本钱才行。

1939 年 12 月中旬，在上海愚园路 1136 弄 60 号汪记国民党中央副秘书长罗君强家精致的小客厅里，中日代表就所谓《日中新关系调整纲要》及《秘密谅解事项》（中日密约）进行秘密谈判。陶希圣参加了这个秘密谈判。客厅里摆着一张铺有雪白桌布的长条桌，两边分别坐着两方代表。日方代表依次是：“梅机关”机关长影佐、犬养毅、晴气和谷获；中方代表依次是：周佛海、梅思平、高宗武和他陶希圣。

双方代表坐定，影佐也不说话，“唰！”地拉开了带在身上的厚厚的公事皮包的拉链，拿出打印好的厚厚的《中日密约》草稿，挨次发给参会人员。中方代表赶紧逐条逐款往下看。一看吓一大跳！这份由日本人一手拟就的《中日密约》，要汪记国民党政府承认日本对中国东北的既得利益，承认满洲国；承认日本人从中国版图上划分出去的满蒙疆界；承认中国华北、长江下游广大地区和华南许多岛屿及海南岛等都是“日军的强结合地带”，由日军长期占领；汪记中央政府成立后，日本在中央政府中设顾问实行长期监督；汪记中央政府的军队由日本负责训练，军械由日本贷款从日本购买；经济大权一应由日本掌握，资源由日本开发，汪记政府应禁止民间一切抗日活动等等。《中日密约》简直把即将还都南京的汪记国民党中央政府套牢了！

中日首席谈判代表周佛海“嗯”了一声，开始讨价还价：“贵方条件需要修改。若不修改，则一切无从谈起。”

影佐不动声色回应：“以此为基础，贵方可提对案。”

然而，双方距离实在太大了，“对案”一时无从谈起。影佐只好宣布第一次谈判结束。临出会场前，周佛海要中方参会代表把手中的《中日密约》交还作会议记录的“中央”副秘书长陈春圃。

西装革履，三十出头的高宗武故意磨磨蹭蹭走在最后。他走到陈春圃面前时，小声说：“春圃，你知道我是搞外交工作的，我想将这份《中日密约》借回家好好研究研究，两天后准还！”陈春圃平时同高宗武关系不错，听这一说，怔了一下，说：“此事事关重大，我做不了主。你稍等一下，我电话请示汪先生。”

汪精卫得知此事，为笼络高宗武，答应了！

汪精卫对这事一直掂记着，刚到时间，就催着陈春圃让高宗武把《中日密约》还了。

陶希圣知道高宗武葫芦里卖的什么药。

就在高宗武将《中日密约》借回家的当天中午，汪精卫夫妇请他陶希圣吃饭。近一段时间，汪精卫为了表示对“首义”要员们的青睐，隔三差五地请要员们去他家中吃饭。

比约定的时间早五分钟，陶希圣来到汪家那间华丽的餐厅时，汪精卫、陈璧君已准备就绪了。

“希圣，请坐！”汪精卫笑容可掬地指了指他旁边的坐椅。陶希圣落座后，汪精卫以轻松而亲切的口吻说，“希圣，我们等你来才上菜。我们知道你在成都住得久，喜欢吃川菜，而且对川菜有研究，璧君专门找了一个沪上很有名的川厨，做了桌川菜，看合不合你的口味?”

“汪先生太关心我了。”陶希圣笑着，为表示感谢，欠了欠身子。

“上菜吧！”陈璧君向伺候在侧的仆人们挥了挥手。几个身穿制服的仆人开始上菜，先上的是凉菜，后上热菜，满满地摆了一桌子。有邹鲢鱼、二姐免丁、棒棒鸡、缠丝免、夫妻肺片……酒是陶希圣爱喝的四川绵州大曲。

“来，希圣！”汪精卫举起手中的酒杯，陈璧君也举了杯。

“咣！”三人碰杯，一饮而尽，并亮了杯底。

陶希圣用筷子夹了一块邹鲢鱼，品尝了一下，不由睁大眼睛，用四川话说：“太好吃了，真楷！这桌川菜倒是对了我的口味，不知可对汪先生、夫人的口味?”

汪精卫笑道:“这桌菜我们是专为你希圣做的，只要对你的口味，我们就高兴。”看陶希圣感激零涕的样子，汪精卫继续说下去，“我虽然在重庆住了三年，但口味未改，比较起来，我更喜欢吃沪菜。”汪精卫说到这里，话题一转，“倒是璧君同希圣一样，也是美食家，她对川菜的喜爱程度好像不亚于希圣?”

“那是。”陈璧君心领神会，夫妇两一唱一和，“吃遍世界，还是川菜最好，这话我深有体会。川菜百菜百味。有人说川菜的特点就是麻辣，其实不是。川菜一吃就上瘾，不说别的，现在我每顿吃饭，没有一碟红油辣子家常泡菜，我就吃不饱饭。”

“吃在四川，这倒是事实。”汪精卫这就卖弄起学问，“川菜历史悠久，源远流长。西汉时期扬雄在《蜀都赋》中就有对川菜的赞颂。唐代大诗人杜甫流寓四川成都时，在诗中这样赞美川菜:‘蜀酒浓无敌，江鱼美可求。’南宋诗人陆游更是在从四川回到老家浙江后，仍然念念不忘川菜美味，在《思蜀》诗中写道:‘老子馋堪笑，珍盘忆少城。流匙抄薏饭，加糁啜果羹’……”

“好了，好了。”陈璧君边吃边笑道，“你这是纸上的东西，希圣在成都住得久，让希圣讲讲。你看今天这些菜名怪怪的，不知有些什么讲究?”

陶希圣这就来劲了，说:“这些川菜的菜名，还真有讲究。比如这盘邹鲢鱼，就是因人得名。成都西郊三洞桥下河中盛产鲢鱼，川中名厨邹瑞麟夫妇在此开了一家饭馆，在河中鲢鱼上大做文章，他们用大蒜烧出的鲢鱼，成了一道名菜，特点是现做现烧。平时将捉住的鲢鱼，放在加盖的篾筐内沉入河中养起。届时，食客点哪条抓哪条，现场烹出，鲜美无比。这样，邹鲢鱼的名声越传越远，邹瑞麟的真名反倒是被人忘记了。邹鲢鱼的生意越做越红火，他就高价兼并了旁边的‘三江茶园’，既卖茶又卖饭，方便顾客。有位名叫陈践实的雅士，觉得‘三江茶园’这个名字欠雅，借用杜甫‘每日江头带醉归’的诗句，为之更名‘带江草堂’。‘带江草堂’竹篱茅舍，潺潺流水，四周有小桥草亭。城里人有闲，或是一家人，或是约三五好友，去那水声奏鸣、蝉声与竹筒水车声交织在一起的地方休憩，喝茶吃饭，品尝美酒佳肴，促膝言欢，其乐融融，实乃人生一大乐事……”

“精彩!”汪精卫不适时机地击掌赞叹，“听希圣这一说，我都想到成都‘带江草堂’去当一野老了!”陶希圣知道汪精卫请他吃这顿饭是有来头的，就顺着话题结尾了。他说："汪先生若是对此有兴趣，待什么时候闲下来，我写本介绍川菜的书，请汪先生作序。我敢保证，届时出版发行，一定会大受欢迎！"

"希圣！"汪精卫顺着陶希圣的话转了题，"恐怕我们都闲不下来。今天，你们同影佐他们的谈判虽然辛苦，却没有什么进展。我知道全部情况，我对日本人的霸道也很生气。但想来想去，还是作些妥协算了。时间紧迫！日本方面的意思是，谈判务必在本年12月29日以前结束，31日以前签约。等你们签约后，我还得飞青岛，同等在那里的临时政府首脑王克敏、维新政府首脑梁鸿志作最后一次谈话，敲定他们进入中央政府的人选。等我回到上海，就该还都南京了。现在褚民谊正带着一帮人在南京修缮国府，作还都的准备……"

汪精卫的话说得极尽委婉，转了好大一个圈，但陶希圣听得出来，汪精卫是要说服他在那份《中日密约》上签字。

"但是，我总觉得，日本人的条件也太苛刻了些！"陶希圣软顶了一句。他心中想，你汪精卫算盘打得精，好事情没有我的，在那份注定要挨国人骂的《中日密约》上签字就找到我了？我又不是三岁小孩子，一顿饭就把我的嘴糊着了，天下没有那么便宜的事！

"催工不催食！"陈璧君怕丈夫下不了台，巧妙地打起了圆场，对丈夫说，"吃饭就吃饭，公事饭后谈。"

饭后，汪精卫找个借口先走，陈璧君留住陶希圣。宽敞明亮舒适的汪家小客厅里，陈璧君亲自给陶希圣泡了一杯龙井茶。陶希圣耐着性子对陈璧君说起他之所以不在《中日密约》上签字的原因。

"日本人真是贪得无厌！他们把我们中国分为五种地带五个层次……一句话，日本人因为有些惧怕苏联武力，除了承认苏联在东北、外蒙的既得利益外，就是要一口吞并我们中国……"陈璧君听后，不知为什么，没有表态，神态默然。

第二天，汪家又请陶希圣去吃午饭。席间汪精卫不在，只有夫人陈璧君作陪。

出乎意料的是，席间陈璧君神态忧戚地说："昨天晚上，我把你对《中日密约》的看法告诉了汪先生。其实，我说得既不详细，也不完全。汪先生边听边流泪，听完后，他对我说：'日本人如果真能冒天下之大不韪来征服中国，能征服，就让它征服好了。而现在看来，他们是征服不了的，要我签一个字在他们的计划（中日密约）上面，签就签吧！中国也不是我汪精卫想卖就卖得了的……’”

陶希圣有些震惊，问：“这么说，汪先生是决定无条件签字了？”

陈璧君点点头：“你可能不知道，下来后，（周）佛海和（梅）思平都在条约上签字了，现在就是你和宗武没有签。”说着看着陶希圣，“希圣，我看，你就不要太为难汪先生了！”

陶希圣点点头，想了想，又固执地摇了摇头。这就站起身来，向陈璧君告了辞……

想到这此，陶希圣不由心中火起，焦燥地踱起步来。这时，夫人冰如将门帘一掀进来了，关切地看着他，说：“希圣，你一天都没有出过门，自古没有过不去的坎，你不要太忧虑了！”说着上前，替他理了理衣襟。暮色中，陶希圣感激地看了看夫人。

已届中年的夫人冰如风韵犹存，皮肤白白的，个子高高的，五官端正，丰满合度的身上穿一件质地很好的黑丝绒旗袍。没有过多的装饰，却显得雍容华贵。读过大学的冰如的美是知识女性成熟的美，不仅在外表上，更在气质上。她的目光温柔，一举一动给人一种春风抚拂的亲切妩媚。

“刚才！”夫人说，“我们家的管事陈先生派厨子上街买菜，发现有‘76’号的特务在外把门，不准我们的人出门。陈管事好说歹说，还塞了些钱，那些守门的特务才准我们的人上了街。厨子回来时，‘76’号的人让他捎话给你！”冰如说到这里，有些迟疑，似乎深怕把丈夫吓着了。

“说。”陶希圣满脸激愤。

“说是整个对日谈判代表团就在等你一个人签字。若是你一个人再在那里拗起，就对你不客气！”

“狗仗人势！”陶希圣陡然发作，声音大得惊人。

夫人赶紧上前，伸出白嫩的小手去捂丈夫的嘴，脸上的神情十分紧张：“希圣，你冷静些。那些‘狗’的耳朵灵敏得很，被他们听到可不得了！”

陶希圣很快冷静下来，同夫人轻声商议起对策来。

两天后，1940 年元旦。

从早晨起，天上飘起纷纷扬扬的雪花。约摸在上午九时半左右，陶希圣坐上自家的小轿车，去愚园路拜访周佛海。之前，他别有用心地给周佛海打了一个电话。电话中，周佛海显得很热情，连说："多日不见了。欢迎、欢迎！我正说要去看望你呢，这几天忙，抽不出身。前几天，听说你身体不太舒服，怎么样，好些了吗？"不管在什么时候，周佛海都是礼数周到的。

出门时虽没有遇到"76"号特务阻拦，但陶希圣从车前返光镜看到"76"号的车像小偷一样悄悄跟着。他知道，他和他的全家，已经被"76"号全面监视了。

陶希圣乘坐的"克拉克"轿车到周佛海的官邸时，守门的卫兵已得到主人吩咐，要车直接开进去。陶希圣下车时，周佛海已迎候在那里了。

"希圣，我看你最近脸色不太好！"一下车，周佛海就亲热地握住陶希圣的手，上下打量了他一番，关切地说。

"嗯，是。"陶希圣故意咳了一声，"我最近身体是一直不太好。今天过年，我是专门来给你拜年的。"

"不敢当，不敢当！"周佛海说时手一比，将陶希圣迎进楼上书房，亲自给他泡上茶，寒暄起来。也不涉及什么正事，只是一个劲地劝陶希圣注意身体。陶希圣来是有目的的，他话中有话地说："身体算什么，我的命都不知能活到何时。"

周佛海听这话显得有些惊愕，看了看牢骚满腹的陶希圣，笑着说："希圣不要想得太多，没有事的。你放心休息。"陶希圣从周佛海的话中可以得出这样的结论，至少这几天，特务们不敢对他耍横，有这几天时间也就够了。目的既已达到，陶希圣寒暄一会后就起身告辞。周佛海也不挽留，礼数周到地将他送下楼，一直看着汽车远去。

看着陶希圣的轿车远去，周佛海脑海里仍然响起那句"我命亦不知在何时"的话，心想，李士群做事也未免过了些，仗着有日本人撑腰，有些无法无天……

回到家里，周佛海为了显示自己的权威，立刻给李士群打了个电话，要他对陶希圣、高宗武这些人注意态度、要克制，原则是既要监视，也要注意策略。"人家毕意是'首义'高官……嗯！如果有任何进一步的行动，都要得到我的批准！"电话中，周佛海是明显不满的，作为"76"号的主管，他的姿态也是拿够了的。

"是、是、是。"电话中，李士群一口一个"是"，唯唯诺诺很恭敬，这让周佛海的心找回了平衡。

刚刚放下电话，高宗武又给他拜年来了。送走高宗武后，周佛海心有所感，在日记中这样写道："陶希圣走后，高宗武又来。宗武来谈，两人相约以国家为前提，个人成败不应计及。中央政府必须成立，重庆必须打通。两分工合作，异途同归，总以全国停战和平为目标，努力前进。两人发誓各自努力，各相谅解……"

陶希圣下午又驱车去汪精卫家拜年。然而，刚刚坐下，陈璧君就说："希圣，你还未在《中日密约》上签字吧？我看你今天就补签吧！"

陶希圣神情尴尬地推脱："我最近身体不好，缓两天，缓两天我再签吧，夫人！"他边说边转着握在手中的茶杯，抵挡着陈璧君一双咄咄逼人的眼睛。

"他面色不好。"汪精卫做出一副通情达理的样子，"就让希圣等两天再签也不迟。"汪精卫这一说，才让陶希圣缓过一口气来。

陶希圣回到家里，感到心神憔悴，一下躺在床上。他用手摸着枕头下的可尔提手枪，心想，如果实在被逼得没有了办法，他就自杀——这个字他是无论如何不能签的。天下哪有这样的道理，好事情都让你们汪精卫、周佛海们占完了。而当遭万人唾骂、遗臭万年的民族罪人，就要我陶希圣去？"士可杀不可辱！"我就是不签这个字！陶希圣气得用手拍着枕头。

"希圣，希圣你怎么了？"夫人冰如跟了进来，关切地摸了摸他的额头，丈夫不发烧，身体也没有什么异常，可是他不吭声，睡在床上，紧闭着眼睛。

"希圣！"夫人柔声说，"有客人看你来了。"

"这个时候，谁还会登咱们家的门，谁又敢登咱们家的门？"陶希圣还是闭着眼睛，火气很大。

"高宗武看你来了。"

"谁？"陶希圣吃了一惊，倏地坐起。得到夫人肯定的回答后，陶希圣立时站到了地上，问，"他在哪里？"

"在客厅里坐等。"

"好，我这就去。"

陶希圣来在客厅，见到高宗武就问："你怎么来了，没有遇到麻烦吧？去见汪精卫他们了吗？"

"没有遇到麻烦。"高宗武很沉着，一一回答他的问，"今天过年，我肯定要去汪精卫、周佛海那边去敷衍敷衍。我知道，你也去了。"说着一笑，"我这里借用很有表现力的一句四川话，叫坟园里撒花椒——麻鬼！”

“都搞妥了？”陶希圣很注意地看着高宗武问。

“都妥了。”风度翩翩，西装革履的高宗武一副成竹在胸的样子。

“太好了！”这些天来神情沮丧的陶希圣一时忘乎所以，高兴得两手一拍。站起身来，开了房门，四处看看，确信四周无人，就又关上门，来在高宗武身边，两人头碰头小声讨论起来。

1940年1月4日。

很冷，下了一夜的雪仍然在下。陶希圣这天起来很早。起床后，一改以往的生活习惯。他进了书房，不是坐下来看报纸，而是焦燥地在书房里走来走去，或者长时间地站在窗前，一副心事重重的样子。

他就要逃离这幢法租界环龙路别墅了，就要逃离上海了。他在考虑计划中有没有什么不周到的地方。

从窗户里望出去，雪下得时断时续、飘飘洒洒。这些雪白的小精灵好像躲在云层裹得很紧、阴霾低垂的天上深思，是这样轻轻下好呢，还是干脆一个劲下完了事？院子里，花径两边整齐油绿的冬青、草坪上亭亭玉立的塔松以及假山，全都粉妆玉砌。墙外环龙路上，没有行人，过往的车辆也很稀疏。往日守在门外的几条“狗”，自他从汪精卫、周佛海家回来之日起，就被撤去。

万籁俱寂。

这时候，他屏着呼吸，想象着等一会儿就要出现的，由他主演的以往只有在电影、小说中才看到过的惊险、刺激的场面。作为一介文人，平生没有弄过险的他，不禁心跳如鼓。想到惊险逃亡之后出现在自己面前的新天地和光明前程，紧张的心情又不禁为向往和欣慰所代替。但转念想到自己孤身一个逃走之后妻儿陷入“虎口”的可怕情景，一颗心又不禁往下沉。

他只身先逃，冰如是知道的，也是支持的。而且，昨晚他细细向夫人交待了在他走后，她们母女的脱身细节。虽然夫人冰如沉着机智能干；虽然负责接应他们的万墨林等人，都是杜月笙手下干将，干这些暗地接运人员、甩脱跟踪的事情，手段了得高明；虽然杜月笙在上海的地下势力强大有力，连重庆方面和汪记特务们都不得不承认，但他还是不放心。不知为什么，汪精卫那张虚伪油滑的脸，周佛海那张莫测高深的脸，特别是“76”号特务头子李士群那张阴森恐怖的青水脸，这会儿都交替在眼前闪现……

他不由得倒抽了一口凉气。

“走得了和尚，走不了庙”——自己这一走，很可能冰如和孩子们就要受苦受罪。最少也会被李士群派特务严密监视。这样，冰如和孩子们还能逃得脱吗？他实在不忍心看着夫人带着孩子们代他受过，但不这样又有什么更好的办法呢？与其坐以待毙，不如奋而求生！自己这个抉择是没有错的。平时因为忙，他很少亲近孩子，但他是个很爱孩子的慈父。这个时候，他很想看看孩子，甚至想抱抱孩子。他告诫自己，一定要理智些！如果让感情一味沉溺下去，很可能就不下了走的决心了……

门帘一掀，夫人冰如进来了，手中端着一碗刚熬好的冰糖银耳羹。走到他面前，用勺子调调热气腾腾晶莹洁白的羹，说：“希圣，快趁热吃下去。吃了好上路，我已让司机老周备好了车。”陶希圣根本不敢看夫人的脸，接过那碗冰糖银耳羹，也不用勺，仰起头来，一口气喝了，大有“风萧萧兮易水寒，壮士一去不复还”的悲壮。

“希圣，你该走了！”夫人接过碗，开始催丈夫。

“那就保重！”陶希圣只觉鼻子一酸，调过头去，大步出了书房，下了楼。

上午十时左右，上海法租界环龙路陶希圣家的两扇镂花铁门忽然洞开。陶希圣乘坐“克拉克”黑色轿车缓缓驶出大门，转上街道。司机老周加快了车速。陶希圣从车前反光镜中看去，一辆小车，显然是“76”号的车，偷偷摸摸跟了上来。

到繁华的南京路，陶希圣的车放慢了速度，来到国泰饭店前停了下来。紧跟在后的特务金牙和银牙在车上看见，身穿一件黑呢大衣，一顶礼帽压得很低的陶希圣从车上下来，大模大样进了饭店。

两个特务坐在车上没有动。他们监视着陶希圣的坐车，认为车在那里，人就一定会出来上车。他们开始抽起“强盗”牌香烟。一支烟抽完了，陶希圣没有出来，他们耐着性子抽完了第二支烟，陶希圣还是没有出来。

“不对呀！”金牙沉不着气了，把烟屁股往地上一甩，“陶希圣进去了那么久，无论干什么也该出来了！该不会有什么问题？”

“不会！”银牙满有把握地说，“陶希圣肯定是搞女人去了。你别看这些大官平时人前道貌岸然，其实在背后专干这种偷鸡摸狗的事！”说着，淫邪地一笑，“这会儿，怕是云雨还未散尽呢！”又耐着性子抽了一支烟后，金牙说：

“不对！肯定出了问题！”一把推开车门，走了出去，边走边对银牙说，“你负责在外面监视，我进去看看。”

金牙走了两步，想了想，来到陶希圣的车前，笑着对老周递上一支烟。

“侬啥人?”老周不接金牙的烟，没好气地问，“怎么随便掀我的车门?”

金牙从腰包里掏出派司，在老周面前一晃：“我是‘76’号的！陶希圣呢？“

“陶先生进饭店去了。”

“他怎么进去这么久都不出来?”

“我做司机的咋晓得？你要晓得就去问陶先生好了。”

看从司机老周那里问不出个名堂，金牙赶紧小跑着进了饭店。进得大堂只觉眼前一亮：服务小姐在柜台收银，电梯间上上下下，身边过来过去的不是达客贵人、珠光宝的太太、就是衣装时髦的小姐……

金牙不知该从何下手，站在大堂中左顾右盼。忽见有股人群往大堂后的一道门涌去。他恍然大悟，赶紧随着人群往后门跑去。穿廓过房，走出后门，眼前已是淮海路大街!

“哎呀，上当了!”金牙连连叫苦，陶希圣竟从眼皮底下溜走了。偌大个上海，现在到哪里去寻觅他的踪影？这两个特务哪里知道，陶希圣这一手是按照事先周密的计划进行的，司机老周并不知道。陶希圣驱车来在国泰大饭店，将车子停在门前，只身进去，化了装的徐采臣和万墨林正等在那里。他们看看无人跟踪，赶紧带着陶希圣出了饭店后门，三人一溜烟进了已等在那里的一辆奥斯汀小汽车上。汽车飞驰，来到黄浦江上的二号码头。徐采臣和万墨林护送着他上了停泊在江边的“胡佛”号轮船，在头等舱坐了，自然有接应的人来，徐采臣和万墨林对来人作了交待后，下了船。

“胡佛”号拉响汽笛，离了码头，向香港方向开去。陶希圣在万墨林等人的精心策划下，使了个金蝉脱壳计；时间上掐算得毫厘不差，行动上配合得丝丝入扣。当金牙和银牙两个特务在国泰大饭店门前跳脚时，陶希圣乘坐的“胡佛”号轮船已经行驶在公海上了。

“希圣兄!”陶希圣万万想不到，这时高宗武一脚跨进舱来，站在他面前。陶希圣高兴得一下站起身来，拉着高宗武的手紧摇：“哎呀，宗武，你这是从天上掉下来的吗?”

“我单脚俐手还不好办吗?”高宗武坐了下来，指着舱外那个长得五大三粗，满脸络腮胡子的大汉说：“我个人哪能跑得脱‘76’号的天罗地网，还不是他受万墨林、徐采臣指示接我出来的。”接着，不管不顾地将他脱险的过程，对陶希圣详详细细地说起。

原来，高宗武有在夜间工作，白天休息的习惯。估计守在门外的特务掌握了他的这个习惯，按照万墨林他们的布置，昨天晚上，他让书房里的灯光一直亮着。到后半夜那种最让人瞌睡的时分，高宗武也等得火烧火燎时，万墨林派来的一个绰号叫“赛狸猫”的绿林高手，运起轻功，翻墙越壁而来，神不知鬼不觉地来在面前，搀他下了楼，来到后院，再背上他逾墙，上了一辆被黑夜裹紧的小车……

听高宗武这样一说，陶希圣又想起了家中的夫人和孩子，他望着舷窗外越来越远的上海，不禁忧从中来。他说：“我倒是走脱了，却不知冰如和孩子们怎么样了呢？”高宗武竭力劝慰陶希圣，但看得出，陶希圣始终担着心。

就在陶希圣、高宗武逃离了上海，驶行在公海上时，周佛海正在汪精卫家密谈。

“关于《中日密约》汪主席你都签了字，也就定了。”周佛海说，“不过，陶希圣、高宗武是我方参会代表，不签就不行。再说，他们是‘首义’高官，该享受的也都享受了，他们不签，凭什么就让我们担骂名？”在陶希圣、高宗武背后，汪精卫面前的周佛海完全是另外一个样子。

“是的，是的。”汪精卫对周佛海的话表示首肯，“文武之道，一张一驰。对陶希圣、高宗武这样的同志嘛，我是做到仁至义尽。不过，凡事有个度，过了这个度就不行。我们等这两个人也实在是等得太久了。今天非得让他们签，不签不行！”汪精卫说到这里，语气有些横！向来自以为手段天下第一，非常了解汪精卫的周佛海第一次发现，向来文质彬彬，外表有些女人气的汪精卫也有另一面——他也是相当有手段、机心很深、有杀着的一个人。

门帘一掀，女佣进来换过茶点，送了咖啡。这时，摆在屋角的一架德国坐钟当当地敲响了十下。躺在对面沙发雪白的狮子狗站起身来，憨态可掬地伸了伸懒腰，吐了吐粉红的舌头。

这时，女佣送进来一封电报，放在茶几上，然后轻步退下。

汪精卫并没有立即看电报，每天这样的电报来得多了，没有太在意。他端起一杯咖啡，轻轻呷了一句，品了品味，对周佛海说：“佛海，你品品这咖啡的味道如何？可是真资格的巴西咖啡！”汪精卫在法国住过一段时期，养成了爱吃牛角面包，爱喝咖啡的习惯。

“嗯，不错，是不错！”就在周佛海端起咖啡慢慢品时，汪精卫慢条斯理地拆了电报封看起来。一看，就“哎呀！”一声，脸上满是惊吓的表情。

周佛海忙问：“汪先生，出了什么事吗？”

“这李士群是怎么搞的?!”汪精卫霍地站了起来，火冒三丈地拍打着手中的电报，“竟让陶希圣、高宗武从我们的眼皮底下跑了。这电报是两人从公海上拍给我的！”说着把电报递给周佛海，气得呼呼喘粗气。

周佛海将电报接在手中看。

“……际此意志迥异之时！”显然是出自陶希圣的手笔，“我们未得先生之许可，遽尔引离。但至此时止，我等对于一党的机密，决不向外宣泄，尚祈放心。”电报发得很短，但内含很深。

“太意外了，也太可怕了！”周佛海大声说。作为汪记特工组织的负责人，对于陶、高的脱逃，他自有不可推卸的责任。虽然汪精卫并没有责怪他，如果日本人追究起来，问题就大了！周佛海直觉得头皮发紧，背上已是冷汗涔涔。他下意识地取下眼镜，一边擦拭着镜片，一边连连说，“怎么会这样，怎么会这样？”这时，汪精卫痛苦得将头仰靠在沙发上，闭着眼睛。稍顷，汪精卫重新拿起电报，再看一遍，心情沉重地说：“陶、高二人其实是在拿党内的绝对机密要挟我们！”

问题严重！看来无论如何不能不将事情报告日本人。于是，他们驱车去了“梅机关”，将陶、高二人当日叛逃报告了机关长影佐。

身着和服，盘腿坐在榻榻米上的影佐少将，阴沉着脸听完了隔几而坐的汪精卫、周佛海的报告后，看了陶、高二人在公海上发来的电报，略为沉吟后，以嘲弄的口吻说：“这让我想起了日本历史上发生的赤穗浪士之举。最初，参加大石内藏之助的盟约者有二百余人。可是，当一党有事之时，脱党者便渐渐离去了，最后只剩下 47 人。不过，在脱党者中，倒是没有一个人背叛，也没有一个人作内奸——这是日本武士道精神。

“日本和中国，国情有异。在日本能做到的事，在中国可能情况就大不一样了……”影佐要表示的意思，太清楚不过了，熟悉日本这段历史的汪精卫、周佛海自然不会陌生。影佐说时，注意到汪精卫垂下的头都快低到了膝盖上，脸色由腓红变为苍白，眼眶内含着一泡泪。影佐忽然觉得，不应该一味责备汪精卫，还是应该给予这个属于他管辖的英俊的、但“没有骨头”的政客多一些鼓励才好。

于是话锋适时一转，口气也不像刚才那样冷冰冰的，而是多了一分热度。

“汪先生，你不要太难过了。”影佐安慰道，“让我们一起来从长计议吧！陶、高这两个败类，去了就让他们去吧，没有什么大不了的。现在板垣参谋长已负担起了更多的责任……”影佐提了日本国内最近政局的变动。平沼首相下台，阿部上台，板垣受到重视，由陆相担任了实际责任更大的参谋总长，隶属于板垣系的影佐的身价自然也跟着上升。影佐继续说下去，“现在板垣参谋长，还有王克敏、梁鸿志都已经先期抵达青岛，专等先生计议还都南京及组织中央政府事。请先生忘却心中不快，即日去青岛主持会议吧！”

主子这一番知疼知热的话，让汪精卫一颗悬起的心释然了。然而，他却故作沉痛地对主子说道：“陶、高二人叛逃是我的不德所致啊！现在唯一的办法，就是如先生所说，做我们该做之事，而将陶、高事件暂时置之度外……”说着，爱哭的他泪如雨下。

事后，从旁担任记录的影佐助手今井武夫在他的日记上这样评价道：“陶、高事件无可争辩，给和平运动的前途投下了阴影……”

“阿弥陀佛，希圣终于脱险了！”就在汪精卫收到陶希圣、高宗武从公海上打来的电报，惶惶然不知如何是好时，冰如得知了丈夫的情况，她完全是另外一番心情。为了抑制自己的高兴，一个下午，她都把自己关在卧室里。

“太太！”门外隔帘响起贴身丫寰阿芬怯怯的声音。

“有事吗?”冰如镇定下来问。

阿芬掀帘进来，站在太太面前报告：“我们家前后都是特务，今天一天都不准我们上街买菜，不准我们出门。他们不讲理，将家中的两个厨子也被轰走了，晚饭该怎么安排呢，太太?”

“吃剩饭剩菜。”对此，冰如早有思想准备，她吩咐阿芬，“你去对大家说，先生不在家这段日子，我们得过苦日子。我不连累大家，谁要走的，我立该算清工钱让他走。愿意留下来同我们母女同度时艰的，以后再谢。”

家中共有仆役七、八个人，当即就走了五个。只有阿芬和另外两个无家可归的人留了下来。

陶宅一连两天被特务封了门。冰如忧心如焚，晚上睡觉也是辗转反侧难以入眠，她想，这样下去非让“76”号困死、饿死不可。自己平素同陈璧君关系不错，看来只得去走她的路子了！主意已定，她试着给陈璧君打了个电话，要求一见。陈璧君答应了，并派自己的车子来接。

一见面，向来把心情挂在脸上的陈璧君就不给冰如好脸子，脸上黑得简直绞得出水，眼睛睁得老大，大声质问："你还好意思来找我？你知道，他们这样一走，会给我们的事业带来多大的伤害，会给我们造成多大的痛苦？你丈夫走，你会不知道吗，你怎么就不劝劝他？"

"希圣是个书呆子。"冰如硬撑着，故意埋怨丈夫，"他又大男子主义，有啥事都不会给我说。我在陶家就是给他养孩子、伺候他，没想他只顾自己去了，不仅丢下我和孩子，还背离了汪先生。"说着，抹起泪珠，"没有想到，他竟如此狠心！他跟了汪先生15年，真想不明白，他怎么会这样绝情？"说着，掏出手绢，呜呜哭了起来。

"陶希圣走，你真不知道？"在陈璧君眼中，冰如只是一个花瓶，一个贤妻良母型的女子，不会想到冰如也有谋略。其实，不要说冰如这种受过高等教育的女子，任何一个女人，只要不是天生的白痴，都有"狡诈"的一面，西方有言：女人的智慧，是蛇的智慧。向来自视甚高的陈璧君被冰如迷惑了。她对冰如的态度好了起来，让冰如坐下，还亲自给冰如泡了茶，又不放心似地问了一句，"陶希圣的走，真的没有预谋？"

"怎么谈得上预谋？"冰如止住了哭，用手绢揩着脸上的泪，用一双天真无邪的大眼睛看着陈璧君，"这一年来，我带着孩子常驻香港。他将我们母子接到上海，才多长时间？完全是事出意外。如果他是事前有预谋，那他何必把我们接到身边来？我看他是不是被什么人绑架了，或是怎么了？这个谜团我解不开，所以才来找夫人！"

"冰如，你知道。"陈璧君说，"汪先生对你先生怎样。'和平运动'可以说是陶希圣和高宗武两人最先推着汪先生搞起来的，以后又先后冒险离开重庆，辗转到了上海。他俩都是'和平运动'首义九人里的。该享受的都享受了。现在好了，他们把汪先生丢下自个走了。特别是，陶希圣是汪先生的政治谋士，这对汪先生是多大的打击？"说到这里，陈璧君沉思着说，"你的话我信。他们两个走，肯定是受了重庆方面的威胁利诱。他们仅仅是去了香港，这还不要紧。我现在担心的是，他们如果将《中日密约》的内容泄露到国际上，那漏子可就捅大了！"

"我担心的正是这个！"冰如趁势而上，"我来是请夫人让我去香港，找到陶希圣，将他连劝带拉弄回上海。”

陈璧君不蠢，一句话封了门：“这事我做不了主，得汪先生点头才行。”

“那就请夫人给汪先生说说吧，越快越好。”

“不巧得很。汪先生昨天到青岛主持一个重要国事会议去了，还是等汪先生回来再说吧，也就几天时间。”

冰如知道陈璧君真正担心的是她带着孩子溜走，然而，目前对于她，也只有这一步好走了。她装疯卖傻地缠着陈璧君不放：“夫人若是怕我去了香港不回来，我可以将孩子们留在上海当人质。不过，小的两个还太小，实在离不开母亲，我将两个小的带在身边，将大的留在上海？”陈璧君听了这话，正沉吟间，林柏生急急走了进来，将手中一份急电递给陈璧君后，走了出去。林柏生鬼鬼祟祟的的神情，让陈璧君领略到了什么，她离座走到窗前，对着光线举着手中的急电，拆了开来看。

电报是陶希圣从香港拍给汪精卫的。口气很横，要求汪精卫不要迫害他的妻女，否则，他只好走极端。“极端”的意思是什么，陈璧君心知肚明——就是把密约公诸于社会。

陈璧君暗忖，作为权宜之计，确实可以让冰如带着两个小的孩子去香港找陶希圣，让她们哭哭啼啼地将陶希圣弄回来。陶家大的孩子留在上海当人质，不怕他们夫妇不回来……想到这里，陈璧君主意已定，和颜悦色地对冰如说：“你刚才说的办法，可以一试！冰如你信得过我，我也信得过你。我就在汪先生没有回来时做一次主，让你带着两个最小的孩子去香港，你一定要劝希圣回来，不要受人利用。只要希圣回来，什么事都好商量！”

见陈璧君答应了自己的要求，颇有心计的冰如再挽出一个花子，说：“夫人，等我把希圣连拉带拽弄回上海后，请夫人再答应我一个请求！”

“什么，你说。”

“回来后，希圣就不要做官了，只要一家人和和美美，平平安安就行了。”

陈璧君鄙屑地一笑：“这是以后的事，以后再说，你现在就是想如何将你的丈夫弄回上海。你放在家中的三个孩子，我会派人好好照看，这点你放心。不过，我限你在一周内同陶希圣一起回到上海。如果实在不行，至少得在这个时间内给我一个准信，不然别怪我对不起你！”

冰如答应了下来，陈璧君这就又派人派车将冰如送回家。

冰如回到家，一查，正好当天下午有艘法国邮轮要离沪去香港，她赶紧派人去买票。中午，三个大些的孩子放学回家吃饭，冰如将他们叫到身边，说明她要去香港的原因，并对他们一一作了嘱咐。看看时间不早了，她携四儿晋生、五儿范生要走。留在家中的大儿泰来、女儿琴薰、三儿恒生坚持要送母亲、弟弟去十六铺码头。冰如无奈，只好答应。

一家人邀邀约约出门，在特务的监视中乘车到了码头。上学的三个孩子目送母亲一手牵着晋生、一手抱着范生上了“法兰西”邮轮后恸哭失声。冰如转身看着岸上的三个孩子，鼻子一阵发酸，泪如涌泉，赶紧进了船舱……

香港九龙尖沙嘴亚叙里道，有一幢靠海的花园洋房是陶希圣的宅邸。当冰如带着两个孩子，逃难似地到家时，陶希圣简直不敢相信，以为是在梦里。他迎到院中，一把抱紧妻儿，痛哭失声。

陶希圣亲自张罗，指挥着家中仆人安顿好妻儿，听冰如细说了原委后，深怕留在上海的三个孩子受到加害，飞步出门，在电讯局，以冰如的名义，给陈璧君发了一封电报：“我今日到港，希圣即可偕返上海。”这才如释重负地缓缓走回家来，想想，又给杜月笙拨了一个电话，细说了冰如来港原委。从电话中听出来，杜月笙有些气喘，但斩钉截铁的一番话，让心情紧张的陶希圣定了心。

“不要紧。”电话中，杜月笙喘喘地说，“希圣你尽管放心。我负责在七天之内，将你的三个孩子从上海弄来，毫发无损地交到你手里。”这话，陶希圣相信，杜月笙是上海滩赫赫有名的青帮头子，虽然他人现在香港，在上海却有一批诸如徐采臣、万墨林这样神通广大、患难相从的弟子。同杜月笙通了电话，陶希圣夫妇算是放下了心。

上海。这是一个星期六的夜晚，约莫八点钟，法租界环龙路一向门可罗雀，有特务监视的陶希圣家来了一群说说笑笑的中学生。门楣上灯光黯淡，看不清这些学生的相貌，只能够分辩得出他们的性别。躲在暗处的特务数了数，来的学生是六男五女，共11人。

“你们是干什么的？”黯淡的灯光下闪出一位穿黑衣的大汉，戴在头上的博士帽压得很低——不用说，这是一条“狗”，是“76”号派来监视陶家的特务。

“我们是陶琴薰的同学。”一个身穿天蓝色制服和棉裙，额头上披着刘海的少女，声音清亮地说，“琴薰今天过生日，开一个帕提（舞会），邀请我们来参加。”

“哼!”黑衣人鼻子里哼了一声，说，“不错嘛，陶家二小姐还有心思开帕提。你们有学生证没有?”

“有。”说话的少女和她的同学们，纷纷将自己的学生证掏出递给黑衣人。黑衣人随便接过两个学生证，翻了翻，没错，他们是霞飞路中学的学生。

“进去吧!”黑衣人不胜其烦地挥了挥手。

一群中学生像一群小麻雀，叽叽喳喳地说笑着，迈上台阶，按响门铃。很快，门开了一条缝，开门的正是陶希圣的二女儿琴薰。她看见同学们，赶紧把门打开，高兴地说：“快请进，请进!”一群学生进了陶家后，大门又轰地关上了。门外，又恢复了宁静。不久，从陶家大院里飘出隐隐约约的舞曲声。

夜晚十时，舞曲声停，大门又开。盛装的琴薰把同学们送出了门，躲在暗处的特务数了数，进去的是11人，出来的还是11人，六男五女，没有错。

深夜，陶宅门楣上那盏晕黄的灯光熄灭了，陶家大院已经沉睡，整个环龙路也已经沉睡。寒风刮过，很冷。守门的特务狗似地躲在背风处，佝偻着身子，寒夜难熬!守门特务看了看戴在腕上的夜光表，还有一个多小时就该换班了。他在心中算着夜班费，准备拿到夜班费后去土耳其浴室好好让小姐“按摩”一次，温暖温暖，舒服舒服……

第二天来了，这是一个好天气。天亮不久，一轮冬阳便拱出云层，虽然热力不高，但红红的，像个大灯笼，看着让人高兴，暖心；空气寒冽而舒适。

八时整，陶宅的小门开了，陶家二小姐琴薰背着书包出了门。天气还冷，然而，十五、六岁的她爱美，穿得很少，身上着一件海军服，里面套一件鹅黄色高领毛衣，下着一条天蓝色棉裙，脚蹬一双软底黑皮鞋，头发剪得短短的，脸儿红朴朴的，皮肤白净五官端正的脸上，棱棱的鼻子。细长漆黑的眉毛下，伏着一双又黑又亮的大眼睛。她身姿轻盈地迈着修长的双腿，迎着一轮难得的冬阳，哼着歌儿上学去了。一个特务一直跟着她，看着她进了霞飞路中学的校门，才放心返回。

琴薰进了校门，确信已经甩掉了“尾巴”，走到女厕所旁，确信四周无人，紧跑几步，来到厕所旁一个僻静处，踏上一个石墩，上了墙，看见戴着墨镜的万墨林正在墙下等她，街边停着一辆“奥斯汀”小汽车，周围还有两个戴墨镜的汉子在游弋——不用说，这些都是万墨林安排好了的。

万墨林向矮墙上的她招了招手，她跳下墙，钻进早候在阶下的汽车。另外两个游弋的汉子也赶紧钻进车来。汽车立刻启动，箭一般飞驶而去——整个动作环环紧扣，一气呵成。

车行如飞。

坐在琴薰身边的万墨林摘下墨镜，说："二小姐，你放心。我们把你哥哥泰来，弟弟恒生也安全接出来了，他们正在等你。"

琴薰这才放下了心。她觉得就像在做梦似的，情不自禁调头看看身边这个上海滩上鼎鼎有名、带有传奇色彩的大汉。作为杜月笙手下大将的万墨林，是个四十来岁的大汉，虽一字不识，却记忆力惊人。无论多么难记、多么长的电话号码，他听一遍就能永远记清。万墨林个子不高不矮，长得很笃实。穿一件黑布排扣短衫，粗颈项，一头又粗又硬的短发。一张黄黄的脸上，疏淡的眉下有一双细长的眼睛，神情也很安静。乍一看，你无论如何也不会相信他就是上海滩上惯做手脚，而且手脚做得很漂亮的万墨林！这就叫真人不露相。

就是身边的这个万墨林，从昨天到今天，一手设计、导演了一出将他们兄妹救出"虎口"的好戏。昨天晚上，他先找了一个与泰来身高相似的"小兄弟"，混在同学们中进到陶家。舞会完时，使出调包计——让泰来与同学们先混了出去。夜半时分，趁万籁俱寂，那个身手不凡的"小兄弟"，再带着恒生越墙而去……她们三兄妹就这样，在万墨林的精心策划下，化整为零，神不知鬼不觉地逃出了"76"号的包围。

"奥斯汀"小车东弯西拐到了沪西。小车又沿着一条鸭肠子似的窄巷，开进一个乌烟瘴气的煤球厂，一直开到烟雾腾腾的煤球制成车间。万墨林下车打开车门，一股黑色烟尘冲进车来，呛得陶家二小姐不停咳嗽。

"二小姐！"万墨林指着站在她面前一个五短身材，浑身又脏又黑，煤灰满面的汉子说，"他是曾资生叔叔，功夫了得，你放心地跟着他走吧！".

琴薰用手绢捂着鼻子，紧跟着曾资生在黑雾腾腾的煤厂里几弯几拐后，出了煤厂一道小门，上了等在那里的一辆放下车帘的三轮车。头戴破毡帽的车夫待他们坐好后，蹬车而去。借着车帘的掩护，曾资生翻开坐板，拿出预备好的衣服。曾资生用毛巾揩净脸面，换上一件干净的蓝布长衫，头戴一顶礼帽，眼罩一副墨镜，俨然一绅士。

琴薰在曾资生的指导下，用干净毛巾揩净脸面后，外套一件蛋青色旗袍，戴一副秀琅眼镜，俨然一小家碧玉。曾资生对她说："等会我们上了船，你要装得认不得恒生、泰来。我，还有别的叔叔在旁边保护你们，不要怕。万一有特务认出了你们三姐弟中的一个，被捕下船，你也千万不要激动。我们自有办法，一切行动听我的指挥!”琴薰连连点头。

三轮车停在了十六铺码头。曾资生和琴薰下了车，只见港中帆樯林立，一条巨大的意大利红色邮轮泊在码头上，巨大的烟囱吐着浓烟。去香港的乘客们已开始络绎不绝地上邮轮了。

琴薰跟着曾资生过了驳船，检票，上了意大利邮轮，进了一间二等舱。琴薰为了掩饰心中的紧张，坐在舷窗前，调头看着外面。岸上，外滩那些尖顶阔窗的西洋建筑近在眼前。高耸钟楼上，传来报时的钟声“当——当——当!”一下一下，敲在她的心上。她情不自禁地将两手攥紧，恨不得邮轮赶快抛锚起航。

“呜——”在提心吊胆中，意大利邮轮终于拉响长长的汽笛起航了。邮轮调正船头，向着公海方向驶去。熟悉的外滩景物渐行渐远。展现在眼前的江面越来越宽阔，江水越来越清亮。

“谢天谢地，终于逃出了上海!”琴薰心中吁出了一口长气，直到这时，她才敢调过头来。

“走吧!”一直坐在对面铺上，看着他的曾资生也吐了一口长气，神情警惕的脸上放松开来，如释重负地说，“好了，二小姐，我现在可以带你去见你的哥哥、弟弟了。”

上了一层甲板，在一间窗明几净的上等舱里，琴薰见到了泰来、恒生。三兄妹你看看我，我看看你，大有一种劫后余生的欣喜，争相谈着各自逃生的惊险刺激场景……

一轮红日正在西沉。与此同时，维多利亚海峡两岸鳞次栉比高耸碧霄的华厦燃成了珠串。香港的上空，被整个染成了火烧云一般。

下午六时。在流光溢彩的轩尼诗大道上，一幢由赭色大理石一砌到顶的大厦屋顶上，霓虹灯管构成的“中央通讯社”五个大字，在夜幕中不断闪烁、游动。

今晚，值夜班的是副总编朱亭，正在伏案审阅签发稿件。一束睡莲般的乳白色的灯光洒在硕大锃亮的办公桌上。朱亭是个典型的知识分子，西装革履，身材瘦削，五十多岁，因为聚精会神看稿，身子弯得很低，头上几近秃顶，不多的几根头发往后梳得溜光，戴副厚如瓶底的深度近视眼镜。办公桌上摆满了资料、书籍，多而不乱，显示出性格中的严谨。朱亭手中握着一只粗大的红铅笔，正在聚精会神逐一签发稿件。

“嘀铃铃——”摆在桌上的红色电话机响了。朱副总编头都不抬，一边看他的稿子，一边随手拿起了电话机，“有事吗?”他问。

“朱先生!”是办公室秘书蔡小姐的声音，她很温柔地说，“杜月笙先生来了，说是有要事找你。”

“谁?”朱亭以为自己没有听清，又问。

得到肯定的回答后，朱副总编放下手中的笔，托了托眼镜，惊讶万分地想，大名鼎鼎的杜月笙怎么这个时候到《中央通讯社》来了?来干什么?这可是件稀罕事。杜大亨来肯定是有要事。他连忙在电话中吩咐秘书:“你请杜先生到总编室来。”想想又觉得对杜大亨不恭敬，站起身来，准备亲自去请。刚出办公室，杜月笙已乘电梯上来了，后面还跟着徐采臣。朱副总编连忙将他们迎进办公室。

杜月笙在朱亭对面坐下来，也不多说，只是让徐采臣拉开他们带来的一个黑皮包，从中拿出一份打印稿，郑重地放在了朱副总编的办公桌上。杜月笙看着用手翻着打印稿、神态狐疑的朱亭，以不容置疑的命令口吻说:“这是高宗武、陶希圣冒着生命危险从上海带来的一份《中日密约》，事关重大，请你即刻发表，向全世界公布!”

朱副总编一时有些发懵!高宗武、陶希圣、《中日密约》、向全世界发表……这些话在脑海中回响，一时不明就里。《中央通讯社》是国民党中央设在香港的一家官方新闻社。关于《中日密约》及其一切，朱亭当然知道一些，但又知之不详。现在，这一连串的绝对机密和陡然而至的重大新闻，可是天大的事!他一时不知如何才好。朱亭是个谨小慎微的人，他强笑着说:“让我先看看。”他的手有些发抖，拈起摆在桌上的《中日密约》细细看完，对这事如何应对，心中也有数了。

“杜先生!”他抬起头，目光透过厚厚的镜片看着杜月笙，字斟句酌地说，“事情太突然，也太重大。按说，这样重大的新闻该由总编辑来拍板的，可是，他到重庆述职去了。可不可以等总编辑回来再发，他可能今明两天之内就能回来。”

“不行!”杜月笙断然拒绝，也有些生气，那张青白色的瘦脸上一双眼睛瞪大得简直就要吃人。连蒋委员长都尊称一声杜公的他，根本没有把面前这个小小的副总编辑放在眼里。他说，“我是委员长亲自任命的上海行动委员会主任。这事我负责!事情关乎国家安危，如果耽误了时间，你我都吃罪不起！嗯？”

“好，既然杜公这样说，我立刻签发！”朱亭不敢怠慢，就在他提笔签发时，指着《中日密约》前高宗武的一段话，以请示的口吻问，“杜公，高宗武这段话是不是可以删去？”

“不删，全文照发！”杜月笙的话说得斩钉截铁，毫无通融的余地。

“杜公！”朱亭指着高宗武的一段话，显出焦虑的样子，“社里有明确规定，像这样的话要发，得加盖高宗武的印信。不然，兄弟我负不了责，请杜先生体谅！”

“既然你这样为难，”杜月笙看谨小慎微的朱亭一副稻草掉到头上都要打死人的样子，不想再同他说下去，“那我就不为难你了。”说着站了起来，嘴一瘪，说，“那我去找你们的顶头上司吴铁城！”

“那最好了！”怕负责任的朱副总编站起身来，点头哈腰地答道。

“为了不耽误时间。采臣！”杜月笙吩咐徐采臣，“我现在去找吴铁城，你在这里等我电话！”

杜月笙出了总编室，一个候在门外的保镖迎了上来，他们走到电梯前时，徐采臣跟了上来。

“现在是七点整。”杜月笙对徐采臣面授机宜，“如果我八点钟还没有来电话，就说明我们还在扯皮。你就赶到吴铁城家去，见到我就说‘高宗武打电话催了，问是全文照发，还是坚持要删去他前面的一段话？如果坚持要删，他就将文件收回去不发了！’我就以贻误时机来威胁他们！”杜月笙说着哼了一声鼻子，“这些高高在上的官员，总是墨守成规，不给他们来点硬的，逼逼他们，他们就会敷衍塞责，东推西推！”

徐采臣心领神会，连连点头，一直送杜月笙上了电梯，才折回到朱副总编的办公室。

当杜月笙驱车披着夜幕，来到香港北角吴铁城那幢滨海的花园洋房时，吴铁城已经等在门外了。时年52岁的吴铁城身材高大，浓眉毛，胡子剃得发青，穿一身藏青色中山服，神态沉稳——他是国民党内一个老资格的高级官员，刚由广东省政府主席职上上调国民党中央，任海外部部长兼中央党部秘书长。因为工作的关系，他常驻香港，实际上是国民党在香港的最高负责人。在吴铁城的书房里坐定后，主人照例吩咐下人给客人上了茶水点心。

杜月笙直奔主题，简略地提了一下高宗武、陶希圣反正的过程，强调了要立即发表手中这份“密约”的重要性和紧迫性。

吴铁城没有表态，细看了杜月笙给他的“密约”后说：“此事事关重大，外界不为人知。我也只是听张（群）秘书长谈过一下，详情并不知悉。”想想，又说，“杜先生是持委员长尚方宝剑的人，杜公要让播发，敢不遵命！不过，”他皱了一下浓眉，“杜公来之前，朱副总编给我打了一个电话，陈述了他认为不宜发前言的道理。《中央通讯社》成立至今，要播发像高宗武这样的没有加盖印信的前言，尚无先例……”

“那这份《中日密约》也没有盖什么印信，”杜月笙很不耐烦地打断了吴铁城的话，有些火气地反驳，“这算不算手续不齐备？如果这样，这份《中日密约》还播什么呢？”

“这个？”杜月笙这番反击很有力，吴铁城无以应对，他假装再看一遍，低下头去，不说话，看样子，这个国民党驻香港最高官员，还是怕负责任。

时间很快过去了！就在杜月笙与吴铁城处于僵持状态时，徐采臣来了。

“杜公！”徐采臣进门就叫了一嗓子，脸红筋涨很生气地说，“高宗武刚才来电话，问他交你的《中日密约》怎么还不播发？我说杜公遇到了困难……高宗武很生气，要我转告杜公，说《中央通讯社》若是要坚持删去他写在先头的一段话，他就宁肯不发《中日密约》了，请杜公将原件退给他！”

“看来也只好如此了！”杜月笙满面秋霜，说着站起。

“杜公，有事好商量！”吴铁城吓着了，发了发狠心，说，“依杜公的，发，全文发，出了什么事，我负责！”说着签了字，并批道，“《中央通讯社》，请立即播发《中日密约》全文并高宗武话！”

徐采臣接过来，说：“我亲自送过去！”

杜月笙告辞，吴铁城亲自把他送出门，一直看着他们的汽车远去。

“寡人得胜，打道回府去矣！”汽车上，杜月笙高兴得哼起了戏文。他一高兴，就要拖腔拖调地哼戏文。

1940年1月20日夜晚九时半，国民党中央设在香港的《中央通讯社》，将《中日密约》并高宗武、陶希圣附在前面的一段话全文播发了，立刻被国际国内各大新闻媒体转播、刊发，引起了世界性的影响。

香港简直爆炸了，大街小巷，无数的人在争相抢购、传诵、议论刚刚出版的、刊登在《大公报》头版头条上的特大新闻；起先一段是高宗武、陶希圣致该报的信：

记者足下：

武、圣一介书生，行能无似。然自束发受书，略闻爱国大义。认为国民报国，当不辞牺牲一切以赴之。中日两国交失调以还，奔走国事，一秉此旨。抗战既起，私念日方当不乏悔祸之识者，战争应终有结束之途径，苟能贯彻抗战目的，克保我主权与领土行政之完整，则曲达、直达，不妨殊途同归，爰不顾外间毁誉，愿奉微躯，以期自效。

去年之夏，武承汪相约，同赴东京，即见彼国意见庞杂，军阀恣横，罕能望其觉悟。由日返沪以后，仍忍痛与闻敌汪双方磋商之进行，以期从中补救于万一，凡有要件，随时记录。十一月五日影佐桢昭在六三花园亲交周佛海、梅思平及圣等以"日支新关系调整纲要"之件，当由汪提交其最高干部会议，与亦与焉。益之其中条件之苛酷，不但甚于民国四年之二十一条者，不止倍蓰即与所谓近卫声明，亦复大不相同。直欲夷我国于附庸，制我国之死命，殊足令人痛心疾首，掩耳而却走。力争不得，遂密为摄影存储，以观其后。其间敌方武人，颐指气使，迫令承受，或花言巧语，涕泪纵横。汪迷途已深，竟亦迁就允诺，即于十二月三十日签字。武、圣认为国家安亡生死之所关，未可再与含糊，乃携各件，乘间赴港。离沪时，曾嘱人通告日方，告以此种和平方案，为中华民国国民任何人所不能接受。抵港后，即函电汪及其他诸人，请其悬崖勒马，勿再受日阀之欺骗与利用，以冀公私两全。除将摄存及抄录各件，选呈国民政府外，兹送上"日支新关系调整纲要"暨附件之原文摄影（译文另附），又汪方提出"新政府成立前所急望于日本者"之去文，及同件日方复文一份，敬请贵报即于披露！俾世人皆得周知、勿使其真相长期淹没，以致于不可挽救。

更有附件陈者，"日支新关系调整纲要"附件第二，关系共同防卫原则之事项如下，共有七条，其第四、第五两条，日文原件内未到。此因当时该两条原文，汪方认应当修改后，由板垣临时修正，嘱影佐口述，与周隆庠君记录，今照所记录者，在译文内补正，特并陈明。区区之意，并不欲借此以求政府及国民之谅解，不过略表我人主张和平之初衷耳，书不尽意。

敬颂

撰祺

高宗武、陶希圣谨启　二十一日

香港《大公报》1940 年 1 月 22 日

以下附《中日密约》全文。

消息传出，举世皆惊，反响强烈。日本东京《朝日新闻》载，正在青岛开会的汪精卫得知消息，“仰胸号叹，为这一背德的污辱而哭泣。这是汪氏和平运动史中，最悲痛的一面，也是汪氏最大危机的时候……”

《今井武夫回忆录》载：“我和板垣参谋长从一月二十二日起到二十七日逗留在青岛东洋旅馆中，知道了这个报道，立刻同汪、周、梅等会见。伤心是的周佛海。他认为高、陶的逃跑毫不值得追究，但愤慨地说暴露密约完全是背叛行为，他泪如雨下，怎么也不擦掉双颊的泪水，唯有长叹而已……”

中共中央在延安发表严正声明，愤怒声讨汪精卫集团卖国行径，强烈要求国民政府宣布其为卖国贼，予以严惩……

次年一月二十三日，蒋石也就此事发表重要声明，严正指出：“日本军阀一面在中国努力制造傀儡政权，一面与尚在制造中之傀儡政权签订协定，以组成所谓‘日支满’三国经济集团，并以中国之政治、经济、军事、外交、文化等等，统由日本统治，俾其他各国之一切活动，均受日本国策之打击，且以此《日中新关系调整纲要》之日汪协定，而根本取消各国东亚之地位矣！”

美、英、法等西方列强也纷纷发表声明，否认汪精卫政权，加紧以实际行动支持中国抗战。二月二十三日，美国国会通过对华贷款二千万美元，三月七日，再由联邦进出口银行贷予滇锡贷款二千万美元。欧洲虽然战云笼罩，美英法等仍从中调动兵力，增强远东地区的对日防务事宜。

是时英国防驻重庆大使在笔记中如此载：“高宗武等，此次表现其国际大间谍之最高技能。”

高宗武留日的同班同学，时任“梅机关”要员的犬养毅称：“六日晨，日方始发现高、陶二人失踪，大为狼狈。根据调查，此一事件系由杜月笙出资进行……”

反正后的高宗武果如斯言，从此退出政坛，远赴美国隐居。

陶希圣却返回陪都。蒋介石让其在上清寺闭门思过一段时间后，重操旧业，做了委员长“文胆”，跟着蒋介石到处跑。

第四部 金陵夕照

第十八章

还都南京，萧索惨然

褚民谊对着室内的穿衣镜左顾右盼，颇为自得。时年 56 岁的大胖子今天穿了一身自备的海军上将服：雪白的上装，裤腿肥大的天蓝色下装，镶金嵌银的大盖军帽，赤金肩章……着实威风，连他都认不出自己了。内定的“海军部长”褚民谊想象着即将来临的走马上任仪式上的辉煌，喜从中来。他想着一段时间以来的努力，终于没有白费。

不久前，通过陈璧君的关系，他同汪精卫的龃龉终于修复了。作为汪精卫“连襟”的他，同罗君强分别担任了油水很大的“筹备还都委员会”的正副主任，他对汪精卫的宽大为怀，对陈璧君的鼎力相助感激涕零。他立即赶赴南京，修缮国府，为达客贵人们赶造别墅，相当卖力。

还都南京前夕，争权夺利的争斗到了白热化的程度。褚民谊有自知之明，知道凭自己的能力、贡献根本争不到国府中的要职。想来想去，最后还是决定通过陈璧君这条线，向汪精卫下功夫。他在给汪精卫的一封信中，直言不讳地说：“我 1932 年汪先生当国民政府行政院长时，就是行政院秘书长，现在我希望仍然当秘书长，权当复职……”汪精卫口头上答应下来，想想后却又觉得有问题，认为褚民谊历来办事糊涂，找夫人商量后，决定找办事向来精明强干的内侄陈春圃当副秘书长，负全责，秘书长这个空衔给褚民谊。然而，陈春圃也是一个官迷心窍的人，他不肯，说：“要么让我当行政院秘书长，让我名副其实。明知褚民谊糊涂，当不了正的，却要我去当副职，我不干！”陈璧君想想也是，两人都是她的亲戚，凭什么厚此薄彼？便对汪精卫提出，秘书长干脆让陈春圃当得了。

“春圃当秘书长倒是合适。”汪精卫点点头，又问，“那么，褚民谊又怎么安排呢？现在拿得上台的官都安排完了。”亏陈璧君想得出，她搔搔头，眼睛一亮说：“你不是还有个海军部么？就让民谊当个海军部长吧！”

“我这个海军部是空的。”汪精卫说，“他当海军部长就是空职。”

“就要这个空职。”

“也好。”汪精卫翻了翻眼皮。其实，即将诞生的汪精卫小朝廷哪有什么海军？所谓海军部，无非就是管几艘日本人从长江上打捞起来的、抗战初期国民党欲阻拦日本军舰长驱直入，沉入长江的又破又烂的舰艇而已。谁知，陈璧君对褚大胖子一说，他竟满口答应，十分高兴。在他看来，部长比秘书长官大一级，虽说是有名无实，但享受部长级待遇，穿一身海军上将服装，也是相当不错、相当实惠的。

然而，尽管如此，褚民谊高兴得太早了一些。

就在这个早晨，身穿海军上将服的褚民谊得意洋洋时，陈公博、周佛海第一次走到了一起，他们去中山北路国际联欢社找到了汪精卫——近一段时间，汪精卫住在这里筹备召开中央政治会议事宜。

陈公博是陈璧君专程去香港请回来的。

“公博！”当时，陈璧君一见陈公博竟眼泪汪汪地说，“当初，不算汪先生，我们‘首义’八人中，你算算现在还有多少？”说着搬起指拇一一数道，“曾仲鸣牺牲，高宗武、陶希圣叛逃。现在汪先生身边只剩周佛海、梅思平、林柏生，而他们都有自己的打算，不是汪先生可信赖的人。公博你是知道的，汪先生历来最器重、信任的人只有你。此时汪先生可说是一个孤家寡人，而国事如此沉重，你再不出山帮帮他，说不过去！”

“既然夫人如此说，我就跟夫人归队！”陈公博当即慷慨激昂地表示，“忠臣必出孝子之门。我此前到香港陪伴八十老母，是尽孝；现在回上海，是尽忠。高、陶叛变，我最好的批判就是回上海用实际行动回击他们。此时我陈公博不回上海，算什么大丈夫，枉自为人！”作为汪精卫的第一亲信，陈公博一回上海，立刻官居周佛海之上。

在这个早晨，陈公博、周佛海口径是从来没有过的一致。他们开宗明义地对汪精卫表示："褚民谊不宜当海军部长!"

"为什么?"汪精卫惊愕地看了看两人。

"汪先生你想想!"陈公博首先开炮，"海军部虽没有什么海军，舰艇也没有几艘，但历史上国民党海军部就是走私猖獗地，人言啧啧。民谊为人颟顸，部下又良莠不齐。他最信任的'四大金刚'周邦俊、王永康、吴凯声、戴策等人都是上海的大流氓。他当了海军部长，势必被那些人利用；必然利用舰艇走私，贻人笑柄。因此，任何一个部都可以给他，唯独海军部不能。"

"问题是，"汪精卫为难地搓了搓手，"所有的人选都几近安完，民谊不当海军部长，又当什么?"

"我建议将外交部给他。"周佛海说，"由汪先生你自兼海军部长，待有合适的人选先生才卸任。如此，可杜绝海军部走私流弊。且民谊块头大，仪表不俗，当外长也还合适。反正重大外交，按例是要经过汪先生你的!"汪精卫历来重视外交工作，原想自兼外交部长，现在听他二人这样一说，想想，也是合情合理，便答应了下来。可事后又觉得气不顺，便使出政客手腕，在中央政治会议即将召开、内定参加人选时，突然提出让褚民谊出任行政院副院长兼外交部长，所有的人都猝不及防，无从反对。这样，不知不觉间，将褚民谊又升了一级。汪精卫此举既是安慰了因没有当上海军部长而深感遗憾的褚民谊，也是对陈公博、周佛海联合起来向他进攻的一个回击——虽然褚民谊最终当行政院副院长没有几天，又被周佛海取而代之。

刚刚才结下同盟的陈公博、周佛海为了各自派系的利益，又展开了火拼。

得知汪精卫内定陈公博担任立法院院长兼军委会训练部部长时，周佛海很不平衡，在讨论由谁来担任这个部的副部长时，周佛海首先站出来，推荐他的湖南老乡、心腹罗君强。陈公博心中明镜似的，知道周佛海是想往他这个部里掺沙子，也不说破。

"君强生活浪漫。"陈公博以此作为反对的理由，"不宜作政训工作。"陈璧君在一边帮腔："君强脾气那样坏，让他到边疆委员会主事，关起门来做他的土皇帝吧!"一人不敌二手，这样，罗君强做了有名无实的边疆委员会主任。汪精卫这个伪政权管辖范围不出上海、南京一带，哪来的边疆?而罗君强也乐得清闲——不管怎样说，他是部长级，享受的是部长待遇。

何炳贤是陈公博的两个暗妾——何大小姐之弟，何三小姐之兄。他也想来分一杯羹，自认是留美生，同陈公博又是那种关系，想着在陈公博手下做个立法院秘书长不成问题。可陈公博就是不肯。何炳贤急了，去找大姐、三妹哭诉陈公博无情。何家两位大小姐便在床上对陈公博下功夫，大吹枕头风。然而，陈公博就是不肯松口，说："炳贤向来主意太多，而且固执，不是当秘书的料。"又退后一步，以"他在汪先生手下做过事，且表现不错，我向汪先生推荐……"一番话才安顿下来两个何小姐。

出人意料的是，立法院秘书这个诱人的红果子却落进了一个毫无干系的叫赵尊岳口中。何炳贤气炸了！陈公博由港返回上海以来，一直兼任上海市市长职。赵尊岳是上海市政府秘书长，其人为非作歹、贪污受贿、劣迹斑斑。何炳贤经过调查，很快明白了，赵尊岳之所以捷脚先登，是赵胖子会来事，在背后用"五子登科"——女子、房子、票子等贿赂了陈公博。

虽然何炳贤最后也捞到了一个相当不错的肥缺，但何大小姐、何三小姐却认为陈公博不给她们面子，于是她们先是不给陈公博舒服、继而不理，甚至以死威胁——两姊妹相继将来苏尔药水摆在案上，胁逼陈公博回心转意——撤掉赵尊岳，换上自家人何炳贤。陈公博"毛"了，干脆趁此丢了何家两姊妹，重新找了个更为年轻美丽的女大学毕业生莫国康作妾。

各部大员名次已经排定，准备还都南京前夕，汪精卫静夜多思，枕着黄埔江的涛声，细想起来，自己都觉得汗颜：梁鸿志的维新政府只是拿去了一块牌子，他们在南京不仅维持全班人马，而且占住原国民党中央政府的宝地不让，害得他不得不另选地址，大兴土木。在华北方面，王克敏的临时政府也不过是换上了一块"华北政务委员会"的牌子，原来的货币照样流通，以齐燮元为首的华北治安军照旧打北洋军阀时代的五色旗戴五色帽徽……这一切，都是日本人安排的。他的中央政府完全是有名无实。不仅如此，按照日本人的意思，他还不得不安排梁鸿志、陈群、温宗尧、任援道这些臭名昭著的大汉奸分别担任监察院院长、内政部部长、司法院院长、军事参议院院长等要职。在他的中央政府中，可以说是派系林立，甚至连毫无力量、仅仅是作为点缀门面的青年党、社会党及所谓的好些学者名流都入了阁。好在最大的一块牌子——"国民政府主席"没有人争，也没有人敢争。他汪精卫宣称："在国府主席林森还都南京执行职务之前依法由他——行政院院长代理"。

王克敏、王揖唐、朱深、王荫泰这些人走马灯似地在眼前闪动，或胖或瘦，或一脸奸相或假装憨厚……用这样的人组成的中央政府，有什么威信，有什么号召力？想到这里，他不禁叹了口气，然而，在日本人摆就的棋盘上，他汪精卫现在是过了河的兵，只能前进，不能后退了！

六朝古都南京——号称金陵的三月，正是春意盎然季节。

1940 年 3 月 30 日这一天，天气很好。南京城里春阳朗照，大街小巷都整洁一新，但气氛紧张，大街上人迹寥寥。从早晨起，各处巡警、宪兵一齐出动四处巡逻，大街上武装警车往来如梭。往日全城最热闹的鼓楼一带今天鳞次栉比的店铺全都关门闭户……整个南京城似乎在提心吊胆地等待着什么事情发生。

“挂起来、挂起来、把国旗挂起来！”手拿警棒、穿一身黑制服，打扮得像黑乌鸦似的警察们挨家挨户吆喝。于是，一面面久违了的青天白日满地红旗帜在无数民居、店铺门前由一根根竹杆斜挑着挂了起来；飘扬在金陵城的大街小巷，飘扬在高高的金陵饭店、浓阴匝地的玄武湖畔……身处沦陷区、不明底细的市民们仰起头来，打量着这些旗帜，不禁满面疑惑，三三两两交头接耳，小声议论起来：“哎，怪了！老蒋不是躲在重庆吗？怎么国民党的青天白日旗挂回了南京城？”

“莫非是老蒋投降日本人了么？”

他们仔细看，发现了其中的蹊跷。这一面面国民党旗是明取阴平，暗渡陈仓——在旗帜下摆处，缀有两根猪尾巴似的三角黄色飘带，飘带上都写着“和平、建国、反共”六个小黑字。人们看在眼中如被针刺，心中像吞下苍蝇似的难受，感到羞愧。南京人很快明白了，在上海鼓噪一时的汪精卫伪政权，今天要还都南京了。

还都典礼在南京原国民党政府考试院举行。

这是一座座落在秦淮河畔的灰楼，四层，刚刚粉刷一新。那些日本人打进南京时因两军激战在上面留下的密密麻麻的弹痕，被水泥填平……披红挂彩，竭力营造出一种喜庆气氛。然而，灰楼像是一个经历过残酷蹂躏的半老徐娘，在强作欢颜地迎接新主人，显出一种悲惨。大门外、廓柱前站两排持枪卫兵，个个挺胸突肚，像是两排泥雕木塑。硕大的腥红地毯，滚浪般从三级共二十七级汉白玉台阶上滚下来，一直滚到广场边沿。在蓝天白云映衬下，灰楼正中门楣上嵌有一个椭圆形的宝顶。宝顶上竖有一根高高的旗杆，旗杆上飘着一面硕大的、南京城中随处可见“改良”过的青天白日满地红旗帜。

九时整，由长长一队呈飞箭形状的武装摩托车开道、护卫，一辆辆崭新锃亮的轿车过鼓楼大街，穿中央大道……眼看就要抵达“国府”前的广场时，一幕煞风景的事情出现了：一列日本人开的有轨电车“哐啷哐啷!”摇过来，挡着了车队，一直等到它在达官贵人们面前大摇大摆过去后，还都的中央大员们的车队这才小媳妇似地过了电车道，停在了广场上。

在严密的武装保卫中，车门开处下来的文官一律身着传统的民国大礼服——蓝袍黑马褂，胸前戴一朵绒纸扎就的大红花。武官一律身着黄呢军服，腰束刀带，带上挎着军刀，脚蹬黑皮靴。候在门前两排的军乐队奏起进行曲。文官武将们踏着铺在地上的红地毯，拾级而上，登堂入室。然而，这些汪记新贵们脸上全无喜色，认识的彼此点个头，都不出声，仿佛在做一件见不得人的事似的。他们在进入“国会”前，无不在门前一怔，打量着插在门楣宝顶上那面呼啦啦飘扬的，“改良”过的国民党旗——在整座南京城里，只有头上这面旗帜的下摆没有两根讨厌的“猪尾巴”。原来，不知是哪个聪明人出的主意，将两根“猪尾巴”打了一个结。这样，既不违背日本人的规定，又给暗中愤愤的南京人一个暗示，仿佛这旗摆下的两根讨厌的“猪尾巴”并非固定模式，而是随时可以取掉的。

大员们排除了一切心理障碍，进了国会，偌大的礼堂座无虚席。抬起头来，只见主席台上，主席团座处尚空无一人。正面壁上贴有两面交叉的旗帜。台的四周簇拥着苍翠油绿的冬青树和姹紫嫣红的鲜花。

十时整。头顶上盏盏葵花灯大放光明，主席团的人们上台依次入座。他们是：陈公博、周佛海、褚民谊、梅思平、林柏生、陈春圃、丁默邨、王克敏、梁鸿志等19人。其中，最引人注目的是被汪精卫、陈璧君夫妇称为“三姑”的曾醒——她是曾仲鸣的姐姐。在与会代表人手一份的主席团人员的简介中，有关曾醒部分是这样介绍的：“曾醒，福州人，为中国国民党女同志之最前辈，现年58岁。20岁前后既嫁而孀，携子贤淑，与夫弟声涛、声洞、夫妹君瑛先后留学东京……醒肆业东京女子学校，曾与汪精卫、方君瑛、黄复生、喻云纪、陈璧君、黎仲实等同任入北京刺杀摄政王之事，后又与黄兴、胡汉民等同任广州起义之事……”

当执行主席陈公博宣布“全体起立”、“奏国歌”等事宜后，主角出场了——一反以往，为了显示庄重，今天特意穿一身藏青色西服的汪精卫快步走了出来，站到讲坛上，对着麦克风，先是打量了一番场上情景。时年55岁的汪精卫，还是那副风流倜傥的样子，只是脸上神情有些忧虑，满头乌发似乎一夜间已经霜染，有种明显的憔悴疲惫。尚未讲话，麦克风中先传出他一声轻微的叹息。

“各位代表！”汪精卫脸上挂起一丝素常的微笑，可声音里没有一点以往的热气和激情。他说，“国民政府根据中央政治会议之决议，还都南京。谨以诚敬，昭告海内，实现和平、实施宪政两大方针，为中央政治会议所郑重决议，国民政府当坚决执行之。所谓实现和平，在与日本共同努力，本着善邻友好、共同防共、经济提携之原则，以扫除过去之纠纷，确立将来之亲善关系……”

汪精卫以擅长演讲闻名。在他的演讲中，往往逻辑严密、言辞悠美、生动有力，充满煽动性。而今日的演讲却与以往迥然，他像病了似的，话说得有气无力，言语间透露出一种悲凉空虚。与会的代表们都是过来人。汪精卫的过去和现在，在他们的头脑中闪现开来，犹如一面不可捉摸却又闪闪发光、神奇莫测的多棱镜。

1927年年初的武汉，革命歌声革命口号响遏行云。4月10日，刚才从欧洲归来打着革命旗号的汪精卫，身穿一套雪白的西服，站在一辆敞篷吉普车上，在万民拥戴中，从江汉路直到首义路。他站在车上，不断挥手向夹道欢迎的民众致意，沿途高喊“反共就是反革命！”称南京蒋介石反共政府是“伪府”……这些，言犹在耳。然而，此后汪精卫在上海善钟路77号发表演讲时，口径却又变了，题目是《分共以后》。他劈头就说：“我们为什么要容共呢？这是奉孙总理的遗教；那么，我们为什么又要分共呢？这也是尊重孙总理的精神……”他侃侃而言，真是横竖都有理。这一来，连原先想以其矛攻其盾的记者们都在他的滔滔雄辩下缄口。而现在，好容易才摆脱老蒋压制，终于修成了正果，当上“国民政府”一把手的他，却又是这样一副气息奄奄的样子。本来就心虚的代表们，看大典上竟没有一个外国贺电，没有一个外国使节出席，包括日本，心中好不惨然！

汪精卫的“还都宣言”念完后，大会秘书处让全体代表到礼堂门前站定，和汪主席照了一张相，还都大典就这样草草宣布结束了。

南京上演的这幕丑剧前后不过一两个小时，却在全国引发了轩然大波。

在上海，数十万师生走上街头游行示威，高喊：“打倒汪精卫汉奸傀儡组织!”

在四川、湖南、广西、云南、宁夏、山西等地，愤怒声讨更是一浪高过一浪。

海外侨团致电重庆国民政府称：“汪逆罪恶滔天，甘作虎伥，成立伪政府。有血皆愤，誓不甘休!”

重庆国民政府主席林森于汪精卫在南京宣誓就职同日，下达了对汪精卫、各部部长及次长共一百余人的通缉令，称：“各主管机关，严切拿捕，合地军民人等，并应一体协缉，如能就获，赏给国币10万元，俾元恶归案伏法，用肃纪纲。”

就在汪精卫举行还都南京典礼的第二天，南京汪伪政府机关报《中华日报》公布了国民政府各部、院、会主要人员名单如次：

国民政府主席（代）兼行政院院长兼军事委员会委员长兼海军部部长汪精卫

行政院副院长兼外交部长褚民谊

立法院院长兼政治训练部部长陈公博

内政部部长陈群

财政部部长兼警政部部长周佛海

军政部部长（代）鲍文樾

教育部部长李圣五

工商部部长梅思平

农矿部部长赵毓松

铁道部部长傅式说

交通部部长诸青来

社会部部长丁默邨

宣传部部长林柏生

赈务委员会委员长岑德广

边疆委员会委员长罗君强

侨务委员会委员长陈济成

水利委员会委员长杨寿楣

司法院院长温宗尧

最高法院院长张韬

行政法院院长林彪

考试院院长王揖唐

铨叙部部长江亢虎

考试委员会委员长焦莹

监察院院长梁鸿志

审计部部长夏奇峰

参谋本部部长杨揆一（代理）

军事参议院院长任援道（代理）

军事训练部部长萧叔萱（代理）

金陵四月，本该景色宜人，然而似乎老天也愤怒了，淫雨霏霏，连月不开。“南朝四百八十寺，多少楼台烟雨中”——汪精卫的小朝廷，在料峭的春寒中颤栗不已。

晚九时。

当汪精卫挽着盛装的夫人陈璧君步入国府迎宾厅时，出席晚宴的文武大员们都纷纷起立鼓掌。

明灿灿的灯光下看得分明，汪精卫夫妇今晚的气色不错。汪精卫着一身笔挺的白色中山服，头发往脑后梳得溜光，身姿欣长，神采奕奕，显得很年轻。平时很少修饰的陈璧君着一件黑丝绒旗袍，脸上略施粉黛。夫妇二人手挽手面向大家，微微颔首。他们是特意提前五分钟过来伫立门前，迎候前来参加晚宴的日本特使阿部。

日本特使阿部是架子拿够，千呼万唤才来南京的。在汪精卫还都南京后，因为尚没有完全满足日本人的欲壑，日本方面既没有派人参加汪精卫的还都大典，也没有发来贺电，过后汪精卫们同日本人经过历时 54 天的 16 次紧张谈判，直到 8 月 3 日同日本人最终签定了一系列丧权辱国的协定，彻底满足了日本人的要求后，日本内阁这才派出前首相阿部率领一支庞大的“祝贺国府还都代表团”来南京。

今晚，随同阿部出席宴会的还有作为“友好邻邦”的由“满洲国”皇帝溥仪派出的“祝贺代表团”。

“春圃！”汪精卫看了看戴在腕上的手表，皱了皱眉，说，“时间早已过了，可是日本特使和‘满洲国’的‘祝贺代表团’怎么还都没有来呢？他们不是说九点整来吗？现在时间都过了五分钟，怎么还不来呢，他们不是声称很遵守时间，惜时如金的吗？”汪精卫有些冒火，问站在身边的陈春圃，行政院秘书长，也是今晚宴会的主持人。

陈璧君更是面露愠色：“这是怎么回事？日本特使拿架子，连满洲国派来的劳什子特使臧士毅也要在我们面前拿架子么？”

汪精卫轻轻拍了拍夫人的手，以息事宁人的口吻说：“别，别这样说。让春圃去打电话催催，看他们是不是被什么要紧的事耽误了。”陈春圃打电话去了，汪精卫觉得那么多人看着他们夫妇站在门前等人，有些丢面子，就劝夫人去隔壁休息室坐坐。

休息室里，陈璧君愤愤地对汪精卫说：“我看日本特使迟迟不来，纯粹是那个臧式毅在里面搞鬼……”经夫人这样一说，汪精卫被点醒了。上午，当他在国府明志堂接受臧士毅的祝贺后，这个康德皇帝的特使送给他了一件礼物，并特别说明：“为祝贺汪先生还都南京，组建新的国民政府，康德皇帝特意送给先生这件礼物——这是康德皇帝的传家宝！”臧士毅说着上前一步，低着头装出一副很恭敬的样子，双手捧上一个长长的很精致的匣子。汪精卫说了声谢谢，接过匣子，随手递给旁边的随从。

下来后，他细细欣赏了康德皇帝送他的礼物。匣子外面镶金嵌玉盘龙，一看就是清廷皇家宝物。打开匣子，眼睛顿时一亮，一把寒光闪闪、锋利无比的短剑躺在红丝绒垫上。当时他有些纳闷，心想，我一介文人，送把利剑给我干什么？现在明白了，这是远在东北的康德皇帝溥仪借此嘲笑他：你汪精卫当初不是想谋刺我父亲摄政王吗？你汪精卫不是骂我溥仪是民族败类，是日本人刺刀保护下的儿皇帝吗？现在你我还不是一样？你汪精卫算个什么东西？……如此看来，臧式毅在暗中怂恿日本特使给我汪精卫处处难堪就不觉为怪了。但是，这些想法，汪精卫没有告诉夫人，也不敢告诉夫人。他知道，夫人陈璧君是个火爆脾气，一旦说白了，陈璧君不定会做出什么事来！

“主席！”这时，陈春圃快步走到汪精卫身前弯下腰来，小心翼翼地报告，“阿部特使说还要等一会。因为臧式毅他们排了一出剧叫《大和魂在满洲》，是准备即日带去东京敬呈天皇的，阿部特使在审看，要等一会才能完。”

“混账东西！”汪精卫忍无可忍了，伸手在茶几上一拍，“早不排晚不排，他们不是来庆祝我们还都南京的吗？怎么将一出劳什子《大和魂在满洲》带到南京来排、来审？还要叫我们等，这真是岂有此理！”

陈璧君也大为光火地问内侄：“你没有告诉他们，汪主席和我在这里等吗?”

“说了。”陈春圃嗫嚅地，“他们说马上就完，完了就来!”

“真是欺人太甚!”汪精卫觉得受了莫大的欺辱，“马上就完，完了才来，我知道他们什么时候才完，什么时候才来?”他实在忍不住了，霍地一下站起身来，怒气冲冲往外冲去。

“兆铭!”陈璧君从来没有见过夫君发这么大的脾气，连声问，“你要到哪里去?”

“不管、不管!”汪精卫没好气地将手一甩，“我去走走，让他们来后也等等我汪精卫!”汪精卫负气冲了出去，来到夜幕笼罩的后花园。不知不觉，一个人来到了秦淮河边。战前画舫笙歌、流金淌银的秦淮河哪去了?如今的秦淮河像是披上了丧服，流着一河泪水。

风从河上刮来，徘徊在河边的汪精卫觉得有些冷，头脑也清醒了些。望着饱受劫难、瑟缩在夜幕中的六朝古都，他忽然想起，三十年前，也是这样一个夜晚，他在帝都——北京坐牢。当时，面对牢中一盏如豆孤灯，当时，他心有所感，写下一首诗：

煤山云树总凄然
荆棘铜驼几变迁
此行已无干净土
忧来徒唤奈何天
瞻乌不尽林宗恨
赋鹏知伤贾傅年
一死心期殊未了
此头须向国门悬

啊!三十年前那份忧国忧民的慷慨激昂，如今是荡然无存了。自己也才55岁，然而，心境竟是如此衰老、哀惋!

正在百感交集时，陈璧君、李士群带着一帮人找来了。

“四哥!”当着那么多人，陈璧君一把拉着汪精卫，急急告诉他，“日本特使已经等你好一会了!”

“是吗?”汪精卫听到这话，心里才平衡了些。

“是。”陈璧君上去用手挽着他，“我们回去吧，日本特使都等急了!”

“他们也知道等急了?”汪精卫这才跟着陈璧君往回走去，他心中有一丝报复的满足。

当汪精卫小朝廷在南京大肆庆祝时，世界局势发生了急剧变化。1940 年 9 月 27 日，日德意法西斯轴心阵营成立，汪记外交部长褚民谊终于有了点事干——他受汪精卫委派赴东京，向日本军部送呈汪精卫亲笔手书的“日本援华革命追悼”碑碑文，并在东京参加了“慰灵祭”仪式。

10 月 9 日重阳节，汪精卫感时伤怀，在家中填《虞美人》词：

秋来凋尽青山色，我亦添头白

独行踽踽已堪悲，况是天荆地棘作何归!

闭门不作登高计，也揽茱萸泣。

谁云壮士不生还，看取筑声推影满人间。

11 月 1 日，汪精卫又填词《迈坡塘》云：

叹等闲，春秋换了，灯前双鬓非故；艰难留得余生在，才识余生更苦!体重溯，算刻骨伤痕，未是伤心处。

酒阑尔汝，问搔于长吁。支颐默坐，家国竟何补!鸿飞意，岂有金丸能惧，斎惕犹剩毛羽。誓穷心力回天地，未觉道途修阻。

君试数，有多少故人，血作江流去。中庭踽踽，听残叶枝头，霜风独战，犹似唤邪许!

汪精卫的哀鸣终于得到了报赏——1941 年 6 月 21 日，德国向苏联发动闪电战，第二次世界大战拉开了帷幕。在日本人的导演下，看轴心国脸色行事的罗马尼亚、捷克斯洛伐克、克罗地亚、西班牙、保加利亚相继向汪精卫政权派出了大使。这让汪精卫感激零涕。他在接受德国大使递交国书时，竟肉麻地说：“我与希特勒元首的友谊百年不懈”。

第十九章

混世魔王命归黄泉

上海本是冒险家的乐园，极为繁华，然而沦陷后，却是一落千丈，百业萧条，唯有凭临黄埔江的越界路反而呈现出一种畸形的繁荣。这里，楼台林立，从早到晚，长达一两里路的长街两边的赌场生意格外红火。特别是到了晚上，霓虹灯闪烁时，赌场就进入了一天中的高潮，一阵阵吆五喝六声传出；总有输光当尽的赌徒，借着夜幕跳了黄埔江……

夏夜的风，像一只温柔的手，轻轻抚拂着越界路。晚八时，令人闻之色变的“76”号警卫大队队长吴世宝准备驱车进入越界路。因人头涌动，车进了街口后不得不放慢了车速。

“老祝！”在红红绿绿的霓虹灯光映照下，吴世宝拧着眉头，对坐在身边穿一身黑色拷绸衣裤的黑大汉征询似地问，“我们是先到丽都？”

“是。”被吴世宝叫“老祝”的，用狗一般的眼光看了看主子的脸色，乘机火上加油，“丽都舞厅老板高鑫宝倚老卖老，连你放的话都敢不听。他每晚银钱进得哗哗响，却不肯向我们交纳保护费，身上的毛都不肯让我们拔一根。我们找他理论，他却大模大样地说：‘要钱？让阿宝（吴世宝）亲自来要！’他仗着他曾是你的师傅……”

老祝正说着却不说了。吴世宝发现老祝眼光不对，循着他的眼光看去，这才注意到，老祝正绿眉绿眼地在看一个女人——一个体态丰满、打扮入时的少妇正在过街。闪烁的灯光勾勒下，身穿苹果绿旗袍的她，随着脚下高跟鞋一款一款地走动，细腰丰臀，很是袅娜，特别是高高的胸部一上一下地抖动，非常性感。老祝大张着嘴，瞪大眼睛，狼似地盯着过街的少妇，恨不得将人家一口吞下肚去。

“没有出息的东西，把眼睛都看得出血了！”吴世宝一声吆喝，老祝这才急忙调过头来，再也不敢东张西望了。窗外掠过的一闪一闪的红绿灯光在大块头吴世宝那张紫酱色的脸上游移。吴世宝浓浓的扫帚眉、张飞眼，看上去比平素更为吓人。这时，前边人少了些，汽车的速度也快了些。夜色中鳞次栉比的赌台和由霓虹灯勾勒出的“现钱交易，银牌色宝”等等职业化的标牌，一一闪过。然而，在阴暗偏僻处，好些垃圾堆得小山一般高。每家赌台前，清一色站着身穿黑色纺云衫“抱台脚”的保镖。阶沿下，则是拉胡琴卖唱的瞎子，铜锣敲得当当响的耍猴卖艺人，还有吞刀吐火的、卖儿卖女的……光怪陆离，不一而足。越界路，是一处天堂，也是一座地狱，更是吴世宝和他的主子日本人的一座聚宝盆。

赌台开业，业主必须先花钱到日本宪兵队队长佐佐木那里领取执照。接下来，还须办理“管理”、“治安”诸多手续——这些就是“76”号的事了，这笔钱也就归“76”号主子李士群了。越界路上若干的赌台也就成了李士群和吴世宝的钱柜。新近“荣任”中央统计部部长的李士群为显示自己的尊贵，不屑再同越界路上的赌台主们打交道，放权让心腹大将吴世宝办，这就正中吴世宝下怀。他刮起钱来，比起日本人，李士群有过之而无不及。吴世宝新近规定，凡赌台业主在日本人那里领取执照后，还得去他家“登记”——其实是去交一笔“孝敬钱”。吴世宝每日能收多少“孝敬钱”是个秘密，但看他出手的大方就可估算个大概。

“76”号养有特务三、四百人，经费都是从汪记“国库”中拨发的。然而，这些人还可以从他吴世宝手中拿到每月数目不等的奖金——称为“劈霸”。众所周知，马啸天之类处长级干部，每月可以拿到五、六百元“劈霸”，其他职务小些的特务则是三、四百元不等，最低的两百元。这样一来，吴世宝手中的这笔钱，又成了他招降纳叛的有力武器。吴世宝每月究竟孝敬李士群多少钱，孝敬“76”号的太上皇晴气中佐、佐佐木、甚至影佐多少钱，就没有人知道了，当然，也没有人敢问。

吴士宝上任还不到一年，已大发横财，在达客贵人居住的愚园路高级住宅区购置地皮，盖了一幢占地广宏、造型考究的花园洋房。在寸土寸金的上海，此举可谓是大手笔。然而，吴世宝还嫌不足，又将附近一家工厂据为己有，改为舞厅。这家舞厅不对外营业，纯粹用以自娱。他家保镖、仆从如云，名厨中西兼备，日日酒宴欢饮，夜夜笙歌漫舞，花钱如流水，俨然成了上海第一阔佬。他出行乘高级防弹轿车，前后都有武装摩托车队开道保护……由于闹得也太过了些，最近连汪记中央政府的太上皇影佐都出来对李士群打招呼，说：“吴世宝的威风阔气，连我们的师团长都莫及！”

时间一长，吴世宝连李士群的话都爱听不听的了。真是“子系中山狼，得志更猖狂”。渐渐，李士群开始对吴世宝有了不满：“吴大块头人是能干，但这样下去，怕是要栽筋斗的！”并举例说，“那次我派人造定时炸弹去炸中央银行。周佛海赏了我三万元，算是他最大方的一次。我把这笔钱分别赏给了兄弟们。可是，吴大块头对这笔钱根本不看在眼里。他派人把造炸弹的专家找去。拍了一万块钱在专家手里，说：‘这钱你拿去作零花！’这么大一笔钱，把个专家惊得目瞪口呆。吴大块头却说：‘没啥，你以后多往我家跑跑就行了’，这不是从我手中挖人，显他能吗？”

“还不止于此。吴大块头整钱不择手段。有次，他盯上了有钱的‘协祥’大老板。他派人给人家送信去，威胁人家出100万大洋消灾。人家不理他，他就叫手下的一个化学家做出一只香烟罐头大小的定时炸弹送去。将‘协祥’大老板吓破了胆，赶紧把100万元乖乖送了去。钱到手，大块头把化学家叫来，很大气地拍了一万元在人家手中，说：‘侬做的东西，邪有噱头，这一万元，侬先拿去用，以后我随要有你随做’……这样下去，非出大乱子不可，我这份家当也非给他折腾光不可！”

然而，李士群这些带有警策意味的话，吴世宝哪里听得进去？他现在一门心思想的是如何收拾昔日师傅高鑫宝。

汽车停在了丽都舞厅门前。

吴世宝带着老祝下了车，气势汹汹上了楼。坐在二楼拐角处收银柜台后的帐房见二位“阎王”来了，不敢怠慢，赶紧起身迎接，满堆笑道：“啊，是吴大爷来了？快请，吴大爷是跳舞，还是——”

“我找你们高老板！”吴世宝不理不睬，一张脸绞得出黑水，态度很横。

“请！”帐房赶紧猫腰比手，前头带路。到了二楼客厅前，帐房碎步趋前用手挑起门帘，将两位“阎王”迎了进去，看二人坐在沙发上，吆喝下人给上茶水点心瓜子，态度殷勤，一面派人去给老板报信。

“世宝，你来了？”门帘一掀，丽都舞厅老板高鑫宝轻步来了。此人干瘦，五十多岁，穿一洒金缎面长袍，尖嘴唇上蓄有几根虾猫胡子。进来后，他将戴在头上的一顶博士帽揭在手上，用一双细长的小眼睛斜睨了一下吴世宝——当年哭着闹着要当自己的徒弟、上海滩上的烂滚龙，现今不可一世的“76”号警卫大队长吴世宝。

吴世宝没有说话，用凌厉的眼神放肆地打量着这个敢于同自己叫板的高鑫宝。

已经有些年没有见到高鑫宝了。岁月似乎并没有在这个干瘦老头身上留下多少烙痕。仔细看，他似乎老了点，但腰杆始终像上了弹簧似地挺得笔直。瘦骨嶙峋的身上散发着一种足以慑服对手的强横。寡骨脸上一副淡淡的眉毛微蹙，往里窝的眼睛，目光闪射——就是这个干瘦小老头高鑫宝，在上海滩可谓树大根深。他是杜月笙手下小八股党骨干份子，以贩运烟土起家。在高鑫宝看来，他的丽都舞厅在租界里，吴世宝如果要耍横，固然有所顾及。然而，凭他在上海滩上盘根错节的关系，吴世宝也不敢将他怎样的！

“高老板！”吴世宝说话了，“你这个舞厅兼赌厅生意红火。看在过去的面子上，即使不交‘娱乐费’、‘孝敬费’倒也罢了。但在弟兄们面前总该意思意思吧，怎么我听老祝说，你根本就不买我们的帐？这样，我这个大队长在弟兄们面前就不好说话了！”

“说到钱就不亲热了！”高鑫宝大大咧咧地坐在吴世宝对面，跷起二郎腿，从茶几上提起一把宜兴紫色小茶壶，仰起头来，吮着弯弯茶嘴往口里灌茶。咕咕几口后，也不看吴世宝，以教训的口吻说，“侬当大队长也该识得几个字了，也不看看这是什么地方？你的兄弟怎么啥钱都想吃？”

“你这是什么意思？”吴世宝被激怒了，他那张洒满寒霜的紫酱色大脸上，神情凌厉的张飞眼看着因为仗着有杜月笙当后台，流氓气十足的丽都舞厅老板高鑫宝，大声喝道，“老东西，给你脸你不要脸！识相些！再敢这样满嘴喷屎，我就对你不客气！”

两人大声吵嚷起来。好些人围上来看稀奇。高鑫宝看来了这么多听众竟来了劲，霍地站起来，用手指着吴世宝的鼻子教训：“侬要讲良心！侬当初打滥仗当小瘪三时，我管侬吃管侬喝，连侬的又漂亮又丰满的婆娘都是我给你找的。当时侬咋说？‘师傅，我吴世宝以后就是当牛作马都要报答你。’现在，侬为了几个钱，一根眉毛就把眼睛挡住了？”周围的人哗地一声大笑起来。

吴世宝恼羞成怒，“唰！”地一下从身上拨出手枪，上前一步，用枪管顶在高鑫宝头上，咬牙切齿地说：“侬等着，看老子咋治侬！”说完，带着老祝，在人们的轰笑声中气呼呼地下楼去了。

两天后的晚上，高鑫宝被吴世宝暗杀在一品香饭店门前……

李士群派人把吴世宝叫了去，不是为了吴世宝杀高鑫宝的事。在上海滩，堂堂的“76”号警卫大队长杀个高鑫宝，简是是小菜一碟。

“世宝！”李士群见了吴世宝，没有让座，用指头下意识地在锃亮硕大的办公桌上敲着，歪着头，用不满的眼光看着这个长了反骨的警卫大队长，用探究的语气问，“方液仙这个人你是熟悉的吧？”

猛然被叫到这里来，又猛然听到李士群这样问，大块头警卫大队长有些发懵，不过很快就明白了其中的原委。身穿米黄色西装、典型中年知识份子形象的方液仙恍然就站在眼前。方液仙，浙江宁波人，中国著名的化学家，时任中国化学工业社经理，经营三星蚊香和三星牙膏发了大财。

“是。”吴世宝点头如鸡啄米，“方液仙这个人我熟悉。”

“你看，这个人是不是该修理修理了？”这是李士群的一句黑话。修理可以理解为从一个人身上整钱，也可以理解为要命。吴世宝知道，同他一样，贪得无厌的李士群是想从这个人身上榨钱。一丝会意的笑，浮上了他长满了疱丁的宽盘大脸。

“部长说得对。”吴世宝说，“方液仙这只‘铁公鸡’是该修理修理了。”

李士群的青水脸上这才浮上一些暖意。“你准备如何下手？”他一边问，一边指了指对面的沙发，示意吴世宝坐下说。大块头警卫大队长退后一步坐了下来。

“报告部长，我想，最好是拉他一个绑票！”吴大块头对李士群一口一个部长，叫得李士群心中甜蜜蜜的。

“不好！”李士群断然摇了摇头，“绑票？这是土匪干的勾当！我们这样干，传出去多不好！”

“那么怎么办呢？”大块头警卫大队长一边用手搔头，一边苦笑着看着部长。这让李士群十分受用。他这就以居高临下的姿态对下属一句点醒：“你先放出风去——就说姓方的同重庆方面有关系，吓他一吓。他若知趣，那当然好。若是不知趣，我就下逮捕他的条子，明白了么？”李士群说到这里，将正抽着的一支三五牌香烟在烟缸里捺熄。

“还是部长高明，部下这就去执行！”吴世宝言犹未尽。他对李士群的心理是摸透了的，他当然知道，李士群刚才为什么见到他时气鼓气涨的。说时，站起身来，趋前一步，从身上变戏法似地摸出一块沉甸甸、做工考究、可作单独的艺术品欣赏的金牛很恭敬地放在李士群面前，正好有一股风从窗外吹进来，将桌上的纸吹了起来。吴世宝趁势将金牛压在纸上，谄媚地说，“部长每天要处理好多公文，我送这个金牛给部长镇纸。”

李士群的眼睛顿时亮了，高兴地拿起金牛在手上反复摩挲把玩——这金牛足有半斤重，造型生动，鼓起一身犍子肉，奋蹄牴角，向前冲去。见上司爱不释手，吴世宝知趣，轻步而退。

新加坡路是上海的一片高级住宅区。这里处花团锦簇，环境清幽，十分宜人。这天上午十时，有中国化学大王之称的方液仙家的两扇铁栅栏大门洞开，方液仙的私家车从中缓缓开出。

他的车子过一片林荫路，刚要转上大街。

“停车！”忽然，从旁边黑森森的一片树林后闪出一群身穿黑色衣裤的便衣，拦住了他的去路，个个持枪相向。为首的中年汉子又瘦又高，皮肤很黑，带一副凶相——他是吴世宝手下大将顾宝林。

方液仙的汽车停下了。方液仙的保镖从车前探出头来，吆喝一声：“你们是什么人，闪开！这可是方液仙先生的私家车！”

“我们等的就是方液仙！”顾宝林用手中的可尔提手枪顶了顶戴在头上的博士帽，露出半边脑袋上毛楂楂的头发，不知是喝多了酒，还是熬了夜，一双眼睛红扯扯的，像是神庙里的一尊凶神。与此同时，顾宝林的手下从四面八方围了上来。方液仙见状不好，要司机掉转车头逃跑。

“砰、砰！”两声枪响，顾宝林手中可尔提手枪一甩，不偏不倚，司机和保镖立毙，瘫倒在车窗上。与此同时，便衣特务们一涌而上，拉开车门，揪出方液仙，低声喝道：“乖乖跟我们上那辆车去！”

“快来人呀！土匪绑票！”方液仙看离家不远，竭力挣扎。

“砰！”地一声闷响，顾宝林有些慌张，手里的枪走了火，一股血从方液仙的肩上汩汩往下流，竭力挣扎的方液仙渐渐没有了力气，被顾宝林手下特务架了上旁边的车。“76”号的两辆车，像是两只受惊的兔子，转瞬之间跑得没有了踪影。

受了枪伤的方液仙被绑架到了“76”号。

阴深、恐怖的刑讯室里，40来岁的方液仙软塌塌地坐在一把硬木椅上接受审讯。这会儿，他简直变了一个人，皮肤白白的脸变得腊黄，肩上的枪伤也没有绑扎好，刚换的一件白衬衣上竟又渗出一大片殷红的血。因为疼痛，一副长而黑的眉紧蹙，唯有那张瘦削蜡黄的脸上一双眼睛，黑亮黑亮，闪动着不屈的光芒，像是黑夜中出鞘的利剑，直端端刺向坐在审讯桌后的吴世宝。

“方先生，常言说得好，蚀财免灾。”吴大块头端坐椅上，将一双大脚跷在桌上，劝了方液仙两句将话挑明，“明说了，你叫家里人拿够我们要的钱，我们就放你回家去！”

“休想！”方液仙不知哪来的那么大的劲，怒不可遏地硬撑起身，用手指着吴世宝大骂：“你们是哪家的国民政府？你们是哪家的特工？专门鱼肉人民！你们分明是上海滩厚颜无耻、吃人不吐骨头的人渣！”

“呸！你嘴硬！”吴世宝勃然发作，“老子今天就要看看，是你的嘴硬，还是老子的手硬！”说时一脚踏翻了面前的桌子，捞脚挽手走上前来，气冲冲从旁边一位打手手中接过鞭子，高高抡起，向方液仙打去。

“啪啪啪！”吴世宝挥起鞭子朝方液仙一阵猛打，化工大王被打得皮开肉绽，昏死了过去；肩上草草绑扎的绷带被打断，一股股鲜血从伤口处往外涌……

“别打了，别打了，这是怎么回事？”一直躲在幕后的李士群走了出来，上前看了看昏死过去，鲜血直流的方液仙，悄声对吴世宝说，“不想这姓方的如此爱钱不要命？姓方的如果死在‘76‘号，麻烦就大了，传出去也不好听。世宝，你得赶紧将他弄出去，采取些措施！”

吴世宝心领神会，指挥下属将方液仙趁夜弄出“76”号，关在一间暗室，也不让医生救治。第三天，中国一代化工大王方液仙便溘然而去。

方液仙的太太在客厅里流泪。她是一个三十来岁模样美丽的少妇，一看就知道是出生大户人家知书识礼的女性，高高的身量，皮肤白白，丰满合度，打扮不俗。此时，身着一件开叉很高的素色丝质旗袍，眉眼俊俏的鹅蛋形脸上泪光莹莹的方太太坐在靠窗的一把软椅上，低着头，手中绞着一条手帕。她并不知道，丈夫已经去世，一边流泪一边想办法救丈夫。就在案发当天，她就向警察局报了案，她以为丈夫出门遇到了绑匪。可是，今天是第四天了，警察局根本不理。

她在等一个人。

“太太！”丫环阿莲隔帘报告，“李先生来了。”

“请李先生进来。”方太太说时站起身来，用手绢揩干净脸上的泪。李祖荣进屋来了。他是方液仙的浙江同乡，还沾点亲。虽是一个银行小职员，但人很活络，更因为他与“76”号的魔头吴世宝之妻余爱珍有暧昧关系，万般无奈中，方太太找上了李祖荣。他穿了身高级咖啡色西装，脚上皮鞋擦得锃亮，雪白的衬衣，一根血红色的领带衬着一张苍白的脸、乱篷篷的头发和两道剑眉，一副标准的公子哥儿样。

“李先生，我托你办的事，有消息没有?”一见面，方太太就心急火燎地问。

李祖荣一屁股坐在沙发上，长长地叹了口气，端上早为他泡好的龙井茶，嘬了一口，也不看方太太，只是说：“有消息了。”接着，把他探听到的方液仙如何被绑架、打伤，目前的状况，以及要出来得花钱等，粗粗地说了一个大概。

“祖荣!”方太太明白了丈夫是被“76”号绑架，又急又气，眼泪在眼眶里打转，央求李祖荣，“务必请你再去找吴太太疏通疏通，看他们要多少钱，你都替我答应下来，不怕倾家荡产，要紧的是赶紧将液仙救出来。祖荣你的辛劳，我们也会有所表示!”

听到这句话，李祖荣心花怒放，他当即站起来，说：“我去我去，我这就去，谁叫我们是亲戚呢!”

可是，迟了。当方太太蚀财免灾的话转弯抹角传到吴世宝耳中时，方液仙的遗体已经在万国殡仪馆烧了。方太太得知噩耗，悲痛得死去活来。吴世宝恶毒，方太太去取丈夫的骨灰他也不准。最终还是通过李祖荣走余爱珍的路子，才答应可以商量。

当夜，在大上海饭店的一间高级包房里，李祖荣同人高马大的余爱珍云雨之后，她坐在了化妆台前，一边对镜梳妆，一边对筋疲力尽、瘫在床上的小白脸李祖荣说：“要取方液仙的骨头灰？让他家拿10万元来!”睡在床上的李祖荣没有说话，将一支三五牌香烟叨在嘴上，掏出打火机啪地一声打燃，狠吸一口，很惬意地眯起眼睛，透过眼前袅袅升腾的烟雾，打量起他的相好余爱珍。

高大丰满的余爱珍有些姿色。她的脸是长条形的，肤色红润。特别引人注目的是那双风流眼——黑黑细长的眉毛下，碗豆似的眼睛很黑很亮，温柔时很传情，发怒时很能镇人。她的身肢挺得笔直，一件藕荷色的绸缎旗袍紧紧箍在身上，将她那无比丰满起伏有致的线条勾勒得淋漓尽致。她是坐着的，旗袍开叉又高，肥白的大腿就像要蹦出来似的，性感极了。李祖荣看着，心里一热，光着身子从床上爬起来，从背后一把抱紧了她。

“银样蜡枪头！”余爱珍从镜子里看了看从身后抱着她的李祖荣，拍了拍他的手，笑了一下，意味很深地嘲笑了他一句。

“乖乖！”李祖荣抱着余爱珍丰腴的身子说，“你就动动恻隐之心嘛！你就不能对你老公说说，人都被他整死了，太太要回自己丈夫的骨灰，何必还非要10万元不可？”

“啪！”余爱珍打了一下李祖荣箍在自己胸脯上的手，偏着头对着镜子往唇上抹口红，不以为然地说：“你替方家求什么情？说，你是不是又想打人家方太太的主意？我听说方家那小蹄子长得怪水灵的！”

“你想到哪里去了？”镜子中的小白脸噘起嘴，“我不过跟方家沾点亲带些故而已。”说着，将余爱珍抱得更紧了些，甜言蜜语地说，“我就爱你一个人。”这话余爱珍爱听，她投桃报李地将头靠在他肩上，弯过一只手去抱着他乱篷篷的头，轻轻拍打着说：“不是我要方家的钱，是吴世宝要。我也没有办法。他这人就是爱钱。方家那小蹄子愿出10万元钱，也得我出面才行呢！”……

结果方太太出了10万元，一个星期后，才通过李祖荣从万国殡仪馆取回了丈夫的骨灰。灵堂里香烟缕缕，正面壁上是一张丈夫的照片。黑框里的方液仙紧锁浓眉，似乎在叩问着什么担心着什么，又像在对着在上海滩上翩跹的魑魅魍魉冷眼相看……方太太对着丈夫的遗像，哭得死去活来。前来吊唁的亲朋好友，眼看中国一代化学大王惨死在“76”号特务手中，无不黯然神伤，唏嘘落泪。

“76”号警卫大队长吴世宝劫财害命，弄到中国化工大王方液仙头上，过后依然风平浪静。这一来，吴世宝越发胆大妄为。接下来，他又绑架了绸业银行董事卢允之、银行家许建屏。两家人分别交了10万元才得以保释……

吴世宝简直红了眼，为了钱，他不择手段，甚至向自己人开刀。吴世宝将整个上海滩搅得恶浪翻卷，民怨沸腾。日本人对吴世宝不满了，出来打招呼。负责领导“76”特务机构的“梅机关”晴气大佐，怒气冲冲找到李士群，向他传达“梅机关”机关长影佐的话：“吴世宝再这样闹下去，还得了吗？他的，罪该死拉死拉地！”

问题严重了！李士群怕连累到自己，赶紧找来吴大块头，声色俱厉地对他说："我给你打了多少次招呼，要你适可而止，你总不听，阳奉阴违，这下好了，惹恼了日本人，你危险了！日本人的脾气你是知道的，我看你赶紧去青岛休养一段时间，避避风头吧！"

吴世宝原先以为，他打劫的钱财，李士群都有一份，不会有什么问题，天塌下来，有李士群顶着。现在看来，李士群也顶不住，他隐忍着心中的不快，确信事情千真万确后，才强咽下一口气，答应下来。不过，他并没有远去青岛，而是带着一天也离不开男人的老婆佘爱珍到杭州避风去了。

吴世宝虽然去了杭州，却极尽招摇之能事。当他带着佘爱珍下火车时，车站上站满了来迎接他的兄弟，都是杭州城里横睛鼓眼的地皮流氓，还扯起一幅红底白字的大幅标语："热烈欢迎吴世宝大哥！"吴世宝看着他的兄弟们笑了起来，阔脸上的两道又粗又黑的扫帚眉拢在一起，像是爬满了一堆黑蚂蚁。

"好，够兄弟情谊！"吴世宝将大手一挥，像是一个得胜回朝的将军。在兄弟们的簇拥中，吴大块头夫妻上了轿车，一溜大车小车，首尾衔接，向城内呼啸而去。

杭州西湖，人间仙境，苏堤碧波，垂柳依依……出来"躲乱"的吴世宝整天在兄弟们陪同下，游山玩水，大筑方城，呼么喝六，竭尽张扬。尽管如此，上海滩的黄金梦仍然让身在杭州的吴世宝不能安下心来，在杭州盘桓几日后，他又放胆带着佘爱珍回了上海。

有一双眼睛在一直盯着吴世宝，这就是"梅机关"日本军事顾问晴气大佐。就在吴世宝回到上海当天，沪、杭两地的许多报纸同时登出巨幅广告："鸣谢吴云圃（吴世宝）先生！"

"巴格牙鲁！"晴气大佐气得腮帮咬紧，一拳砸在桌子上，一把撕碎了手中的报纸。

吴世宝虽然暂时不出面，胆子却更大了，竟指使他的喽啰们抢钱抢到日本主子头上去了。

一个漆黑的夜，伸手不见五指，又是斜风细雨，大上海已经沉睡。这时，一束灯光在南京路上小心翼翼地劈开黑暗——一辆行动诡秘的闷罐车出现了。它披着黑暗，顶风冒雨，朝南京路上的正金银行开来，这是日本人的一辆运金车。

就在这辆行动诡秘的运金车开到离正金银行不到五百米的一个转弯处时，一群鬼魅般的黑影出现了，并悄悄贴了上来。为首者张国震，是吴世宝的大将。今夜奉吴世宝的令率领兄弟们来劫车。吴世宝回到上海，看日本人并没有把他怎样，却也只能猫在家里。恰这时，有个弟兄来告诉他日本人要在某日夜间转移金条的绝密消息。一不做二不休，他要从日本人的碗里抢饭吃。

参加行动的都是吴世宝的铁哥们，而且，他也是许了愿的，事成之后，要重赏兄弟们。因此，张国震今夜带来的十来个兄弟非常卖力，个个都是近战夜战的好手，窄衣箭袖，身手敏捷。看见猎物出现了，他们都拨出枪来，张国震手一挥，忽地跳出一条黑影，当中一站，用手枪指着司机喝令停车。押车的日本人正举枪要打，埋伏在两边的张国震的两个兄弟抢先动手。“啪、啪！”两枪，押车的日本人立毙。司机见状不好，逃命要紧！他将车灯一熄，开门跳车窜进了黑夜。见钱眼开的兄弟们一涌而上去抢钱。可是，闷罐车封闭得如铜墙铁壁，钥匙被跳车司机带跑了。正踌躇间，正金银行的防盗警报突然尖利地大声鸣叫起来，令人心惊肉跳。迅即，银行门外的几盏大灯也亮了。张国震无奈，只好打声忽哨，带着兄弟们倏忽间融进黑夜，消失得无影无踪。

麻风细雨的一夜过去了，洒满阳光的白天来到了。

“76”号大头目李士群一上班，就开始浏览送到办公桌上刚出版的《申报》。头版头条上一行通栏大黑标题映入眼帘《昨夜正金银行发生特大抢劫案》，他一目十行地看完，吓得浑身一震。谁这么大胆子，竟敢在太岁头上动土，虎口拨牙，抢到日本人头上去了?!

他蹙起眉头正在思索，“格格格！”一阵久违而又熟悉的马靴声由远而近。他惊讶万分地抬起头时，涩谷中佐已经钉子似地站在他面前。身着黄呢军服，身量不高但笃实的涩谷全副武装，满面秋霜，凌厉的目光透过一副大黑玳瑁眼镜，从下到下扫视着他。

李士群吓得站了起来。

“昨天晚上，有人抢劫帝国的正金银行，你的，可已知悉?”涩谷中佐咬紧牙关，一字一句地问。

“我也刚从报上获悉这事。”李士群解释，“我正在想，是谁这么大的胆子，竟敢打皇军的劫！”他以为涩谷要大骂他一顿，责问他上海的治安是怎样维持的，谁知涩谷一句话如晴天霹雳，吓得他三魂掉了两魄。

“打劫帝国正金银行的不是别人，正是你的部下张国震！”

“啊，有这样的事？”李士群说，“这情报是不是不够确切？”

“我们有足够的证据。进一步的调查还在进行中，说不定还有你们更高层的人在后面指使！”涩谷眼光阴沉沉地看着他，“我奉晴气大佐的命令，命令你立刻将张国震逮送日本宪兵队审问！”

“是！”李士群不敢违抗日本人，在涩谷面前胸部一挺，喊操似地应了一声。

李士群送走了涩谷。坐下来将事情的前由后果想了一想，他知道日本人的情报向来很准，这事让他想到了吴世宝身上。

他赶紧一连下了两个命令：逮捕张国震，听候他的进一步指示；派人去叫来了吴世宝。

“张国震昨夜带人去抢日本正金银行的运金车，你知不知道？”一见面，脸青面黑的李士群就用一双蛇眼逼着吴世宝问。

“没有的事。”大块头虽然竭力否认，但李士群一眼就看出了吴世宝的心虚。

“哼！”李士群在桌上猛拍一掌，冷笑一声，“事到如今我想护也护不了你们。你吴世宝不承认没有关系，现在日本人要我将张国震送到日兵宪兵队去。他一过去，就什么都清楚了。”

“部长！”平时作威作福惯了的吴世宝听到这里，吓得脸色都变了，扑咚一声给李士群跪下求情，“国震无论如何不能送到日本宪兵队去，日本人那么狠，又是上刑，又是狼狗咬，他一送过去，被吓昏了头，还不乱指一气。日本人最近看我不顺眼，我吴世宝还不被牵连进去？部长，你得救救我们！”

“先是干什么的，现在说什么都晚了。”李士群说时略为沉吟，“现在，趁张国震还没有走，有什么话，你去找他说说吧！”

吴世宝没有办法，只好死马当成活马医。他赶紧找到张国震，要他无论如何不能将他供出来。并保证，只要不把他供出来，他就有办法救张国震。

已经戴上手铐的张国震，听说要被送到日本宪兵队，早就吓坏了。他在吴世宝面前哭哭啼啼：“大队长，我可是奉你的命令带兄弟们去干的。你要替我做主，我死都不能去日本宪兵队！”

“国震、国震，你听我说。”吴世宝要张国震冷静下来，拍着张国震的肩，压低嗓门，口授机宜，“据我所知，日本人传你去，别看他们样子做得凶，其实并没有拿到什么把柄，无非是唬唬你，只要你死不承认，他们也没有办法。你去吧，去委屈几天。我和李部长会设法救你。李部长和日本人关系那么好，李部长也是答应了的。国震、国震你要明白，只要我吴世宝翻不了船，你国震就不会有问题……”

张国震无奈，只好口头上答应下来。这时日本宪兵司令部来电话催了，“76”号派夏仲明将张国震押上一辆车，去了四川北路的日本宪兵司令部。

不用说，张国震去到日本宪兵司令部，很快就招了供。就在张国震被日本司令部通知“76”号已经收审时，汪精卫下达了对吴世宝的逮捕令。

李士群这下真的慌了。一旦吴世宝的罪行败露，必然牵涉到他。日本人的“毒”他是知道的，他赶紧驱车去吴世宝家。

是余爱珍接待的部长。坐在大块头家豪华宽敞的客厅里，李士群明知故问，吴世宝哪里去了？浓妆艳抹的余爱珍一副无所谓的样子，说她也不知道，一边用好烟好茶好点心招待部长，极尽殷勤，只差没有拿自己招待部长了。

“爱珍，你是一个明白人。”李士群的话说得很好听，“现在汪主席下达了对吴世宝的逮捕令，这是做给日本人看的。我看，世宝不能躲，越躲越说不清，得给汪主席面子。让世宝出来，我亲自将世宝送到日本宪兵队去……你要相信，有我出面，日本人不会把世宝怎么样的，不过是走走过场而已！”李士群说服了余爱珍，余爱珍又说服了大块头。大块头答应去日本宪兵队走走过场。

第二天，李士群亲自把吴世宝送去了日本宪兵队，并当面对特高课长林龟少佐说明：“少佐，请你务必优待吴大队长，我相信，他的冤情很快就可以得到澄清！”林龟少佐平日得到过李士群不少好处，当然是满口应承。

李士群虽然当着吴世宝的面是这样说，其实心中清楚，吴大块头这回是死定了。他回到“76”号，立刻找来亲信马啸天，要他带人以政治警卫总署的名义，查封吴世宝的家产。

当马啸天带着大队人马来到吴世宝在愚园路上的花园洋房时，余爱珍强装笑脸迎出门来，看见有涩谷等日本人，余爱珍吃惊地一怔。

涩谷、马啸天根本不理余爱珍，指挥手下将吴家翻了个底朝天。涩谷、马啸天更是带着几个人闯进了余爱珍的卧室毫不客气地翻箱倒柜。他们在余爱珍的衣柜里翻出一个紫檀木的小箱子，大麻子马啸天亲自上前打开百宝箱，里面装满了金条和价值连城的珍珠、翡翠……马啸天要手下特务将百宝箱中的东西一一清点完毕，打上封条，涩谷接过手去，说由他保存，并宣布搜查完毕。

马啸天很心疼，他知道，这百宝箱交涩谷保存，就是肉包子打狗——有去无回。心中又气又急，却又无可奈何。一直跟在他们身后的余爱珍，心如刀绞，脸上却强颜欢笑。她幼稚地以为自己大方一些，日本人或许会讲点人情，或许会给她留点财产，或许丈夫在日本宪兵队也不会那么吃亏。涩谷如果发挥点作用，丈夫放了回来，失去的都可以捞回来。因此，当涩谷宣布对吴家搜索完毕时，余爱珍扭动腰肢走上前去说："涩谷先生，马先生，弟兄们都累了，时间也到了中午。我已经吩咐厨下，准备好了大餐，请你们到楼下用餐吧！"

马啸天看着涩谷，涩谷点了点头。

他们带着一帮特务下楼，推开玻璃门，进入用大理石铺就的餐厅，只见两桌精美丰盛的西餐已经摆好，上的酒是名牌洋酒——TOV白兰地、强纳毕克威士忌；烟是听装京牌雪茄、茄立克……

席间，余爱珍走上走下，强装笑脸向每个人敬酒、布菜，态度殷勤备至。从场面上看，坐在她家大快朵颐的这些人，不是来抄她家的，倒像是她请来的客人。本就充满魅力的她让特务们看得入迷，连向来冷着脸的涩谷，也透过眼镜毫不掩饰地火辣辣地随着她的倩影而移动。特务们又饱口福，又饱眼福，挤眉眨眼，窃窃私语，不时爆发出一阵淫笑声。特别是涩谷，一反以往的阴沉寡语，不断饮酒吃菜，满面堆笑，对上来殷勤戏酒布菜的余爱珍比起大拇指，连说"你的有路西、有路西（好的）！"

抄家的特务们酒足饭饱，打道回府时，余爱珍还有礼物相送——每人一瓶好酒、三大匣（每匣十听）好烟、一大匣美国糖果。领头的涩谷、马啸天又当别论，他们更是每人得了一个大红包，一行人满意而去。

一直守在"76"号的李士群听了马啸天回来报告后，伸着大拇指夸奖余爱珍："啧啧，吴大块头的婆娘就是会做事，不愧是启美女中毕业的。她这一手做得真漂亮！日本人的眼睛比乌龟还小，送他们一点东西，大块头在日本人那里就不会吃亏了，说不定还有意想不到的好处。"

马啸天用恭敬的态度听完了李士群的分析，从中咂摸出了一些味。看着高深莫测的李士群，马啸天试探着问："部长，光靠日本人发善心，恐怕不行吧？部长就不亲自出马，对吴大块头打个援手？"

李士群叹了口气："大块头敢在日本人头上动土，日本人不会轻饶了他！大块头这么不听话，给我惹了这么大的祸，本来我是不好插手的。但是，谁叫他是我的下级，事到如今，我不去救他，谁去救他，谁又救得了他呢！"

马啸天听出李士群要去救吴世宝，连连点头，连声说是。

"哐啷！"一声，通向优待室的一道铁门打开了。林龟少佐走了过来，只见吴世宝一个人正在优待室里玩扑克牌。

"吴世宝！"林龟少佐张嘴说话时，一缕早晨的阳光正照在脸上，照得他口中的一颗黄澄澄的金牙一闪一闪。

"你被释放了！"林龟少佐对吴世宝宣布，"走吧，有车在大门外等你。"

大块头大大咧咧站起身来，大摇大摆往外走，什么也不说。自从进日本宪兵队起，他就并没有把事情看得多重，他相信，要不了几天，日本人就会放他出去。他的背后有李士群，如果把他逼慌了，他把什么事情都供出来，连李士群也脱不了爪爪！再者，他相信，无论是中国人还是日本人都爱钱，有钱能使鬼推磨！他带信出去，要余爱珍不要心痛钱，只要他能够出去，以后什么都捞得回来。他被日本人关起来后，没有受过刑。也曾草草地过了一回堂，他一口咬定，张震国他们抢太君的车，纯粹是个人的犯法行为，与他这个警卫大队长无关……这不，日本人放他出去了。

当身材高大，身穿白纺绸衣裤的吴世宝大大咧咧走出日本宪兵队大门时，老祝迎了上来，小声说："大队长，请上车，是李部长让我来接你的。"

他嗯了一声，轻轻松松上了车。当老祝陪着他乘车往极司斐尔路76号驶去时，他万万没有想到，他的这条命是张国震换回来的，张国震成了他的替死鬼，在这个早晨将被日本人枪毙。原来，李士群怕城门失火，殃及池鱼，便以部长身份去求晴气放回大块头。请友邦务必顾及"76"号的面子！晴气先是不肯，他又去找"梅机关"机关长影佐出面干预，晴气终于同意下来，但提出一个折衷方案：鉴于张国震等人抢正金银行影响太坏，"76"号可以将吴世宝保释出去，但对抢正金银行的人需严惩，首恶张国震得枪毙！没有办法，李士群只有舍卒保车。

同样是"哐啷！"一声，张国震的牢房打开了，夏仲明带着两个兄弟出现在张国震面前。

"国震！"夏仲明亲亲热热地说，"部长让我来接你回去。"说着让两个兄弟上来给张国震开了手铐，并让他换上他们带来的新衣。然后，将他带到隔壁一间屋子，屋子里一张桌子，桌子上摆好了酒菜。

张国震一怔，意识到了什么，看着夏仲明惊问：“你不是要带我回去吗？带我到这里来干什么？”

“没有办法的事。”夏仲明低下头，“这是日本人的意思，你就吃了这顿饭上路吧！”

“吴大队长呢？”张国震神情骇然，“这是吴大队长要我去干的，他怎么处理？”

“日本人也不会饶过他的。”夏仲明的话说得很囫囵。

“部长呢？”张国震说时，往后缩了一下，“部长就不管我们？”

“日本人在一边监视着呢！”夏仲明说时指了一下远远监视着他们的日本兵，“部长去了影佐那里替你积极说情，说不定还有希望……”

张国震泪如雨下，端起一大碗酒一饮而尽，一抹嘴说：“我也不为难你们，走吧！”

张国震就这样上了囚车，成了吴世宝的替死鬼。天真的他，临死都还在东张西望，等救他的李（士群）部长出现。然而，这一切都没有出现，他后悔了，想跑，但是戴着脚镣手铐，跑不了。想喊，想控诉，但荒郊一片空寂。他愤怒了，转过身来，想质问夏仲明，但是迟了。

“砰！”的一声枪响，张国震踉跄了两下，倒了。

与此同时，大块头吴世宝一脚踏进了李士群的办公室，粗声粗气地说：“部长，你对得起我吴世宝，我吴世宝也对得起你。日本人曾经问起过你办的几桩事，可是我什么也没有说。”

“快坐，快坐！”李士群少有的客气，从办公桌后站起身来，先用手指了指对面的沙发，示意大块头坐下。然后从桌后绕出来，隔几坐在沙发上，指了指茶几上的茶，对吴世宝说，“这是刚给你泡的，是你爱喝的龙井茶。”又从摆在几上的听装烟罐里，拈出一支烟，递给吴世宝，看他点燃吸上后，神情忧戚地说，“别的话都不多说了，我们谁跟谁？为了你出来，我在影佐那里差点跑断腿，为了你，我硬是忍着心，拿张国震的命换回你的命……

“现在，你的事情还没有完。日本人的脾气你是知道的，心狠手辣！上海是不能呆下去了，你在苏州不是还有地产和花园洋房吗？你赶快回家收拾收拾，去苏州躲一阵再说!”说着抽开抽屉，拿出一串钥匙，说，“接着。这是钥匙——连你家的百宝箱现在都还给你。”

一串闪闪发光的钥匙，在空中划出一个优美的孤线，落在吴世宝两只蒲扇般大的手中。

“卟咚!”一声，吴大块头给李士群跪下来，连说：“谢谢部长!”往日颐指气使、不可一世的吴大块头，现在不知是感觉到了事态严重，还是觉得自己受了天大冤屈，哭得呼天抢地。看着吴世宝这副样子，一丝兔死狐悲的不祥预感在李士群心中涌起。他上前扶起吴世宝，并亲自把他送出门，上自己的车。

吴世宝这回真怕了。当天就携余爱珍乘火车离开上海，去了苏州。

奇怪的是，吴世宝去了苏州的第二天就突发暴病，上吐下泻。余爱珍慌了手脚，遍请苏州名医，名医们一致判断是食物中毒，可中药西药下去，全都无济于事。余爱珍问吴世宝昨天吃了啥东西?吴世宝有气无力地说：“昨天离开日本宪兵队前吃了他们送来的早饭，一个饭团，几块生鱼片。饭吃完后，日本人要我喝他们送来的一碗米汤。因为米汤冷了，我也不渴，不想喝，可日本人非要我喝……”

吴世宝话未说完，余爱珍就跳了起来：“糟了，日本人肯定在米汤里下了毒!”这就风风火火跑去请来西医，给丈夫打静脉注射。可是，吴世宝的静脉已变硬，针头无论如何扎不进去。西医没有招了，又换回中医。

中药熬好了，余爱珍亲自去喂，可是，喂进去多少吴世宝吐出来多少。掰开嘴硬灌，照样吐。名医们全都束手无策，说行医几十年，像这种怪病闻所未闻，见所未见。最后没有办法，大家只好眼睁睁地看着吴世宝在一阵紧似一阵的上吐下泻中死去。吴世宝那么大的块头，因水分脱尽，死时竟干瘪得像个小猢狲。

第二十章

呼奴唤婢，陈璧君胃纳惊人

1941年5月的一天，一列长长的车队，驶出南京，向苏州方向疾驰。身兼数职的李士群坐在一辆“克拉克”高级防弹黑色轿车上，鹰扬四顾不可一世。

3月，已经完全绑在日本战车上的汪精卫，领受日本命令，成立了“清乡委员会”，专门对付在沪杭地区日渐活跃的新四军和抗日民众。在这个问题上，汪精卫有所发挥，希图将清乡委员会搞成一个“和平反共建国的实验场所”。他多次强调：“清乡就是建国，就是参加大东亚战争”，并亲自兼任了清乡委员会委员长，陈公博、周佛海任副委员长。由于日本人的推荐，李士群任清乡委员会秘书长。这样，李士群这个“76”号的特务头子权力就达到了顶峰。他戴着三顶帽子——汪记中央调查统计部部长，江苏省省长兼清乡委员会秘书长。李士群将清乡工作分阶段执行。第一阶段的第一期工程以苏州为中心，将江苏省的十个县划为实验区；集结了汪精卫的“和平军”一万五千人，配合日军挨村逐户盘查、编定保甲，实行联保连坐法，设置封锁圈，限制人员物资流通，强调“保障治安”，扬言要“在和平区域内，整理起一条东亚同志线”，企图就此一举消灭坚持敌后抗战的新四军，镇压抗日群众。之后，清乡范围逐渐扩大到了太清东南以及浙、赣、粤等省。一时间，这些地方腥风血雨，日汪军队杀人放火，奸淫抢掠，抓丁抢粮，无恶不作，把个富饶的江南鱼米之乡变成了人间地狱。

李士群得意洋洋地看着车窗外掠过的乡村景况：一望无垠的绿色原野上，所过之处一个个村庄凋蔽不堪，了无生气。村庄与村庄之间，往往被逶迤数十里的竹篱笆和树木搭成“墙”圈拦起来，很远很远才有一道门——这叫检问所，有日本兵和汪精卫的皇协军守卫。相邻的村庄间，因被分割而咫尺天涯。亲戚朋友、兄弟姐妹要串个门都非常困难，往往要沿篱笆走上一、二十里，在检问所，经过日本人和汪伪军的严格盘查。如果从竹篱笆和树木搭成的“墙”上越过，被日军、“皇协军”发现，便不问清红皂白，就地一枪打死……

“何副官!”李士群瞥了一眼端坐在前排司机旁头戴大盖军帽，肩佩少校军衔的青年军官，问，“苏州方面可已作好了汪主席去视察的准备?”

“报告部长!”何副官转过身来，向李士群报告，“准备好了，连汪主席下一站要去视察的杭州也作好了准备。”

李士群点了点头，两手抄在胸前，将身子往后一躺，将整个身子很舒服地靠在了金丝绒靠背上。

“轰隆、轰隆!”这时，一列长长的装满了辎重的军事列车从前面铁路上驶过，他们的车队停下来，等着军列过去。从车窗内望出去，这长长的日军军列，每节车箱都装得满满的，上面拉着篷布，每节车箱上都坐着一个神情警惕，荷枪实弹的日本兵。在一阵地动山摇的震颤中，李士群抽上了一支“三五牌”香烟，看着从眼前袅袅升腾的烟圈，他的思绪也如丝如缕漫延开来。

汪精卫还都南京以后，“中央”内部争权夺利的斗争变得尖锐起来，明里暗里分成三派——以周佛海为首的原国民党 CC 派为一方；以陈公博为首的原国民改组派为一方；还有以陈璧君为首的直接代表汪精卫利益的公馆派。陈公博、陈璧君两个派别是既联合又斗争，双方共同利益多些，他们同以周佛海为首的 CC 派的斗争则没有一天停息过。

一开始，李士群是 CC 派。清乡委员会成立，上层讨论清乡委员会秘书长这个至关重要的人选时，周佛海主动出击，在会上提出由他的湖南老乡、亲信罗君强出任，说：“由罗君强来干吧，君强这个人精明能干!”

汪精卫当即说：“我看还是让李士群来干吧，只有他才能当此重任，另外，影佐先生也有这个意思。”

汪精卫搬出顶头上司影佐，就犹如皇帝的尚方宝剑。可是，周佛海仍不甘心：“李士群兼职太多了。他是掌管我们特工的中央调查统计部部长，又兼了江苏省省长。犹如一只手按十二个跳蚤，有时一个跳蚤也没有按到!”不用说，周佛海说到里，强调的是“如果让李士群再兼清乡委员会秘书长，工作不一定能做好，说不定还会出纰漏!”

看周佛海连丈夫的话都不听，与会的陈璧君火了，当即给周佛海打回去："这个问题，根本就不值得讨论，汪主席有权任命清乡会秘书长!"她的话说得疾言厉色，而且言外之意很清楚：这个政权都是我丈夫汪精卫的，你周佛海都靠着我们吃饭，有什么权力在这里与我们搬嘴巴劲!

周佛海的脸色有些挂不住了，他要力争。虽然李士群是他的下属，而且也是CC派，但是，他们之间有过节，尤其是最近在日本人那里争风吃醋，闹得很凶。本来，李士群是周佛海暗中组织的CC派"十二人团"中的大将，还是周佛海的结拜兄弟。在将丁默邨从"76"号赶出去，让李士群执掌特工大权这一斗争中，周佛海是起了关键性作用的。然而，李士群大权在握，并巴结上日本人后，就不那么听话了，之后更是摆出一副不可一世之势。李士群当上警政部部长后，周佛海私心期望由他的堂弟、时任勤务部秘书的杨树屏任警政部次长。然而，李士群却打了顶头上司周佛海一个翻天印，将这个位子给了他的亲信邓祖禹。李士群笃信这样一条原则："在政治上，没有永久的朋友，也没有永久的敌人!"邓祖禹空出来的位子，李士群又给了当初的仇敌、之前被驯服了的唐惠民。为此，唐惠民对李士群感恩戴德，愈发忠心耿耿。

周佛海对李士群施以颜色。因为他兼任财部长，是个财神爷。他以紧缩开支、精简机构为由，绕过汪精卫，请准太上皇影佐批准，撤消了警政部，将警政部原先所有机构职能，划归内政部管理。

李士群败了一着，气得嗷嗷叫，却一时无法还击。这时，他的智囊人物汪曼云适时献计："李兄呀，政治上只能一帆风顺、勇往直前，决不能落篷。警政部周佛海说撤就撤了，以后，弟兄们怎样看你？周佛海还不在你面前拿大呀？你没有了这个部长的名份，如何兜得转呀？无论如何得去拿回来！这个回合无论如何不能输给周佛海!"接着又如此如此口授机宜。汪曼云这个人长得不怎么样，主意却着实高明。李士群依计而行。他在影佐面前一把鼻涕一把泪，讲周佛海如何出于私心，利用机关长不太了解有关情况，绕过汪主席，撤消了警政部，警政部又是如何撤不得云云，硬是将影佐说服。影佐这再次出面，"征求"汪精卫的意见，准备恢复警政部，但觉得面子上又下不来，就折衷成立了一个隶属于汪精卫中央党部下的中央调查统计部，李士群如愿以偿，当上了这个部部长。而且这个部比起原先的警政部，级别还要高，也不受周佛海节制，直接听命于主席汪精卫。

这个回合李士群赢。以后，李士群与周佛海在公开场合见面，表面上嘻嘻哈哈，称兄道弟，实际上斗争更加激烈，他们是“表面上说得甜甜蜜蜜，心里都揣了把锯锯镰”，恨不得你吃了我，我吃了你！

“呜——”日本人长长的军列终于过完了。

李士群一行的车队过了铁路，继续向苏州方向前进。沿途不时看见检问所和检问所后面等待过关的长队。检问员们一个个威风八面，指手画脚，显然是捞足了油水。这又触动了李士群的思绪。他这个手握实权的“清委会”秘书长上任伊始，想从他手中搞个“检问员”当的人简直踏破了他的门槛，甚至连过去的“兄长”，被他一脚踢出“76”号，在中央社会部挂了个部长虚职的丁默邨的妹夫也宁愿放下堂堂的厅长不做，厚着脸皮托人送礼，希望去做一个小小的检问所主任……

为了弄清这中间究竟有多少油水，他决计微服下乡。那次，他特意化了装，青布长衫一袭，戴副墨镜，打扮得像个小商人。跟着他下乡去的何副官身着一身粗白布对门襟短褂，打扮得像名工友，又像是一名在他身前身后跑上跑下的小伙计，当然，何副官身上是藏了家伙的。他们离开南京，信马由缰地登上了一趟去上海的火车，中途下车，来在一个叫硖石的检问所。这个检问所通向火车站的门有三道，都有站岗的。把守中间那道门的是两个荷枪实弹的日本兵，他们肩着上有寒光闪闪刺刀的三八式大盖枪。把守另外两道门的是身着黑军服的持枪汪记皇协军。

三道检问所前都排着长队，上车前挨次接受检问员的检查。检查的程序是：接受检查的乘客上前一步，将行李放在地下，出示清乡区居民证。检问员接过居民证，将证件与本人详细进行对照，过场做完，真正的节目就上来了。检问员对所有的过路者都实行搜身。过路者都知道有这一手，个个心知肚明，因此先就钞票准备在手，检问员来时，将钱递过去。徜若递上的钱检问员满意，他们就一边将钱塞进自己腰包，一边用粉笔在行李上划个十字，算是过关。倘若不满意，就被喝斥着让站一边去，过不了关。

当时，李士群带着何副官站在一不引人注目处细看，暗暗计算这些检问员一天下来得收多少黑钱。一个意料中的场面出现了。一个脾气暴躁的检问员，骂道：“滚回去，你这个穷样子还想要过老子的关！”骂时像老鹰叼小鸡似地拎出一个衣衫破烂、瘦骨嶙峋的老汉，还踢了人家一脚。不用说，这个穷老汉身上没有油水可捞。

另外一个检问所的检问员在检问一个年轻农妇，这就带有调戏的色彩了。看样子，准备过关的是个刚过门不久的新媳妇，家境不错，有些姿色也有些腼腆，衣服也穿得整齐。检问员是个矮子，一副色迷迷的粗鲁样子，不由得让人想起《水浒传》中调戏一丈青扈三娘的矮脚虎王英。矮子检问员明着是要检查，却动手解开人家新媳妇高挺的胸脯上的阴丹蓝布衣服，手伸进去，乱摸一气……臊得新媳妇脸红得像块红布，身子也弯了下去，吃了个哑巴亏，周围的人是敢怒不敢言……

李士群凭着一双职业特务的眼睛很快发现，这些在枪杆子保护下的检问员与日本军人，是相互勾结，利益均分。而检问员还是小巫，得大头的主家是躲在后面的检问所主任。硖石检问所主任出来巡视了。这是一个个子瘦高的汉子，戴副墨镜，手中拄根拐杖，穿西服打领带，像个假洋鬼子。他气魄很大地在三个检问所间走来走去，指手画脚。看得出来，这检问所主任明是来督促检查，实际上是在估摸钱财进项。

李士群心中有数了，径直来到这个检问所主任面前，问："你是这个硖石检问所的主任?"

"你是干什么的?"硖石检问所主任一怔，很生气地摘去了戴在眼睛上的墨镜，上下打量着来人，扬起眉头问。硖石检问所主任不认识李士群，从穿着上，断定站在面前的这个人是个不懂事、而又爱打抱不平、手中有点钱的商人，眉毛不禁一拧，突然发作，"混帐东西，这话也是你问的么？你究竟是什么意思？你要过关，就老老实实去站队接受检查!"

"我是李士群!"说时，他默默摘下戴在眼睛上的墨镜。

硖石检问所主任一怔，一双眼睛瞪得鹅蛋大，嘴张得大大的。

何副官走上前去，把派司一亮，口气很大地骂："你是狗眼不识泰山，连李部长来了都不知道，我看你是不想吃这碗饭了!"

硖石检问所主任惊惶失措，连连道歉："我请罪，我向李秘书长请罪!"硖石检问所主任站在李士群面前，身子弯下去，像只大虾。

"到办公室去!"李士群生气地将手一挥。

"是是是。"硖石检问所主任赶紧将李士群和他的副官迎进了那间窗明几净布置堂皇的办公室。李士群要硖石检问所主任将他的下属们都叫进办公室来。

刚才还凶神恶煞的检问所主任和他的检问员们，像是耗子见了猫，站在李士群面前，面面相觑。

“你们刚才的所作所为我都看见了。”坐在办公桌后的李士群做出一副刚正不阿的样子，手在桌上一拍，喝道，“把你们刚才搜刮的不义之财都吐出来！”硖石检问所主任带头，抖抖索索，将搜刮的不义之财都掏了出来。顷刻间，银钱堆了一桌子。何副官上前清数，共有八千多元。李士群暗暗啧舌，心想，这还了得！米价不过一百元一石，宁沪线上每天有八班车对开。硖石检问所一班车下来，搜刮的钱财就这样多，那么一天下来呢？一周，一月下来呢？细细一算，真是惊人。他曾听说过，南通天生检问所主任张本元肥得流油，连腰带上的褡襻都是纯金的，当时他还不信，现在看来，毫不为过。

李士群装模作样地对硖石检问所主任和检问员们训道：“你们这样整钱，还得了吗？”想了想，问，“你们手中的钱都花到哪里去了？”

主任当即叫穷叫苦：“秘书长你哪里知道我们这些人的苦？”说着用手指着在车站上移动的日本兵，“他们这些皇军，平时吃的花的，全都要我们孝敬。甚至连找花姑娘的钱也找我们要。日本人我们惹不起，现在连皇协军也要打我们的启发。我们看起来进得多，实际上很少。我们这样做，也是被逼得没有办法，秘书长可以详察。”李士群想想，这也是。他语焉不详地说：“下不为例！”接着，让何副官将收缴的八千多元钱收起来，留下自己的一张名片走人。

以后，他制定了一条“发灶法”从下属的数百个检问所榨油。由此一来，下面检问所当然是更加贪婪，对过关旅客进行更加严酷的盘剥……

李士群正沉思默想间，何副官转过来头来报告：“省长，苏州到了。省长是先回家，还是到省府狮子林？”

“去狮子林。”李士群不假思索，“汪主席明天就要到苏州来了，我得去检查一下他们的准备工作。”这时，他才注意到，车窗外暮色已起，有东方威尼斯之称的苏州已亮起了灯。倏忽间，车已进城，只见苏州河两边鳞次栉比排开的房舍街市，全都关门闭户，死气沉沉，哪里还找得到一点“上有天堂，下有苏杭”的影子？街上偶尔有一队巡逻的日本兵走过，残垣断壁比比皆是。电杆上、墙壁上……到处都贴着“仁丹”、“若素”、“大学眼药”这样的日本产品广告。

第二天，苏州车站张灯结彩，喜气洋洋，车站上戒备森严，三步一岗，五步一哨。上午九时半，李士群率江苏省府和清乡委员会的大员们齐齐来到车站，列队欢迎汪精卫。

十时整，随着一声汽笛长鸣，汪精卫的专列徐徐驶进了苏州车站。中间车门开处，西装革履的汪精卫率林柏生、周隆庠、陈昌祖、郭秀峰、黄自强等一帮“公馆派”亲信官员鱼贯而下。霎时，排列在车站上的军乐队高奏迎宾曲，所有警卫向汪精卫行持枪礼。穿一身崭新藏青色呢子中山服的李士群大步迎上前去，在汪精卫面前立正、敬礼，朗声道：“欢迎汪主席到苏州巡视!”

汪精卫今天破天荒地穿了一身特级上将军服，在公馆派亲信大员们的簇拥下，矜持地笑着，向李士群和他率领的一帮文武大员们频频招手还礼。他行的是军礼，却用的是左手，手叩军帽帽檐时，五根指拇很不规整。

李士群率领着他的大员们紧跟在汪精卫身后，出了车站。早已组织好的两边夹道的孩子们举起了手中的鲜花，高呼“欢迎、欢迎!”这些组织起来的孩子足有上百名，服装都很整洁。汪精卫似乎很感动，弯下腰去想亲一个孩子，但那孩子由他亲，可爱的面庞上却全无一点喜气，一副公事公办的神情。汪精卫这才注意到，这些孩子，还有所有来欢迎他的人都不是自发的，后面都有军警压阵。汪精卫兴味索然了。

这时，一辆“克拉克”防弹专车开到汪精卫面前，副官上前为他拉开车门时，他一声不吭上了车。

长长的车队首尾衔接，向苏州城内缓缓驶去。汪精卫用手撩起窗帘，透过车窗往外看去，街道上，到处张贴着“确保治安”、“改善民生”等大幅标语。几处十字路口，堆着沙包做的掩体，伏在掩体内的日本兵、还有他的皇协军架着机枪，如临大敌。汪精卫不禁心想，苏州是江苏省的省会，离上海才多远？竟是如此戒备森严，想来这一带共产党新四军的势力相当大，活动也厉害。这样一想，他不禁有些担起心来。好在这时省府到了。

汪精卫不事休息，在会议室听取了负责这一带治安的日军堤少将作的清乡军事报告和李士群作的清乡工作总结。晚上，出席了盛大的欢迎宴会。出席宴会的都是苏州政要和本地名人……有穿长袍马褂、戴一副鸽蛋般铜边眼镜、颏下蓄山羊胡的遗老，有西装革履的买办士绅，有军装笔挺的将军。然而，汪精卫注意到，日本方面只派了两个穿便服的联络员来，堤少将并没有出席，这让他心中暗暗不高兴。尽管这样，汪精卫还是打起精神，发表了简短训话，要大家对和平反共大业抱必胜信心。

第二天早饭后，汪精卫一行离开苏州继续他的巡行。到了昆山，汪精卫一行换乘汽艇走水路去常熟。在常熟，汪精卫又作了一个小小的停顿，在地方上组织起来的千人欢迎会上，即席讲话，声称清乡就是清除共产党；民众要在心力上信仰和平运动；国民政府应该组织坚固，训练纯熟，从而使共产党在当地绝无潜伏滋长的可能……汪精卫对他的演讲术向来自信。但当年他在国内国外作"驱除鞑虏恢复中华"演讲时所受到的欢迎场面，已经不在。此次场面冷清，他不得不草草收场。

翌日，汪精卫又开始了他新的行程，他尽可能地秘密行动，一行人换乘汽车，再经昆山去了太仓。经过太仓支塘镇特别公署时，他突然停了下来，径直去特别公署听取了署长沈靖华的汇报。汪精卫似乎对他的清乡成果很有信心，也很有兴趣，对有关问题问得很细。他屈起两根指头问了沈靖华两个问题。一、清乡前后，这个镇的人口总数各是多少？二、清乡前后这个镇的财赋收入如何？沈靖华滑头，回答得很囫囵，说是在汪主席领导下，太仓支塘镇在经过清乡后，人口财赋都增加了，治安情况也好了……

"好好好!"汪精卫听了沈靖华的汇报后，眉开眼笑，环视左右，"人口与财赋增加，治安情况转好，就是民生改善的最好证明……"汪精卫正在夸夸其谈，负责全程陪同的李士群进来了，他轻步走到汪精卫跟前，附下身去，对汪精卫小声说了几句什么。只见汪精卫脸色大变，霍然站起，手一挥，说："上车，走!"不管沈靖华等如何挽留，一行人像是受了惊吓的兔子，赶紧沿途返回。

刚才，李士群向他报告，可能汪主席此行走漏了消息，发现一股新四军正在向这边运动……汪精卫神情紧张地坐在他的防弹轿车里，向外望去。窗外，沿途村庄萧索，农田荒芜。远处，芦苇一片，无边无际。他深怕芦苇丛中钻出新四军，打他一个袭击。好在那些坟茔、高岗上，都站有持枪警戒的皇协军。此情此景对他刚才鼓吹的"经过清乡的区，治安已经确立"，实在是个绝妙的讽刺。

汪精卫对苏州一线清乡区镇的巡视，就这样半途而废了。他们一行回到南京，宣传部长林柏生开动宣传机器，大肆鼓吹汪主席此行的“躬与其盛”！

苏州狮子林，汪精卫刚走，周佛海就来了。

李士群以江苏省省长兼清委会秘书长的双重身份，宴请周佛海。菜肴相当丰盛，只是气氛有些冷清。好在出席宴会的堤少将高兴，喝了酒后活跃万分。堤少将是日本鹿儿岛人，听说周佛海留日时在那里呆过，这就有了共同的话题。他们谈鹿儿岛上的温泉，谈男女同浴……越谈越投机，两人频频举杯。堤少将很久都没有这样开心过了，渐渐有了酒意。他先脱去了军衣，还热，又脱去了衬衣，还脱去了长裤，直脱得只剩下一条花裤衩为止。本来，堤少将就丑得像个鬼，螃蟹似的脸上，戴一副厚如瓶底的眼镜，上身长，下身短，罗圈腿。这样一来，就更不成个体统，周佛海不知堤少将要唱哪一出，但在太上皇面前，他不能制止，不能发作，也不能走，而只能陪着。

堤少将结结巴巴地对周佛海说：“周先生，认识你，我很高兴，用你们中国的话怎么说？这叫——三生有幸！”他说他会画中国画。李士群赶紧投其所好，命人给取了文房四宝放在桌上，并摆上一张宣纸。人不人鬼不鬼的占领军少将晕晕地走上前来，提笔饱醮墨汁，当众挥豪。他在宣纸上画了一副自己的尊容，翘起仁丹胡子，上款题“周贤台雅正”，下款写“堤少将赠”。放下笔，他用右手拇指在砚池中一揿，在漫画上按下手印。这就很隆重地送给周佛海。堤少将一张画完，意犹未尽，又接着画下去，赠给李士群……

在周佛海、李士群虚情假意的叫好声中，堤少将越发来了兴致。他丢下手中的笔，索性叫下人将桌子撤去，腾出中间一块空地，搬来留声机，放起了日本歌曲。顿时留声机里传出周佛海耳熟能详的拉网小调。堤少将载歌载舞，又抓起毛笔，在自己的肚子上画了个鬼脸。接着再随着乐曲，扭动屁股，丑恶之致！堤少将近乎歇斯底里的表演，让西装革履、正襟危坐的汪记中央政府第二号人物周佛海大为惊异。他看出来了，即便如堤少将这样的军事长官，内心也相当空虚，思乡之情相当强烈。见坐在一边的李士群正笑吟吟地打量自己，那意思是很明显的，也是很恶毒的——你看，堤少将当众肇你的皮，你心中不高兴么，又能怎么的?！他笑了笑，做出一副不屑一顾的神情。陪坐一侧的几个日本军官，实在看不下去了，就上去一再规劝。闹得很疯的堤少将这才勉强穿上了军服、军裤，可画在肚子的鬼脸还是舍不得擦去。

堤少将在他的下属们的簇拥下退了席。看李士群一副笑扯扯的样子，周佛海这才以居高临下的姿态评论说：“不足为怪嘛。日本是个海盗民族，一吃了酒，就忘乎所以。堤少将就这样，吃醉了酒，就露出了狐狸尾巴！”

“这话可是周主任你才敢说！”李士群枭笑一声，话中有种明显的威胁意味。

“我说的，我说的。”也带了几分酒意的周佛海将胸脯一拍，很豪壮地放言，“我周佛海是行不更名，坐不改姓！这些话就是当着堤少将也是敢说的！”

李士群不敢当面同周佛海较劲，他问周佛海准备去哪些地方巡视，他好早作准备。

周佛海报了一串地名。李士群说，那就请周先生早些移尊隔壁宾馆休息。

周佛海的第一站是常熟。地区公署署长王昆山对周佛海极尽巴结谄媚之能事。澄湖大蟹是当地名产，而在这个时节，就是当地富人要想吃到澄湖大蟹也难。周佛海一行到达常熟当天中午，王昆山就用澄湖大蟹款待他们。当一大盘喷香、酥黄的澄湖大蟹端上桌时，王昆山站起来，笑吟吟地致词：“咱们这里是个穷地方，没有什么好东西招待周先生的，澄湖大蟹或许勉强可以一吃。”说着手一比，“周先生，你请！”

周佛海之所以选择常熟，很大程度上就是来吃澄湖大蟹的。在宴会上，他大快朵颐，拿起一块块个头大，烘烤得喷香、酥黄的澄湖大蟹，驾轻就熟地扳腿、吮汁、吃肉，尽享美味。王昆山是常熟一霸，平素鱼肉人民，贪赃枉法，将常熟这样一个鱼米之乡，弄得万户萧疏，许多人家吃了上顿没有下顿。然而，周佛海一连在常熟住了两天，王昆山天天都是好酒好肉供奉，临走还有红包赠送，连周佛海手下人也都得了王昆山不同程度的好处。因而，像王昆山这样一个在常熟人人切齿痛恨的恶棍，却被周佛海夸为“党国的栋梁之才”……

周佛海本来想深入清乡纵深区，但担心安全，在常熟美美吃了两天澄湖大蟹后，返回了苏州。

周佛海在结束他的苏州之行前，找来李士群，单刀直入地要李士群将原先吞了的一笔钱吐出来还他。事情的由来是：1941 年 5 月，汪记中央储备银行在上海成立后，为强行在沦陷区推行中储券，特强行规定，中储券与旧法币的兑换率为一比一。不久，兼任了中央银行行长的周佛海下令将中储券与旧法币的兑换率改为一比二。江苏省内有旧法币四千万元流通。周佛海要中央储备银行按比例给江苏省银行拨去中储券二千万元。按理，江苏省银行应该将四千万元旧法币上缴中央储备银行。可是肉包子打狗，李士群收了二千万元的中储券，四千万元的法币却不肯交出来。

“我们是清乡地区，财政困难！”李士群要开了赖皮。

“上有天堂，下有苏杭，李省长管辖的地方是鸭子的屁股——肥陀陀。如果你都不交这笔钱，财政真正困难的中央政府那就更是运转不开了。”周佛海说话，不疾不缓，但语气中竭尽挖苦、威胁之能事。说着，他的一双眼睛透过镜片看着要赖的李士群，变得枪弹般犀利，“如果你实在不交，我也没有办法，只好请汪主席出面说话了。汪主席如果还不行，那就只好请日本人出来对李省长说了！”

好狠！李士群心中暗暗骂着打上门的周佛海，心想，这笔帐看来是躲不过去。如果周佛海真的将这事捅到日本人那里去了，那他李士群就会吃不了兜着走！

“如果周行长实在要我们苏州交出这笔钱也可以。”李士群开始讨价还价，“不过，我们要把话说清楚。最初，中央储备银行规定，中储券与旧法币的兑换率为一比一。我们要交，只得按这个数交。如果硬要我们按一比二的兑换率交，我们交不出来。因为这个比率也不合理！”李士群话中有话，“如果周行长不同意，士群只得陪着周先生打官司，这个官司随便打到哪里都行！”

“好说，好说，我们不是外人！”周佛海见好就收，语气也显得亲热起来，“士群，你既这样说，就按你说的办吧。就按这个比率，将钱划过来就行了。”

“好，那就一言为定！”李士群说到这里，仰起脖子一阵枭笑。

“君子报仇，十年不迟！”周佛海长得人高马大，其实心机很深，小鸡肚肠。他想，你李士群现在是三月间的樱桃——红登了，一手抱紧汪精卫的大腿，一手抱紧日本人，我一时把你无可奈何，但总有一天要栽到我周佛海手中。到时候，看我周佛海怎样收拾你，何况，我现在还是你的上司。俗话说，官大一级，犹如泰山压顶，看我们谁熬得过谁！周佛海就是报着这样的心情离开了苏州。

不过，他并没有回南京，而是说要到上海办点事，独自一人径直去了上海。苏州一行，他暗中从王昆山等人处搞了些钱。来在灯红酒绿，十里洋场的大上海，他先去藏于金屋的暗妾小玲处轻松了两日，觉得还不过瘾，这又悄悄去了上海名噪一时的几个高级妓女处春风一度。人生能有几回醉？这个醉，不仅是精神上的，也是肉体上的。他得好好享受享受，补偿补偿，这样才不会委屈自己。

当周佛海在大上海浪荡够了，回到南京，除了给妻子杨淑惠带回许多时新服装、手饰，还带回了一样赠品——淋病。杨淑惠被周佛海感染后，想跳起脚将丈夫骂个狗血淋头，却又想自己已是徐娘半老，而周佛海要扔她易如反掌，只得在屋里打鸡骂狗，或是指着某个长相不错的丫寰指桑骂槐。周佛海当然知道杨淑惠想骂什么，问她，她也只是没好气地支吾道："我骂？我骂清乡混帐得很！"

"三姑！"当时年56岁的汪记中执委曾醒步入宾馆小客厅时，李士群很恭敬地从沙发上弹直身来，一张清水脸上漾起少有的笑意。

为了让很有来头的"三姑"对自己有个好印象，大权在握的李士群特意修饰打扮了一番。今晚，他身着一件丝质玄色长袍，头发梳光，竭力将自己打扮得朴素、整洁一些，带点书卷气。

"请坐！"曾醒反客为主。三姑不高不矮，看起来要比实际年龄轻。她鬓发染霜，皮肤白皙五官端正的脸上微微堆笑，慈眉善目的样子，然而，一双敏锐的眼睛却打量着李士群。三姑身着一件浅灰色旗袍，外罩一件黑色圆翻领网眼毛衣，言词简洁。长辈的矜持、温和、身居高位、威而不露的含蓄、练达，在见多识广的三姑身上兼而有之。

正说话间，珠帘轻启。一个手端髹漆托盘，身穿大红旗袍，容貌俊俏的服务小姐进来了。她袅袅婷婷来到茶几前，捡出茶点放好。向主客鞠躬致礼，转身轻步而退，随手掩上房门。

三姑这是陪着汪夫人陈璧君继汪精卫、周佛海之后出巡，第一站也是苏州。汪夫人这次出巡，可谓阵容庞大，除了他的两个侄子陈昌祖、陈允文和几个保镖是男性外，都是女性。有陈群、叶三、褚民谊、林柏生等要人的夫人。她此行的目的很单纯，只有四个字：吃、耍、看、买。有意思的是，陈璧君临行前，专门要人给李士群打了个电话，声明她这次去苏州一线巡视，不是以汪夫人名义，而是以中执委委员名义去的……

陈璧君一行是下午乘专列从南京到苏州的。李士群不敢怠慢，他先是在车站为陈璧君举行了隆重的欢迎仪式，接着在狮子林举行接风宴会，规模的盛大、隆重，不亚于接待汪精卫。

华灯初上时分，李士群专程来到汪夫人下榻的狮子宾馆拜谒，并请示下一步的行程安排。可是，陈执委拿开了架子，不肯见李士群，而是让三姑全权代理。

“三姑！”李士群说时欠了欠身子，“不知你们此次出来巡视，要去哪些地方？有没有什么特别的要求？请随便吩咐。”

“也没有什么特别的要求。”三姑语调平缓地说，“陈委员的意思是请你陪同全程。”至于陈璧君究竟要去哪些地方，三姑却没有说，李士群也不再问。

李士群略为沉吟，心中闪过一丝不快，心想，我李士群身兼数职，责任重大，你丈夫汪精卫来也没有要求我陪全程，你陈璧君要我陪全程？但陈璧君提出来了，总不能驳她的面子，况且，同这个女人搞好关系也很要紧。这样一盘算，他就答应下来，语气亲切地说：“行。那有什么说的？三姑和陈委员来，我再忙也要尽地主之谊，陪全程！”

三姑也没有说什么，只是点了点头微笑。

接着，李士群同三姑讨论了具体事宜后，他很知趣地站起身来，告辞了。

陈璧君的巡行随意性很强。明明说好要去常熟吃澄湖螃蟹的，临行前，她不知听谁说姑苏城里有一家“姑苏玉斋”卖的玉器很有名，就不去常熟了，改去逛这家玉器店。

没有办法，李士群只好陪着陈璧君一行，驱车来在“姑苏玉斋”。下得车来，朝阳把这家百年老字号的中式门楼和雕龙刻凤的木质窗棂镀上了一层厚重的金辉。四周簇拥着武装警卫，门楼前一株虬枝盘杂的香樟树下游动着便衣特务。

昨夜，头枕姑苏涛声睡眠很好的陈璧君这会儿兴致高涨。她下了车，在夫人们的簇拥下，刚刚来到门楼下，“姑苏玉斋”老板已迎了出来。

“陈委员驾到，小店蓬荜生辉，不胜荣幸。因稍作准备，接驾来迟，恕罪恕罪！”也许是李士群事先打过招呼的，老板口中绝不提汪夫人。李士群在旁边介绍，老板姓张，经营玉器，世代祖传云云。这张姓老板五十多岁，从打扮到遣词造句都是国粹。身材瘦高，着一袭蓝绸大褂，头上戴顶博士帽，狭长的脸上，挂一副鸽蛋般的铜边眼镜。

“看得出来，看得出来。”陈璧君看着旁边的李士群，一边朝里走一边打着响亮的哈哈，“张老板是个行家，我是慕名而来。”

一进入“姑苏玉斋”，陈璧君那一双大眼睛就亮了。这“姑苏玉斋”果然名不虚传！沿墙排开的一格格木质博古架、玻璃柜里展示的玉琢瓶炉杯盘、花鸟虫鱼、舟车山水、亭台楼阁……无不晶莹剔透、美轮美奂，排列有序。陈璧君在夫人们和李士群的陪同下，一路细细看过去。当她来到挂在墙上的一块玉琢影壁前时，停步不走了。这块玉琢影壁，起伏着远山近水，夹岸疏竹垂柳，绿野平畴，小桥流水；村庄点点，农人稼接……功夫甚是了得，犹如一个高明的画家，在尺方素笺上尽展其江南风彩，苏州神韵，极有沟壑，意境深邃。

陈璧君站在玉琢影壁前，脸上露出贪婪的神情，调头问陪在身边的张老板："这幅影壁，很得《秋山行旅图》真谛。我早就听汪主席说过玉琢《秋山行旅图》这件国宝在你们姑苏城，不想这件国宝就在贵店。我很喜欢，不知张老板能否割爱，钱嘛，好说!"

不知为什么，张老板听了这话，不禁退后一步，一手托了托滑到鼻梁上的铜边眼镜，腰一躬，半点不敢疏忽地回道："回夫人的话，不，回陈委员的话。陈委员好眼力，也承蒙陈委员看得起。这件宝物确实是本店的，可惜，几年前被沪上的大亨杜月笙先生买去了，现在仅仅是个影壁，实在是遗憾得很!"说着，又曲了曲腰。

"啊!"陈璧君毫不掩饰她的失望和惋惜。她这又移动脚步朝前走去。她从博古架上取下一个白底青花瓷碗，拿在手上反复摩挲把玩——这是一个表面上极普通的瓷碗，甚至谈不上光洁。夫人们、随从们一副不解、疑惑的样子，而在一边的老板却翘两根瘦指，一下一下地拈起了颔下那绺花白胡须，很欣赏的样子。

陈璧君用右手食指在白底青花瓷碗上轻弹两下，铮铮有声。陈璧君说："别看这碗外表毫不起眼，其实是明朝宫廷宝物。它的质地极为珍贵，也很坚硬，是由昆仑山顶上的玉石琢成。夏天存物，三天不馊……"说着看了看旁边陪着的张老板。

"陈委员真是内行，老朽真是佩服之至!"张老板印证了陈璧君的鉴定，而且说得更详细一些，"这是明朝开国皇帝朱元璋赏给他最喜爱的第十一子、被封为蜀王的朱椿的宝物。以后，这便成了历代蜀王的传家宝。明末张献忠入蜀，在成都当了三年大西皇帝，张献忠并不喜欢这个外表粗糙的白底青花瓷碗，可这碗在夏天盛绿豆汤，存在水窖里放上糖几天不馊——是夏天制冰镇绿豆汤的最好工具。以后，张献忠败了，死了。这宝碗被他的第一义子孙可旺继承了……斗转星移，人世更迭，竟辗转到了本店，多少年来无人能识。

今天，陈委员认出了它的价值，可谓有缘，物归其主，请陈委员笑纳。”陈璧君笑了，伸出双手接了过去，随手递给跟在身边的副官，嘱咐收好了！

“夫人，请稍候！”看陈璧君要移步，张老板情绪激动起来，眼镜后的长寿眉抖了抖。他风似地进到里间卧室，抱出一样东西，高约两尺，上面盖着红绒布，看样子很有些沉。张老板双手捧着它，小心翼翼，像是捧着一个十世单传的婴儿。他将手中的宝物捧到屋中方桌上，轻轻揭开红绒布。

“哇！”夫人们都不禁发出了赞叹声。这是一幅极精美的《鉴真东渡图》。整个画面由一块长三尺高两尺的淡蓝透明晶莹美玉琢成。只见在波涛汹涌的海面上，一艘巨船鼓起风帆，劈波斩浪奋勇前行。船首梨花万朵，船尾抛出千条白练。老舵工沉稳把舵，两边几十名赤膊船工推着巨大的绞盘……

甲板顶层，一间红漆黑底玉砌雕栏的中国宫观式舷舱里，身披袈裟的鉴真大师盘坐舱里。他手中拈着佛珠，一双空蒙的眼睛目视前方，神情坚定，其情其景，栩栩如生，极为感人。显然，这是表现鉴真大师第三次东渡日本的航海场面。那是盛唐时期，身在杭州的鉴真大师应扶桑之邦盛情邀请去日本传经送宝。可是，他两次冒险东渡都失败了，双眼也已失明。可是，为了把盛唐文化、宗教播向东瀛，他在双目失明的情况下，再次冒险东渡，终于成功。细看玉琢，可谓毫厘毕现。鉴真大师那张饱经风霜的脸上，神态坚毅沉稳。他左手数珠，右手竖掌，口中似乎喃喃有词……人物、大海、巨船无不逼真，巧夺天工。

陈璧君感到震惊，问老板：“这是何人的手艺？”

“报告陈委员，实不相瞒，这鉴真东渡玉琢是祖上留下的传家宝，平时不轻易示人。家父生前告诉我，这本是清宫宝物，八国联军攻占北京后，它被英国人抢走，后来流落到民间。家父是倾其家产买下来的。我们家在姑苏城中开玉器店几十年，像夫人这样识货的，算是第一人。”

“见伯乐而有千里马！”李士群听出来，这位老板是想在陈璧君这卖个好价钱，一笑道，“张老板这副鉴真东渡玉琢今天算是有缘，遇上了识货的陈委员。正好该物归其主了，张老板，你就开个价吧！”

“这个，这个？”张老板忸怩起来。

“不，君子不夺人之爱，我不过随便看看。”陈璧君是个何等精明人，她看出来了，张老板先是送她一个说得神乎其神的碗，现在在她面前将鉴真东渡的玉琢文章做足，目的是要她出大价钱，欲擒故纵，张老板算盘打得太精了。不过，想从我陈某人口袋中掏大钱，想得容易！陈璧君心中这样在想，可说出来的话却很好听。结果，因为有李士群的原因，她在姑苏玉斋买了三样玉器，只花了五千元钱。

当天晚上，李士群又称有事去陈璧君下榻的狮子林宾馆拜访夫人。照例是三姑出面接见李士群。

“三姑!”一见曾醒，李士群就讨好地说，“我见陈委员喜欢‘姑苏玉斋’中的那副鉴真东渡玉琢，现在，我给买来送了来，算是尽一点地主之谊。”

李士群此举，自然是三姑意料中的事。曾醒问：“多少钱，我付。”

“不贵，不贵，就三万元钱。”李士群将一只手摇得拨浪鼓似的，“陈委员能够笑纳我们苏州这副玉琢，是看得起我们苏州，看得起我李士群。说到钱，就是看不起我们了!”说着，手一挥，高呼一声，“何副官，将玉琢鉴真东渡抬进来，让三姑验收。”

何副官带着两个工匠，将装了箱的玉琢鉴真东渡抬了进来，小心翼翼地放在当中一张桌上，撩起盖在上面的红绒巾，给曾醒看。

“好。”她说，“那我就代表陈委员收下了。哎，李秘书长真是花了大价钱……”曾醒话这是这样说，其实，她心中清楚，在苏州，凡是李士群想要的东西，没有人敢收他一分钱。

第二天早饭后，陈璧君一行离开苏州乘专列去了杭州。当陈璧君一行，在月台上车时，她看见一辆亮铿铿的“福特”牌轿车竟大模大样地直接开上月台，停在专列前。从“福特”牌轿车上下来一位手拿皮包，西装革履的矮胖子，谁也不看，径直登上了专列。

“这不是教育部长樊仲云吗，他怎么到这儿来了，上我的专列，这不是揩我的油吗?”陈璧君火了，叫过侄儿陈允文，问，“这是怎么回事，这列专列究竟是给我开的，还是给他樊胖子开的?你去问清楚，如果是给他樊胖子开的，我们就不上去了!”

陈璧君为人吝啬、小气、任性，陈允文是知道的。他当即劝姑姑：“这列专列当然是为姑姑你开的。我想，这樊仲云或许是来苏州办事，办完事，恰好也要去杭州，顺便搭姑姑的车。”

“那他见了我为什么躲?”陈璧君不依不饶，高声大嗓，“你上车去问问樊仲云，他明明揩了我的油，见了我还理都不理，他这是什么意思?!”

陈允文没有办法，只好上车去问樊仲云。高度近视的樊胖子正坐在一列上等车厢里，等候开车。见了陈允文一惊，鼓起厚如瓶底的镜片后面的一双金鱼眼睛，问：“咳，怎么你也在这里?”

“你这是装糊涂吗？夫人正在生你的气!”

“哪个夫人?”樊仲云丈二和尚摸不着头脑。

陈允文见樊仲云真不知道，就将来由细说了。

“啊，这是日本人搞错了，是日本人要我乘这趟车。误会、误会!”樊仲云说着站起身来，就要下车。此时铃声大作，专列就要开了。陈允文说：“你就坐到后面一列普通车厢去吧，夫人们就要过来了。等一会，我去姑姑那解释。”

专列开动了。

李士群专为陈璧君调的这列专列车厢不多，分为三个部分。车头后的两列车厢是软卧，陈璧君和三姑曾醒占了第一部分。第一间是她们的卧室，第二间是陈璧君的会客厅，讲究备至，原先的桌凳全部撤去，地上铺着地毯，四周摆上沙发，沙发间有固定的茶几。茶几上面铺着雪白的桌布，当中摆着细颈花瓶，瓶中插着一束红色的康乃馨，散发着淡淡幽香。桌上都摆着水果、茶点。那光景，真像是元首出巡，其排场，比汪精卫有过之而无不及。

第二部分也是两节软卧，那是陈璧君所带的夫人们以及陈允文等人的住卧起居地。

第三部分挂的是餐车和卫士、随员们坐的普通车厢。

“咣啷、咣啷!”车轮快速地敲击着钢轨，向着杭州方向疾驰。樊仲云被陈允文安排在专列第三部分的随员室里，坐在一边打瞌睡。李士群静静地坐在客厅里，抽着一支三五牌香烟。负责全程陪同的他，想着刚刚过去的事，不屑地摇了摇头。好在陈璧君已进入她的软卧车厢里休息，看不到他这副不屑的表情。刚才，樊仲云上错车，惹得陈璧君老大不高兴，及至车开后，陈允文先是去对她作了解释，接着又领樊仲云去参见了她，一腔怒火的陈璧君这才作罢。

“李部长，这是怎么搞的?”

“哐啷!”一声，门开了，脸青面黑的陈璧君出现在面前，向他兴师问罪：“我的包房都被人占了，你知道吗？与其这样，我们不如买普通票去杭州算了?”

“这是怎么回事?”李士群一下站了起来，一副义愤填膺的样子，“哪个有这样大的胆子，夫人的包厢都敢闯敢占，不想活了吗?”

“那你去看看嘛!”陈璧君没有好气地一句。

李士群好生奇怪，一边往前走去一边心想，是谁吃了豹子胆，敢占陈璧君的专列，今天怎么尽出些怪头怪脑的事！他下意识地摸着了别在腰带上的手枪。

“砰!”地一声，李士群一脚踢开了专列的门，只见一位脑门秃了的中年男人，正猴头猴脑坐在窗前看风景，这人应声吃了一惊，调过头来。怪了，这不是考试院院长江亢虎是谁?

“江院长，你怎么坐在汪夫人的专列里?”李士群没好气地问。

“啊，是么?”江亢虎吓得一下站了起来，对李士群细说原委。原来，他同樊仲云一样，都是来苏州来办完事，由日本人安排上车的。按规定，在汪精卫的政府中，凡部长级的官员乘车都不买票，出入车站免检。江亢虎这人在这方面向来会来事，因此，他被日本人送上了这趟专列，而且安排在陈璧君的包厢里。这是一个笑话，同时也说明日本人、哪怕就是一个小小的车站站长，也不把汪精卫、陈璧君这样的“国君”、“国母”放在眼里。

之前，汪精卫临时乘火车从南京去上海，日本人特意在一趟客车后面挂了几个包厢，权且作为汪精卫的专列。途中，日本宪兵为了汪精卫的安全，对所有乘客进行突击检查。江亢虎也在这趟车上。日本宪兵检查过来时，他说他是部长级，要求免检。日本宪兵根本不吃那一套，要他将几个随身带的大包打开检查。结果检查到他带的几个大包里都装满了战时禁带军用物资猪鬃——原来，他是带到上海走私的。日本宪兵将他痛骂一顿后，揪到后面专列交汪精卫处理……让汪精卫丢尽了面子。

情况弄清了，李士群这就返回客厅，将情况原原本本地向在那里气呼呼坐等的陈璧君作了解释。

“这苏州车站的站长真是混帐透顶，糊涂透顶!”陈璧君听完汇报，骂了一通日本人，随即吩咐李士群，“那你就将他带到后面去，与樊仲云一起坐普通随员席!”看李士群去带人，她又嘱咐，“我不想看见江亢虎这个人从我面前过。等一下，你要专列停一下，要他下车绕到后面去。还有，车到杭州后，新闻记者来采访，你要给记者们说明，樊仲云、江亢虎不是同我们一起的，嗯?”

看李士群答应并心领神会，陈璧君这才放了心。

车到杭州站，陈璧君撩开浅网窗帘，透过车窗望出去。月台正中扯着一幅红底白字的大标语："欢迎陈委员来杭州视察工作。"看到这幅标语，陈璧君微微一笑。月台上，车站四周，军警林立。浙江省省长傅式说率领一大群官员，手中捧着鲜花，列队迎候。稍后的地方，军警胁逼着民众组成了夹道欢迎的队列，虽然手中都拿着鲜花，但面无表情。

李士群进来请示陈璧君："陈委员，傅省长带着浙江省府官员、人民团体一应人等，欢迎你来了！"

陈璧君的虚荣心得到了极大的满足，笑逐颜开地站起身来，带着曾醒、李士群向外走去时，一边调侃地说："不会又再出来一个宝器抢在我前面吧？"

正说时脸色大变，脚又缩了回来，对李士群说："我不下车了，要专列原路返回！"

李士群心想，这女人今天究竟怎么了？顺着她的目光看去，这才发现，又是那个江亢虎，不知在着什么急，脚已踏在后面一节普通车厢的脚踏板上，一手提着一个大黑皮包，要抢先下车。

"江院长，请留步！"李士群眼疾腿快，两步蹿到后门，对江亢虎说："让陈委员先下去！"

江亢虎被李士群制止着了。陈璧君这才由曾醒等一大群夫人簇拥着下了专列。

乐队奏起了迎宾曲。身材高大、身穿藏青呢中山服的浙江省省长傅式说笑容可掬地带着一帮官员们迎了上来；向她献花，问好，前来欢迎的人群机械地挥舞起手中的花束……

陈璧君一行在傅式说等人的陪同下，步出月台，见等在前面的汽车只有两辆，一辆是半新的"福特"牌轿车，一辆是部美吉普。陈璧君正在心中不悦时，傅式说抢前一步，替她拉开了"福特"牌轿车车门，手一比，说："陈委员，请上车。"

"怎么，你们来接我们的就只有这两辆破车么？"陈璧君并不上车，立起眉毛问。

傅式说一时不知该说什么才好，只是尴尬地笑着。在汪精卫伪政权管辖范围内，浙江省算是富庶之地，可傅式说贪污成性，将浙江搞成了穷庙富和尚，偌大的一个浙江省府就只有这两辆车。而陈璧君带的夫人团，加上保镖、陈允文等随员一共有二十来人，场面比汪精卫出巡还大，还有她带的《鉴真东渡》等珍品，两辆破车怎么装得下？傅式说也不曾想陈璧君的阵容如此宠大，要求如此挑剔，见她当众垮下脸来，他情急智生。

“有车，有车。”傅式说胁肩谄媚地笑道，“杭州人民为瞻仰陈委员丰采，全城出动，万人空巷。陈委员能否走一段路，同大家见见面？”

“可以嘛！”傅式说这几句话将陈璧君说高兴了，这就率领她的夫人团向前走去，边走边向两边夹道的人群招手致意……

狡猾的傅式说这就赢得了时间，赶紧派人去向一些部门、单位借车。临时借来的两部车，其中一辆相当高级，是从特工总部杭州区借来的防弹轿车。傅式说让司机将高级防弹轿车缓缓开到陈璧君身边，他走上前去，附在陈璧君耳边轻声说：“陈委员，民众已经瞻仰到了陈委员的风采，前面的路还长，车来了，请上车吧！”

陈璧君见开来的车好，这就同三姑曾醒上了那辆高级防弹车。其他夫人、李士群还有陈允文等也上了后边的车。但毕竟还是人多车少，装不下。连陈璧君的副官谢晖都是坐的第二趟车。

“你当的什么省长？”谢副官一进省府，见到省长傅式说就火冒三丈，脸红筋涨地用手指着傅式说的鼻子大骂，“你连接人的车都派不起？我看浙江省的钱都被你刮干净了！”傅式说惹不起陈璧君的副官，况且做贼也心虚，他红着脸，连连赔礼道歉：“好兄弟，算哥子们对不起你这一回。哥子这里给你赔罪，你在杭州期间，哥子负责给你兄弟整好，保险让你兄弟满意！”这才让谢副官压下了火气。

中午，傅式说在西冷大饭店为陈璧君一行举行了盛大的欢迎宴会。他将西冷大饭店作为陈璧君一行下榻处，期间，停止对外营业。陈璧君对这顿接风宴和下榻处都很满意。

午休后，浙江省省长傅式说去饭店拜望陈委员，并请示下一步的安排。按照惯例，应该是三姑出来接见傅式说的。然而这次，陈璧君把傅式说叫了去。她什么也不说，只说吃。

“我在苏州最大的收获就是李（士群）省长为我买到了可心的玉器。俗话说，美食美器。我现在美器有了，我到你们杭州不指望别的，就指望尝到你们这里的美食。”陈璧君一笑，话说得单刀直入的，“从古至今有上有天堂，下有苏杭一说。杭州历史上曾是南宋京都，名人名菜荟萃。听说你们这里的杭州菜很有特色，融南北味于一炉。怎么样，你这个地方官是不是将你们这里的名菜介绍几味给我们尝尝?”

“那是自然的，也是应该的。”傅式说连连点头，略为沉吟，“不过，我们这里有特色的饭店，可能卫生条件达不到陈委员的要求。”

“没有关系。”不意陈璧君要求不高，她笑道，“我们又不是吃地方，只要东西好吃就行。”

“那就好，那就好，我立即安排。”

“我们这次来杭州，省政府只要招待我们一顿就行了。其他的，我们自己花钱去吃，只要你们给我们介绍哪家好就行了。”陈璧君面子话说得当当响。

傅式说连连摇手，说：“陈委员看得起我们杭州的吃食，是我们的荣幸。其他的，还有什么可说的。”弄清了陈璧君的意图，傅式说就告辞了，说下午来请陈委员一行去品尝名吃。

傅式说从陈璧君那里出来，赶快去找李士群。他觉得他对陈璧君这个能量很大的女人不摸底，她刚才那番话不知是否还包蕴着更大的深意，只有摸清了她的真实意图，才好对症下药，不然很可能会拍马屁拍到马蹄子上。不意李士群不在。傅式说好容易才在汪精卫的“和平军”驻杭州第一军军长徐朴诚家中找到了他。其时，徐朴诚夫妇正陪着李士群、陈允文在打麻将。

徐朴诚四十来岁，中等个，身材粗壮笃实，黑黑胖胖的一张圆脸，剪一个平头，鼓眼睛，扫帚眉。他同陈允文打对家。同李士群打对家的是徐朴诚的三姨太，这是位珠光宝气的少妇，长相妖娆，身着一件黑丝绒旗袍，亮着丰腴雪白的臂膀。徐朴诚一眼看见走进来的傅式说，甩着手中的麻将，高声大嗓地说：“省长来了，快坐下打麻将。”细腰丰臀的三姨太这就站起来让位。

“不打，不打。”这会儿，傅式说哪有打麻将的兴致，他很随和地拖个凳坐在李士群旁边说，“我就坐在旁边观战。一会儿，我找李省长说个事。”

“就完，就完。”李士群看着手中的麻将。

“士群。”徐朴诚边出着手中的牌边说，“陈（璧君）委员来了，你天天陪着她，好说话，你要帮我一个忙。”

“能帮的一定帮，你说。”

“我想请陈委员吃顿饭，不知她赏不赏这个面子?”

“你怎么想到要请陈委员吃顿饭?”李士群毕竟是特务，他眯缝着眼问。

徐朴诚说：“你知道，我是中央训练团的毕业生。汪主席当时是我们中央训练团的团长，是我的老师，陈委员也就是我的师母。师母到了我的防区，不招待一顿，岂不失弟子之礼?”

“我也就是为这事来请教士群的。”傅式说乘势看着李士群说，“刚才，陈委员把我找了去，明说，她到杭州来就是为了品尝杭州的名吃。还要我为她介绍杭州有哪些名菜，说她都要吃遍。却又说她只受我们省府一顿请，其他招待一概谢绝。我弄不清陈委员的真实想法，不知该如何办?”

“傅省长人算是找对了。”徐朴诚这就乘机给李士群上釉子，“士群是江苏省省长兼清委会秘书长，已经在苏州接待过陈委员，又负责全程陪同。他对陈委员的想法等等一切，心知肚明。俗话说，客随主便，我想，我徐朴诚出面招待一顿师母，不会有啥子问题。士群就是做得了主的。”

李士群不料徐朴诚这个人看起来武大三粗，还很会说话，就笑了，指指对面的陈允文说：“你们这是端起猪头找错了庙门。允文是陈委员的内侄，他才是真神。你们得拜他才行!”

徐朴诚听李士群这一说，立即放下手中的麻将牌，站起身来，向陈允文作了一揖，很恭敬地说：“哎呀，失敬失敬，我真是有眼不识金香玉。幸会、幸会!”

“不知者不为怪嘛!”李士群为徐朴诚搭梯子。

“既然如此，我就勉为其难，试试劝劝姑姑，接受你们的宴请!”陈允文笑笑，又出了一手牌。不用说，这一来，陈允文在牌桌上就很赢了些徐朴诚夫妇的钱。

陈允文在牌桌上大包大揽，对傅式说、徐朴诚提出的宴请陈委员一应事宜，何人先请，何人后请，在什么地方宴请等等，全都答应了下来。傅式说的一颗心这就落进了胸腔里。他站了起来，高兴地说：“好，好，我心中有底了。你们打牌，陈委员今天下午要去奎元饭店吃饭，兄弟我得去作些安排，就不陪你们了。”说着起身告辞，匆匆走了。

奎元饭店座落在杭州一条有点偏僻的小街上。它的门面只有单进的一大间，一楼一底。原先这家顾客盈门的百年老店，因为战争，生意日渐萧条，门面很久没有粉刷，显得有些陈旧、灰黯。这天午后，奎元饭店却接到省府急如星火的通知，下午不准对外营业，备足各类菜肴，准备接待贵客……至于接待何方贵客，省府来人却没有说；而且省府还派人来对奎元饭店进行了粉刷，与此同时，店里店外，街头巷尾布满了便衣特务。

暮色渐起时，只听一阵汽车声响，老板赶紧跑出大门外迎接。车门开处，一群阔绰的官太太由省长傅式说陪着，有说有笑地从几辆汽车上下来，簇拥着当中一位身材矮胖，目光闪亮，颐指气使的太太走来。不用说，被大家众星捧月般走来的是陈委员陈璧君。五十多岁、形容干瘦、身穿长袍、头戴瓜皮小帽、眼睛上罩一副鸽蛋般铜边眼镜的老板将身板弯得像虾米似的，连声说欢迎贵客！

傅式说、李士群、曾醒等陪着陈璧君进入奎元饭店，上了楼，进一间精致的雅间坐定，其他夫人、随员在隔壁依次入席。老板跟着进入雅间。傅式说这才对老板介绍陈璧君说："这位是汪主席的夫人、在国际国内都颇享盛名的陈璧君陈委员。她是代表中央来我们浙江、来我们杭州视察工作的。陈委员听说你们这个店的菜不错，特意来品尝品尝的。这是你们店，也是我们杭州莫大的荣光！"

"啊，不胜荣幸，不胜荣幸！"老板这一听，诚惶诚恐，将头点得像是鸡啄米，轻声问，"不知汪夫人是吃点菜，还是吃全席？"

"不必称汪夫人。"李士群知道陈璧君的心理，纠正道，"叫陈委员，陈委员不是一般的中央委员，是中执委。中执委就是国家领导人。"

"是是是。"老板连声道。

"什么全席我都吃够了。"陈璧君这就开始吩咐老板，"听说你这个店做的红烧羊头好吃，就给我们一人来一份吧！"

"报告陈委员，"老板赶紧解释，"一份就是一个整羊头，可能你们一个人吃不完一份。每人就来一碗，一个羊头分成两碗好不好？"

"不。"陈璧君环顾左右说，"你们各人要多少，自定，我反正要一个整份。"

老板这就扯起嗓子一声"请稍等，马上来咧！"颠颠跑下楼去，那身姿，简直就是一只活脱脱的老山羊。

"来哩！"很快，两个堂倌手中托着一个大托盘，唱着诺上楼来进到雅间。一个托盘里盛有四只蓝花白底金线走边的大海碗，每只碗里的红烧羊头喷香、热气腾腾。一个中年堂倌两手捧着一个特大的海碗，风一般来在陈璧君面前，将一碗红烧羊头摆放在她面前……陈璧君毫不做作，拿起筷子就自顾自大吃起来，一鼓作气吃完了一只羊头。一直注意着她的傅式说万万没有想到陈璧君如此能吃，看她还不尽兴，主动介绍说这家名店做的海参面也是别具风味的。看陈璧君点头，傅式说又主动替她要了两大碗海参面，外加冷盘，竟然也被她一个劲吃下肚去，看得傅式说惊讶不已。

陈璧君陈委员的绝活还没有完。她边吃边侃，从川菜谈到粤菜、鲁菜、沪菜的源远流长……她食量很大，一顿饭从下午吃起，一直吃到掌灯时分。

翌日清晨。按照计划，早饭后，陈璧君一行由省长傅式说陪同，驱车去原抚台衙门广场出席浙江各界民众“组织”的欢迎大会。偌大的广场足可容纳万人，然而，来迎接她们的各界群众最多不过千余人，广场四周显得空落落的。不用说，这个民众欢迎会是拼凑起来的。而且，广场四周军警林立，如临大敌。

陈璧君刚下汽车，身着少将军服的浙江警备处长徐念劬迈着鹅步迎面而来，走到她面前时，“啪!”地立正磕响马靴，“唰!”地从剑鞘里抽出长剑，向她行了一个劈刀礼。

陈璧君吓了一跳，她第一次享受到这种近乎接待国家元首的大礼。

“报告陈委员!”徐念劬在她面前挺胸收腹，可着嗓子大声报告，“杭州各界人士热烈欢迎你!”接着向她报告了出席这个欢迎会的单位、人数等等。当然，徐念劬报告的出席欢迎会的单位、人数都是虚数。

“陈委员，请!”徐念劬报告完毕，傅式说和李士群一左一右，陪着陈璧君沿着铺了红地毯的台阶，上了主席台。傅式说请陈委员讲话，并率先鼓掌。寥落的掌声响过以后，陈璧君对着面前的麦克风，看着场上列队欢迎她的人群，心中不由有些发紧。她虽然脾气暴戾，敢说敢干，平时连夫君汪精卫都要让她几分，但不善演讲。第一次站在台上，面对人群，有些手脚无措。她自己都不知道自己胡诌了几句什么，只觉得头发晕，想喝水。看场上的人们交头接耳，叽叽喳喳，更不知所云。好在傅式说及时出来救驾，大声宣布陈委员的讲话结束、散会。

接下来，陈璧君率领着她的夫人团，在傅式说、李士群等陪同下，驱车去参观了佑圣观小学和杭州丝绸厂。参观丝绸厂时，丝绸厂老板请她选几匹丝绸，她高兴得嘴都合不拢了，当仁不让地挑选了两匹高级绸料。

这就到了吃午饭的时间，傅式说向她请示是直接去吃午饭，还是先回西冷饭店休息。

陈璧君对吃特别感兴趣，当即表示：“直接去吃饭。”又问，“今天中午在哪里吃?”

“王顺兴。”傅式说请示道，“那家饭店味道倒是不错，就是店面卫生条件不够好，陈委员你看是不是换个地方？”

“不换。”陈璧君强调道，“你们也不要搞得神神鬼鬼的，昨天我们去奎元饭店，你们让人家饭店就接待我们几个人，这不好。随便点，我这个人喜欢平民化，我们去得，一般老百姓也去得。”说着，她走到一边留言薄上去留言。

“这怎么办？”傅式说傻眼了，悄声问旁边的李士群。陈璧君和汪精卫一样，都是大汉奸，如果不作特别的警戒，很难保证安全。

“老兄放宽心！”李士群是个很有办法的人，他笑着拍了拍傅式说的肩，“不要忘了，你这里还有我的特工分部，我早作好了安排。让万里浪带杭州特工站的兄弟们化装成便衣，将王顺兴饭店的楼上楼下全包了。一会夫人去吃饭，看到的尽是平民食客。”

“问题是，”傅式说还是一副焦眉愁眼的样子，“这个汪夫人不好将就。人前，她要平民化，礼贤下士。你老兄帮了我的忙，动用特工组织保护了她。但一会她看到自己和一些平民百姓在一起搅食，显不出威风，又怪我们对她不尊重，这真是两难！”

“放心，我都考虑到了。”

“李兄真不愧是特工部长！”傅式说听李士群这样说，才放了心。

陈璧君题完词，一行人浩浩荡荡直奔下一站——王顺兴饭店。

车子在王顺兴饭店门前停好，陈璧君刚刚跨出车门，佩少将军衔的杭州警察局局长迎了上来，向她敬了个礼。她起眼一看，王顺兴饭店门前，同昨天一样，又是军警特务密布……

“这是怎么回事，我不是说过不要这样么？”陈璧君不高兴了，调头找傅式说。李士群却大步走上前来，煞有介事地训斥杭州警察局局长：“我不是特别关照过你们，不必这样紧张的么，怎么不听？”

“我们是为了陈委员的安全。”杭州警察局局长将胸脯一挺。

“陈委员的安全没有问题，你马上将兄弟们撤走。”

“是。”杭州警察局局长又敬了一个军礼，手一挥，将饭店前的警戒的军警特务撤走了。

这一切，都是李士群的精心布置，目的是既让陈璧君显了威风，又让她摆了平民风度。看得出来，陈璧君心中是相当满意的。陈璧君率领着的夫人团跨进饭店时，先一步到了并恭候在那里的傅式说带着徐朴诚迎了上来。傅式说将徐朴诚向她作了介绍，一脸笑得“稀烂”的徐朴诚对夫人说起汪先生当年如何当过他的老师，陈委员应该是他的师母，今天好不容易见到师母，希望借这个王顺兴饭店向师母表表“孝心”……

见徐胖子一副笑容可掬的样子，陈委员朗声大笑起来，很豪爽地说：“我本来对傅省长说，我们来只吃一顿请，以后都是我们自己负责，不意汪先生桃李满天下，我也沾了光。好，我领你的情，这顿饭就让你请！”徐朴诚这就将手一比：“陈委员请！”便自个欢喜不尽地在前领路，往楼上雅间走去。

令陈璧君高兴的是，饭店很干净，墙壁是粉刷过的，桌椅板凳擦得照出人影。特别是楼下十多张桌子坐满了平民食客，看她们进来，照样喝酒吃菜划拳，热热闹闹。陈璧君上楼时，调头对三姑和陪同在侧的傅式说、李士群、徐朴诚说：“你们看，清过乡的地方，就是不一样！”傅式说这才明白，陈璧君为什么要强调与民一起，她这是在粉饰太平。谁说陈璧君只会吃、玩，不懂政治？她不仅懂政治，而且懂得很呢！此举明天经报纸一登，会是多大的新闻?!

陈璧君一行在楼上雅间分别坐了，堂倌手端托盘上楼穿梭上菜。杯盘碗盏摆得满满当当，菜肴确有地方风味。粗看一下，有生炒鳝片、醋溜全鱼、虾油卤浸鸡……陈璧君尝了尝，眼睛都笑得合缝了，连声说：“不错，不错，这些菜确实是做得别有风味的。你们看，连杭州城里普通人家吃的三虾儿豆腐也是做得要工艺有工艺，要风味有风味的！”

席间，徐朴诚发现她有酒量，仗着自己也有几分酒量，连连向陈璧君敬酒。陈璧君豪兴大发，来者不拒。结果，两人各有一瓶洋河大曲下肚后，大胖子徐朴诚便栽倒在了桌上，而陈璧君屁事没有，脸不发红心不跳，唬得见多识广的李士群、傅式说大眼瞪小眼，不敢上前叫阵……

一顿饭吃舒服了，已到了掌灯时分。前呼后拥中，陈璧君上了轿车，回到下榻的西冷大饭店。

坐下休息一会，三姑进来了，说是浙江方面请示下一步的行程，毫无倦意的陈璧君当即吩咐：“让他们安排，明天一早去绍兴拜祭汪先生祖茔。夫人们愿去的去，不愿去的就在杭州休息。下午我们回杭州，后天去上海……”

谢天谢地，陈璧君陈委员的视察终于要结束了！当傅式说得知这个通知，又就明天陈璧君一行的安全问题去请教了李士群。

“傅兄，你的事马上就要完了，我却还要陪着陈委员一行一直去到上海。”

听了傅式说的话，李士群故意拿起架子，“在老兄你管辖的范围内，治安问题你自己解决吧!”

“求求老兄了，我一个光杆司令哪有你的办法多。”傅式说说着作拱打揖，“帮忙帮到底，送佛到西天。你老兄的好处，我日后再还。”李士群这才答应下来，当着傅式说的面，给部下万里浪和日本浙江联络部长渡边都打了电话，对第二天沿途的安全一一作了细致安排。作为浙江省省长的傅式说这才放了心。

当翌日的晨曦轻轻拨开了西子湖上笼罩的轻烟时，陈璧君一行的车队，已在严密保护下出了杭州，在去绍兴的公路上奔驰了。

前面由一辆武装敞篷大卡车开路。车顶上架着一架机关枪，车厢两边，沙袋堆得多高。车上站满了荷枪实弹，身穿黄呢军服的日本宪兵。紧跟其后的两辆大卡车装满了身穿黑制服的“和平军”——皇协军。中间陈璧君一行，之后押阵的是两辆武装中型敞篷吉普车。车上并排坐着的特务，由特工总部杭州区区长万里浪带队，一律身着笔挺的深蓝色西服，头戴礼帽，左臂上带一条中间有个“特”字标记、缀着青天白日徽记的佩套，神情警惕，腰带上都别着一支大张着机头、绰号“手提枪关枪”的德国二十响驳壳枪。

坐在当中那辆汪记特工杭州区高级防弹轿车上的陈委员陈璧君，于近午时分到了古城绍兴，她让车队不作停留，渡过河，行进在了丘陵起伏的浙东山区公路上。当车队在公路上停下来时，时近黄昏。这里前不靠村，后不靠店，满眼都是绵延起伏的丘陵，大家莫名其妙，又不敢问。

陈璧君下了车，时强时弱的山风吹乱了她的头发。她撩了撩了吹乱的头发，很有感情地频频四顾。放眼看去，暮色正从远山处而来，就在前面，傍着一条小河，萋萋荒草中耸立着一个接一个的坟墩——汪精卫祖宗的坟茔，就在其中。四周，寥无人迹。陈璧君心想，这傅式说办事怎么这等荒疏？我明明告诉过他我要来寻祖祭祖，怎么没有一点安排，叫我在这堆乱坟茔中哪里去寻？这时，一阵悠扬、哀惋的铙钹声，在如水的日暮时分幽幽传来。她寻声调过头去，只见一块古柏森森的林园里，有座大坟。傅式说、李士群等在前面，四周已经布好了特务。她离开公路，沿着一条曲折的山间小道进入林园大门。展现在眼前的汪家祖坟的坟顶藤萝蔓生，野草在晚风中抖索不已，显出一种哀苦，这与当今大红大紫的汪精卫应该享受的排场有相当距离。好在坟前一排红烛闪闪，一群僧尼对着汪家坟茔，在铙钹齐奏声中高诵经文。

坟墓前竖有一块高约一丈，宽约三尺厚五寸的红砂石墓碑。墓碑上刻有七个篆体大字：“先祖缦亭公之墓”。墓碑和所镌刻的七个大字都还新，可见是才培整过的。一缕哀思潸潸地从心上流过，她缓缓地跪了下去，对着“先祖缦亭公之墓”叩了三个头。在僧尼们旁若无人的铙钹高奏、齐诵经文声中，默默焚上一柱香，献烧了一刀纸。

大队人马奔波、辛苦近一天，就是为陪陈璧君在祖坟前祭祖的半小时。

做完过场，陈璧君率领大队人马顶着暮色原路返回。

视察结束了。第四天早晨，她在傅式说、徐朴诚等浙江军政要人的陪同下，在登上去上海的专列时，对浙江的工作赞不绝口。

“呜——”陈璧君陈委员的专列终于开动了。月台上为陈璧君送行的傅式说、徐朴诚对东去的专列挥着手，他们的一颗心终于落了地。

陈璧君在三姑曾醒、李士群的陪同下向自己的雅间走去时，她发现过道里、客厅间到处都被傅式说、徐朴诚送的浙江土产塞得满满的。

“士群！”在隆隆的火车声中，陈璧君边往前走边对陪同在侧的李士群说，清脆的声音里充满了喜悦，“此行，我最大的发现是，你、还有傅式说、汪主席的学生徐朴诚，都是少有的干才！”

第二十一章

吴开先，是裂缝亦是桥梁

从早饭后就一直呆在书房里的新任汪记司法行政部政务次长汪曼云，用胖手“啪”地合上了摆在办公桌上厚厚的卷宗，脚翘在办公桌上，身子往高靠背转椅上一靠，眼睛一闭，他有些疲倦了。

但很快他又睁开了眼睛，眼光最后落在办公桌左角上那副台历上——1942 年 3 月 19 日。台历的页面比较大，印刷得也很精美，可作单独的艺术品欣赏，这是日本人送的。页面上是个刚从海水中出浴的东瀛美女，她侧着身子，这便把她的美妙动人处暴露得淋漓尽致——显然是一个技术相当不错的摄影师偷拍的。

人虽然长得矮、胖、丑，但对女人，特别是对漂亮的女人感兴趣、有研究的汪曼云不禁心猿意马起来。他想，东方女性的美是典雅、娟秀、含蓄，如新月如春笋；而西方女性的特点是奔放、热情，如火山熔浆。在身材上，西方女性的特点是脸庞清瘦而身躯特别丰满，特别是西方女性有硕大的乳房，这可是东方女性无法比拟的。台历上这个出水东瀛美女，东西方女人的美在她身上都兼而有之，可说是美到了极致。……就在汪胖子想入非非，魂不守舍时，门帘一掀，丫寰枝儿给他送咖啡点心来了。汪胖子的眼光落在又瘦又小，长得像根黄豆芽似的枝儿身上，立时有种失落感，不禁皱了皱眉。

这是吃午饭前的“打兼”，也是他当了司法行政部政务次长后，在生活上的升格。

他左手端起德国造咖啡色大耳杯，放了两块方糖进去，右手执小银勺在喷香的真资格的浓黑巴西咖啡中搅搅，喝了一口，闭上眼睛，品了品味。当他去拿沙利文蛋糕时，这才发现托盘上还躺着一封淡绿色的电报。

上海来的？会是谁拍来的电报呢？他赶紧放下手中的杯子，坐直身子，抖开电报。

“外子业已被捕，请即速设法营救，夏漱芳。”他不禁久久地看着电报，脑袋里急速地打开了算盘。在以李士群为首的“76”号特工同重庆方面的较量中，重庆明显败北。尤其是陈恭澍叛变后，重庆方面在上海的特工力量简直被一锅端了。然而，大上海是各派政治力量必争之地，重庆方面必然卷土再来。最近，蒋介石派出以中央组织部副长吴开先为首的一批国民党高级干部，秘密潜回了上海。吴开先以上海统一工作委员会常委委员兼书记长的身份，迅速恢复了地下网络，开始了同汪记政权的斗争。但是，蒋记、汪记中央政权的大员们现在虽然政见不同，但都是老熟人，你中有我，我中有你。像他汪曼云这样的投机分子，现在采取的是狡兔三窟策略，当着汪精卫的大官，同时又向重庆方面暗通款曲。近年来，以日德意为轴心的轴心国在对以美英苏为首的同盟国的斗争中处于下风后，汪曼云更是通过吴开先的老婆夏漱芳同吴开先拉上了关系，并出卖了不少汪记政权的机密。为以后汪精卫政权倒台后，给自己留条后路。然而，现在吴开先又栽了，这不，夏漱芳向他求救来了！该怎么办呢？甩手不管，不行，这如同做生意，自己已经投了资，据说，连蒋委员长都发了话，说他汪曼云是“身在曹营心在汉”，是“党国埋伏在汪伪政权中的有功之臣”！不能退，必须要救吴开先。不然，不仅前功尽弃，而且还会被重庆方面恨之入骨，必欲置之死地而后快了！

那么，该怎么营救吴开先呢？从上午接到夏漱芳的电报起，他就在脑袋里转开了磨，而且第一次在夜里失眠了。汪胖子向来达观，在朋友间有“智多星”之称，任何事都能沉着应对，拿得起，放得下。今夜，却辗转反侧。睡在他身边的太太章柳小他十多岁，长得风骚丰满，今年正好三十岁。是汪胖子与原配离婚后娶的，被朋友们称为“少夫人”。她睡觉有个特点，身边丈夫如雷的呼噜如像她的催眠曲，在丈夫呼噜声的轰炸下，她才能安睡。

“侬咋的哪，咋不打呼噜了？”汪胖子突如其来的失眠，犹如突然间中止了的催眠曲，她睡不着了，在黑暗中大睁着眼睛问。

汪胖子没有理她，只是将一只胖手随便往她细腰上一搭。丈夫的手这一搭，在她就如同传出了一个久违的信号；她以为这是丈夫在向她示爱，便趁势滚到丈夫的怀中，伸出双手搂着了丈夫厚实浑圆的颈子，紧紧地贴在丈夫身上。

汪胖子今晚并没有“阅读”妻子的兴趣。很会保养的他，平时很少抽烟，晚上从来不抽，今晚算是一个例外。夜幕中，一个红色的亮点一闪一闪的，直到天明。

好像要弥补他昨晚的苦思不眠，当汪曼云起了床开始懒洋洋吃早点时，枝儿送进来一份电报让他喜出望外。电报是他的老朋友、关键人物李士群从苏州拍来的，单刀直入地一句："吴开先已被我逮捕，老兄有何高见?"他拿着这封电报，喜滋滋地反复琢磨。他想，看来与重庆暗通款曲的人不止我一个，连李士群也是如此。李士群向我问计，这其中板眼很深，也是对我汪曼云的信任。

"好了，好了，这下好了!"喜不自禁的汪胖子在玻璃茶几上猛拍一掌，将刚刚起床，坐在一边梳妆台前对镜往脸上打着粉饼的章柳吓了一跳，转过头来，瞪大一双猫似的大眼睛看着他。

汪曼云高兴得弹簧似地从沙发上弹了起来，走到太太身前，扬起手中的电报，将重庆派往上海的大将吴开先如何被捕，他为什么要想法营救这个人，以及营救这人对他自己、对这个家庭将起到的重要性都大体讲了一遍。可惜，"少夫人"对这些政治既不懂也不感兴趣，说了半天等于是对牛弹琴。扫兴得很，他只好趿着拖鞋出了卧室，来在书房，给秘书打了一个电话，要秘书即刻去给他买张十点钟去苏州的火车票，然后给李（士群）省长拍了个加急电报。电报上这样措词："弟接兄电，即日来苏，拟与兄一见详谈，为兄所用。"

秘书一一记下了，在电话中问："我陪不陪部长你去苏州?"

"不用了，就我一人去，注意保密。"

"部长放心。"电话中听得出来，秘书因为不跟他去苏州，喜不自禁。

汪曼云临行前给"少夫人"交待了些事情，当章柳替他整理好皮包时，楼下响起了"嘀、嘀!"的汽车喇叭声，秘书接他来了。

汪曼云下午到了苏州，在车站上雇了辆黄包车去祥导巷。这是一条很幽静的小巷。一进入小巷就闻到了江南水乡的气息，感受到了岁月的沧桑。幽静小巷两边的房舍大都具明清建筑特色，一幢幢小院精精巧巧的，白壁粉墙既毗连又相对独立，虬枝盘杂的百年古树或是几丛秀竹探出墙来，一扇扇黑漆大门紧闭，门前一律有树。小巷人家一边枕着苏州河。透过临河人家间的间隙，可见苏州河中舟橹，岸边阡柳成行。

黄包车在祥导巷中段一幢很气派的公馆前停下了，公馆门口挂了块白底黑字长木牌，牌上有"特工总部苏州站"七个隶书大字。

汪曼云整了整头上的博士帽，很气派地抬脚上了台阶。大门没有开，一扇小门敞着，守门的是个便衣特务，也许看汪曼云穿着也还舒气，没有敢吆喝他，只是看着他。汪曼云也不说话，很老练地从身上掏出一张洒金名片递过去。

守门特务看了名片，态度立刻大变。

“哎呀，是汪部长嘛！汪部长怎么一个人来了?”守门特务点头哈腰，脸上堆笑：“汪部长，这是——”

“我找你们李部长!”

“李部长在家，汪部长你请稍等。”守门特务忙不迭跑进传达室，给里面打电话。

很快，特务打完电话出来说：“李部长派他的秘书出来接汪部长你来了。”说时，一个身材中等，年约三十的男人从照壁前闪身快步迎了出来，从汪曼云手中接过皮包，笑着说：“汪部长来怎么也不打个电话，我们好派车去接你。”

汪曼云打着假哈哈，跟着来人沿着花径往里走。庭院三进，花香鸟语，满眼芳菲，移步换景，如果不说这是一个特务机构，会被人认为是一个环境绝佳的疗养院，或是哪一个达官贵人的公馆。

刚刚跨进第三个院落，李士群迎了上来。

“曼云兄，你怎么一个人来了，也不带个人?”李士群亲热地说。

“带人干什么，一个人单脚俐手的，也不怕消息走漏。”汪胖子说时一笑，李士群熟悉这笑，诡诡的，也是颇有含意的。

两个人这就边说边笑往后院走去。李士群今天一改以往总是穿西装打领带的装束，不高不矮的身上着一件灰哔叽长袍，似乎想显出一些飘逸，增添一些书卷气。然而就像在戏台上总是演反派人物的人一样，尽管穿着变了，但举手投脚间总露出坏相。李士群那张青水脸虽然在笑，但笑得有几分狰狞几分诡诈，一双眼睛闪霍而机敏——李士群是个心狠手毒的大特务，万变不离其本。

来到一道月亮门前，李士群逊步，将手一比：“请!”——这是李士群在苏州的家。汪曼云这是第一次来。他颇有兴致地细细打量李士群的家。小院不大，很安全很幽静，建筑上有江南特色。白壁粉墙，墙上爬满青藤。月亮形门楣下，两扇中间嵌着铜质兽环的黑漆大门虚掩。门楣上“李寓”两字嵌在一副琥珀色的瘦石上，笔法苍古；院中，浓荫中矗立一幢中西合璧的精致小楼，有几杆秀竹探出墙来。

见汪胖子歪着头很有兴致地打量自己的这幢小楼，李士群不禁一笑，逗道："汪兄，不知贱居能否入你的法眼？"

"太好了，太好了！"汪胖子摇头晃脑，两手击掌。

"李兄住在这里，又安全又幽静，但嫂夫人没有接来，是不是太素了？我知道，李兄向来是不吃素的，你不致于像苏东坡那样'宁可食无肉，不可居无竹'吧？"

李士群今天心情很好，他知道汪胖子所说的"不喜欢吃素"指的绝不是肉，便哈哈大笑，也不正面回答，用手在胖子肩上一拍："请进吧，怎么，老兄老牛吃嫩草，还不够么？"进了门，他指着楼上挂在飞檐上的串串铜铃道，"到晚上，在清风中铜铃声声才好听呢！"说着故作斯文地嚼了几句文，"不由人想起涨继'夜半钟声到客船'的名诗呢！"

主客进了门，李士群的客厅是西式的，很阔气，落地大玻窗，意大利玻晶茶几。刚坐下，珠帘一掀，汪曼云的眼睛顿时亮了。一位长相很甜，身材高挑丰满，身穿大红旗袍的姑娘跟着轻步而来，为他们送上茶点。汪曼云一直魂不守舍地看着红旗袍姑娘离去，这才用他一双鼓鼓的眼睛看了看坐在旁边的李士群，哈地一笑："李兄，你也不介绍介绍，这金屋藏娇的是啥人？"

李士群却不理他这个茬，从摆在茶几上的一听美国三五牌香烟中抽出一支来，说："抽烟！"汪曼云平时不抽烟，见是美国三五牌香烟，就伸手接了，用打火机打燃，吸了一口，端起茶杯，揭开茶盖，茶是他爱喝的西湖龙井，点心是刚出炉的沙利文点心，喷香。

他喝了一口茶，放下茶杯又抽起了烟，透过缕缕烟圈，他打量起了这间客厅。透过落地大玻窗往外看去，视野开阔，疏枝横斜。室内一色樱桃红打蜡的地板光可鉴人。整间屋子布置得既华贵舒适又严谨有序。两面墙壁一边排列着书柜，一边是一排博古架。书柜是中式的，漆黑锃亮，雕龙刻凤，用料名贵。书柜中的书中西杂陈，很符合主人的身份，既有曾国藩的"麻衣相法"类书，也有希特勒的《我的奋斗》，还有一些从西方、从苏联翻译过来的特工类专业书，这些书大多是精装本，厚得跟砖头似的。博古架上，大都摆的是明清两朝的细颈鼓肚花瓶和唐三彩类，不乏珍品。

记得第一次同李士群见面时，在上海，那时才刚开张的李士群的客厅不大，但客厅正壁上却不知为什么，挂了一张蒋介石戎装像。现在改换了门庭，条件又这样好，他该在客厅里挂上一张汪精卫“主席”的标准相才对，然而没有。他注意到，李士群有一架四四方方的、长短波皆备的美国交流式收音机，放在办公桌上。可见，李士群是随时注意收听国际国内广播，关注形势发展的。一架红色载波电话也放在办公桌上。客厅里的摆设显示出主人的个性——在附庸风雅的外表下，显示出来的是职业特务本性。

接着，李士群向他请来的汪曼云报告了逮捕吴开先的经过。

汪曼云是上海通。听着李士群的叙述，他完全想象得出那一幕。

在一个午夜时分，整个大上海已经睡熟了，爱棠路更是清风雅静，只有巷口高杆上挑起的一盏路灯还亮着，但因为电压不足，红恹恹的；它怯怯地站在巷道口，从漆黑的夜幕中拨出一方晕黄的天地，胆战心惊地目视着已然在四周游动的鬼魅。

担任这晚行动指挥的是“76”号行动处处长万里浪。他是个职业特务，四川省合江县人氏，三十多岁，长得身材瘦小，相貌丑陋，以行动敏捷、精力充沛、手段狠毒著称。这会儿，他指挥特务、宪兵将吴宅悄悄围定——这是幢位于弄堂中段的独门独户、带有一些西洋味的宅第。进门有个小小的天井，天井中栽有一些红红绿绿的花草，天井不大，却显出一些幽深。之后便是一幢中西合璧的小楼。

夜色深沉，正是好睡的时分，而因为职业使然，自回上海后，吴开先睡觉很警觉。朦胧中他一怔，坐了起来，警觉地睁大了眼睛。他灵敏的耳朵听到了有人跳进院子中的脚步声，仔细一听，却又没了。他觉出不对，披衣起床，轻步走下楼去，进了客厅，随手捺开电灯开关。

“不准动!”就在客厅里突然洒满光明的一刹那，吴开先看清了。四五个特务、宪兵已经站在他面前，全都出枪在手，神情警惕。领头的万里浪用手枪指着他，脸歪扭着，声音低沉。

吴开先情知在劫难逃，冷静地对万里浪说：“大家都是熟人，我不会跑的，更不会反抗，各位请放心。我这就跟你们走，只请诸位不要惊醒我的老母亲。”

万里浪也不说话，点点头，将下颌一扬，示意吴开先跟他们出去。吴开先往外走时，特务、宪兵走上来，将他夹在中间。走在最后的一个特务，根据万里浪的示意，“啪!”地熄了客厅里的灯。

吴开先就这样被万里浪押上了等在门外黑暗中的囚车。就这样，被蒋介石寄于很大希望的国民党高级干部、在战前有“上海通”和“上海皇帝”之称的吴开先，在这个夜晚人不知鬼不觉地落入了“76”号魔掌……

李士群说完了逮捕吴开先的经过，正在得意，一个女佣站在门外，用一口上海乡下话，隔帘向主人请示报告：“午饭已经好了，摆在隔壁小饭厅里。”

“好吧！”李士群站了起来：“曼云，隔壁请，我们边吃边谈。”

在隔壁小餐厅里坐定，汪曼云眼睛又是一亮。发现这是间很精致的西式小餐厅。在铺着地毯的屋当中，摆了一张椭圆形的桌子，桌上铺着雪白的桌布，一边一把西式坐椅，两副餐具。桌子当中有一只细颈鼓肚花瓶，花瓶金线走边，莹洁的白瓷底上蓝线走笔画的是一幅春宫美人图。瓶中插着两束康乃馨，一束粉红，一束淡黄，散发着淡淡幽香。他们刚刚坐下，李士群说：“就上菜吧，汪先生已经饿了。”佣人们上菜来了，都是苏杭名菜，酒是绍兴黄酒，一张桌子摆得满满的。

“曼云，你的口味我是知道的！”李士群一边看着女仆给他们杯中斟酒，一边笑道：“这些菜是我特意叫厨下为你做的，不知你满不满意？”

“满意。李兄做事总是别具一格的！”说时，他们杯中的酒已斟满。李士群这就吩咐下人：“你们出去，我们这里不要人服伺，没有得到我的允许，不准任何人来打扰我们。”佣人们这就去了。

李士群以主人身份敬了汪曼云一杯酒后，谈话便直奔主题。

“曼兄，我之所以请你来，是要同你商量如何处理吴开先这件事。日本人对吴开先很重视，处理起来很考手艺。”说着站起身来，去到隔壁办公室，拿过来一封电报给汪曼云看。

汪曼云接过一看，很是吃了一惊。电报是“梅机关”机关长影佐少将从南京拍来的，电文明确指示：“吴开先可由你指派专人审问看管。除指派人员外，任何人不得与吴接触，即使是日本人。万一有日本宪兵来强行提人，你可枪决吴开先！”

“这是怎么回事，影佐口气这样横？怎么连‘万一有日本宪兵来强行提人，你可枪决吴开先！’这样的话都说了？”

“这是明摆着的事。”李士群叹了口气，往汪曼云的盘子里夹了块贵妃鸡，“日本人里也是帮派林立。不要说日本海、陆、空三军矛盾重重，就是在上海、南京的日本特工系统内也是各立门户。吴开先对你我是块肥肉，在日本人眼中同样是。这件事弄不好，你我不仅讨不到便宜，让吴开先把命丢了都说不定。”汪胖子一边津津有味地嚼着口中的贵妃鸡，一边用一双很鼓的眼睛看着他，示意他把话说完。

李士群就将事情的来龙去脉细细告诉了有“智多星”之称的汪胖子。

吴开先当晚被万里浪秘密逮捕后，万里浪刁钻，并没有将特务全部撤去，而是留下特务埋伏在吴宅四周。翌日晨，徐采丞的女婿去吴宅，于是也落入了陷阱。徐采丞有的是办法，走了日本“松机关”的路子。最近，日本少壮军人代表——鹰派人物东条英机上台后，日本国内政局出现了一些变化，对中国更为强硬。东条英机对汪精卫政权的碌碌无为很失望，他调整了对华政策和相关机构。原先在地位上高于“松”、“兰”、“竹”专门对汪精卫的“梅”一落千丈。此消彼长，日前，“松机关”接到日本上层秘密指示：设法同重庆方面打通关节，诱使蒋介石投降或是同蒋介石缔结和平！

这样，“松机关”自然要在吴开先身上打主意。为了对重庆方面做出亲善的表示，势力看涨的“松机关”机关长坂少将，亲自出面，要“76”号释放徐采丞的女婿。

“放没有呢？”

“放了。徐采丞的女婿是个干面包，留下来没有什么用。”

“接下来呢？”汪曼云问得很细。

“接着，‘松’机关竟去找来徐采丞进行秘密谈判，他们拟释放吴开先，进而招降蒋介石。这样一来，影佐大为愤怒。曼兄你想，汪先生这个班子是影佐一手搭起来的，影佐和他的‘梅机关’费了多大力气、担了多大风险？现在，‘松机关’伸手摘桃子，影佐他们的愤怒是可以理解的。而‘松机关’势大，影佐他们担心抢不过‘松机关’，所以要我在必要时枪决吴开先。”

汪曼云一切都明白了，说：“士群兄，这让我想起一句四川人说的俏皮话——日本人这是‘整烂就整烂，整烂下灌县！’对不对？”

“对。”李士群笑了笑，“我看，我们就来个先下手为强，给吴开先卖个人情，给我们自己留条后路！现在，人在我们手上，我们比‘梅’、‘松’机关都有优势。“

看汪曼云频频点头，李士群又说：“现在关键是要先釜底抽薪。是不是请曼云兄你即刻到上海去，对吴开先夫人夏漱芳言明厉害，要她出面，动用关系，设法让‘松机关’停止在吴开先身上的动作，让‘松’‘梅’机关目前剑拔弩张的局面得到缓和。不然，两边的火烧得太猛，我们这边不好下手。我们得先保住开先的命再说……”

“这个办法好，这个办法好！”汪胖子说，“事不宜迟！”他看了看腕上手表，“半个小时后，正好有趟去上海的火车，我现在就去火车站赶车去上海。”

李士群去隔壁办公室给副官打了个电话，让副官马上派车来接汪曼云去火车站，并给汪曼云写了张条子，盖上自己的印信，让他去上海“76”号办事。汪曼云接过李士群的便条，上面写道：“兹请汪曼云次长代表本人提审吴开先，必要时可用刑。李士群即日。”

汪曼云不解，问他为什么要写上必要时可用刑这一条？李士群说：“‘76’号有日本宪兵监视，我不写一句狠的，岂不是暴露我们同吴开先有旧吗？我还像个管特工的调查统计部部长吗？现在有好多双眼睛盯着我们。至于你见到吴开先审不审，你看着办。反正你代表我，怎么办都行。”

两个小时后，汪曼云到了上海。他在上海火车站一下车，就有“76”号派来的一辆轿车已经在等他了，机要秘书黄敬斋将汪曼云接上车。车上，汪曼云问了些情况，说他今天就不去‘76‘号了，要车将他送到丽都饭店，明天过来‘审’吴开先。

负责接待的黄敬斋知道，汪曼云这会身上有权有钱，又好色，到了花花世界的大上海，他要信马由缰去放任放任，连说好的好的。

很快，上海最繁华路段上的丽都饭店出现在前面。它是一幢占地广宏，高达二十二层的法式建筑物，厚重的黑色大理石一砌到底，带有浓厚的帝国主义色彩，门外的仆人，一律是头上包着红头巾，一脸络腮胡的印度男人。在一线暮蔼中，红红绿绿的霓虹灯编织成的中英文“丽都大饭店”几个大字已经亮了，无声而又灿烂。而那排排向着大街的椭圆形窗户里，也都亮起了灯。绿窗灯火，给人一种暧昧的诱惑。

汪曼云下了车，向黄敬斋挥了挥手，矮胖的身影很快消失在灯红酒绿的丽都大饭店中，像是一尾急不可待游向大海捕食猎物的大鲨鱼。

汪曼云在大堂交了钱拿到房间钥匙，刚上电梯就有了艳遇。

电梯的门一关，汪曼云感到有些热，他将身上的西服脱下搭在手上，在他的前后左右莹洁的穿衣镜上就从不同角度展现出他的形体。脱去衣服的他，着一条背带裤，肚子腆起，一件白衬衣在圆鼓鼓的身上绷得梆紧，颈上打根桃红领带，圆圆的头上剪一副板寸头，加上五官不甚分明，脚上又穿一双擦得锃亮的甩尖子黑皮鞋。两头小，中间大，从整体上看，他简直就是一个旋转的陀螺，显得很滑稽。

镜子中，他的身边有一个美丽的女子，二十七、八岁，服装时髦，不高不矮的身材曲线丰美，一头圈圈发下，一双也不知是修饰出来的还是做出来的睫眉又长又密，绒绒的一双大眼睛含情脉脉地打量着自己。汪胖子不由调过头去，打量着身边的这个尤物。嘴唇涂得血红，手臂上挽个时髦小包的女子对他莞尔一笑。好色的他对美丽女子投桃报李，也咧开大嘴笑了一下。忽然又警觉起来，这个尤物该不会是来盯我梢的重庆特务吧？不然，萍水相逢，她对我笑什么？

“先生好福相!”那女子说话了，一口很嗲的上海话。

“何以见得？”汪胖子问。他本不想搭理、招惹这个陌生的、有些洋气性感的年轻女子，但他已经有些不能自已了。

“我会看相!”女子冲他一笑，有明显的勾引意味。

“先生是个有钱人。”女子说，“先生印堂发红，最近就要走红，财色双收。”听到这里，汪曼云心中已经判明，这是一个高等妓女。他知道，在大上海的高等饭店里，这样的高等妓女多的是。

“钱是有一些，不过不多。”汪曼云心中有数了，顺着她的话说下去，看电梯上的红灯闪烁间，自己房间所在的楼层快到了，这便满含深意地发出邀请，“俗话说，有缘千里来相会。我与小姐有缘，能否请你先到我的房间坐坐，然后一起吃顿饭？”

女子欣然答应：“好。”

这时，电梯轻微地一个停顿，他房间所在的楼层到了。

下了电梯，汪曼云开了房门，两人进门，说好价钱……很快，门上那块光牌上闪灼起“请勿打扰”的红色小字。

第二天一早，汪曼云到“76“号办公事。到了机要处，正埋头疾笔奋书写着什么的处长傅也文看了看他，劈头一句：“吴开先自杀了!”

“什么时候？”汪曼云吓了一大跳，眼睛瞪得老大，“还有没有救？”一迭连声紧问。

“昨天晚上。”傅也文看来疲劳至极，用一双熬红了的眼睛看着汪曼云，有气无力地细说原委后，叹了一口气，“弄得我一宿未睡。”

汪曼云急了，问傅也文："你说清楚，吴开先究竟脱离危险没有?!"

"吴开先总算抢救过来了。"傅也文一边说着吴开先自杀经过，一边让汪曼云看吴开先自杀前写给老婆的绝命书。说昨天下午黄昏时分，吴开先趁看守员不注意，吞了预先揣在身上的金磅、浸过鸦片的佛手还有几枚回形针……

"这些东西他是怎么带进去的？你们逮捕他后，就没有好好搜过他的身?"汪曼云问傅也文时，神情不满，语气严厉。

"搜是搜了，不知道吴开先是用了什么办法，将这些东西带进去的。"傅也文这话说了等于没有说。

这时黄敬斋闻讯赶来，汪曼云皱了皱眉，让黄敬斋带他去看吴开先。

吴开先在"76"号受到优待，被软禁在主楼上三楼上的一间屋子里。汪曼云由黄敬斋陪着，来到那间屋子前，他们要守卫的便衣特务不要声张。汪曼云轻步走上前去，透过窗子上方的监视孔，朝里一觑——是一间四四方方的小屋子，只有一床一桌一凳，简洁得如同水洗。天花板很高。一副牛肋巴窗户上嵌着交叉的铁条。明丽的秋阳从牛肋巴窗上洒进来。身穿一身白纺绸宽松衣裤的吴开先面向里睡着。听到开门声，吴开先顺手将床上一床苏缎薄被往身上一拉，佯装睡熟。他们进了屋，屋中的情况看得更清楚了些。汪曼云注意到，离地很高的天花板上大白天也开着灯。电灯挂得很高，就是站在凳上举手想去触电也不行。桌子四周和墙壁都镶嵌着厚厚的泡沫。显然，为预防吴开先自杀，"76"号的特务们绞尽了脑汁。

"老开，老开!"汪曼云走到床边这样叫，显出一种别样的亲切。

吴开先闻声调转身来，一见站在自己面前的是汪曼云，一骨碌翻身坐起，一把抓着汪曼云的手说："我想是你该来的时候了。"

黄敬斋知趣，这就将一张凳子递到汪曼云身后，说："汪部长你请坐，你们慢慢谈。我去让他们给送两杯茶来。"说完，轻步退了出去。

一个小小的停顿过去后，"你受苦了。"汪曼云说时，用他那双很鼓的眼睛看着坐在床沿上的狼狈的吴开先。原先有"上海党皇帝"之称的老开简直变了一个人。

吴开先一把抱着汪曼云放声痛苦，像是个受了多大委屈的孩子，这倒是汪曼云没有料到的。汪曼云用他多肉的手在吴开先的宽肩上拍了拍，安慰道："一切都是会有办法的。"看吴开先冷静了些，他退后一步，坐在凳上，从一个临时作茶几用的小火凳上端起一杯茶，先递给吴开先，自己再端起一杯。

大个子吴开先的情绪稳定下来了。双方一时无话。吴开先似乎在揣摩，这位昔日站在同一条战线上的“党国”官员，今日与之敌对的汪伪政权中的高官，代表李士群出面的汪曼云到底有多大的份量，能“帮”他什么忙？吴开先的一双眼睛像鹰眼，很亮，有种穿透力；吴开先往昔那张总是棱角分明的脸明显瘦了一圈。胡子多日没刮。一副浓眉微微抖动，泄露出内心的不安。总体看，虽是在落难，但吴开先浑身上下仍然透出一种内在的威严。

“开先，你这是何苦呢？”汪曼云这看似没头没脑的一句话，其实是相当简洁有份量的。

“我有什么办法？”吴开先痛苦地咧了咧嘴，“各为其主，我现在被你们逮住了，你们的人逼我落水。但我只能这样说，‘相煎何太急’？”重庆要人吴开先话中的内涵和外延也都是有的。

“唉！”汪曼云也不解释，只是长长地叹了口气，该有的意思都有了。

“从长计议吧！”汪曼云对吴开先的劝导正式开始了，语气显出诚恳，“人在屋檐下，不得不低头，留得青山在，何愁没柴烧！”汪曼云上来就为他的劝降定了基调。

这时，门轻轻开了，傅也文影子似地进来了。汪曼云回头很不满地瞟了他一眼。

“汪部长，对不起。”看汪曼云很不了然，傅也文那张瘦削冷漠的脸上挤出了一丝笑，“刚才医生对我说，虽然昨晚上他们对吴先生采取了急救措施，但吴先生吞进肚子里的东西还没有完全弄出来，还得采取一些措施，不然，恐怕还有危险。”汪曼云一听，站了起来说：“那就接着让医生看呀！”

“医生说，现在得请吴先生吃点滑肠的韭菜。”傅也文说时将手一挥，候在门外的一个小特务手中端一大碗韭菜进来了。吴开先却不知为什么，“咚！”地一声又倒下去面对壁睡了。

汪曼云示意傅也文同他一起出去，在走廊上，汪曼云批评傅也文：“傅处长，不是我说你，现在气氛整得太紧张了！既然吴开先的重要性弟兄们都晓得，何必整到如此地步？”看傅也文眨巴着眼睛，汪曼云说，“现在不能硬来，硬来要出事，出了事，你我都担待不起。这样吧，”汪胖子确实鬼，他拍了拍光光的脑门，计谋出来了，“吴开先的家庭生活很和美，他很爱他的妻子夏漱芳，更爱他的小女儿。

“最好的办法，也是唯一的办法，先将他的爱妻爱女的工作做通，然后将她们带来劝他，这样准行!”傅也文一听连声说好，对汪胖子佩服得五体投地，他下去找万里浪一说，万里浪也说好。他们立即驱车去了爱棠路的吴开先家，先对夏漱芳母女做通了工作，然后她们母女来到了“76”号。

“开先!”

“爸爸!”

面壁而睡，一副死猪不怕开水烫样子的吴开先，乍听到妻子女儿如此亲切的呼唤，一惊，坐了起来，面对着站在面前的妻女，他不胜惊讶。吴开先向来溺爱的小女儿见爸爸这个样子，忍不住一阵心酸，像只小鸟一样，哭着扑倒在爸爸的怀中。夏漱芳也掏出手绢擦眼泪。全家人一副生离死别的样子。汪曼云要的就是这个效果，他对傅也文、黄敬斋做了个眼色，一起轻轻退了出去，并替他们掩上了房门。

“爸爸，你瘦多了。”女儿跪在地上，伏在父亲身上，抬起一双纤纤素手，抚摸着父亲胡子巴叉的脸，星眼含泪，无限关切地说。

“没有事的，没有事的。你们看，我不是好好的吗!”吴开先装着若无其事的样子，抚摸着小女儿的头，一边安慰着暗暗垂泪的妻子，一边将小女儿莲藕似的手紧紧地攥在胸前，看着小女儿，他心中充满了温情。正在一所女子中学上二年级的小女儿，刚满 16 岁，正是如花的年龄，她面容姣好，尽管跪在地上，仍然看得出，女儿如同其母，身材很好，她正在发育抽条，细腰长腿，高挑挺拔。穿一条天蓝色背带裙，配上雪白的衬衣，如破土而出的带露春笋。然而，女儿一双平时总是充满了欢欣憧憬的眼睛里，此时漾着的却是忧虑和担心。一绺乌黑的刘海披在白净光滑的额头上，长长的睫毛上挂着一颗晶莹的泪，平添了如花少女不应有的悲哀和恐惧。

吴开先的心颤抖了。原先设计的种种抵抗方案，还有委员长教诲的“不成功，则成仁”信条，就在这一刻，统统崩溃，灰飞烟灭。

吴开先没有说话，一边一下一下地抚摸着女儿的手，一边调过头去看暗暗垂泪的夏漱芳。天生丽质的妻，也是明显憔悴了。向来讲究穿着打扮的她，今天委屈地罩着一件素洁的淡蓝旗袍，也没有佩戴任何首饰。

看丈夫一边抚摸着女儿的头，一边打量着自己，夏漱芳用手绢将挂在眼睫毛上的一颗泪轻轻揩了，轻轻一句：“开先，身体要紧。看我你还是听医生的话，将那碗滑肠的韭菜吃了吧?”

“好吧！”吴开先回答得很干脆。

话刚落音，门轻轻开了。一大碗韭菜又由刚才那个小特务，双手端着走了进来。夏漱芳接过，来到丈夫面前，递上碗和筷子，弯下腰去，吴开先没有接过碗筷，狐疑地看了看满碗绿莹莹的韭菜，又摇了摇头。

“怎么？”夏漱芳问。

“我怀疑这韭菜里有毒。”

“怎么会呢？”夏漱芳说，睁大了一双美丽的眼睛，“他们要害你，何必还要花那么大功夫，动员我们来劝你？”妻子说时不屑地一笑——真是的！汪曼云他们还怕你寻死，要我们母女来劝你，其实你比哪个都怕死。你们这些高官呀！

夏漱芳这一说一笑，将吴开先点醒了。他将碗、筷子从妻子手中接了过去，想了一下，口气有些发狠地对站在一边的小特务说：“你去请汪（曼云）部长进来，我得问清楚了才能吃。”

“开先兄有话尽管问。”汪曼云打着哈哈进来了。

“曼云兄，我们真人面前不说假话。”吴开先看着汪曼云问，“你们是不是想把我救活，又要我落水？”

“哪里，哪里，开先兄是党国要人，我怎么会要你落水呢，我是既要让你获释，又不落水。”

“哪有这样的好事？”吴开先看出来了，汪精卫政权将他视为珍宝，虽然他这时尚不明白底细；但他毕竟是个富有斗争经验的政客，查觉出其中必有端倪，于是，他抠起架子，“虽然你的话，我相信，但你毕竟不是这里的主人，你做不了主的。”说着，态度激昂起来，“自抗战以来，国民党中央委员中还没有人殉国的，就让我吴开先来开个头吧！”

“吴先生！”傅也文有些焦燥起来，哑着嗓子说，“你不要敬酒不吃吃罚酒，汪（曼云）部长可是代表李士群部长来救你的。”看吴开先对自己的话不作反应，就调过头去看着汪曼云，汪曼云搓着手，这是一个示意。

“我看这样吧。”傅也文缓了口气，“我们先将吴太太和千金送回去，我们再同吴先生好好谈谈！”说完，手一挥，门口进来两个便衣特务，对夏漱芳母女手一伸，说：“请吧！”

文戏唱毕，武戏上场。凶神恶煞的万里浪带着一群全副武装，横眉棱眼的特务进来了，汪曼云做出一副爱莫能助的样子，躲在了人群后面。

“喂韭菜给吴开先吃！”身材瘦小，腰上斜挎着一条子弹带，带上斜插着左轮手枪的万里浪暴跳如雷，挥着手，指挥下属动手。在他的身后，跟着一个身材矮壮笃实的日本宪兵，也不说话，只是很专注地观察着这一切。

一个特务走上前去，用筷子挟起一大绺韭菜，硬往吴开先嘴里喂。

“呸！”吴开先怒不可遏不仅不吃，还吐了特务一泡口水。

“吴开先，我告诉你！”万里浪暴跳着，指着吴开先，用他那口浓郁的四川家乡话骂道，“我看你今天硬是矮子过河——淹（安）了心的！”说着用手指了指站在身后的日本宪兵，问吴开先，“你不看，皇军都来了，你今天不要想麻麻楂楂的过关！”

“八格牙鲁！”日本宪兵看不下去了，一边骂着，一边挽起袖子，“咚咚咚”大步走上前来，“啪！”地一声，扇了吴开先一个大耳巴子。顿时，吴开先的脸上留下五根血红的手指印。

站在一边的汪曼云怕事情闹得下不了台，赶紧吩咐在场的一个特务，去拿了一根绳子来，把吴开先背剪绑起，弄下楼，塞进一辆轿车，送进愚园路上的一家福民医院采取紧急措施。

这是一家日本人办的医院，院长宫宽是个老上海。

“吴先生，你吞下肚去的回形针需要马上弄出来，你要同我们配合，可不是闹着玩的。”宫宽亲自动手给吴开先作了检视后，虎着脸说。

“宫院长，你看该怎么医就怎么医吧！”汪曼云摆出了李士群全权代表的样子。

“现在唯一的办法就是下泻药。”征得了汪曼云、傅也文等人的同意后，穿着白大褂的宫院长通知手下护士作好准备。可是，吴开先不知哪根筋犯了，脾气犟得很，坚决不肯就范。

看日本宪兵又要发火，傅也文也火了，吩咐手下特务，说：“由不得他，把他的手脚捆绑起来！”特务们这就上前，不管不顾的，三下五除二将吴开先手脚捆绑了起来，抬到手术椅上，像抬一只待宰的猪。宫宽命令特务们将吴开先的嘴扳开，临时找来一个妇女生产用的子宫扩张器，插进吴开先的嘴里，将一大瓶药水灌了进去。

很快就有了反应。吴开先说：“我要上厕所解手。”很快，一个金镑和二十几枚回形针排了出来。宫院长检查后，说：“这下好了。”

汪曼云一直提起的心咚地一声落进了胸腔子里，他笑嘻嘻地走上前来，心平气和地对吴开先说："开先，事情已经过去了。我就不送你回去了。你放宽心好好休息两天，我说过的话保证办到。我还有些事情要忙着办，等两天再来看你。"看已经舒服多了的吴开先心领神会地点了点头，这就放心离去了。

汪曼云上了去苏州的火车。

李士群一见到他，就拉着他的手，哈哈笑道："曼云兄，事情办得漂亮。你到上海后的一切，万里浪、傅也文等都及时向我报告了。文武之道，一张一弛。就在你离开上海回苏州之时，我已命令他们将夏漱芳接来同老开住在一起。老开和夏漱芳分久了，阴阳不调，难怪性情那么乖张！"说时，青水脸上闪出一丝淫邪。

"士群兄不愧是去苏联高等特工学校镀过金的，懂得心理学，了不起，了不起！"两人都打着哈哈，上了李士群家的二楼客厅坐定。

"士群！"汪曼云喝了口茶，看定李士群道，"我之所以急着回苏州，一是向你复命，我就不再多说了。要特别向你报告的是，吴开先主意已定，他让我转告你。我们从他身上需要得到什么材料，他知道的都会全盘托出，唯一的要求是，请你照顾一下他的脸面……之后，他会急流勇退。汪先生、蒋先生两边他都不再参加，宁愿到杭州西湖玛瑙寺出家当和尚。"

"可以理解，可以理解。"李士群说着略为沉吟，"可是老开的要求，我没有权力答应。"

"那怎么办呢？"汪曼云又习惯性地搓起手来。

"这样吧，你帮人帮到底，送佛送到西。反正周佛海你也熟。他现在兼任了行政院副院长，取代了汪先生的连襟褚民谊褚大胖子，权势看涨。你不妨去找找周佛海，他说行，我立马放人！"

"看来只好这样了。谁叫我上了你们的贼船呢？不是说吗，解铃还需系铃人，不把这事办好办落实，以后我汪曼云岂不成了猪八戒照镜子，里外不是人！"

"谁说不是呢？"李士群抚掌大笑。

汪曼云是个急性子，当天下午乘火车赶回了南京。回到家，脸都顾不得洗，就给周佛海打电话，是周佛海亲自接的，他约汪曼云去他家详谈。

晚八时，汪曼云如约坐在周佛海的书房里。

乳白色的灯光下，时年46岁的汪伪政权中的铁腕人物周佛海坐在一把靠窗的阔大西式沙发上，中年男人的成熟、圆润和精于心计的政客的种种特征，在他身上融为一体。一双犀利的目光透过玳瑁眼镜，目视着坐在对面说话的汪曼云。他在听取汪曼云关于吴开先情况的报告，态度相当冷静。善于权谋，身兼数职，最近又攫取了汪政权行政院副院长的周佛海真是满面含威威不露，浑身上下流露出一种大权在握的威摄力。

汪曼云报告说，吴开先愿意与当局配合，抖出他所知道的一切，但不愿落水，希望事后去西湖出家当和尚……

周佛海听到这里笑了，那一笑中满含深意，他的声音浑厚低沉，一口湖南音的北平官话，听来有些怪怪的：

“人各有志，不能勉强，不是说嘛，天要下雨，娘要嫁人。”镜片一闪，周佛海的眼神中露出一丝嘲讽的意味，“其实，老开不过来也好，免得我还要伤脑筋挪出一个部长的职位安排他。”

会见就这样结束了。

汪曼云满心欢喜，他已经从周佛海口中得到了准信，吴开先可以如愿以偿，他这个菜刀打豆腐——两面光的角色也完成了。在回家的路上，他特别绕道去了南京电报大楼，给在苏州的李士群打了个电报告知：“士群兄并转吴开先，兄所请，有关方面业已同意，请释念!”

以后一个星期，汪曼云哪里也没有去，心安理得地坐在家中，静候上海方面传来的吴开先出狱，准其所请的佳音。然而，一个星期后，却又接到李士群从苏州发来的电报，电报只一句话，且语焉不详，请他去苏州商量要事。

看来，吴开先的事并不是想象的那样简单，汪胖子嘘了口气，有什么办法呢，既然趟进了浑水，就不得不趟到底，他只好再次起程去苏州。这是这月来他第三次去苏州。

在苏州，李士群见到他，口气不仅大变，而且是一副谈虎色变的样子。

“曼兄，你我把吴开先这事都想得太简单了。你想，老开那样大一个人物，好容易被我们抓着了，屁股一拍就想走人，说是想遁入空门，”说时干咳了一声，一笑，“谈何容易！周佛海通过了，但还有日本人。现在是日本人的天下，不是他周佛海的天下。嗯！事情才刚一提，日本人就上了火。幸好此事的来由被我压着了，不然日本人知道了这其中的过节，曼云兄你，还有周佛海都脱不掉关系……”

还是在苏州李士群家舒适的二楼客厅，李士群向汪曼云细谈了其间的变故。之中，更重要的还是日本“梅机关”和“松机关”的斗法。

一阵思索后，汪曼云提出还是由他代表李士群去上海争取吴开先，把吴开先真正拿到手，什么都好说。

“不用了。”李士群道，“吴开先现在已经被我弄到苏州来了！”

“啊?”汪曼云又惊又喜。李士群要汪曼云下午去看看吴开先，“我将他关在优待室。你们是老朋友，好好劝导他，自家兄弟好说！”

下午，汪曼云单独去看吴开先。像上次一样，汪曼云上了楼，竖起指头，轻轻嘘了一声，示意守卫特务不要声张。他用手轻轻撩起飘拂在嵌有铁条的窗棂上的窗帘看进去——这是一间四四方方的屋子，正对窗有张足有五尺宽的双人床，床上的苏绣缎被叠得整整齐齐的。床前有张锃亮的西式小圆桌，桌上铺着一张雪白的浅网桌布，当中一只水红色鼓肚细颈花瓶，瓶中插一两束康乃馨，一束白的，一束红的，散发着淡淡的幽香。吴开先坐在桌前的一把椅子上专心致志地在看报纸。若不是正对面的一扇玻窗上也嵌着铁条，真看不出这间屋子里住的是一个犯人。

汪曼云示意身边特务开门。

听见开门声，穿一身便服，眉重眼深的吴开先调过头来。

“开先，我看你来了。”汪曼云大步走进屋去，关切地上下打量吴开先。

吴开先什么话也没有说，放下手中的报纸，伸过手来同汪曼云握了握，动作仪态一如既往的沉稳。

“开先，你还好吧?”汪曼云关切地问。

“士群一个星期前把我弄到苏州来了。”吴开先述说由来，“士群对我不错，不说像《三国演义》上曹操对关二爷（关羽）那样，三天一小宴，五日一大宴，倒也是天天有鱼有肉有酒地款待。我也想转了，”说着，诡秘地环顾左右，看左右无人，说，“你我兄弟之间实不相瞒。”吴开先压低声音，“我已得到委员长‘留身报国’的暗中指示，我不死了，为了党国，我得好好保重身体！”

“啊?!”汪曼云不禁讶然失声，“开先兄厉害，关在这里，还能得到委员长的指示?”

“不瞒老兄！”吴开先将胸脯一挺，自鸣得意地说，“不管我是关在上海极司斐尔路76号，还是关在苏州特工站，都得到了不少兄弟关照。这中间，首先关照我的自然是你曼云兄和士群兄。”吴开先把话说得更白了些，“因为兄弟们想巴结我，想给自己留一条退路，想通过我走通重庆这条路子。特别是到了苏州，这里没有日本人监视，我可以放心大胆地通过我的网络，同重庆接上关系，替弟兄们办事。”

汪曼兄轻声问：“这些，士群知道吗？”

“士群不知道能行吗？”

听到这些，汪胖子暗想现在各人都在暗中走重庆的路子，给自己留后路，看来自己还得将吴开先这条线抓紧。他们亲亲热热聊了一会，李士群步履匆匆地来了，扬起手中的电报，莫衷一是地一笑，说：“开先兄真成香饽饽了。这不，汪（精卫）先生和周佛海都争着要见你。行政院已派车来接，连我们都沾光了，我、还有曼云兄陪你去。”说着将手中的电报给他们看了。电报是周佛海发来的，很简短，也很客气，就说他和汪先生想见见吴开先。

午后，李士群、汪曼云陪着吴开先去了南京周佛海的官邸。不过，周佛海单独同吴开先谈了一个多小时，将陪着去的李士群和汪曼云晾在一边。完了，他们陪吴开先去汪精卫处，车上，他们问吴开先和周佛海谈了些什么，吴开先滑头，避而不谈，只是说，周佛海一见我，就和我抱头痛哭……李士群恨周佛海，也就不问，只是满脸阴云和狐疑。然而，到汪精卫家就不同了。汪精卫让他们三人都去他楼上豪华的西式客厅里坐了，让佣人上了好茶好点心。汪精卫出来了，还是穿着一身雪白的西服，显得无与伦比的典雅风趣。他同吴开先的谈话看起来没有什么实质意义。与其说是谈话，不如说是在同他们随意地谈心、讨论问题，又好像是面对一群记者，借这个机会洗刷自己身上的汉奸骂名。

“开先，你是重庆方面的大员。”汪精卫说得轻轻松松的，“我知道，重庆方面好些人骂我叛国！吴先生，你说，我究竟做得对不对？我们可以讨论。同人家日本人打，我们打不赢。打下去，得到好处的只有共产党。你有没有看到，抗战才打了一年，国民党 240 个精锐师就打掉了将近一半。人家共产党却从陕北那个穷地方突围而出，力量发展得惊人。没有办法，我汪某只有出面，曲线救国。我这样做，还不是为了全中国的老百姓。谁对谁错，历史自有公论。”说到这里，他显得有些激动，端起茶几上的龙井茶，抿了一口。情绪平静下来，一边用白皙修长的五根手指，轻轻敲打着身边的髹漆茶几，一边说，“我从不骂人，骂人是没有修养的表现，骂人也于事无补，你们说，对不对？”

汪精卫说到这里，巧妙地将“球”踢给了坐在旁边的三人。

吴开先只一句：“汪先生做事，自有汪先生的道理。”

李士群、汪曼云则将汪精卫大大恭维了一番。到了吃晚饭的时候，汪精卫表现出从来没有过的客气。汪精卫的性格他们都是知道的，很虚伪。往往同人家握手，人家刚刚离去，他就会掏出手绢揩手，再将手绢扔到垃圾堆里去。留人吃饭，也不过是一种表示，三人都站了起来，说了谢谢，汪主席国务缠身，就此告辞。然而，这天汪精卫坚决要留他们。主客这就移到隔壁一间精致的餐厅里坐了，是一桌标准的法国大菜。平素像影子似跟在汪精卫身边的陈璧君今天没有出现。汪精卫将手一比，身穿雪白制服的欧仆轻步上前，为他们将插在酒杯里蝴蝶状的餐巾展开，铺在腿上，褪去筷子上的纸。汪精卫笑道：“我是不喝酒的。今天难得聚会，我就喝饮料，喝酒的自便。”桌上摆着美国白兰地，法国葡萄酒，还有中国的茅台、五粮液。

一阵叮叮当当声响过，汪精卫、李士群、汪曼云、吴开先面前的高脚酒杯里分别盛上法国葡萄汁、五粮液、葡萄酒和白兰地。汪曼云乖巧，率先举杯站起来说：“汪主席日理万机，抽出时间接见我们，还设家宴招待我们，不愧为现代政治家，我们深表感谢!”

汪精卫满意地笑笑，将手招招，示意汪曼云坐下。

“咣!”地一声碰杯，杯中溅起的汁液、酒花在璀灿的灯光照耀下，发出眩目的光彩。家宴菜肴丰盛，法式炸鸡、色拉、牛排……应有尽有，大家随吃随聊。为了助兴，汪精卫让下人开了留声机——一首法国小夜曲幽幽地响起。显然这首小夜曲是汪精卫喜欢听的，在营造出一种如梦似幻氛围的同时，透出一种深沉的忧郁。

“人生苦短，三十年河东四十年河西。”汪精卫一边呷着葡萄汁，一边感慨道，俊美的脸上流溢着一种深沉的悲哀。汪精卫指着吴开先说，“就如开先，曾几何时，大家在重庆还是老朋友，现在坐在这里，人还是同样的人，却已然成了两个营垒。”说着一声苦笑，“想我汪兆铭，也算饱读诗书，学有所成。若不是为国为民，何必如此为国是操心赴汤蹈火？当年，我谋刺清朝摄政王失败，抱必死决心，写下了‘引刀成一快，不负少年头’时，被国人视为民族英雄。而今，却被国人骂为卖国贼，殊不知如今国家民族利益比当初还要危急。同日本人打下去，就会让共产党人爬起来，中国将沦入万劫不复之地。无奈间，我做出此举，比当初谋刺摄政王时，更需要勇气和谋略。

国人的素质太低，总是被狭隘的民族利益蒙上眼睛，弄得黑白难分。一般老百姓不懂其间奥秘就不说了，问题是，不少高官上层也跟着起哄，这就不能不令人寒心。好在我们所做的一切，是非功过，时间都会予以证明。”说着长长地叹了一口气，似乎无尽的委屈、忧怨都在这长长的叹息声中了。

第一次近距离打量汪精卫的汪曼云，同李士群、吴开先一样，一边说着些言不由衷的恭维话，一边暗想，人说汪精卫极善言辞，看来不仅如此，而且极善于伪装诡辩。

家宴在汪精卫的又一次表演中结束。

“来来来。“汪精卫要仆人在他酒杯中斟满又浓又红的法国葡萄酒后，很豪壮将酒杯一伸，“我本来患有糖尿病，医生是不让喝酒的。但今天与三位谈得高兴，为了我们更好的合作，尤其是开先，我们最后干了这杯。”

他们干了杯后，旁边墙角一架很富欧洲中世纪特色的座钟当当地敲响了九下。李士群、汪曼云、吴开先适时站起身来，向汪精卫告辞。汪精卫同他们一一握手——握得很轻。同时，以似乎不介意的姿态告诉他们，第二天，最高顾问日本影佐中将（影佐已升为了中将）要同吴开天谈话……至此，三个人才知道，原来汪精卫让他们上南京，是因为影佐的关系。汪精卫接见吴开先，是一个序曲。而汪精卫的谈话和气氛，看似随意，其实大有深意。汪精卫刚才那番话，其实是有意说给吴开先听的，希图吴开先将他那番话传达给重庆。

翌日清晨，李士群接到“梅机关”电话，要他带着吴开先火速去见影佐将军。车在影佐官邸前停了下来——这是原先一个国民党高官的住宅，很气派。嵌着铜质兽环的红漆大门，中式门楼，九级石阶下，一边蹲一尊雕刻得栩栩如生的汉白玉石狮。高墙深院中露出中西合璧建筑。在门前接受了日本宪兵的检查后，两扇红漆大门缓缓洞开，轿车缓缓而进，沿着花木夹道的碎石路，朝官邸纵深开去，最后停在了庭院深处的一幢乳黄色的法式小楼前。

当李士群陪着吴开先从中间那辆轿车上下来时，武装特务们已作好了警卫。一个戴着眼镜、矮胖、穿黄呢军服、武装带上挎着一只三八盒子枪的日军少佐，用犀利的眼神看了看吴开先、李士群，将他们带进一间日式客厅坐在榻榻米上等候。坐下不久，一位戴着眼镜、身着和服、唇上护着一绺日本八字胡的中年人走了进来。

“啊，山本先生!”来人李士群是认得的，他是影佐的副手山本。李士群赶紧站起身来，满脸堆笑，作拱打揖。山本不满地用手指了指自己戴在腕上的手表，用一口标准的北平官话冷冷地问：“李士群君，你看是什么时间了?”

“啊，过了五分钟?!”李士群知道日本人时间观念很强，连忙陪笑解释，“是这样，我们来时，路上遇到了点小耽搁，因而来迟，对不起，山本先生，请原谅。”

“影佐先生最不喜欢不守时间的人。”山本不听李士群的解释，冷着脸说，“影佐先生的时间比谁都宝贵，因为你们迟到，他今天另有安排了。”说着手一甩，“请你们回去，见面时间另定。”李士群只好带着吴开先灰溜溜地返回南京特工区听命。

吴开先行情看涨，汪曼云心中好生高兴。

以尽地主之谊为名，第二天，汪曼云在宁海路54号的家中设宴款待吴开先、李士群。陪客都是在南京的汪伪特工系统中的头面人物，有苏成德、杨杰、马啸天、夏仲明等。餐厅里，一张大圆桌上摆满了美味佳肴。

“满杯、满杯!”汪曼云率先举杯说，“开先最近受了些苦，虽然士群和我们大家都竭力从中想方设法，但还是不尽如人意。”汪曼云会说话，里面的意思都有了，看李士群频频点头，大家连声说好，他接着说下去，“现在呢，开先行情看涨，我们大家都高兴。看来，汪先生和日本人都期望开先搭起一架通向重庆的和平之桥，不知我说得对不对？分久必合，不定哪天，开先会忽然变成一匹千里马，而我们这些人也就是附在千里马尾骥后的蚊蝇，跟着开先沾光。”

“说得好，干杯!”李士群也将手中酒杯一举。

“咣!”大家都站起身来碰了杯，溅起朵朵酒花。几杯酒下肚，他们的嘴就没有了遮拦，都是搞特工的，大人物们搞女人的轶事，成了最好的谈资。一时，场上充满了污言秽语，一顿饭从上午十一点，吃到下午两点未完。

“哎哟!”李士群猛地一惊，看了看腕上金表，站起来说，“看，只顾说得高兴，差点误了大事。走，影佐约我们见面的时间就要到了，只剩一刻钟了，这次再迟到可不得了!”说着，赶紧拉起吴开先匆匆出门。

他们这次是直接到影佐的家——南京匡房路6号中段一座有花园的日式洋房。这次他们紧赶慢赶，准时在影佐的客厅榻榻米上坐下。只听一个伺女在门外“哈依”一声，影佐大步进来了，李士群带着吴开先赶紧起身。身着和服的影佐细细看了看吴开先，自己率先坐了下去。吴开先打量了一下坐在对面的这位深受日本军部器重、专事汪伪政权的中国通影佐中将。影佐这会儿看上去，不像个军人而像个大学教授。身着和服，长相斯文，个子不高不矮，显得比较清瘦，唇上护有一绺仁丹胡，浓黑的眉毛，戴着一副眼镜，身板笔挺，流露出某种职业军人的气质和特征。影佐久久不说话，让人觉得高深莫测。

李士群将吴开先给影佐作了一番介绍后，影佐很高兴地说："能见到吴开先君很高兴。"他一口标准的北平官话，说得慢条斯理。

"谢谢!"吴开先说时，端起茶杯，手中的茶杯圆圆黑黑的，很古朴，像是一枚硕大的中国象棋的棋子。茶是日本清茶。吴开先将端在手中的杯子转了转，抿了一口。

"看来，吴先生是精通日本茶道的。"影佐笑了笑问。

"谈不上精通，只是喜欢而已。"

"其实日本许多东西都是跟中国学的。"吴开先的话给了影佐一个最好的借题发挥的机会，他开始侃侃而谈，"在你们中国流传的那个秦始皇派五百童男童女跨海寻灵芝的故事，在日本也流传已久。如果这个故事是真的，那么日本民族就是你们中国的一支。我到中国，就像回家一样，从来就没有过任何陌生的感觉。既然日中两国同文同种，一家人有什么事情不好商量的?"吴开先心中暗想，影佐这家伙果真厉害，知识渊博，不同于一般只会冲冲杀杀的武士，他不仅善于借势，而且善于趁虚而入、懂得攻心为上。

影佐继续说下去。他以沉痛的腔调回顾了自"七七"事变以来，两国的误会与不幸。他巧妙地混淆是非，颠倒黑白，明明是日本侵略中国，在他说来，倒像是中国对不起日本似的。最终，他归结到两国应该和谈，早日结束这场不幸，相互提携，以求日中共存共荣，进而建立起"大东亚共荣圈"。说完后他看了看吴开先，等着他的回应。

显然，影佐绕了这么大的弯子，都是奔吴开先来的。他把吴开先看作是重庆的化身，想做通吴开先的工作，同重庆方面拉上关系。这样，也许会事半功倍，出奇制胜。然而，这时的吴开先能谈什么，能代表什么呢？局势明摆着，现今中国各界抗日呼声日高，国际上，以中美英苏为首反对日、德、意轴心的同盟国业已形成，而且局势正在朝同盟国方面好转。蒋（介石）委员长抗日已成了象棋上过河的兵，只有进没有退。况且他吴开先只是俘虏一个，叫他怎么说呢？直说，没有好果子吃；虚与应承吧，也不行。怎么绕得过去呢，幸好酒喝多了，吴开先决定借酒造势，先躲过去再说。看影佐一副洗耳恭听的样子，吴开先只说了一声“影佐先生!”就哇地吐了影佐一身，一副痛苦不堪的样子。

李士群吓坏了，一边去搀扶吴开先，一边解释：“中午，吴开先的朋友们请他吃饭，吃了点酒，不想他如此不胜酒力，吐成这个样子，真是对不起!”

“瑶不拉搭（醉了）！瑶不拉搭（醉了）!”影佐并没有发脾气，只是站起身来，皱着眉头，用手搧了搧一屋的酒气臭气，惋惜地对李士群说，“不巧得很，我本想同他好好交流交流的，看来谈不成了，也没有机会了。你带他回去吧!”说着，站起身来，轻轻咳了一声。推拉门无声开了，一个便装的日本男人进来，将李士群和吴开先带了下去。

身着日本和服的影佐，目视李士群、吴开先离去，他失望极了。这也许是他在中国大陆搞“和平运动”建功立业的最后一次机会了。因为，他和他的“梅机关”作用不大，军部很可能近期将他召回国内，经他再三请求，军部给他最后一次机会，并专门从国内派了布施少将来等候消息。不想结果却是如此!

夜幕中，影佐钉子似地在窗前站了很久很久，像一个黑色的幽灵。

听说李士群带着吴开先从影佐那里回来了，汪曼云立马赶去问结果。“开先真狗屎!”怒气冲冲的李士群正要细说下去，办公桌上的电话骤响，李士群抓起电话，没好气地大声问：“找谁?!”

“啊，滨田大佐?”顷刻间，火旺的李士群像被人抽了筋、放了气似的，立刻变得柔顺起来，一边听电话一边嗯嗯的答应着。

放下电话，李士群告诉汪曼云：“问题严重了。电话是‘梅机关’打来的……日本人要枪毙吴开先。”接着，把吴开先刚才的表现，说给了汪曼云听。

“以影佐的为人，还不至于吧?”汪曼云沉思着说。

“怎么不会?”李士群细说缘由：今天影佐接见吴开先，是好不容易争取来的，也是他在中国建功立业的最后机会。可是，影佐两次接见吴开先，第一次我们迟到，第二次吴开先又吐了影佐一身。影佐虽然有修养，心里一定恼怒万分。现在，影佐只要一走，“梅机关”可能马上坍台。早就在一边垂涎的“松机关”，会马上将吴开先这只肥羊抓在手中。这样，即使影佐饶了吴开先，他的手下也饶不过。

“刚才来电话的滨田大佐是影佐的得力助手，他在电话中，要我将吴开先转送到日本宪兵手里，还质问我，一个重庆要犯你们都管不好吗……”

汪曼云听后沉思着说，问题确实严重，不过还有办法。我们可以拖！不管这是滨田大佐个人的意思还是代表影佐，让我们将吴开先现在就送到日本宪兵队去，坚决不可！只要一送去，吴开先说不定今夜就没命了。

“拖?”李士群说，“怎么拖呀?”

“赶紧给影佐去电话，就说今天的两次失礼都不是故意的。现在，吴开先酒已经醒了，非常懊悔，强烈要求再次登门，向影佐先生赔礼道歉。士群兄出面，影佐如果同意，吴开先就有救了。”

李士群想想有理，便照做，影佐同意。于是，李士群又带上吴开先上影佐家去了。就在这个时候，影佐接到军部命令，明天一早返回日本。因此，吴开先他们此去完全是象征性的。

翌日清晨。南京机场似乎还未睡醒，沾满露水的停机坪上，一字排着几架飞机。一架“大和号”日本军用飞机的双翼和尾部都烙有一个大大的红膏药似的日本太阳旗，在晨光的涂抹中血浸浸的，很刺眼。

几辆小车首尾衔接而来，在偌大的机场背景下，像是几只蠕动的黑色甲壳虫。

几辆小车在“大和号”前停下来。从车上陆续下来了影佐、滨田、陈公博、周佛海、李士群等人。影佐奉召今日回国，陈公博等汪伪政权要人来送别。

影佐今天戎装笔挺，披件黄呢披风。可他的脸陡然瘦了一圈，他走上前来，挨个和陈公博、周佛海、李士群等人握手惜别。可铁青着的脸上显露出的神情是相当沮丧无奈的。

陈公博代表汪精卫，向影佐顾问表示由衷的谢意和敬意。

“影佐将军对和平运动作出了巨大贡献。”陈公博字斟句酌，满嘴外交辞令，“我再次代表汪先生向影佐顾问表示由衷的感谢与深深的敬意。最高顾问荣转后，汪先生期望能一如既往地得到您的关注和支持，并保持私人之间的友谊。”

影佐点点头，没有说话，只是打量了一下身边这位一开始反对和平运动，却因为怀着“汪先生落水，我不能站在岸上”而走上“和平运动”的陈公博

——时年 51 岁的陈公博，与西装革履的周佛海、李士群不同，他着一袭黑色丝棉袄，显得很国粹；皮肤黝黑，隆准深目，平头，头发又粗又硬，钢针般根根直立，犹如他桀骜不驯的个性。

陈公博致词完毕后，影佐踏着舷梯上了飞机，却又转过身来，用无限留恋的目光最后看了看空旷的南京机场和站在机下向他招手送行的陈公博等人，挥了挥手，掂了掂搭在手臂上的军大衣，口中喃喃地说："时间过得真快呀！从我 1938 年到中国，与诸君朝夕相处，历经磨难，为和平动动殚精竭虑……"说着，无限伤感地叹了口气，"我是不愿离开你们的，然军部召我回去，我是军人，军人以服从命令为天职。国家多事之秋，影佐愿听从驱遣，以死效命。"说完再次挥了挥手，进了飞机，舱门随即关上了。

"大和"号飞机开始起动、滑行、加速、起飞，很快消失在了阴霾低垂的东方天际。南京机场上归于寂谧，好像什么事都没有发生。陈公博、周佛海、李士群、滨田大佐等若有所失地发了一阵神，才一个个上车离去。

影佐走后一个星期，汪曼云接到已回苏州的李士群加急电报，要他立刻到苏州有事相商。一见面，李士群就将一封电报拍到他手中，神情紧张地说："影佐一走，围绕着吴开先'梅机关'和'松机关'争夺越加紧张，刚才滨田大佐又从南京来电，要我枪毙吴开先，这该如何是好！"

汪曼云吓了一大跳，忙看"梅机关"来的电报："经我们商议，吴开先留着已毫无意义。所以，中国方面如对他处以极刑，我们没有异议。据我们所知，'松机关'都田大佐将专为此事来苏。具体意见，希急告我们。"

"这不是还有转寰余地吗？"汪曼云抖着手中的电报纸，复述着滨田大佐来电中的电文："'如果中国方面对他处以极刑，我们没有异议。'这样看来，话没有说死。再说，'松机关'马上就要接手管我们，他滨田的话算个屁，完全可以不听！我们不听滨田的。"

"问题是，滨田明天就要来苏州，难道我李士群能同日本人对着干？"

"也有办法。"汪曼云真是个狗头军师，他想了想说，"现在影佐回去了，滨田之所以督促我们枪毙吴开先，矛头是对着'松机关'的。滨田是个毛病很多的人，我们只要对症下药，事情就会有变化！"

李士群一听，手一拍说好，就照曼云兄说的办。

第二天上午十时，李士群率江苏省府各厅、处、局和特工部在苏州的头头脑脑到车站迎接，他还组织了一批所谓的民众代表团浩浩荡荡云集月台上，场面搞得像是欢迎国家元首一样。

“呜——”都甲乘坐的专列准时进站。李士群率众迎上前去，军乐队奏起了迎宾曲。车门开处，都甲带着一个卫兵在大家面前亮相。他又矮又胖又黑，身穿黄呢军服，腰上挎一把军刀，戴一副宽边玳瑁眼镜，周身上下圆滚滚的。都甲不料欢迎他的场面如此盛大，在车门口略微一愣，随即才露出笑容。李士群带领他的随员们向都甲鼓掌表示欢迎，都甲端起派头，伸出一只圆滚滚的手，向大家示意，一边威风八面地缓缓走下车来，像只横着走路的螃蟹。

与此同时，一辆漆黑铮亮的防弹轿车徐徐驶上月台，轻轻停在都甲身边。这是李士群精心准备的。他很清楚都甲爱虚荣、爱热闹的性格特征，不仅将最好的一部车调来，而且在轿车的车头两边分别装饰着汪精卫政权和日本的国旗。李士群快步上前，弯下腰去，亲自为都甲拉开车门，微笑着手一比，说：“都甲先生请!”

都甲当仁不让，笑吟吟地上了车。

临时调来的四辆武装摩托车在前开道，一串小车簇拥着都甲的车，威风凛凛地向狮子林而去。车队过处，大街两边都站着由军警监视着的大批苏州市民，他们有气无力地挥动着手中纸做的三角形太阳旗或是拖两根猪尾巴似的青天白日满地红小旗。街口那些穿一身黑制服，被苏州市民讥讽为“黑乌鸦”的警察，也全都站得笔直，挺胸向车队行举手礼。陪着都甲坐在防弹轿车内的李士群观察着都甲笑吟吟的样子，心中却在冷笑。

车到狮子林，李士群首先陪着都甲参观了给他安排的住处——狮子林后院的一幢一楼一底的西式建筑改成的日式小楼，粉壁、推拉门、木质窗棂，榻榻米一尘不染。周围戒备森严，小院中花木茂盛，环境幽静，清爽舒适。走了一圈，都甲高兴得眯起眼睛，对李士群竖起指拇，连说：“阿里阿笃（谢谢）！阿里阿笃（谢谢）!”

中午，李士群在狮子林为都甲举行了盛大的宴会。

下午，李士群等都甲休息过后，去都甲下榻处进行了拜会并在亲切的气氛中，就吴开先的问题进行了会谈。

一切都在按汪曼云预先的设计进行。

黄昏时分，按照都甲的意思，李士群将吴开先秘密带到了都甲处，作了引荐后，自行离去。

没有开灯，一身和服的都甲和吴开先面对面地在榻榻米上盘腿而坐。雪白的窗纸上，最后一线天光也逐渐隐退了。一缕惨白的月光透过窗棂，给相对无言、默默打量着彼此的敌对两方即将开始的对话增添了一种冷峻。

“你还能将我们‘梅机关’的话带给重庆的蒋介石吗?”都甲也说一口标准的北平官话，他单刀直入，直奔主题，“你同我的谈话能代表重庆吗?”还没有倒的原影佐副手、现“梅机关”暂时负责人都甲大佐满怀期冀。

“能。”因为有李士群、汪曼云的再三嘱咐，这次吴开先很清楚自己险恶的处境，在同都甲的谈话中，一点也不敢大意，正襟危坐，神情专注。那样子，让人想起一个手段老辣的棋手因为疏忽输了棋，在关键的一局中的最后一搏。对方出了当头炮，赶紧来个马来跳。

都甲在重弹了一番“日中两国同文同种”、“日中提携”、“共创大东亚繁荣”的老调，表示日方希望尽快同蒋介石冰释前嫌、缔结和平的愿望后，问吴开先知不知重庆方面现在可有停战和谈的诚意。

“有。”吴开先是个职业老党棍，为了求生，他这次发挥得相当有水平，似乎他不是日本方面的俘虏，而是蒋介石派来与日本方面秘密谈判的代表。

“都甲先生，你应该知道!”他说，“蒋委员长从抗战一开始就是被迫的，他定的国策‘攘外必先安内’，就是最好的证明。这一点，用不着我作过多的解释。蒋委员长不愿意抗日却又发动领导了抗日，看起来是个悖论，实际上是因国际国内复杂的政治力量所逼而致!”说到这里，他以攻为守，巧妙地打起了日本的屁股板子，“遗憾的是，贵国国内政局发生了变化，特别是贵国的近卫声明，不仅关上了和谈的大门，而且是逼委员长抗日。需知，在今天的中国，能真正左右中国局势者，除蒋先生外没有第二人。

“令人可喜的是，贵国首相东条英机最近发表声明，决心检讨过去对华的外交失误，调整政策，以期尽快实现、缔结中日和平。我们相信贵国政府的诚意。”说时出语铿锵，用了不容置疑的语气，“贵国需按1937年战争初期提出的和平条件为基础，明确认定蒋委员长为谈判对手。只有这样，中日之间方有实现和平的可能。”

都甲默了默，说：“好，我可以即刻将吴先生的话转告大本营。不过，这中间需要一个过程，请吴先生安心休息，等待一段时间。”

“好。”吴开先喜之不禁，这正是他希望的。

都甲看来还心存幻想，以为他们这个专事汪精卫的“梅机关”只要抢先一步，拿下了吴开先就可以立功，他现在暂时负责的“梅机关”就可以起死回生。他说："苏州这一趟我没有白来。吴先生愿为日中和平努力，我很高兴，也很敬佩。我们双方都可以静待一段时间。这期间，吴先生的安全，我可以保证，请放心。"

谈话结束，吴开先离去时都甲竟同他握了手。

吴开先被连夜"押"回去，一直静候的李士群、汪曼云得知谈话结果后也都喜不自禁。

一时，吴开先在苏州特工站简直成了红人。大小特务争着巴结他、讨好他，向他大献殷勤。汪曼云在苏州呆了两天。李士群为了感谢这个智多星，破天荒地陪着汪曼云游了苏州一些名胜古迹。

中秋节到了。吴开先很会做人，他拿钱让小特务去苏州前街味轩酒店包了两桌席，遍请苏州站大小特务，过后又买了好些苏式月饼送大家吃。李士群也是投桃报李，人情做到底。他派人去上海把老开的妻子夏溆芳接来，让他们夫妻团聚。

那天，吴开先和他的妻子夏溆芳正百无聊赖地在屋里看一本《麻衣相术》，李士群兴冲冲而来说："开先，告诉你一个好消息。日本国内政局复杂，都甲他们的'梅机关'还没有垮，看来，你们那天的谈话，都甲报告上去，还真是引起了走投无路的日本上层的重视。现在，日本人为表示和谈诚意，马上要你回重庆！"说着两手一拍，"'吉人自有天相'这话一点不假！"

"全靠你和曼云！"吴开先没有忘记恭维李士群和汪曼云，"我如果能回重庆，一定把两位仁兄的贡献报告委员长。"这一说让李士群越发高兴。

吴开先问李士群："你们什么时候放我走?"

"什么我们?"李士群一笑，"见外了不是？如果能做得了主，我巴不得马上就放你走，现在你什么时候走，还是日本人说了算。时间虽然还没有确定，但肯定快了，而且，事情是千真万确的。"

"开先，我们终于苦尽甘来，可以回重庆了！"在一边听到这个好消息的夏溆芳说时，高兴得依偎在丈夫肩上。多少天来，愁容不展的她，这会儿心里高兴得像一只玫瑰忽然开放了。

李士群为了巴结吴开先，把万里浪月前在他家抄的田契、房产、金磅、股票等东西全部还给了他，完了还让吴开先公开点数。

"你我之间还有什么清点不清点的！"吴开先收敛了一段时间的派头出来了。

“还有你那辆雪佛莱小轿车，万里浪虽然给你弄到苏州来了，可我一直不准他们用，一直保管得好好的！”李士群讨好地说，“开先，你看，我是不是派人开回上海你的家去？你们回重庆前，是一定要先回上海一趟的吧？届时我给你挂个专列。”

吴开先说好，一副受之无愧的神态。

两天后，吴开先夫妇要回上海了。李士群在苏州饭店为他们举行盛大的欢送宴会，邀请苏州有头有脸的人物出席作陪。之后真的挂个专列，亲自把吴开先夫妇送回上海。

就在前一天晚上，吴开先把李士群找到自己家里作了一番密谈。

“我明天回重庆，行动自然是秘密的。”吴开先不无得意，“就连我乘坐的飞机，也是周佛海同戴笠秘密联系后，亲自指派的。回去后，我自然会时常衔命在上海、南京和重庆间飞来飞去。这些，我和都甲以及周佛海谈得比较多，以后仰仗士群你的地方也多。另外，你我之间还可以做些美金倒卖方面的生意，这方面大有赚头。我走了，我的老娘还在上海，夏漱芳也暂时不跟我走。请士群兄多多关照她们。老头子（蒋介石）那边，你们不说，我也会给你们作解释的……”李士群频频点头，感激涕零。

就在吴开先乘周佛海专门调给他的专机，还在天上飞时，在重庆的大街小巷，卖报的小贩已经扬着手中还散发着油墨清香的报纸沿街叫卖，将这桩见不得人的事情抖露了出来。当天山城百万人民为此事议论纷纷，一片哗然！吴开先这桩事情虽然做得秘密，却被中共上海地下组织弄得清清楚楚，公开揭露，引起了爆炸性的反响！

“娘希匹！”当蒋介石从《新华日报》上看到这则消息时，大发雷霆，气得摔碎了他桌上那只装满了白开水的玻璃杯。

第五部　枭雄末日

第二十二章

狗咬狗，大特务李士群惨死

周佛海书房的办公桌上，一盏自由女神台灯亮着。一束柔和的乳白色灯光中，周佛海正在伏案披阅公文。过度的忧虑劳累，使他过早地衰老了。宽大灰白的脸上添了一丝病容，头发染霜，镜片后往昔很有光彩的眼睛有些浮肿……恍然一看，坐在一堆高高文件中，他就像是把自己困在了墓穴里。其实，许多工作他是可以交给下属办的，可是，他是一个权力欲很重的人，他不放心，而是事必躬亲。

这会儿，他正在审看一份由最高法院送呈的检控公文。公文以无可辩驳的事实检控了粮食部长顾宝衡、次长周乃群勾结中央调查统计部部长李士群将政府严格控制的军需物资，如大米、棉花等囤积居奇；甚至用来与重庆方面做生意，更严重的是就近同苏北的新四军交易以谋取暴利。在这份检控文件的最后部分，有这样一段文字，让周佛海感到相当震惊："日本大本营都已经知道了这些事实，甚为重视、震怒，日前已派出特使迁政信前来督促、处理。日本特使到了苏州后，命日本宪兵队将顾、周二人秘密逮捕。经审问，他二人对所犯事实供认不讳。根据刑法有关条文，最高法院判处顾宝衡、周乃群死刑，请予核准！"

周佛海放下公文，将身子仰靠在高靠背椅上，木然地凝视着台灯光。粮食部长顾宝衡和次长周乃群都是他的亲信，虽然这件事同他周佛海扯不到一起，但他心中却不是个滋味。人头不是韭菜，割了又会长起来！还有，日本人越俎代疱不把他放在眼里倒还在其次，让他担心、愤怒的是，他的政敌必然借此对他进行攻击，说他利用手中职权结党营私，贪污……其实，这类问题，在汪精卫集团中比比皆是，问题是，顾宝衡和周乃群被人抓住了把柄，而且一下捅到日本人那里去了！事情到了这步就麻烦了，纵然他周佛海有救他们的心，也没有了这个力。他知道，这事的背后，操刀者必然是李士群，而李士群的真正目的是要打倒他周佛海。想到李士群，他就恨得牙痒痒。近年来的情形，走马灯似地在脑海中一一闪现出来。李士群牢牢巴结上了日本人，根本就不把他周佛海放在眼里，私下胡作非为，坑、蒙、拐、骗、哄、吓、榨，无所不用其极。不说别的，李士群从他周佛海手上就挖去了二千万元巨款。最高法院为什么就不敢追查李士群？最高法院是“半夜吃桃子，按粑的捏？”他觉得，手中这份判决书，简直就是对他的挑战书，他觉得李士群就躲在黑暗处阴笑。想到这些，他怒火中烧，拍案而起：老子要刀下留人。日本人又能把老子怎么的？你们既然让老子坐上了这个位置，手中有权，就要用！权权权，命相连，有权不用，过期作废。老子又不是傻子，老子就不信这个邪。想到这里，他抓起一枝粗大的红铅笔，在最高法院送呈的公文上作了一段冠冕堂皇的批示：“国民政府念顾宝衡、周乃群参加和平运动有功，且是初犯，予以特赦，改判为无期徒刑！”

批完掷笔，他复身靠在椅背上出了一口长气。

这时，桌上的电话响起，他拿起电话。“周先生！”话筒中传来女秘书甜甜的声音，“日本特使求见。”周佛海故作谦虚，他在什么地方都要求下属称呼他为先生。

“谁?”周佛海一惊。

“日本特使迁政信。”

“好。”周佛海很快镇定下来，看了看腕上金表，夜光表指着晚上十时，对女秘书说，“我马上下来。”他早就听说过迁政信这个人。日本大本营派来的迁政信还很年轻，是个天才，很受首相东条英机赏识。无事不登三宝殿！日本特使这个时候登门，不用说，一定有重大的事情，是什么事呢？周佛海就这样一路猜想着，来到楼下客厅。

客厅的门敞开着，周佛海没有忙着进去，而是在门外稍微伫立一会，看清了先声夺人的日本特使。特使佩少将军衔，中等身材，人很精干，在沙发上正襟危坐，显出日本军人固有的武士道精神。迁政信不像一般常见的日本军人——又黑又胖又矮，木桩似的。他有些斯文，五官端正，肤色似乎有些病态地苍白，面容显出一丝愁蹙。然而在黑黑的、向上微微挑起的剑眉下，眼神很是犀利，这就暴露了其人性格的阴森。略显清瘦的身上着黄呢军服，然而没有束武装带，更没有佩剑挎枪；脚上也不是蹬黑皮靴，头上戴顶软呢军帽。这身穿着显得不够正规，唯其如此，显示出了他地位的优越和特殊性。这会儿，迁政信笔挺地坐在那儿，似乎在沉思着什么——他是个军人，却像个穿着军装的哲人。

周佛海走进客厅。他们互致敬意，握手时，周佛海感到他的手握得很轻，点了一下缩了回去。这一点，让周佛海想起了汪精卫，汪精卫同人握手常常就是这样的。

双方落座，几句寒暄。周佛海这是第一次同迁政信打交道，发现这位还不到四十岁的特使少言寡语，遣词用句简洁得像拍电报似的，一双眼睛很诡异，同他说话时，眼睛迅速地审视着他，就像X光，要将他彻里彻外彻头彻尾作一番透视似的。

“不知迁特使夤夜来访，有何见教？”周佛海说话也不绕弯，直接问。

“大本营专门派我来为你们割除毒瘤。”

“毒瘤？”周佛海一惊。他虽然不明白迁政信话中具体所指，但清楚所谓的“毒瘤”不过是一个比喻，日本人向来做事总是鬼头鬼脑的！

“这个毒瘤就是李士群！”

“啊?!”迁政信的回答大大出乎周佛海的意外，一双眼睛在眼镜后瞪得大大的。他心跳如鼓，定定地看着日本特使，想弄清迁政信话中真正的含义。在汪精卫政权中，最受日本人青睐的是李士群。怎么忽然间，日本方面派出特使来专门来清除李士群？尽管周佛海是情报总管，但迄今为止也还没有听到李士群犯下了何种让日本人非杀不可的事情？刚才他看了最高法院送呈的检控后，还在为顾宝衡、周乃群鸣不平，认为最高法院包庇李士群！现在乍听到日本人要杀李士群，简直不敢相信自己的耳朵了。

“请问特使，李士群犯有何罪？这些年，我虽说是李士群的上司，他却根本没有把我放在眼里，背着我做的一些事，我毫不知情。”周佛海这一番话，说的是实情，把自己的责任推得干干净净。内中蕴含的怨尤是明显的。

“李士群胆大包天，罪该万死！”迁政信也是一个中国通，用一口漂亮的北平官话将李士群的罪状一一抖落出来，“为了谋取暴利，他竟敢私下将我军需物资倒卖给敌对方重庆、甚至苏北共军！”日本特使说得咬牙切齿，“不仅如此，还有更危险的，李士群竟与重庆方面的军统头目戴笠暗中勾结，私设电台。日前，在我上海日本宪兵追捕重庆军统人员余祥琴时，他竟敢动用他手中的特工力量同我作对，掩护余祥琴，让他安然逃脱了我的追捕……”

“啊?!”周佛海又是讶然一声，不过这次没有作戏的成分，他是真吃惊了。这样的事，他真不知道，也是万万没有想到的。

“李士群这个毒瘤已到了非铲除不可的时候了，现在我们就来商量细节！”迁政信说时，将手从上往下一劈，那是一个砍头的姿势。看得周佛海有些发愣。从内心讲，他对李士群恨之入骨，然而，当日本特使衔命而来，要杀李士群时，他心中又有些不是滋味，有种兔死狐悲感。他明白，李士群、还有他周佛海，甚至汪精卫都是日本人手中的牵线木偶，呼之则来，挥之则去。说不定我周佛海哪天惹恼了日本人，也是这样的下场呢！想到此，他有些不寒而栗。

日本特使的话说完了，该他表态了，他很快醒悟过来，在日本特使面前表现得义愤填膺，义正辞严地说：“李士群虽说归我管，我却管不住，过去一直是贵方‘梅机关’在管，我不好过多地插手。这些事，我一直是蒙在鼓里。现在既然到了这样严重的地步，就决不能再拖下去了！特使的指示，我坚决照办。不过，我不知特使要我从何着手，是先将他停职反省?”

“不用！”迁政信将手一挥，“你们拿他是没有办法的，他手中有枪，势力盘根错节，弄不好，会出事。我只不过是向你们通报情况。清除李士群这颗毒瘤，全部由我们来处理。”说完，就站了起来。周佛海也随即起身，礼数周到地将日本特使送出门，一直送上车。

日本特使去后，幽静的胡同又恢复了寂静。夜幕沉沉，通往庭院纵深的花木扶疏的碎石小道两边，飘来花的香味和泥土的潮湿气息。他一直在想着迁政信这个人，迁政信确实是有些传奇性的，这人长相斯文，做事却刀截斧砍，工于心计。当然，这会儿他不会想到，就是这个迁政信在以后爆发的太平洋战争后期还有一段传奇故事：当日本政府在 1945 年 8 月 8 日宣布向盟军无条件投降时，迁政信正在缅甸从事特务活动。见大局已去，迁政信竟化装成和尚潜逃，重新返回中国内地。他长途跋涉三千多里，经千难万险到了南京，给刚刚搬师回朝的蒋介石贡献反共方略。然而，蒋介石根本不领他的情，迁政信不仅连蒋介石的面都没有见到，反而被抓了起来，遣返日本。回到国内的迁政信写了一本书叫《潜行三千里》，说的就是这件事情。书中，他怪蒋介石不见他的面不听他的妙计，如果当初蒋介石礼贤下士，采纳了他对付共产党的锦囊妙计，中国何致于“变色”，远东何致于“赤祸漫延”云云。这本书轰动一时，在西方非常畅销。据说，1950 年，美军在朝鲜仁川登陆，麦克阿瑟将军就是采纳了迁政信献的计。迁政信后来成为战后日本第一个以出身军旅当选议员的人……

日本特使迁政信的到来，以及他们紧锣密鼓地准备对李士群不利的消息为汪曼云获得。他不敢怠慢，立刻赶去苏州向李士群报信，这一天是 1943 年 9 月 6 日。在这样的紧急关头，向来将苏州视为自己老巢的李士群却到上海极司斐尔路“76”号的特工总部检查工作去了。急得汪胖子又脚跟脚赶到上海。李士群却又不在，回到了他位于愚园路 1136 弄 3 号的花园洋房了。汪胖子立马追风似地赶到李士群的家里。

来到李士群家门前，两扇像花蝴蝶翅膀般的铁栅栏大门紧闭，连看门人都不知道跑到哪里去了。金粉粉的阳光下，庭院深处，鲜花绿树中露出法式主楼建筑的一角，尖顶阔窗，微风中隐隐传来琴声，汪胖子急得用拳头在铁门上捶得山响，在心中用丑话骂着李士群：“你当的什么特务头子，日本人把刀都举到你头上了，你却浑然不知，弄得老子从南京跑到苏州，又跑到上海来为你报信！”

“刀杀起来了吗？”猛然，铁门里传出一声恼怒的暴喝。随即，铁门上的窥视孔“叭嗒”一声开了，露出一双鼓鼓的眼睛。

“啊，是汪先生！”里面的声音变得温柔了，汪曼云是李士群的把兄弟，双方常来常往，李家的人都认得他。说着，开了门，“请进！”站在面前的是老郎，对汪曼云将手一比，恭谨得就像上海大饭店中那些训练有素的仆人。见到汪曼云，老郎弯腰的姿势，特别是说话的声音都发生了奇迹般的变化，仿佛由一只人见人怕的恶狗变成了摇尾乞怜的哈巴狗。

汪曼云问明李士群在家，赶快赶去。走到楼上，正遇上李家丫寰小芬，得知李士群又不在。“遇到鬼了吗？又不在？”汪曼云发作了，“这么热的天，我从南京赶到苏州，又一路赶到上海，还是不见人？他到哪里去了？”

看一向脾气很好的汪胖子大发脾气，小芬赶紧说：“李部长刚才都还在，午饭后说出去一会就回来，不知为什么现在还没有回来，估计走不远。我家太太在！”

“那快带我上楼去见你家太太！”汪曼云急得一个劲地跺脚。

小芬带着心急火燎的汪曼云上了楼，进了客厅坐下，给他送上了茶点，递上一条湿毛巾，让他擦脸揩汗。然后下楼去请李士群的夫人叶吉卿。

“啊，是曼云，是什么风把你吹来了?”很瘦的叶吉卿一边说着客气话，一边坐在他对面，打量着汪曼云的神情。叶吉卿时年42岁，长李士群四岁，穿一件淡黄色的丝质旗袍。上了些岁数的叶吉卿本来人就干瘦，穿上旗袍，不仅不好看，反而将缺点暴露得更充分了。但叶吉卿厉害，有心计，连李士群都不得不让她三分。

叶吉卿问汪曼云急匆匆赶来找士群是不是有急事，汪曼云说：“我今天一早，从南京赶到苏州，又从苏州赶到上海找士群。而士群就好像在同我捉迷藏似的，越急越是找不到人。士群到哪里去了?”

“在你来之前士群刚刚才走，夏仲明陪他到上海日本宪兵队去了，说是找他去商量什么要事。”

“糟了!”汪曼云哭丧着脸，拍了一下自己的大腿。

“怎么啦?”叶吉卿问，她并没有意识到问题的严重性，说了句趣话，“人说胖子做事慢，不料曼云你做事却是这么急。什么事，天垮了吗?天垮了有长杆子顶着。”叶吉卿说时，伸出涂了红寇丹的尖尖瘦手，从果盘里拈起一只又红又大的山东烟台苹果。左手执苹果，右手执水果刀，飞快地削起果皮。苹果在她手上飞转，像变魔术似地，果皮不断地打着旋转落到手下的一个空盘里。顷刻间，她隔着茶几将削好的苹果递到汪曼云手里。

汪曼云接过苹果，咬了一大口。边吃边说小声问叶吉卿，样子显得很鬼祟：“你知不知道日本宪兵队找士群干什么去了?能不能想办法让士群赶快回来?”

叶吉卿开始注意了，她说：“听说日本宪兵队找他去调和与熊剑东的关系。士群这个人的脾气你是知道的，熊剑东最近在日本人面前走红，不听士群的，他很生气，两个人的关系闹得很僵。日本宪兵队长岗村今天特意找他们去调解。”

熊剑东，汪曼云太了解这个人了。熊剑东面孔黑红，是个大块头，40来岁，性格执拗，有野心，爱记仇。战前，是湖北夏超部11师的一名随从副官。抗战前夕，开了小差，窜到上海，靠上了青帮头子张锦树，搞了些绑架、抢劫勾当。抗战起始，摇身一变，成了国民党上海淞沪区特遣支队司令，受戴笠指挥。1938年他被日军捕获，随即投敌，供日本人驱使，做了不少坏事。1940年，熊剑东为日本大特务土肥原看中，送日本受训。回国后在武汉组织起一支规模不大的为日本人服务的黄卫军。汪精卫政权成立后，黄卫军应归汪精卫政权管辖，但熊剑东不从。为此，汪精卫不惜屈尊就驾，亲自找熊剑东谈话，答应以后给黄卫军待遇从优，仍是由他熊剑东指挥，只不过在名义上隶属“中央”而已。自恃有日本人撑腰的熊剑东根本没有把汪精卫放在眼里，桀骜不驯地说：“我们这支黄卫军是经过天皇亲自批准建立的，怎么能说撤就撤呢？”最后干脆耍横，“关于我们这支黄卫军的事，请你直接找日本人谈，日本人说怎么办我就怎么办，决没有二话。”熊剑东成了二季豆——油盐不进。汪精卫没有办法，最后还是费了好大的劲，通过日本驻华军总司令出面，谕请日本军部，才将一支小小的黄卫军改编成隶属汪精卫政权的“中央陆军第29师”。汪精卫给了熊剑东一个肥缺，让他当中央税警团第二总团团长。税警部队的待遇高，装备好，实际上是首都南京的禁卫军。直接管理这支部队的周佛海知道熊剑东的厉害、手段和背景，想方设法将熊剑东紧紧抓在了手里。因为利害关系也因为性格使然，熊剑东很快就成了周佛海的“铁拳头”，成了李士群的死对头。

李士群是个杀人不眨眼的魔王，曾几次暗杀熊剑东，却都没有成功。一次，熊剑东在上海赶火车时，人群中有个杀手悄悄向他走来，这个职业杀手穿身风衣，戴在头上的一顶礼帽压得很低，遮住了半边脸。职业的敏感让他注意到了异常。就杀手从风衣下掏枪时，熊剑东将头一低，从人群中蹿上了火车。“砰！”地一声，杀手开枪了，子弹从熊剑东头上掠过，打穿了头上的巴拿马草帽。杀手当即被执勤的日本宪兵和军警拿获，经审讯，杀手供称他是受杨杰指使。杨杰也是李士群的亲信，刚刚担任了中央统计部次长。日本人对此事不想深究，推说杀手口说无凭，最后息事宁人，将杀手枪毙，不了了之。事情的由来，熊剑东当然是心知肚明，这样，两人的冤仇越结越深……

叶吉卿警觉起来了，看了看汪曼云，说：“曼云你急急赶来找士群，是不是有什么对士群不利的消息？”汪曼云正要说什么，只听门外李士群一声，“曼云，我回来了，让你好等！”

汪曼云不禁站起身来，看着进来的李士群，没事人一般，一时有些发愣。

“士群，你怎么才回来？”叶吉卿带着责备的语气，“人家曼云为了你，从南京赶到苏州，又从苏州赶到上海！”

“啊，曼兄，有什么事吗，这么急？”李士群坐在了汪曼云对面。

“你先说，日本宪兵队找你干什么去了？”汪曼云问。

“日本宪兵队队长岗村找我去，还不是为了与熊剑东的过节。这个家伙今天被我俘虏了!”李士群说时，一副喜不自禁的神情。

见汪曼云、叶吉卿不胜惊愕，李士群越发像个得胜回朝的将军，压抑不住满腔的兴奋，直往下说，“我与熊剑东以往的过节，今天经岗村队长拉拢说合，不仅完全冰释，而且成了朋友。在岗村队长家里见到熊剑东时，我首先承认，过去有些事我做得是过火了些，有些纯系误会，责任由我负。我们之间并没有什么不可调解的深仇大恨。若是今天化干戈为玉帛，从此携手合作，一定大有可为。若是对峙下去，则是两败俱伤。熊剑东为人也爽直，当即表态说，凭岗村队长的面子，你老兄又一番解释，一再道歉，还有什么说的?我感到很不好意思。从今天起，过去的事一笔勾销，也就是从今天起，我们是朋友了……”

“士群!”叶吉卿皱了一下柳叶眉，打断了丈夫的话，“曼云兄有事找你。这一天，他特意从南京赶到苏州，又从苏州赶到上海，马不停蹄，你先听完曼云兄的话再说其他的。”

“好，曼云兄请讲。”李士群冷静了些，打量了一下汪曼云的神情，发现有些不对，这就对妻子说，“吉卿!你是不是去吩咐大师傅给曼云兄做几个他爱吃的菜，然后叫小芬送上来，我陪曼云兄边吃边谈!”他想把妻子支开。“也好。”叶吉卿去了。

汪曼云这就将他探听到的不利于李士群的消息，尽可能详尽地说了。李士群却不以为然地说：“如果日本人真要对我下手，我今天还回得来吗?”汪曼云想想也是，不过他提醒李士群小心些，可是，李士群仍然不信，认为这个消息，肯定是黔驴计穷的，周佛海散布出来吓唬他的!

说时，叶吉卿打发小芬过来请他们下楼吃饭。饭间，汪曼云看李士群有说有笑的样子，信心百倍，也觉得是自己多虑了。

饭后，汪曼云要赶回南京，李士群不要他走，说是知道曼云爱看京剧，而且最喜欢看《罗成叫关》这一出，上海大戏院就有这一出，上戏的又都是些名角，晚上陪他去看。

汪曼云就在上海李士群家留了一晚上。

第二天一早，李士群刚把汪曼云送走，接到日本宪兵队队长岗村来的电话，请他去百老汇赴一个约。日本宪兵队队长的邀请，他不能不去。但李士群毕竟是个训练有素的职业特务，加上昨天汪曼云一番提醒，不禁提高了警惕。

李士群去百老汇前作了准备：悄悄在腰带上别了一把上了膛的左轮手枪和一把锋利无比的瑞士匕首。为了预防万一，他将电话打进“76”号，让他的心腹夏仲明立刻带上几个能干的弟兄驱车来他家汇齐。

早晨的太阳刚刚升起，蛛网般纵横穿梭的大街上还氤氲着最后一丝夜幕。鳞次栉比的高楼华厦上闪烁了一夜的霓虹灯正逐次熄灭。“叮叮当当！”一列电车沿着长长的铁轨而来，转弯时，车顶上耸立的两根电杆与电线摩擦发出天蓝色的火花，在空中劈劈啪啪地飞溅而下。一下子，人来车往，熙熙嚷嚷——远东最大的城市、号称“冒险家乐园”的上海的一天就这样开始了。

一辆有“76”号标记的、“克拉克”防弹轿车，轻快地驶过苏州河，往百老汇方向而去。坐在驾驶员身旁的李士群从反光镜中往后看去，夏仲明他们那辆车紧贴在后面，他放心了。

“你们记好了。”跟在李士群后面那辆车体加长的“福特”牌轿车上，夏仲明正在对手下几个兄弟布置任务。他30来岁，穿一套西服，戴一顶鸭舌帽，寡骨脸上有一双灵动的小眼睛。

“大刘、小李，一会到百老汇后，‘老板’上了楼，你们不要跟上去，就在楼下游动……老马、大朱跟我上去，如果‘老板’进去多久都没有出来，你们就跟我冲进去，到时看我的脸色行事，嗯？”几个特务都会意地点了点头。夏仲明带去的几个特务可都是擒拿格斗、短兵相接的高手。

李士群的轿车来到耸入碧霄的百老汇门前停下时，夏仲明他们的车也到了。李士群下了车，注意打量了一下周围的环境。时间还早，进出的客人寥寥无几，周围也没有什么异样。李士群带着夏仲明首先走了进去。他们乘电梯到了22层，下了电梯，身穿红制服的仆欧迎上前去，将他们径直带到第12号房间。在房门前站定，李士群示意夏仲明按响电铃。门开了，迎出来的是一位身着华丽和服的日本中年妇女，待他们说明来意时，她深鞠一躬，手一比，说：“请进。”

屋子完全日式布置，推位门，榻榻米，窗明几净，很是简洁。身着和服的日本中年妇女，足踏木屐迈着碎步上前，替他们拉开了通往里面一间屋子的门。李士群一眼就看见了，岗村已经盘腿在榻榻米上等了。素常总是着一身黄呢军服，阴着脸不苟言笑，像是一个狰狞恶鬼的日本宪兵队长岗村，这会儿身着和服正襟危坐。

岗村点了点头，示意他们座。他们在岗村面前盘腿坐了下来。刚坐下，熊剑东也进来了，向他们点了点头，也盘腿坐在榻榻米上，摆起了一副谈判的架势。

这是怎么回事，我们不是已经和解了吗？李士群看了看岗村，意思是全有了，只不过没有把话说出口而已。

岗村没有说话，只是抬眼看了看夏仲明，一副不满的神情。

“这是我的副官。”李士群解释，“我是带他出来办事的。”

“嗯。”岗村鼻子里哼了一声，也不赶夏仲明走，只是将手一挥。

那衣着华丽的日本中年妇女给他们送来了茶水、点心。

“请随便用点我们的清茶和点心。”岗村说。

看李士群一副莫名其妙的样子，熊剑东对岗村讨好地一笑，用手指着旁边那衣着华丽的中年妇女介绍：“这位是岗村队长的太太。点心、清茶都是岗村夫人亲手做的，相当不错的。”

李士群感到很奇怪，想这岗村叫我来也不说做什么，就叫我喝茶，吃点心，而且还是他的太太亲自出面，会不会这些茶点里有毒？这会儿，他相当警觉，根本不动岗村太太送来的这些茶点，看他们要干什么，连烟也抽自己带来的。寒暄几句后，他直接问了：“不知岗村队长召我来有什么事情要交办的？”

“也没有什么事。”岗村说，“看你和熊剑东昨天和好了，我很高兴，特约你们来这里聚一聚，让内人给你们做点日式点心尝尝。”说时，想做出些笑意，寡骨脸上的皮一扯，比哭还难看。

“士群兄，你这是怎么回事？”熊剑东说，“在岗村队长的调和下，昨天晚上我们不是和好了吗？怎么今天又是这个样子？茶也不喝一口，点心也不吃？”

“说到哪里去了！”李士群故作一笑解释，“剑东你多心了。昨晚我打麻将上瘾，几乎通宵未睡，今早接到岗村队长召唤，就急着赶来了，什么都不想吃。”

岗村笑了说：“随意，随意。”熊剑东却不依不饶，神情显得有些激奋：“士群兄！昨晚上你老兄高姿态，一番推心置腹的话让我深受感动。今天这个约会是我提出来的，请岗村队长转寰，原说是我作东，可岗村队长说是由他太太做些日式点心请我们，这样有种家庭的气氛。请你来，我是想把过去的误会给你老兄说清楚。我这个人头脑简单，过去多次得罪你，说起来都是受人挑拨唆使。”

“这些就不用解释了。”李士群很大度地将手一挥，做出一副大人不记小人过的样子。今天上演的这样一出，还有，这样的场面、气氛也令他怀疑，他只想在不得罪岗村的前提下，尽快安全告退。

“周佛海这个人我算看透了。”然而，熊剑东纠着他不放，他知道李士群最烦最恨周佛海，就纠着这个话题东拉西扯的，“南京城里的倾轧也太使人头痛了。实话告诉老兄，我这个不大不小的官也不想干了，今天我请你来，也含有向你告别的意思。我想去开辟浙东，那个地方是个软档。”

熊剑东这话有点实际意义，李士群看了看岗村队长，问：“剑东，你那么重要一个官，说去就能去得了吗?”

“这要感谢岗村队长，是岗村队长搭了援手，不然我哪能说去就去。”

“好呀，俗话说宁为鸡头不作凤尾，祝老兄此去鹏程远大，前途万里。”

“真人面前不说假话!”熊剑东说到这里有些扭捏，“我去开辟浙东急需一笔钱，我想向老兄借一笔钱。”听熊剑东这样一说，李士群一颗悬起来的心这才咚地一声落进了胸腔里。原来如此，李士群想，他将我编到这里来，是想向我借钱的!

“好，我答应你。”李士群很爽快地说，“你要多少钱?”他想来个蚀钱免灾。

“五万块。”

“这钱我送你，也不要说借了。以后到了我揭不开锅的时候，到浙东去找你给一碗吃。”李士群这时说话显出风趣，话也说得很好听，“我们是兄弟，互相帮助是应该的。不瞒老兄，钱这些年我是找了些，我对钱也看得淡，生不带来，死不带去。五万元，如果不够，还可以多些。你什么时候要，去找江苏省府财政厅厅长黄敬斋要就是，回头我给他打个招呼。你随时要可以随时提，没有半点问题。”

李士群这样大方，让熊剑东眉开眼笑，素来不苟言笑的岗村也向李士群伸了伸大拇指。熊剑东激动地从榻榻米上站起身来，上前紧紧握着李士群的手说：“老兄真慷慨！老兄的脾气像我，真是相见恨晚!”

岗村平素很阴的眼睛注满了兴奋，不无欣慰地说：“你们两位都是我的朋友，且年轻有为，前程远大。今天看我的薄面，你们终于做了好朋友，我很高兴。今后两位有什么事要我帮助的，说一声，只要我力所能及，无不乐意帮助!”听了这话，李士群高兴起来，对夏仲明使了个眼色，说：“仲明，你下楼去一趟，帮我把放在车上的那条三五牌香烟拿上来。”

“这里不是有烟吗?”熊剑东说。

“我抽惯了三五牌。”

岗村只是笑着，不说话。

夏仲明会意，下了楼，向处于高度戒备状态的大刘他们宣布解除戒备。当夏仲明拿着一条三五牌香烟再上来时，屋里的气氛已与先前大不一样。他们不仅相互递烟递茶，李士群也开始喝起日本清茶。这时，岗村夫人走进屋来，手中端着一个凝如羊脂的描金小瓷盘，盘里盛着两块炸得黄酥酥、香喷喷的牛肉饼。脚蹬木屐的她，碎步来到李士群面前，深鞠一躬，轻声说：“李先生是贵客，这是我特意为你做的一点粗东西，请务必尝尝，实在不好意思!”

“你是第一次到这我里来。”岗村用手指着放在李士群面前的牛肉饼，笑吟吟地说，“这是我太太亲手为你做的牛肉饼，请李先生务必尝尝。”李士群尚未彻底放下戒心，这盘岗村太太专做的牛肉饼，他是坚决不会吃的。

李士群顺手将那盘牛肉饼往熊剑东面前一推，很警惕地说：“我不饿，真的不想吃东西，剑东你吃了吧!”

熊剑东又将盘子推回来，说：“我怎么好意思，还是你先请!”

李士群正要说什么，只见岗村太太手中端着一个大托盘颠颠进来，里面盛着三小盘牛肉饼，每盘两个。她依次将牛肉饼送到熊剑东、岗村和夏仲明面前，然后，退了出去。

岗村从盘中拈起一块牛肉饼，说声“杜查（请)!”率先一大口咬了下去。看熊剑东、夏仲明也吃起来，李士群再不吃，岗村就会多心。他犹犹豫豫地从盘子中拿起一块牛肉饼，咬了一口，嚼了嚼却并不吞下肚去，一边观察着岗村的反应，一边放下了手中的饼。

岗村、熊剑东根本不看他，只顾埋着头吃牛肉饼。吃完了，岗村手一拍，抬起头，看着李士群、熊剑东说：“咱们今天就到这里吧!”李士群如蒙大赦，赶紧从榻榻米上站起身来向岗村告辞，又礼数周到地同熊剑东握手告别，带着夏仲明下楼。

下了楼的李士群并不急着上车回去，而是直奔洗手间，要夏仲明给他在门外望风。他一下扑到水池边，“哇!”地一声，将刚才吃进嘴里的那口牛肉饼吐了个干干净净。这才放心大胆地带着夏仲明等人，上车回去了。受过专门训练的李士群有这样的本领，即使东西吃下肚去，也可以在一两个小时内，将吃进肚去的东西吐得一干二净。

一夜无事。为了躲开鬼气森森的上海宪兵队长岗村，第二天一早，李士群就带着他的夫人叶吉卿驱车离开上海，回他的老巢苏州去了。回苏州后，他哪里都没有去，也不会什么人，好像担着什么心。叶吉卿看出来了，笑着问他：“士群，你是不是担心日本人下毒，你昨天吃了一口日本人的牛肉饼?”

李士群阴凄凄地笑了笑：“这倒也不怕，无论他日本人在牛肉饼中放了什么毒，我都吐出来了。”叶吉卿说：“就是。”然而，睡觉时，李士群却突然上吐下泻。

这是怎么回事？叶吉卿惊了，暗自思忖原因。家中的厨师等跟了他们多年，都是信得过人，而且晚饭还是她下厨监督着做的，绝对不可能有人下毒。那可能就是李士群不慎吃了什么不干净的东西，或是因为精神过于紧张所致。她亲手服侍丈夫吃了点驱邪扶正的中成药。可是，根本没有用，李士群一个劲地吐、泻，简直就像黄河决了口似的，无法收拾。叶吉卿和闻讯赶来的苏州特工站站长杨杰都慌了手脚，商量了一下，忙派人驱车连夜去南京请江苏省医院院长储麟荪。储麟荪是他们信得过的人，不仅医术好，同李士群关系也好。可是不巧得很，储院长有事到上海去了。这时，李士群已经极度虚弱，说不出话来。杨杰征求了叶吉卿的意见后，在电话中命令手下立即驱车去上海，务必尽快将储院长在天亮前接到苏州。叶吉卿慌了，不顾三七二十一，连夜风叉叉赶到日军驻苏州师团小林中将师团长家里，又哭又闹地将李士群病危的前因后果告诉了小林中将。小林中将同李士群关系向来不错，听完叶吉卿的述说，略为沉吟，安慰了好几句，急忙带着军中一位名医并华中铁道医院一位经验丰富的医生一起，驱车赶到李士群家中。

此时，李士群已处于休克状态。

一缕寒霜似的灯光下，瘫睡在床上的李士群简直变了形，面如土灰。缩在床档头，一个劲“呕、呕”地吐。可是，什么都吐不出来了，神情痛苦之极。

小林带来的两个日本医生，上前蹲在地上，掀开李士群的衣服，在他的胸膛上听诊。可是，极度虚弱的李士群却似乎要把两个医生掀开去。

“士群，士群，你看谁来了?”形容憔悴的叶吉卿走上前去，蹲在臭气哄哄的床前，伸出手去，抓着丈夫发烫的手，哽咽着说，“小林师团长带着医生来看你来了……”

李士群在妻子的呼唤中吃力地睁开眼睛，猛然间，烧得发红的脸上，一双眼睛里闪射出仇恨的光芒，他紧紧盯着小林中将，吓得小林中将不由得向后退了一步。惨白色的光线中，李士群哆哆嗦嗦地举起手来，指着小林中将和两个日本医生，竭力嘶声地说道："出去，你们给我滚出去，我不要你们的假仁假义!"

身着将校黄呢军服的小林中将，下意识地握了握腰上挎着的军刀，皱了皱一副短拙拙的黑眉毛，问叶吉卿："李——你丈夫，是不是神智出了问题?"语气显然是不满的。蹲在地上握着丈夫手的叶吉卿，现在心中已经明白，丈夫虽然精明，但还是没有逃过岗村的魔掌——他中了毒，中了剧毒。虽然她不明白，什么毒如此厉害，仅沾了一下，就无药可救，但她明白，丈夫现在是迁怒于小林中将，在他心中，日本人都是害他的魔鬼!

"士群，你看清楚，站在你面前的是师团长小林中将。"叶吉卿这话是说给丈夫听的，也是说给已经有了些愠怒的小林中将听的，"小林中将一听说你生病，赶紧带着两个好医生来给你看病……"李士群这时神智清楚了些，在妻子的百般劝慰下，让两个日本医生给他会诊。会诊后，两位日本医生一致认定：食物中毒！需打针急救！可是李士群无论如何不肯打针！叶吉卿只好谢过小林中将，请他带着两名医生回去了……

"当、当、当!"高墙外打起了三更。金属沙沙的颤音和着更夫苍老的声音，在高墙外响起来："小心——火烛!"这个夜显得无比孤苦和凄清。这时李士群的嘴唇开始发乌发青，气息越来越弱，浑身的痉挛一阵紧过一阵，严重缩水的他，身躯缩小了好些。因为太痛苦，他左手紧紧攥着床单，右手抖抖索索地从枕头下摸出一支可尔提手枪，一下对准了自己的太阳穴，要自杀。杨杰手快，一下夺去了他的枪，安慰道："部长，你要挺着。江苏省医院院长储麟荪就要来了，储院长来了就好了。"

李士群无言，闭着眼睛摇了摇头。好一会，他睁开眼睛，看了看站在面前的亲信苏州特工站站长杨杰。杨杰知道他有话要说，赶紧俯下身去，"叫他们来!"李士群的声音细若游丝。

杨杰知道他这是什么意思，赶紧说："他们早就来了，一直在外面替部长你担着心。太太怕他们影响你，没有让他们进来。"说着将手一挥，门帘掀动，李士群的亲信马啸天、万里浪等依次进来，环列在他身边。一个个心情沉重，呆若木鸡。李士群用呆滞的目光环顾了一下部下，喘息着说："不料我做了一世特工，结果还是栽在岗村这个特务手里……"

"士群，储院长来了!"随着门外叶吉卿一声惊喜的叫声，门帘一掀，披着满身夜色的江苏省医院院长储麟荪风似地进来。众人一喜，让开了些。个子高高、手脚麻利的储院长赶快让助手打开药箱取针，作好输液的准备。储院长用听诊器给李士群听完诊后，从助手手中接过装了药的针头，亲自扎针。可是，怎么也扎不进去，李士群的静脉血管已经梆硬。

“奇怪，当了这么多年医生，我可是从来没有遇见过，医药文献上也从未见过这样的病例!”留过洋的储麟荪医术很好，但是忙了一阵后，计穷力竭，一头的汗直往地下滴。他看着叶吉卿、杨杰摇了摇头。满屋的人面面相觑，惊诧莫名。他们哪里知道，日本人这次在李士群身上施用的细菌是日本人的最新发明，是世界上绝无仅有的细菌——日本军医取了患了霍乱的老鼠的尿，培养出一种剧毒的阿尾巴菌。人只要吞进去一点点，就会在人体内以每分钟一倍的速度繁殖递增，36 小时后突然总爆发。在这之前，病人毫无中毒迹象。而一旦发作，则如决堤洪水，上吐下泻必死无疑。

已是黎明前最黑暗的时分。李士群的生命也到了最后时分，他的身体在可怕地收缩，头发被冷汗浸湿，脸上流露出极为痛苦的表情；他用一双哀苦无助的死鱼似的眼睛一动不动地盯住叶吉卿。

“士群!”叶吉卿哭着奔上前去，跪在他的面前，泪眼婆娑地等着他的遗言。

李士群的喉头艰难地喘动了一下，眼睛又转向在床面前环列的部下。马啸天、万里浪等赶紧上前去，俯身向着他那张已经发乌发紫的嘴唇。

“你们……要……替我……报仇!”李士群挣扎着，用细若游丝的声音说完这句话后，眼睛中最后一丝火光熄灭了。在透进窗棂的第一线微茫天光中，经山洪暴发似连续不断地吐泻，身体中水分几乎完全丧尽的李士群，死后整个躯体缩小得只有一只死狗般大小。

自以为不可一世的李士群死了，汪伪特工集团的鼎盛时期结束了，开始走下坡路。

李家当即摆上了灵堂，灵堂正中是一张李士群的标准相，灵堂下是一具黑漆楠木棺材。叶吉卿、杨杰、马啸天、万里浪等身穿孝服，在棺材前向李士群致哀。

叶吉卿扑在棺材上呜呜地哭泣：“士群，你死得惨呀，死得冤枉呀……”她在一边呼天怆地，杨杰、马啸天、万里浪这些李士群生前器重的特务头子看着灵堂上李士群的遗相，心情沉重，呆若木鸡。那张遗相，是李士群生前最喜欢的一张照片。那还是他作为共产党人时，被送到苏联专门学校学习特工技巧时在圣彼德堡拍摄的。他穿着一身米黄色的风衣，手枕着伏尔加河前面的玉石栏杆，背衬着红墙绿瓦巍峨庄严的冬宫，一副志得意满的神情。一缕明亮的冬阳，透过头上的一抹绿荫，斜斜地照在他的脸上，于是，他的脸一半罩在阳光中，一半笼在黑暗里。光线正刚好从他的鼻梁骨当中分开。李士群的脸是方的，五官整体看，没有太多的特点，唯有那双眼睛鹞鹰似地闪着一种攫取的光。他笼在黑暗中的半边脸显出阴森，罩在冬阳中的半边脸显出一种变幻莫测的诡异——这些，恰似他的性格和生平。

突然，李家的灵堂大门被“砰!”地一声撞开。叶吉卿、杨杰等人恼怒地回头看时，不由大吃一惊——一群荷枪实弹的日本宪兵跑步而入，将他们团团包围，气势汹汹。众人正惊愕间，身材矮胖、腰挎东洋战刀、脚蹬马靴的日本苏州宪兵队队长龟田大步走上前来。他用一双戴着白手套的手将腰间的东洋战刀拄在地上，挺胸收腹，看着叶吉卿、杨杰等人，以不容置疑的威胁口吻宣布：“李士群的死，是纯粹的自然病死。我们，也哀痛!”他机械地点了一下头，随即声调变得恶狠狠的，“谁知，竟有人造谣，说李士群的死，是我们日本人害死的。这种谣言，不仅是对我们大日本皇军的诬蔑，也是对我大日本天皇的不敬!”说到这里，他猛然提高了声音，唰地抽出了寒光闪闪的东洋战刀，用狞厉的目光盯着叶吉卿等人，“李士群是怎么死的，你们，都是当事人，说!”他突然举起寒光闪闪的战刀，分别指向叶吉卿和储麟荪，“你们两人乱搞，奸情败露，是你们两人合伙害死了李士群!”

哎呀！在场的人一听这话面面相觑，心中都明白日本人这是嫁祸，但都不敢吭声。被指为奸夫淫妇的储麟荪、叶吉卿气得浑身打抖。龟田见在场的人都不敢吭声，用刀指着叶吉卿和储麟荪，命令手下：“为了弄明真相，先将他二人逮捕。”

“龟田队长!”杨杰站了出来，他明白日本人是要封他们的嘴。如果在场的人不表个态，龟田将叶吉卿和储麟荪二人抓去，杀人灭口是完全可能的。

“说日本友人谋害李士群，纯系造谣诬蔑，我们在场的都是证人，李士群纯系自然病死。在这里，我可以代表中央调查统计部郑重声明，李士群之死与友邦绝无干系。”

马啸天、万里浪等也一齐站出来表示附议，早已吓得面容失色，丧魂落魄的叶吉卿、储麟荪二人也表示事情确是这样的，请求太君开恩。

“嗦嘎!”龟田的脸色这才好了些，让部下将叶吉卿、储麟荪二人放了。收刀入鞘时说，“既然你们都这样认定，那就好，不过要一一签名。”说着，从军服口袋里掏出一张早就草拟好了的有关李士群之死的“证明”，递给身边的杨杰。杨杰接在手中一看，日本人真是煞费苦心。“证明”打印在一张雪白的道林纸上："兹证明李士群是突患重病，医治不及，自然而死！"以下是签名者。

杨杰无奈，只得将这份"证明"摊在桌上，从衣服口袋上掏出派克金笔，在证明人栏中第一个签了名。然后，递给在旁的万里浪。待在场的所有人都签过名后，杨杰将这一份"证明"还给龟田。龟田一一核对了在场人员的签名后，才放放心心地将"证明"揣进军服口袋里。临走，龟田还说了一番威胁性的话："在场的都是说话有分量的人，尤其在李士群这个问题上。今天，你们证明了李士群之死的真相，谣言就不攻自破了。这份'证明'我们是要登报的。不愉快的事，虽然发生了，但看在死去的李部长的和在场你们大家的面上，就不追究了，以免家丑外扬，给死去的李部长脸上抹灰……"龟田说完这一通冠冕堂皇的话后，带着他的宪兵队去了。

当天晚上带着日本军医赶去为李士群治病的日军驻苏州小林军团长，和他带去的两个军医，因为龟田向日本军部作了报告，都受到了处分；小林师团长处分最重，被军部就地免职，押解回国。

事后，汪精卫特意叫汪曼云、叶吉卿先后去询问。弄清事情真相后，汪精卫不由得两眼流泪，凄然道："日本人如此不讲信义、如此残忍、如此欺人太甚，实在是没有想到的！"大有兔死狐悲感，但他也只能是说说而已。悲痛之余，汪精卫特拨五万元为李士群治丧，并派他的内侄、行政院秘书长陈春圃代表他前去致祭，还带去了他为李士群亲笔撰写的《墓碑铭》。汪精卫在《墓碑铭》中称赞叹惜李士群"才足以济世，而天不永其年！"

第二十三章

声色犬马显败相

1943 年 10 月 7 日，这是一个重阳节。夜来下着潇潇细雨。

即将前去东京出席“大东亚会议”的汪精卫孤坐灯前，闭着眼睛，似在思索，又似在倾听院中那落得沙沙响的夜雨。宽大锃亮的办公桌上，一盏自由女神台灯洒出来的雪白的光，罩着桌前的一方天地。坐在高靠背真皮转椅上的汪精卫和宽大华丽的书房中的一切，在夜幕中影影绰绰，显得似乎不够真实。

猛地，汪精卫想起了什么，从抽屉里摸出一本相片薄，放在桌上，翻了开来，目光停留在一张八寸黑白照片上不动了。那是日前——5 月 4 日，他 60 岁生日那天在主席府后花园让一位著名日本摄影师拍摄的。那天天气很好，照片也拍得很好。照片上可以看出，茂密的树木花草中，有金箔似的阳光斑点在跳动。一条用五彩斑斓的雨花石砌就的曲径在花木中，婉延曲折地伸向远方的湖泊。湖上，横跨着一座很中国式的红柱绿瓦的汉白玉拱背桥，一座回廊在波光潋滟的湖面上延伸而去。

在这样的美景中，他身着一套法国高档雪白西服，双手叠抱胸前，潇洒地斜靠在一株桂花树前——照片就这样定格。细看照片上的自己，完全不像一个年满花甲的人。照片上的他显得比实际年龄小许多，身肢依然笔挺，容貌仍然漂亮。鼻梁挺直，五官俊秀，眼睛很亮。只是头发白得太多，混在一头黑发中，像是丛生蔓延的杂草，让人感到世事的沧桑和一丝苍凉。在摄影师按下快门的瞬间，摄影师要他笑一笑。他笑了。但是现在看来，笑得很勉强，透露出内心的哀苦无告和悲凉。

他从相片薄中取下一张同样大小的黑白照片，摊在桌上与这张照片进行比较。那是 1937 年“七七”事变的第二天，他上庐山前，在同样的花园里照的。但那个摄影师是美国人，背景是一处花坛，花坛上盛开的花姹紫嫣红。

他正对着镜头，满头乌发，长身玉立，眼睛又黑又亮充满激情，充满憧憬，很有大丈夫雄飞之气概。怎么仅仅才过了五六年，自己竟衰老如此，心情颓丧如此?！喟然长叹中，汪精卫无力地靠在椅背上，目光透过窗子望出去。不知什么时候，雨停了，月亮出来了。月白风清中，竹梢摇动，落叶敲窗，他心中有种说不出来的无奈和惆怅。

又要去日本了。自1938年底，他冒险逃离重庆，在南京另组国民政府以来，曾两次去日本。第一次去，因为是赤手空拳，受尽冷遇。第二次，因为他手上有了个小朝廷，受到了盛情接待，规格、规模都让他吃惊，连天皇都出来接见了他，让他受宠若惊。前后对比是如此鲜明、强烈！日本人真是势利啊！他最记得，那是“还都”南京后的1941年6月14日。他率周佛海、林柏生等乘船离沪赴日。16日在神户登陆，沿途受到热烈欢迎。17日一行人抵东京，受到再次担任日本首相的近卫迎接，当天，被安排在国宾馆里。18日上午10时，驱车进入皇宫，天皇裕仁携皇后在宫前阶降相迎，并将他接进凤凰阁行接见礼。中午，天皇在丰明殿为他举行国宴，并拿出了1878年珍藏的樱花美酒请他，这是难得的殊荣。19日，他以国家元首的身份，在下榻的国宾馆接见了前来拜会的首相近卫、陆相东条英机、海相及川古志郎、外相松冈洋石、藏相河田烈、海军军令部总长永野修身、参谋部总长杉山元、枢密院议长原嘉道等一干要员。

接见完一干日本要员之后，他在国宾馆后面一片绿绒似的草地上徘徊。夕阳西下时分，天际间色彩缤纷，地上层林尽染。一群归巢的白鹤，姿态潇洒地掠过暗蓝色的天空，隐没在身后那片浓墨似的森林中。国宾馆具有浓厚的中国盛唐时期风韵。看那蓊郁树木花草中矗立的牌楼，看那些建筑物上的飞檐斗拱、红柱绿瓦。风过处，挑在飞檐上的风铃当当鸣响。这一切，撞动着他悠远的思绪。

当年，追随先总理孙中山在日本从事反清的“丙午七人”，而今只剩下了他一人。想到这里，不禁思绪万千，填得《金缕曲》一阙，并吟哦开来：

故人各了平生志，早一抔黄土，岳麓心魂相倚。如问当者存者几？落落一人而已……又华发星星如此！剩水残山嗟月，便相逢勿下新亭泪。为投笔，歌断指！

然而，就在他逗留日本期间，世界局势发生了急剧变化。23日，他与近卫首相联合发表了《共同宣言》，同日结束访日。25日，他率代表团匆匆离东京去大阪，26日返回上海。此行，他最大的收获是日本政府答应贷款三亿日元为其购买武器，同时日本军部赠给了他一架“海鹣”号海军运输机作为私人礼物……

同年12月8日，日军偷袭美国珍珠港成功，同时趁势扩大战果，发动了对东南亚各地的侵略战争。太平洋战争爆发英美措手不及，战争初始相当被动。他见有利可图，便要求参战，可是日本内阁不准。

1942年底，战局发生了有利于以中美英苏为首的同盟国的明显转化。1943年1月7日，日本新任首相、鹰派代表人物东条英机要日本驻南京全权大使重光葵带话给他，要他参战。2月9日，他召开中央政治委员会临时会议，通过了“对英美处于战争状态”，发表了“对英美直接宣战告”，声称：“自今日起，对英美处于战争状态，当悉其全力，与友邦日本协力……以期共同建设以道义为基础之东亚新秩序。”

以后，形势越趋严峻。在太平洋上进行的一系列惨烈无比的争夺战中，美军取得了瓜尔卡纳岛战役的胜利后，日本败局已定，美军飞机开始轰炸日本本土！这时，曾经不可一世的日本好似是一艘千疮百孔，正迅速沉没的军舰。显然，即将在东京举行的“大东亚会议”上，日本当局会竭尽所能，作最后的补救。但是，大局已定，所有的努力都将是陡劳的。他，汪精卫，注定会是日本的殉葬品！

想到这里，汪精卫愁肠百结。

“心比天高，命比纸薄”、“机关算尽太聪明，反误了卿卿性命”……那些饱含哲理的中国诗句，在饱读诗书，自认才高八斗的他——汪精卫脑海中走得一拨一拨的。窗外的天气也像他此刻的心情变化万端，好好的月亮又进去了，雨又下起来了。淅淅沥沥的小雨，好似有人在嘤嘤哭泣。瞻望前景，不寒而栗。他情不自禁地将60岁生日那天拍摄的照片翻过来看，上面有一首他当天晚上题的诗——《六十自述》：

六十年无一事成，
不须悲慨不须惊。
但存一息人间世，

种种还如今日生！

夜已深了。汪精卫忧思绵绵，长长地叹了口气，顺手从笔架上提起一支小楷狼毫毛笔，饱蘸墨汁，在梅花笺上填了一首词，这是他一生中填的最后一首词：

城楼百尺倚空巷，雁背正低翔。满地潇潇落叶，黄花留住斜阳。

阑干拍遍，心头块垒，眼底风光。为问青山绿水，能禁几度兴亡？

写完掷笔，看时间不待，他站起身来，思索当前迫切要做的政事：赴日期间，他决定由陈公博代理他的主席职务，主持中央日常工作。他还考虑明天要向陈公博交待哪些要事。

天气闷热。

连黄埔江边早晨也没有一丝风。天上挤满灰褐色的云块，呆滞不动。看来，天还要热下去，往昔热闹的南京路一带，这天也比平时安静了许多。太阳出来了，整个南京路在浓稠腻人的黄晕晕的光线中热得无精打采。到了九点钟左右，街上仍然人车寥寥，唯有街道两边行道树的团团绿荫中，“知了”有一声无一声地拖长声音叫着。就在这时，一辆1930年产的漆黑锃亮的“福特”牌小轿车，顶着骄阳从南京路向外滩方向驶去。

车内端坐着一男一女。男的中年人，已经发福，西装革履，戴副眼镜，五官也还端正，讨厌的是那双眼睛，在镜片后转来转去，一看就知是个狡猾的人。坐在他身边的是一位妙龄少女，看起来也就是十八九岁，长相很好，皮肤白嫩，发育得很丰满，高高的个子，身段匀称。她叫李凤，是上海大学英语系二年级的学生。坐在她身边的是她的父亲——上海市政府副秘书长李珉。父亲这是带她去见陈公博。在大学生李凤眼中，陈公博可是个大人物，是个值得崇拜的伟人。父亲能带她去见陈公博，自然是喜之不禁。本来，她穿的是校服，可父亲让她换了一身旗袍，说旗袍是中国的国粹，身为中央国民政府副主席兼上海市市长的陈公博最喜欢青年人，也最喜欢国粹。陈主席一看你穿旗袍，会认为你爱国，对你印象好。陈主席是留学美国的高材生，英语很好，凤儿你也是学英语的，正好与陈主席会会英语。说不定，陈主席一高兴，让你去给他当秘书也说不定……

李凤欢天喜地换上了旗袍。旗袍的款式、颜色也是父亲参谋过的。淡青色的旗袍，很朴素，也很雅致，与她的年龄、身份、相貌很般配，越发显得朝气勃勃。车窗两边的窗帘都拉了下来遮住了阳光，车上放着一个圆铁筒，里面放着冰块降温，这是学日本公园里夏天对付暑热的方式。因此车内并不很热，很舒适。看得出来，李凤因为就要见到伟人了，俊俏的脸上有种压抑不住的兴奋。一双黑葡萄似的眼睛里充满了憧憬。李珉看看女儿，想象着一会儿好色的陈公博见到女儿时的惊喜。

食色，性也！这是我们的老祖宗孔子留下的一句千古名言。西方哲语也说，女人的漂亮就是女人的资本！可见，从古至今，女人容貌的美丽及香腮、隆乳细腰与丰臀是男人的迷魂酒和坟墓。上至皇帝，下至凡夫俗子，纵然就是阉割了的宦官，也都无一例外地喜欢年轻漂亮、丰满可人的女人。他一直想当上海市的秘书长，可总是挤不上去。要知道，当官不带长，打屁都不响。别看都是秘书长，但正与副，待遇、权力却是有天壤之别。舍不得孩子套不着狼！为了争得上海市的秘书长，他决定，趁陈公博到上海期间，用自己漂亮的女儿，将陈公博套牢。对这点，他有绝对的把握。陈公博不仅好色，而且深受西方美学影响，不喜欢那种中国古典式的、病态的小家碧玉式的姑娘，而是喜欢女儿这种年轻丰满、朝霞似火的现代女郎。想到这里，昨天的一幕不禁在脑海中涌过。

李珉因为是从青红帮中的染缸中出来的，喜欢吸一口鸦片烟。昨天午后，他在家中穿一身宽松的绸缎衣裤，躺在烟榻上对着一盏烟灯正在吸着烟，体会着吸大烟带来的快感，身边“哼!”地一声，他很不情愿地睁开了眼睛，只见太太一张大粉脸愠怒地脸站在面前。他不禁一惊坐了起来。他有些惧内，不仅因为太太是个出了名的河东吼狮，而且因为他能混到今天也是离不了她的。她早年当舞女时，同上海滩上的青红帮头目们都有勾扯，他是她一手拱出来的。

他赶紧将手中的烟枪递给太太，他知道，太太也是好这一口的。以往，只要他高挂免战牌，顺着太太的毛摸，如果没有什么大事，“河东吼狮”也就会停止咆哮。她喜欢小殷勤。然而，今天不行！“河东吼狮”将他送过去的龙须烟枪用手一挡，指着他咆哮道：“你不要整天在这里躺尸，百事不管，你那女儿再不管，就等着吃‘挂落’吧!”

他心中一惊，上海话中的“挂落”就是打私娃子。

“凤儿怎么了?”他小心翼翼地问。

“怎么了？你没有看她这一连好多个晚上半夜才回家。问她原因，她不是说到哪个同学家去复习功课去了，就是说回家赶脱车了!”李珉把女儿看成是掌上明珠，很是珍惜。怕她在外面学坏，怕她在外面受到勾引，才没有让她住校，而是住在家里。听“河东吼狮”这样一说，他不禁怔怔地看着太太，听她数落下去。

“昨天下午，我回家就发现她一直猫在房间里，出来两次也都是鬼鬼祟祟的样子。一进屋就赶紧反手将门关上，深怕谁进去。我起了疑心，去敲门，她不开，我就紧敲。她问‘谁?’我说你妈，她这才开了门，门也是半开半合的。我就撞了进去，你猜我看到了什么?”

“看到了什么?”李珉紧张地问。

“看到屋里她的床上坐着个大学生模样的男生。这男生脸颊发红，眼睛发亮，头发乱糟糟的，头发尖尖上都有汗水。见到我，他神情慌张地站起来，叫了声伯母。两个人神情都不自然。”

“嗬，那还得了!”李珉的头不由得嗡地一声，厉声喝问，“那家伙是干么的?”

“小声点!”太太瞪他一眼，瞟了瞟门外，“你就不怕别人听见笑话？那小子是凤儿的同学，家里是开‘味之腴’点心铺的。”说着嘴一比，一副不屑的神气，“我早就对你说过，女大不中留，何况凤儿又是那样的惹眼招人，你总不信，这下好了……”

“不要说了!”李珉听到这里，犹如做生意蚀了老本，打断了太太的啰嗦，焦急地在屋子里转开了圈子。“河东吼狮”将脚在地上一跺，鼻子一哼，负气走了出去。

李珉焦躁地在屋里踱来踱去。他怨恨的不仅是女儿目光短浅，更是女儿太不懂得自身价值。他想，我出那么多钱送你上大学，还不是希望你以后有个好的前途，找个有权有势有钱的好丈夫。现在你却被一个穷学生、一个小小的开糖果铺的小开弄到了手，真是三文不当二五地贱卖了自己的千金玉体……就在他恼怒失望之际，一个念头电光石火般从脑海中闪过：既然女儿都这样了，还不如将她献给陈公博！想到这里，他的脸色平和了，气也消了。他一掀门帘，走进内屋，嘻皮笑脸地对太太说：“玉婉，我有个事要同你商量。”

“看你那副鬼鬼祟祟的样子，就知道不会有什么好事!”

李珉将太太诓到烟榻上，给她拈了一个烟泡。看太太眯起眼睛，一副腾云驾雾的样子，李珉小声地对太太说：“陈公博明天就要到上海来了，我得利用这个机会，把骑在我头上的赵胖子拱下去，取而代之。你要知道，当了秘书长，薪资要长一大截，好处多得不得了!”

“我又不是三岁小孩，这些事情还要你教?”太太睁开大白脸上那双很鼓的眼睛，瞟了他一下，复又闭上，很惬意地抽她的烟，想想说，“赵胖子不是你想拱下去就拱得下去的，你又想到了什么歪点子要老娘帮忙的，说!”

“你是知道的，陈公博好色，不仅妻妾多，还搞金屋藏娇那一套。明天去见陈公博时，我想把凤儿带去。”

“怎么，你是想把凤儿给陈公博做小?”太太睁开了眼睛，蹙起眉头似在凝想，却没有反对。

“这有什么不可以?陈公博那么大的官，凤儿能傍上他，是凤儿的福气，不比嫁给那个臭瘪三强一万倍?!”

太太略为沉吟：“陈公博多大年纪了?”

“51岁，不过看起来年轻些。”

“51岁倒不算大。但陈公博身边有好几个妻妾了。”太太搬起指头细算开来，“李丽庄、何大小姐、何三小姐姊妹。听说不久前又网了个年轻貌美的莫国康，你将凤儿拿去使美人计，不怕偷鸡不成蚀把米?”

“不会，不会!”李珉将一颗大头摇得拨浪鼓似的，“陈公博这人我了解。他在上层人物中算是正派的，正直、讲义气、知恩必报，是中央中唯一有君子风度的……”

“你说他那样好?”太太一声耻笑，顶了他一句，“那他还讨那么多女人?”

“嗯，这是两回事。”李珉像吞下了一颗苦果似的皱了皱眉，“陈公博就是好色，可是话说回来，那些中央要人哪个又不好色?男人不好色，就犹如猫见了鱼不抓，不成了问题?”

“哟，这样说来，你也是背着老娘在外面找女人了，找了哪些，你坦白招来?”太太一边抽烟，一边拿一双猫眼在他脸上扫来扫去。

“我这不过打个比喻，你想到哪里去了!”李珉做出一副苦不堪言的样子，摇了摇头，继续着先前的话题说下去，“汪精卫被陈璧群管得那样紧，也在上海金屋藏娇。周佛海就更不要说了。他利用自己兼财政部长职的便利，把人家一位刚大学毕业，号称‘部花’的张小姐的肚子都搞大了。结果还是杨淑惠出面，给了张小姐十万元，并逼着周佛海将张小姐调离财政部，才割断了他们的关系……”

看丈夫越说越粗俗，越说越得意，越说越有趣，“河东吼狮”不耐烦地打断了丈夫的话头，一句话点睛：“反正是你的女儿，你看着办吧。”

李珉一喜，赶紧给太太拈好一个烟泡，殷勤地递到烟枪上去。

“你呀你!”太太用指头顶了一下他的额头，骂了声“贼乌龟!”就又闭上眼睛吞云吐雾起来。

陈公博在上海愚园路的家，是幢很漂亮的花园洋房。这时，他穿一身宽松舒适的绸缎便服，脚上趿拉着拖鞋，坐在书房中的一张泰国柚木椅上，很闲散地欣赏着对面壁上的一幅装在镜框里的大照片。

他的书房在二楼。一缕明净的阳光从窗外一丛肥大的绿油油的芭蕉叶上透过，从落地玻窗中洒进来。这间书房相当宽大舒适，具有中国作派。对着落地玻璃窗，墙边排着一溜高及屋顶雕龙刻凤的中式书柜。明光闪闪的玻璃窗里排列着的书，除了中国的经史子集这些线装书外，还有不少烫金的大部头的英文书籍。马克思的《资本论》和《共产党宣言》也都赫然其间。靠窗处是一间硕大的办公桌。博古架上摆设的都是价值连城的古玩玉器，有清宫乾隆年间烧制的长颈薄胎绿底洒金花瓶，袁世凯用过的悲翠鼻烟壶等等。总之，陈公博的这间书房，绝对的舒适、典雅。

距他不远处，一只水绿色无头玉蟾蜍蹲着，口吐一缕淡淡的幽香。

陈公博坐在沙发上，头微微仰起，神情专注地打量着对面壁上那幅画若有所思。不，那是一张硕大的照片，是他当年在美国哥伦比亚读研究生时，暑期同女友外出游玩时自拍的，几乎占了半堵墙壁，最为他珍爱。真是神差鬼使！陈公博不是一个爱拍照的人，也不是一个会拍照的人。然而这幅照片竟拍得如此令人叫绝！照片上，不仅延伸出了绿化得很好的美国西部风光的广袤、辽阔、美丽，更是展现了他陈公博年轻时的风采，以及纪录了直到现在仍有书信来往的他的第一个异国恋人——美国同学、女友，美丽的路丝的倩影。

看着这幅照片，那已然消逝，可是十分令人珍惜回味的往事就如在眼前，栩栩如生。

那是他在美国哥伦比亚大学研究生院，以一篇研究共产党和共产主义学说的论文获得博士学位后，和女友路丝去广袤的西部旅游时拍摄的。敞篷汽车停在一棵硕大的浓荫匝地的橡树下。湛蓝的晴空下，一望无垠的绿绒似的茵茵草地直向天际伸去。他和路丝靠在粗大的橡树上，说着笑着，憧憬着未来，谈着他们即将收获的爱情。

他们都很年轻，年轻总是美好的，总是令人艳羡的。特别是当一个人在人生的道路上经过长长的跋涉后，蓦然回首，想到自己年轻时的华彩、绚丽的爱情，总是令人感慨的。但是，人在年轻时，对如花的岁月，转眼即去的机会总是不知道珍惜，总是觉得人生的道路很长很长，美好的一切似乎俯拾皆是。然而，当一个人知道什么叫后悔、什么叫珍惜时，却已经迟了。这时，人的一生即将盖棺定论，许多事情都没有机会了。看着壁上这幅照片，最近一段时间总是浮起在陈公博脑海中的这些情绪，今天尤其强烈。

照片上的他，穿的是一件衬衣，身子靠在粗大的橡树上。有风，风将他一头黑发吹得飘起来。朗朗的笑声似乎从一口雪白的牙齿中流泻出来。他的一双典型的东方人的眼睛，又黑又深又亮。

路丝那曲线丰满的高挑身子虽然也靠在粗大的橡树上，头却靠在他的肩上，甜甜地笑着。她上身穿的是一件很短的蓝色牛仔服，下身穿着裙子。仔细看，她那一头金黄的头发扎成了两根辫子，衬在好看的粉脸的两边，一双绒绒睫毛后的眼睛亮晶晶的。路丝的眉毛像东方人，又黑又细又长，给人远山的联想。风正和她开着玩笑，要把她的短裙揭起来。她嗒咯笑着，用右手去压被风吹得半开的短裙。这样，显露出她那高挺、结实丰满的胸脯，细细的腰，圆滚滚的臀以及被风掀得半开的雪白丰腴的腿、修长的手臂——照片把美国女郎那种健康、开朗、乐观、热情的种种特征展示得淋漓尽致。

要不是为了理想回国，那么，照片上可爱的美国女郎——现在做了教授的路丝，就是他陈公博的妻子了。他陈公博的人生道路，就是另一回事了！吁叹间，陈公博下意识地看了看腕上的金表，上海市市长的副秘书长李珉就要来了。

离约见的时间还有一刻钟，他站起身来，踱到办公桌前坐下，从抽屉里拿出一本《寒山集》翻看起来。这是一本他准备出版的书，收集了他从1933年到1943年间所写的文章和诗词，真实地记录了在这段大起大落的历史时期的思想转变和内心隐秘。其中，特别细致地记述了他在国民党政府当实业部长，及至抗战初期任大本营（军委会）第五部（国际宣传部）和以后如何接受汪精卫召唤，违心地从成都辗转至河内、南京，最后脱离重庆跟汪精卫在南京另组国民党中央政府的曲折历程。不经意地一翻，竟掉出一张照片。那是他当年同墨索里尼的女婿齐亚诺的一张合影，是他准备在书中作插页用的。照片上，他和齐亚诺站在网球场上，都穿着运动衣裤，头戴白色遮阳帽，手中拿着网球拍，肩并肩，对着镜头笑——那是1937年10月。有一天，最高统帅蒋介石突然把他找去，很客气地说："陈部长，我知道，意（大利）国元首墨索里尼的女婿是你留美时的同学、好朋友。现在，意大利与日本有结盟的可能。这两个国家结盟，对我们的威胁就更大了。你以我的特派员的名义去一趟意大利，调动你与齐亚诺的关系，让齐亚诺去游说、影响他的岳父墨索里尼，设法阻止这两个国家结盟……"

这根本是不可能的事，但往往不可能的事只要努力，或许也可能出现转机。况且，蒋介石说一不二的脾气，他也是知道的，便当即接受了这个任务，但特别说明，此去可能性很小。蒋介石嗯嗯了两声，表示同意。结果是可想而知的，他飘洋过海万里迢迢走了一遭，回来才发现其实是中了蒋介石的调虎离山计——他前脚一走，实业部长这个肥缺，就给了蒋介石的亲信。他气得不行，当即就要去找蒋介石理论。结果还是被汪精卫劝住，说小不忍则乱大谋，老蒋现在是大权在握。不要说你，我都凡事让他三分。老蒋这事明说是针对的你，其实是冲着我来的——他把你看成是我的人，要剪除我的羽翼。如今，最好的办法就是韬光养晦，等待时机。古人不是有这样的哲语：龙在浅水被鱼戏，虎落平阳被犬欺。我们得忍受。汪精卫说到这里，咬了咬牙，再三强调：时机、时机、我们正在创造时机，等待时机！过后，汪精卫为他谋到了一个国民党四川省政府党部主任委员一职，让他到成都潜伏去了……

"院长！"隔帘报告的秘书打断了他对往事的回忆，说是李珉副秘书长来了。

"请他进来。"陈公博说时，将放在桌上的《寒山集》放进抽屉。这时，门帘一掀，李珉父女进来了。陡地，陈公博的眼睛亮了，指着李凤问："这位小姐是——"

"我的女儿李凤，在上海大学英语系念书。"李珉注意观察着陈公博的神情，脸上不禁浮起一丝奇货可居的神情，调头吩咐女儿，"凤儿，这就是你想见的陈市长。"

"陈市长！"李凤双眸秋波一闪，屈了屈细细的腰肢，礼貌地向陈公博点了点头，因为见到了心目中的伟人，有种无名的激动，白嫩的俏脸上飞起一片桃花般的红晕。

"快请坐、快请坐！"陈公博从办公桌前站了起来，比了比手，又按了一个桌下的电铃。

立刻，一位衣着整洁的中年女佣应声而进。

"王妈！"陈公博今天显得特别客气，对女佣说，"这是上海市李副秘书长和李副秘书长的千金。"

"李副秘书长好，李小姐好。"女佣胖胖的脸上堆着职业的微笑，一边问候，一边向他们父女屈了屈身。就在王妈准备为李珉父女送来茶点时，陈公博又专门吩咐，茶、点心、水果都上最好的。王妈送来了茶点、水果、香烟，放到玻晶茶几上，便轻步而退，轻轻掩好门。

陈公博从茶几上拈起一听美国罐装三五牌香烟，给李珉做了个请烟的姿势。李珉赶紧欠起身来，却不接烟，手几摆，说："谢谢主席，属下是不抽烟的。"其实，李珉是个老烟鬼，之所以如此说，是因为知道陈公博不太喜欢抽烟的人。

"好好好，不抽烟好，吸烟危害健康！"陈公博说时，将注意力自然而然地转向了李凤，说，"吃糖，吃糖，这糖是美国的。"尽管他已做了日本人的傀儡，但心目中还是认为什么都是美国的好。就如同汪精卫在法国生活久了，天天都离不开法国的牛角面包一样，他也是离不了美国生活品的。陈公博说时，从盘中花花绿绿的美国糖中拈起一颗椰子奶糖，剥了糖纸，亲自递到李凤手里，态度殷勤。

李凤笑眯眯地接过糖来，吃进嘴里。

"看陈主席对你们青年人是多么爱护，还不快快谢过主席！"陈公博对自己女儿的态度，是李珉意料中的事，他看在眼里，喜在心中。

"不要叫我陈主席。"陈公博摇着手谦虚地说，"就叫我陈市长，你们是上海人，叫市长亲热些。"

“昨天凤儿听说市长回来了，又听说市长肯拨冗见属下，高兴极了，缠着我，要我带她来看一看市长。我说市长日理万机，你去干什么？她说，一是瞻仰市长丰采，二是向市长学几句真资格的美国英语。我被她缠得没有办法，只好带她来了，你看，这有多幼稚？”李珉说时露出一脸无奈，陈公博却哈哈笑了：“好嘛，我喜欢青年人，喜欢同青年人交朋友……”陈公博一边说，一边注意打量坐在对面的李凤。这真是个尤物！他心想。刚才，李凤一进屋，他的心就猛地跳了起来。上海漂亮的姑娘他见得多了，但这个李凤确实出众。她身量高高，细细的腰肢，高高的胸脯，圆圆的丰臀。一时，他甚至觉得，坐在对面的李凤，就是他在美国读研究生时的恋人——漂亮性感的美国女郎路丝。陈公博一时有些神情恍惚，心旌摇荡。

“李副秘书长，你不说是有事，急于要向我汇报吗？”陈公博竭力收着神思，问坐在对面的李珉。

“陈市长公务很忙，时间很紧，我就长话短说吧，剩下的时间，凤儿还想向市长学几句美国英语。”李珉说着又一笑，“有什么办法呢，我就这个女儿，已经被宠坏了。”

陈公博微笑着点了点头。李珉心想有门，这就做出一副很委屈的样子，说市长你不在上海期间，好多工作都是我做的，可赵秘书长贪天之功，总是压我一头，像他这个样子，我也不知哪天才是出头之日……李珉的话就说到这里，做出一副哀苦无告的样子看着陈公博。久经宦海的陈公博看了看李珉父女，心下什么都明白了。

“好吧！”陈公博倒也直接了当，“赵秘书长的问题，不止你一个人有反映。你做的工作，也是大家看到的。我可以让你当上海市的秘书长，你回去吧，反正我在上海要住一段时间。你的任命，我就在下周宣布吧！”

“谢谢，谢谢陈市长！谢谢陈主席！”李珉的心狂跳起来，他竭力压抑着心中的兴奋，知趣地站起身来告辞，一个劲说谢谢。

“那么，我还得赶回去将工作作些交待。”李珉懂事地说，“反正凤儿今天也不上课，就在这里听听市长的教诲吧。市长什么时候不高兴了，赶她走就是。”

“好好！”陈公博站起身来，不假思索地对李珉说，“我看千金确实是个人才，我也没有带秘书来，如果可能，我在上海期间，想留千金在身边做做秘书工作。当然上海大学那边，我会打招呼的，就是千金以后的工作，我也是可以解决的，你看如何？”

“那太好了，太好了！”李珉频频点头，临走时装模作样地嘱咐女儿，要她珍惜在市长身边工作的机会。想了想，问了陈公博一句，“今晚不知可不可以让凤儿回一趟家？可能有些东西，她还得回家拿。”

“可以，当然可以。”陈公博大度地说。

李珉当晚回家很晚。

回来就小声问妻子：“凤儿回来没有？”

刚从邻居家打完牌回来的“河东吼狮”，也不回答他的问话，只是一手叉在腰上，一只手伸出一根兰花指，在他额头上用劲一顶，轻轻骂了一声“贼乌龟！”

他不理她，立刻赶到女儿房间。女儿显然在她的寝室里，门没有关死，门缝里流泻出一线灯光。

他轻轻干咳一声，推开门，走了进去。女儿坐在梳妆台前，对着一面椭圆形的梳妆镜出神。镜子中的凤儿，脸儿绯红，一双波光盈盈的眼睛里，有几分惊喜，又有几分怀疑，像在做梦似的。看到父亲，她咯地一笑，随即伏在梳妆台上，用手掩住了脸。

夜风吹进窗来，把一道浅网绿色窗帘吹得飘飘的。站在女儿身边的李珉，看着夜风吹拂着女儿一头蓬松的黑发，露出雪白的后颈。注意到她换上了一套蓬蓬松松的大脚绸缎灯笼衣裤，他抚摸着女儿的头，轻轻问：“今晚不回去了么？”

“不回去了。”

“陈市长同意么？”

“同意，他说他明天一早派车来接我。”他注意到，女儿口中一口一个的陈市长，已经变成了“他”。同时，手中抚弄着一个小小的粉红色的首饰匣子。

“是他今天送你的？”

女儿也没有说话，只是随手“叭！”地一声弹开了粉红色的首饰匣子。只见红丝绒中躺着一颗由纯金、翡翠镶嵌交织的大克拉钻石戒指。他俯下身去，用手轻轻地拈起钻石戒指，就着灯光看去。钻石、黄金、翡翠在灯光下各放异彩——毫无疑问，这枚钻石戒指价值昂贵。

“是他送你的？”他又问。

"是。"女儿又是浅浅一笑。

他不想同女儿再谈下去，再谈下去，没有城府的女儿说出来的话做出的事情，可能就会使他难堪了。

"凤儿，快点睡吧，跟着他是再好没有了的。"他将那枚大克拉钻石戒放回首饰盒里，咔啦一声关好，拍拍女儿浑圆的肩膀，又上前去替女儿关上了窗户，蹑手蹑手地出了门。

莫国康穿着一双绣花拖鞋，从楼梯上轻步走下来。楼梯上铺着地毯，走在上面根本不会出声，但她还是尽量将脚步放轻，一副探头探脑的样子，像是要去捕捉什么秘密似的。

她是一所名牌大学毕业的大学生，身量高高，丰满合度，三十来岁。这会儿，她穿一身淡绿的睡衣，腰上系一条宽宽的绸带，更显出了她的身姿。她的头发是剪短后又烫了的——是当时最流行的发式。她有一张好看的瓜子脸，鼻子棱棱，五官分布也很均匀，只是一双眼睛，显得太大了些似的。大学毕业后，她到立法院里谋到了职，陈公博恰好又是立法院长。陈公博看上了她，就如《诗经》中所说："投我以木瓜，报之以琼琚"——她对陈院长投桃报李。陈公博爱的是她的年轻美貌，又是一个大学毕业生。她看上的是陈院长的名誉地位，当然，陈院长的年龄也还不算老。因为陈公博的提携，莫国康很自然地在谋到了立法委员一职。她很开通，虽然陈公博和她没有缔结正式的婚姻关系，但在不少公开场合，她和陈公博在一起，是以夫妻身份出现的。在立法院，她的权力很大，也有相当的手腕。在公开场合，大家称她"莫委员"，私下则称她"二院长"。

她是昨天闻讯后，下午从南京赶来的。一路上，都在心里咒骂、诘问陈公博。虽然她没有权利，也没有胆量责问陈公博。为人自诩开通，与他有了事实婚姻的她，得知陈公博在上海又有了新欢，心里还是不是滋味。及至到了上海，见到陈公博，一路在心中萦绕、蕴积的对他的诘问却一句也说不出来。陈公博对她态度显得很冷，问她来上海干什么？她却不得不做出讨好的样子，说："我来看看你。"

"你要看什么就看吧！"陈公博阴阳怪气地这么一句，将她丢在家里，自己驱车去了上海市政府办公，很晚了才回家。以为他不会到自己的卧室来的，可是，他还是来了。就像什么事也没有过一样，有一搭没一搭地找话说。问她吃饭没有？这次来对上海的印象如何？说着说着，就将手搭在她手上。男人怎么都是这样，她心中喜欢，但嘴里假意推托说：“我身体不适，你有的是女人，换一个吧！”话都给他递到嘴上来了，如果当时他对她的疑虑解释一番，或者假意诓一下，甚至干脆不管三七二十一地给她扑上身去，她也就在与他的鱼水交欢中满天乌云散去。不意，她就这样一说，假意一推，陈公博就真的来了个趁势下徐州。收了手，说：“是的，你一路辛苦，我就不打搅你了，好好睡吧，我走了！”他真的走了，气得她哭了半夜。

知道他今天没有走，就在家里。可是，这会儿书房里没有人，他到哪里去了呢？她就像一个侦探一样，轻手轻脚下楼来到大客厅，没有人。她又顺着走廊，轻手轻脚来在小客厅。两杯茶都还摆在茶几上，显然刚才他们还都在这里。她站在客厅里发了一会儿怔，忽听得旁边似有窸窸窣窣的宽衣解带声。她的心跳了起来，警惕地顺着响声，侧过头去，再才注意到旁边还有一道门，门是关着的。

就在这里面了！哼，陈公博竟敢在里面“偷嘴”！怒从心头起，她不管三七二十一，走上前去“砰砰砰！”地伸手拍门。就在门开时，莫国康闪身而进，意欲捉贼拿赃，捉奸捉双。与此同时，她几乎与开门的一个瘦得干柴棒似的女人撞在了一起。

“哟，是莫委员，有啥急事吗？”站在她面前的女人她是认得的，叫韩玉全，是上海市政府的一个机要秘书，简直长得不像个样子，又高又瘦又黑，还戴副度数很深镜片厚如瓶底的眼镜。这样的女人，陈公博都看得起？她站在韩玉全面前一怔，没有说话，只顾想自己的心事。再往里看去，坐在沙发上作假正经看文件的不是陈公博是谁？

“我好奇！”莫国康放心了，却话中有话地说，“这个地方我还是第一次来。房子一间接一间，简直就像布迷魂阵一样。我看你们这外面的小客厅里泡着茶，分明是才坐过人，怎么旁边房子里又传出声音。推开门一看，才知道是你们在这里，而且里面都还有门，连环套似的……”

陈公博听着莫国康这一番话中话，也不调过头来，只是脸上泛起一丝冷笑。他知道莫国康对他不满，从早晨起就在跟踪他。虽然他和她当初苟合时，双方言明，约法三章，不干涉对方的私事，但事到临头哪有那么容易甩得开的？这会儿莫国康简直变了个人。看得出来，她虽然竭力隐忍着，但闪闪的眸子里燃烧着怒火，一口雪白的珠贝似的细牙简直要扑上来咬人。平时表面上雍容大度，很见过些世面的莫国康吃起醋来也是这么可怕！不过，见事已至此，陈公博心想，我就干脆给你摊明。你莫国康再厉害，还厉害得过经过我手的何氏姐妹？我和你之间没有任何一点婚约关系，纯粹是相互利用，不过如《三国演义》中的周瑜打黄盖，一个愿打一个愿挨而已。如果你要耍泼，我就干脆同你一刀两断，决不再藕断丝连。

他这就抬起头来，对莫国康说："国康，你不要走，你说得一点不错，这房子里还有一个人，你不妨进去同她认识认识。"说着站起身来，替她把门掀开一条缝。莫国康不解地看了看他，他笑着，一副莫测高深的样子。

她走进去，门又关上了。

这又是一间很雅致的卧室，一扇落地窗半开着，阵阵清风吹进来，不时将拉得严严的浅绿色窗帘吹得飘起。地板是一色的红豆木锃亮。屋子中央摆一张进口的西洋大铜床，床上罩着雪白的蝉翼似的蚊帐，蚊帐敞开的一面正对着梳妆台。梳妆台上那面莹洁的椭圆形意大利梳妆镜上，反射着在床上熟睡中的年轻姑娘。她不声不响，驻步看去。姑娘身上盖着一床薄薄的暗花绸被，眼睛阖着绒绒的睫毛，像是一朵睡海棠。她很美，皮肤很好，脸上带着浅浅的笑意。一阵阵的风，将薄薄的暗花绸被刮起，露出一双修长丰腴雪白的腿。就在莫国康站在床前看得怔怔的时候，年轻的姑娘醒了。她一下看见了站在她面前的陌生人莫国康。

"谁，你是谁?"床上的姑娘猛地坐了起来，下意识地将暗花薄被拥着自己丰满的胸脯。

"你不要怕，我叫莫国康，我是来看看你！"莫国康大大方方地说，"看来，在我们这个家庭中，又增添了一个新成员。"就这一会儿，莫国康心中什么都清楚了，也想明白了。不用说，陈公博的新欢，就是睡在这儿的雏儿。这样的小姑娘她见多了，虽然年轻、漂亮、性感，但她相信，要不了多久，陈公博就会玩厌，丢到一边去的——这样的雏儿对于像陈公博这样的中年男人、尤其是搞政治的男人，是绝不会长久的。因为，最终能吸引男人的女人，得有头脑，最少要有共同的话题，而不是性。性只是一时之快，是过渡的桥。过了渡，桥往往不是被拆去，就是遭遗弃。因此，这会儿她在心里暗笑，我还以为陈公博找了个什么了不起的，原来是个黄嘴雏儿，如此而已！

"你是怎么进来的?"床上以被掩胸的姑娘，用一双黑葡萄似的亮眼睛看着莫国康。

"是陈公博，啊，不，"莫国康说着笑，"是你们的陈市长让我进来看看你的，你叫什么名字?"

"李凤。"

“还是个大学生吧?”

“嗯。”姑娘将头一埋，似乎不愿意就这个话题多说下去。

这时，陈公博进来了，他注意地看了看二人的神情，不无欣慰地说：“你们已经认识了？啊，我很高兴!”

早晨，一辆挂上海市政府牌照的黑色轿车，过了白渡桥，沿着江边柏油马路急驶。坐在汽车里的市府机要秘书韩玉全，手中拿着一个黑皮包，脸上神情显得有些焦急。她要去上海国际大厦见陈公博，有紧要事情报告。莫国康到上海已经几天了，也不走。而陈公博正玩李凤在兴头上，对于在身边碍手碍脚的莫国康，他感到讨厌，干脆“逃”似地悄悄在上海国际大厦包了一个总统间，和李凤没日没夜地厮混。

车上南京路，因为人多车多，车速不由得减慢下来。朝车窗外看去，韩玉全不由得皱了皱眉，又怎么了？街上那些维持秩序穿一身黑制服，就像黑乌鸦似的警察明显比平时多了许多，被拦成一团团的人群躁动不安。就在这时，她听见有尖厉的警哨声吹起，有几个警察手中挥着警棒在追着什么人?忽然车窗外有传单飘洒。抬头一看，纷纷扬扬的传单是从一幢耸入碧霄的高楼上撒下来的。一张传单飘进车来，她正好接在手中。一看，不禁大惊失色。巴掌大的一张传单上有一行标语：“日本帝国主义和他们的走狗汪精卫伪政权的末日就要到了。”署名是中共上海市委。好厉害！她想，以往中共地下组织搞的种种活动，还只能在晚上偷偷进行，现在大白天也敢干，联想到现在变得越发严峻的局势，她的心不觉直往下沉。

她随手关好窗子，朝前看去，上海国际大厦已遥遥在望了。

韩秘书在上海国际大厦前泊好车，嘱咐司机两句，下了车，进入金碧辉煌的底层大厅，上了电梯。在二十层下后，顺着走廊里的红色地毯，来到柜台前，对坐在柜台后的一位红衣小先生说：“我要见住在18号总统套间房的客人”。说着递过去自己的名片。

“对不起!”身穿红制服的小先生说，“住在18号总统套间房的客人不是随便可以见的。”

“是。”韩秘书用指头指了一下自己递过去的名片上的职位，意思是很明显的，并补充一句，“是客人通知我来见他的，我们事先通了电话。”

“要见住在18号总统套间房的客人，需要批准。”小先生看了看她，略为沉吟，说，“那你跟我来吧。”说着在前领路，把她带进了一间休息室。休息室里，靠窗的沙发上坐着一位身穿黑色香云衫，头戴博士帽的大汉，嘴上抽着烟，挎着盒子炮，两手抱在胸前。不用说，这是“76”号派出的保卫陈公博的人。韩秘书对这个大汉说了要见客人的种种来由。大汉爱理不理地将她从上朝下看了一遍，又看了她的名片。抄起电话向陈公博作了报告。

大汉放下电话，将她送到房间门口，嘴一努说：“进去吧！”

韩秘书一推门，门是虚掩着的。

她进去了。这是韩秘书第一次见识总统套房。进门顺着铺有波斯红地毯的一条窄窄的巷道过了洗漱间，眼前顿时一亮，她不禁停下步来。面前是一间客厅，华贵而宽敞。穿一身白色绸缎休闲服的陈公博坐在正对面的沙发上，正在摸一个女人的腿。女人披一副大白毛巾，偎在他身边，正在用一只手理头发——显然，她刚洗完澡。看见有人进来，女人一闪进里屋去了。

见韩秘书坐也不是站也不是，一副尴尬的样子，陈公博一笑，从容地说：“还是她。”说着一声唤，“凤儿，你出来！”

李凤出来了，笑吟吟地。她已换上一件质地松软的睡袍，用一根宽大的白丝带束腰。她站在他们面前，侧着头，手中拿着一条雪白的毛巾擦着湿漉漉的头发。她那高耸的乳房，随着她的步伐，小兔似地在睡袍下跳跃。鹅蛋形的小脸上红扑扑的，一双眼睛亮晶晶的。

“怎么样，凤儿这些天更是丰满漂亮了吧？”陈公博打着哈哈问韩秘书。

韩秘书只是嗯了一声，坐了下来，亮出手中的黑皮公文包。

陈公博这就随手在李凤丰腴的屁股上拍了一下，说：“进去吧！”

“啊唷！”李凤作态地娇叫一声，扭着屁股进里屋去了。

“真不要脸！”韩秘书看着扭着屁股进里屋去的李凤，心想，李珉就是这样靠女儿卖身当上了上海市政府的秘书长。

“韩秘书你找我，不是说有什么急事吗？”

韩秘书“唰！”地一声拉开公文皮包，拿出一份加急电报，欠起身来递上去：“这是汪主席要国民政府文官长拍给你的电报。汪主席即日要去东京出席‘大东亚会议’，请你即刻赶回南京，汪主席不在期间，由你全面主持中央工作……”

“啊？！”陈公博赶紧将加急电报接在手中，急急地看了下去。

第二十四章

油尽灯枯，汪精卫客死东瀛

“海鹈”号专机飞上了八千米高空。

舷舱里，汪精卫将身子斜靠在金丝绒软背椅上，注视着窗外的风景。团团银棉似的白云在机翼下翻滚。天，那么蓝，纤尘不染。太阳，那么明、那么亮！他突然觉得自己不知身在何处，要去什么地方？他多么想让时光静止，就这样一直飞、飞、飞上太虚幻境。他是诗人，诗人的圣殿与世界上正在发生的争斗、呐喊、流血、战争等俗事，可谓风马牛不相及。现在，他觉得自己大有逃脱之感，心灵从来没有过如此清净、舒坦、安详，多么难得啊！他微微闭上了眼睛，享受少有的宁静。

“四哥——”坐在身边的陈璧君在轻轻唤他，他不情愿地睁开了眼睛。

“你看——”顺着夫人手指的方向看去，原来飞机已经降低了飞行高度，视线中出现了熟悉的日本列岛景观，渐次映进眼帘的是金屑似的沙滩，绵长的海岸线，浓荫覆盖中烟村点点，还有披绿的山岚……接着，东京在望了。鳞次栉比的耸入云霄的大厦间，条条平坦如砥的街道上，穿梭的车辆甲壳虫一般……

汪精卫不禁坐直了身子。

经过两个多小时的空中飞行后，“海鹈”号专机安全、平稳地降落在东京机场。

舱门开了，汪精卫率先走出机舱，东京眩目的阳光陡然泼洒而来，让他不习惯。他用手遮住阳光，往下一看，这才注意到，日本首相东条英机率所有内阁要员都在机场上迎接他。他赶紧快步走下舷梯，同大步迎上来的东条英机紧紧握手。

他这是第二次同东条英机见面。他一边握手一边仔细打量这个将把整个大和民族引向灭顶之灾的铁腕人物。东条原是一个在日本三军中最有影响的陆军中的鹰派将领。现在当上了首相的他，仍戎装笔挺，标准的军人姿态。他的身量要比一般所见的日本人高些，体格魁梧匀称，头上破例地没有戴军帽，剪一头短发。他们相互鞠躬。东条握手很有力，似乎想要把汪精卫拉近些、要用他那双犀利的目光看清他在想些什么。

接着，汪精卫将他的随员陈璧君、周佛海、周隆庠等一一介绍给东条英机，并同日本内阁大员们和大本营的将军们并一一握手。

机场上，军乐队高奏两国国歌。

当“三民主义，吾党所宗……”的乐声奏起，一面青天白日满地红旗帜冉冉升起时，他们注视着这面升起的旗帜。

在东条英机陪同下，汪精卫检阅了三军仪仗队。走在红地毯上，向行礼如仪的日本三军仪仗队频频还礼的汪精卫，感到有一种说不出的荣耀、满足和内心的熨贴。他是一个政治家，政治家把政治待遇看得高于一切。

汪精卫当天下午去皇宫拜谒了裕仁天皇。第二天出席“大东亚会议”。金碧辉煌又极富民族特色的会议大厅中央摆着一张硕大锃亮的椭圆形的会议桌。当汪精卫踏着红地毯，走进大厅入坐时，顿时感到很大的满足。因为他看出他的地位仅仅次于主人——日本首相东条英机。在他之下，依次坐着的是来自中国东北的满洲国总理张景惠、泰国国王混瓦塔雅昆、菲律宾总统马雷尔、缅甸国王巴莫等。而且，只有他和东条英机面前才有麦克风。日本民族真是一个精于算计，讲究实力和功利的民族啊！他在踌躇满志的同时，心中不由感慨万端。

麦克风响起来了，东道主、会议的主持者东条英机开始讲话、致词。他虚应两句后，很快进入正题，说：“第二次世界大战已到关键时刻，尽管目前在欧洲战场上友军遇到了些困难，在亚洲看起来美军也得逞于一时！然而，”说到这里，东条的眼睛闪着霍霍冷光，声音也变得粗浊而急躁起来，话题也拓展了开去，“大日本皇军是不可战胜的……值此艰危时期，我大和民族视死如归，宁为玉碎，不为瓦全。我有无数热血男儿自愿参加神风敢死队、驾驶战机去撞击美军军舰，与敌人同归于尽。在琉球（冲绳）拉剧战中，有不少岛屿上的男人为天皇全部战死，妇女儿童蹈海自尽……在这样伟大的民族面前，有什么样的艰危不能渡过、有什么样的奇迹不能创造呢？”说到这里，东条环视了一下与会者的表情，语气缓和下来，“今天，我们之所以召开这个大东亚会议，就是要商讨如何同舟共济、集各国之财力、物力，同仇敌忾反败为胜，以完成大东亚共荣圈之伟业！”东条的话说完之后，恭请各位发表“高见”。

汪精卫当即发言，声明他是抱着“与友邦日本休戚相关、安危相共之情”来参加会议的，“决心与友邦日本同心协力，同安危共生死……”会议上，汪精卫出尽了风头。

在一班大小傀儡们纷纷表态后，大东亚会议宣布结束。会后发表公告称：“……大东亚会议得到泰、缅、菲三国参加及印度临时主席列席，共荣圈的范围更加扩大了……”

汪精卫随后接受日本国会邀请去演讲。站在他熟悉的讲坛上，面对衣冠楚楚的议员们，他风度优雅、声音清脆。他的演讲用语生动，逻辑严密，富有磁性的声音紧紧地吸引着国会大厦内的每一个议员。

站在讲坛上，他回顾了三十多年前，在日本留学期间，追随先总理孙中山，在日本友人的帮助下，进行反清斗争的历程。他对当时日本友人的积极支持深表谢意。接着，他列举了这些年来中日间亲密合作的战斗情谊。他保证“要为建设大东亚并确保安全起见，互相紧密协力，尽量援助”。他唯恐“友邦”不了解他的良苦用心，进一步用诗一般的语言表白道：“兆铭虽有同甘共苦之意，然对于大东亚战争所能贡献者，正恐力不从心。因此，日夜鞭策自己正多！”国会大厅里爆发出经久不息的掌声，议员们激动地站了起来，向他表示谢意和敬意。

汪精卫哽咽了，热泪泉涌。

忽然，汪精卫双眉紧蹙，脸色苍白，豆大的汗珠从他的脸颊上滴下来。他痛苦地伸出双手，捧着肚子，身子向前佝偻，渐渐地倒在了地上，全场大惊。由于激动，汪精卫身上的陈年枪伤猝然发作，他被紧急送往东京日本陆军总医院施治后，疼痛很快消失。于是，他率团离开东京，余事由留日的中执委、宣传部代部长林柏生办理。

谁知几个月后的1943年12月19日，汪精卫的枪伤再度复发，而且空前严重，他住进了南京的日本陆军医院医治。院长后藤是世界著名伤外科专家，亲自为汪精卫施行手术。他知道汪精卫护痛，在施行手术时，先行麻醉，并要助手用块白布隔断汪精卫的视线，再让陈璧君坐在他身边，陪着他说话，分散他的注意力。

当一切准备好后，后藤双手戴上了经过严格消毒的一直拉至肘部的透明胶皮套，站在了汪精卫面前。后藤示意下，簇拥在他身边的助手们井然有序地协助他开始了手术。

陈璧君伴坐在汪精卫身边，手中拿着一本线装的《唐诗宋词选》，她给他念他喜欢的范仲淹的名篇《岳阳楼记》：

“庆历四年春，滕子京谪守巴陵郡。越明年，政通人和，百废俱兴……予观夫巴陵胜状，在洞庭一湖。衔远山，吞长江，浩浩汤汤，横无际涯……”

陈璧君念得抑扬顿挫，言词铿锵，汪精卫听得如醉如痴。当汪精卫问夫人，为什么不再念下去时，陈璧君一笑说：“后藤院长给你的手术已经做完了，不痛吧？”

“不痛。”汪精卫高兴地说，“一点感觉都没有，后藤院长的技术真是天下第一。”

只听瓷盘里哐啷一声，陈璧君激动地说：“四哥，你身上的两颗子弹头取出来了。”

后藤让助手将挡在汪精卫面前的那块帐篷似的白布揭去，再端着一个四四方方的白瓷盘走到他的跟前。后藤一副圆圆的眼镜后面双目充满得意，指着盛在瓷盘里的两颗子弹头说：“汪先生，你看！”

汪精卫调头一看——白瓷盘里盛着从他身上取出的两颗手枪子弹头，弹头上有点点绿色的锈斑。汪精卫伸手拈起一个弹头，喃喃道：“已经整整14年、14年了啊！”话音中不无欣喜和伤感。

汪精卫次日出院，移往环境幽静的北极阁静养，病情渐渐好转。然而1944年元旦刚过，汪精卫的病情突然发作，而且来势汹涌：高烧时断时续，不可控制；继而下肢出现麻痹，不能动弹；进而痛创大起，日夜纠缠……汪精卫自知生命已到危急关头，听从了日本人劝告，去日治疗。

3月2日，他让夫人将陈公博、周佛海请到病榻前流泪嘱托，说在他去日本治疗期间，大政由他们主持。国民政府主席、中央政治委员会主席、军事委员会委员长一职由陈公博代行。周佛海代行政院院长兼经济委员会委员长。二人接受下来，向他辞行时，汪精卫流了泪，对他们嘱托再三。

3月3日，汪精卫在妻陈璧君和女儿、女婿陪同护送下，从南京乘“海鹈”号专机直飞日本名古屋，当日住进帝国大学医学部。东条英机指示，要不惜代价治愈汪精卫。帝国大学立即组成了由第一流名医们参加的代号为“梅”的救治组进行诊治。经名医、专家们会诊，认定汪精卫的病变是由于枪伤过重，且弹头埋在体内过久，现在已影响到脊髓神经等要害区，深及肋骨神经引起一连串恶性连琐反应，急需动手术。

4日上午10时，由帝国大学教授、世界著名神经外科专家斋藤真亲自为汪精卫主刀，施行了“椎弓切除术”。无影灯下，刀剪传递间，斋藤真在汪精卫背部准确进刀，很快就从前胸取出了有病变的胸骨三片，手术相当成功。

手术后，汪精卫的病情看似有所好转，实际上他已是病入膏肓了，延至深秋，11月6日上午，汪精卫的病情突然发作，再次住进帝国大学医学部接受治疗。在日本政府专门组织的、以斋藤真为首的“梅”抢救组同死神进行的争分夺秒的拉锯战间隙，汪精卫在病榻上写出了他生命中的最后一首诗——绝命诗：

忧患滔滔到枕边，心光镫影照难眠。
梦回龙战玄黄地，坐晓鸡鸣风雨天。
不尽波澜思往事，如今瓦石愧前贤。
郊原仍作青春色，酖毒山川亦可怜。

写完掷笔。日已暮，疏枝横斜，一弯冷月挂在天空，一缕惨白的月光泻进窗来。陈璧君对丈夫的绝命诗捧读再三，泪如雨下。

“呜——”忽然，一声长长的警报声凄厉地响起，无数的探照灯将名古屋的夜空照得通明。美国轰炸机出现在夜空中，黑压压一片。高射炮“轰！轰！”地响起来了。无数道弹道划过天空，织成了一道道火网。美国轰炸机丢下的照明弹定在空中，将地上的一切照得异常清楚，如同白昼。飞机开始俯冲、投弹。随着震耳欲聋的爆炸声，冲天的大火浓烟、房屋的倒塌声、惨绝人寰的呼叫声，越来越逼近汪精卫所住的帝国大学医学部主楼。虽然有击落的飞机像流星迅速掠过夜空，但轰炸机委实太多了，像大海的怒涛，一浪紧接着一浪冲来。许多高射炮被击中打哑，而在高空中爆炸得的炮弹越来越少，美国轰炸机扔下的炸弹却铺天盖地，轰轰的爆炸声掀起的气浪简直要把大楼掀翻……

“快快快！”越来越紧急，几位医生、护士抢进汪精卫病房。他们迅速地将汪精卫从病床上移到担架上，一位护士小姐将挂在病床前输液架上的输液瓶取下来，提在手中，他们抬起担架，匆匆下楼，刚刚钻进黑黝黝的地下防空洞，就听“轰！”地一声巨响，汪精卫方才待的那幢主楼被一颗重磅炸弹击中，塌了！

“四哥、四哥！”极度的恐怖和混乱中，汪精卫身前的医护人员都跑光了。陈璧君伏在汪精卫的担架前，跪在冰冷的地上，借着防空洞内一线微弱的灯光，握着丈夫冰冷的手，焦急地呼唤着已经昏厥过去的汪精卫。

汪精卫睁开眼睛，见拱圆形的防空洞内，身边只有陈璧君一个人，好不惨然！

汪精卫苍白的嘴唇翕动了一下。陈璧君知道他冷，赶紧脱下自己身上穿的一件薄呢短大衣盖在他的被面上，头凑到他眼前，握着他的手，忍泪道：“四哥，你要挺着！”

汪精卫已经说话困难，摇了摇头，惨然一笑，喘息着说：“趁我还在，我……我说……你……你记下来！”

“不，不要这样！”陈璧君哽咽着，泪水夺眶而出。

“不！”汪精卫神情痛苦而又坚定，声音低微，“你记，记！不……不然，我死后，许多事，你……你说不清！”

陈璧君只好摸出带在身上的一本拍纸薄和钢笔，伏在他面前。

“题目——《最后之心情》。”汪精卫的目光变得有些呆滞，他用微弱的声音挣扎着说下去，“……铭盖毁其人格，置四十年来为国家奋斗之历史于不顾，亦以此为历史所未有之非常时期，计非出此险局危策，不足以延国脉于一线……”在美机一浪更比一浪猛烈的轰炸中，1944 年 11 月 10 日夜，汪精卫死在日本名古屋帝国大学医学部的一间地下防空洞里，时年 61 岁。

两天后的下午五时，“海鹈”号专机运送汪精卫遗体飞回南京。陈公博、周佛海等率一干大员到南京机场迎接。机场上天低云暗，哀乐低回。专机平稳降落、停下，舱门开处，陈璧君身着黑色素服戴孝，率子、女、女婿护汪精卫灵柩缓缓走下舷梯。

陈公博、周佛海等率百官在机场上举行了迎柩式后，护灵回南京。长长的车队，披着萧萧的秋风，碾着一路的瑟瑟落叶徐徐开进南京城。

国府门前，半旗低垂。汪精卫灵堂里，花圈簇簇，白絮飘飘，哀乐声声，烛光闪闪。以陈公博、周佛海为首的百官依次上前，向身上覆盖着一面改良过的国民党党旗的汪精卫遗体告别。祭奠仪式之后，按照汪精卫的遗言，陈公博在百官们面前宣誓就任代主席。他身着民国大礼服——蓝袍黑褂，胸前戴一朵大红花，竭力装得振作，但目光迷离。他对着汪精卫的遗体三鞠躬后，站在讲坛上，面向大家，红肿着眼睛，用沉痛的声音宣读了他的《就职宣誓词》：

“值此国势艰危非常时期，公博遵从汪先生遗愿，勉为其难担任国民政府代理主席。公博决心遵从汪主席遗志，恪尽职守，以延国脉于一线……”读着读着，他忍不住哽咽起来，在场的大员们也个个呆若木鸡。一阵风吹进来，吹得灵堂里的一排大红蜡烛闪闪忽忽的，一派阴风惨惨。幸好司仪见机行事，高喊一声“礼毕、退场!”官员们一个个如蒙大赦，脚上擦了油似地赶快出了会场，匆匆忙忙如同一群丧家之犬。

第二十五章
寿终正寝，代主席逃亡日本

1945年8月16日上午10时，一列从上海开来的火车，徐徐进了南京站。

车刚停稳，“国民党”军委会上海行动总指挥周佛海，带着两个卫兵下了车，迎候他的南京税警队队长周镐赶快迎上前去，“啪!”地一声立正给周佛海敬了个军礼。周佛海也不停步，惶急地向来接他的那辆“福特”牌轿车走去时，向陪在身边的周镐压低声音问:“都准备好了?”

“准备好了。”周镐说，“我现在接你去国府开会。你一离开，我就指挥税警部队在南京全城动手，该抓的抓，该关的关。”

“嗯，重点是陈公博!”周佛海情不自禁地停了一下脚步，特别看了看走在身边的这个人，竖起一根指拇强调，“千万不要放走陈公博，这是一条大鱼，是我们献给重庆的一份厚礼!”

“是!”周镐回答时，挺了挺胸，一副英姿飒爽的样子——他30来岁，个子高高，体态匀称，隆准黑发，身着一套合体的黄呢美式卡克军服，腰上挎一条子弹带，上斜插一把左轮手枪，简直就是从电影上走下来的。周佛海放心地点了点头。南京税警队，可以说是周佛海精心筹组的一支私人武装，有五六百人，装备精良，训练有素，在目前的情况下，可说是南京城里的一支御林军。而名为“国府”代主席的陈公博可说是没有一兵一卒，抓他如“瓮中捉鳖”。

汽车来了，周镐亲自为周佛海拉开车门。在周佛海弯腰进车时，他一手拉着车门，伸出另一只手悬空护着，深怕撞了周佛海的头，表现得极为忠诚。可是，周佛海哪里知道，就是这位周镐，早就秘密地加入了共产党，暗中给共产党帮了不少大忙，以后在建立新中国的战斗上英勇地献出了生命。

周佛海在周镐的保护下，驱车往国府而去。从车窗中望出去，长街两边鳞次栉比的仿古建筑物如店铺、饭馆、戏楼、电影院什么的，全都关门抵户……整个南京城瑟缩在即将来到的恐怖中。真是“树倒猢狲散”啊！日前，汪精卫死在日本，意味着汪精卫政权的末日！局势是再清楚不过了，也是再危急不过了。日本天皇已经宣布向以美英为首的同盟国投降。“覆巢之下安有完卵”？靠日本人刺刀扶持起来的汪精卫政权中的要人们，人人惶惶似丧家之犬，各找各的生路。而他周佛海早就通过戴笠的关系安排了后路。他就像一根柔韧的青藤，在汪精卫政权中一边做着举足轻重的大官，一边背着汪精卫，向蒋委员长这棵大树绕了上去。月前，他得到戴笠递来的话，要他将功补过——尽可能地保全汪精卫政权控制的所有一切，最重要的是南京、上海等沿海大城市不要被新四军拿去；为了给国人一个交待，更要将代主席陈公博拿住，作为汪精卫的替罪羊……

为此，他特意去上海作了些布置，今天赶回南京捉拿陈公博。

车到国府停下。周佛海举目四顾，九级汉白玉台阶上，大门前两根擎天柱般的圆柱前，往日手持雪亮刺刀的中央警卫团的卫兵没有了。屋顶上竖立的那面有两根“猪尾巴”的青天白日旗也没有了，只剩下一根光秃秃的旗杆。官员们进进出出、络绎不绝的场面也没有了——国府今天已是门可罗雀。

周佛海叹了口气，拾级上了九级汉白玉台阶，进了没有卫兵把守的大门。只见各处的办公室都敞开着门，到处都是散乱一地的文件和文件被烧毁后留下的灰烬，一片狼藉。迎面遇到几个身穿长袍，脸上戴一副鸽蛋般大小铜边眼镜的师爷类文官和身穿黄呢军服的高级军官，无不神色惊惶。看到周佛海也不鞠躬了，也不敬礼了，甚至连招呼都不打了。

然而，在国府会议厅里，代主席陈公博还要举行最后一次会议。

周佛海步入了国大会议厅。偌大的会议厅里，一扇落地玻璃窗不知什么时候打碎了，撒了一地的玻璃渣。风灌进来，将一副厚重的金丝绒窗帘刮得乱飘。正中那幅汪精卫油头粉面的标准相吹落在地，交叉斜挂在汪精卫标准相上面的带有“猪尾巴”的青天白日旗也被吹落一面在地，上面还有脚踏过的痕迹……

小会议厅门前，站着两名持枪的中央军校的学生。不用说，陈公博主持召开的最后一次中央常委会，改在小会议厅里了。周佛海走进小会议厅时，站岗的两名面容稚嫩的中央军校的学生向他行了持枪礼。进了门，一眼就看到正对着大门、坐在椭圆形会议桌上方的陈公博。他身着民国大礼服——蓝袍黑马褂。陈公博向他招了招手，说：“啊，来了？就在等你，我们就开会吧！”

周佛海点了点头，在陈公博旁边的座位上坐下。举眼一看，参加今天这个会议的人一个个面容忧戚，挨个数起，除陈公博和他周佛海外，仅有梅思平、林柏生、陈群、王克敏、梁鸿志等寥寥几人。椭圆形会议桌上不要说没有像往常一样摆有鲜花、糖果、点心、茶水，就连雪白的桌布也没有铺，完全是一副要散伙的样子。

待周佛海坐定后，陈公博清了清喉咙，开口了，话说得一字一顿，也不知是因为没有水喝，嗓子发干，还是心中难受所致。

“诸位，这是中央政治局会议举行的最后一次会议。本次会议的议题是，解散国民政府事宜。”陈公博的话完了，他看了看在座的各位，“请诸位各抒高见。”

周佛海立即接过话去：“事已至此，还有什么好说的？”他颐指气使的神气与颓唐的陈公博完全不同，眼镜片后闪灼的光芒中隐藏着一股阴森、一股霸气。他坐姿笔直，微蹙双眉，一张大脸盘上，显出一种刚戾、自信、冷漠与专横。

“现在！”周佛海用凌厉的目光横扫了一下坐在他身边的人，用发布命令似的语气说下去，“只需发表一篇宣言，宣告我国民政府已完成了历史使命，从即日起解散，并将此宣言见诸报端就行了。其他问题，一概免谈，谈了也是白谈，徒然浪费时间而已！”

作为中央政府秘书长的梅思平，见周佛海发言后，没有人接话，这就用瘦手从皮包里掏出一份早已拟好的政府解散宣言稿，读了一遍，内容同周佛海的意思大同小异。不过用辞要考究委婉得多，对“国民政府”经年来的成绩也是褒奖了一番。梅思平念完了，无人提出异议。林柏生、陈群、王克敏、梁鸿志等几个人坐在那里，形同摆设。很明显，他们都在想自己的心事。

“那么，这就通过了。”陈公博说着看了看坐在旁边的周佛海，不放心地问，“但政府那么多人，如何善后，总得管管吧？”陈公博这话是对周佛海说的。他虽说是汪精卫身前最信任的人，是“国民政府”代主席，但实权都被周佛海抓在手里。此刻，只有周佛海才能解决这些人的出路问题，他很想周佛海在这方面能拿出一些高招。周佛海的为人、性格，他陈公博当然是知道的——其人就像戏中的奸雄白脸曹操，霸道、贪权、诡计多端。对这个人他向来没有好感，但他万万没有想到，作为坚决反共、坚决反对抗日而将汪精卫一手推进“火坑”的始作俑者和真正的获利者周佛海，竟能在汪精卫政权倒台之时重新投入重庆当权者的怀抱。到头来，一开始并不赞成汪精卫叛离重庆，在南京另立中央政府，到后来因见“汪先生在火坑里，”觉得“自己不能站在岸上置之不理”，出于侠肝义胆的君子风才下了水的他——陈公博，则被推上前去当替罪羊、作祭品。

周佛海冷着脸慢慢站了起来说：“现在中央政府都解散了，还有什么可谈的。城门失火，殃及鱼池，我周佛海也不能手板心里煎鱼吃！”他那张奸雄似的脸上，浮起的是一丝嘲讽。周佛海说完就走了。

一时，陈公博只觉得头嗡嗡响，木然端坐在那里，睁大一双绝望的眼睛。浮现在他眼前的是一派白茫茫的雾霭，是大海上一艘触礁的船，是落水者无助的哀哭……当地清醒过来时，国府小会议厅里只剩下了他一个人。

“都走了，我也该走了。”他喃喃自语，木然地站起身来，朝外走去。

陈公博召开的中央政治局最后一次会议刚刚结束，南京城里就枪声大作。按照原定的计划，周镐带领他的税警队在全城进行了武装暴动，并搜捕要人。他们将南京市长周学昌逮捕后，周镐又亲自带领一支税警队冲进了陆军总部。

“放下武器！”陆军部长萧叔萱应声而出。没有戴军帽然而戎装笔挺的他，满头银发，威风凛凛，对冲上前来的税警们大喝一声，“你们要造反吗?”

税警们被他的威势镇住了，一个个往后缩。

“萧叔萱，你已经死到临头了，还摆什么臭威风！”周镐嗖地一下掣枪在手中，大声喝道，“南京伪政权已经宣布解散。现在，我奉南京先遣军司令任援道的命令前来接管陆军部！”

“什么、什么?”萧叔萱惊讶地眨了眨眼睛，不解地问，“任援道，南京先遣军司令?”

“还在做你的黄粱美梦吧?”周镐不屑地哼了一声，“任援道早就同重庆接上了关系！”看萧叔萱萎了下去，周镐向税警们挥了挥手中的左轮手枪，示了示意，“把萧叔萱的枪下了！”两个税警应声而上，去缴枪，萧叔萱却拒不缴械，退后一步，就要掏枪。

“砰、砰！”周镐手疾眼快，扣动板机，萧叔萱倒在了血泊中。

而另一路税警在进攻国府时却遇到了麻烦。因为陈公博平时颇能迷惑人。就在负责保卫国府的警卫排鸟兽散时，有一百多名中央军校的学生自动地前去保卫国府，保卫陈公博，他们在国府门外筑起沙包作掩体。国府门外爆发了激烈的枪战。周镐率援兵赶到后，虽再三喊话，无奈这一百多名中央军校的学生相当顽固，不仅拒不投降，也不撤走。周镐只得调兵遣将，准备合力猛攻。

当三颗红色的信号弹升上天空，周镐指挥税警部队就要作最后的猛攻时，脚下传来一阵地震似的抖动，一长列日军的坦克车、装甲车从鼓楼方向风驰电掣而来，停在国府前面，将战斗的双方隔离开来。

一辆辆坦克车、装甲车上的铁盖迅速掀了开来，下饺子似地跳下一个个全副武装的日军，足有一营。他们弹上膛刀出鞘，以绝对的优势逼视着周镐率领的税警部队，大有将税警部队生吞活剥之势。

日军中闪出一位腰挎战刀，佩少将军衔的高级军官，脚上钉有铁刺的马靴触地，发出格格的响声。这不是老牌特务、前“梅机关”长影佐的副手、后摇身一变成了日本侵华军总司令部副参谋长的今井武夫吗？周镐看着这个老牌特务，心中不由有些吃惊、狐疑，也有些着急。这个今井武夫怎么会出现在这里？本来是计算好了的，在这里逮陈公博十拿九稳，怎么这时会有日本军队给陈公博保驾？日本天皇不是已经下令所有日军放下武器，向当地驻军投降吗，这支日本军队怎么竟敢跳出来?!

今井武夫是认识周镐的。他径直来到周镐面前站定，胸脯一挺，摆出一副虎死不倒威的架势宣布：“顷接重庆蒋委员长命令，要我们在重庆接收力量到来之前，维护南京的安定与秩序!”说着，今井硬起颈项，喊操似地一字一顿，“各派武装力量不得争夺地盘、肇事等等，否则，武装镇压!”就在今井武夫对周镐摆出一副公开寻衅架势时，陈公博由日军参谋小笠原保护着匆匆出了国府，钻进一辆装甲车开走了。

万不料因为日本人的出现救了陈公博。没有办法，周镐心中骂着该死的日本人，下令税警部队从国府撤离。

陈公博由日本军队保护了起来。

当天晚上，南京中央电台播发了《国民政府解散宣言》——从1940年3月30日由汪精卫等一手缔造，至1945年8月16日宣告解散，历时五年四个月的汪记南京国民政府伪政权，就这样刻在了历史的耻辱柱上。

八月以来一直晴朗的天气突然变了，阴雨绵绵，阴霾低垂。8月25日上午九时，一架日本MC型军用小飞机在南京机场上强行起飞。飞机飞上五千米高空后，保持高度调头向东飞去。身着民国大礼服的陈公博端坐在舷窗前，面色愁苦地往外望去。舷窗外糟糕的天气同他的心情一样阴暗和哀愁。这架飞机上，除了他，还坐了七人，为了减轻机载重量，全都是席地而坐，有：南京伪中央政府军事顾问日本人小川哲雄、伪中央宣传部部长兼安徽省省长林柏生、中央军校教育长何炳贤、实业部长陈君慧、中央政府文官长周隆庠。另外还有陈公博之妻李丽庄、外室莫国康。

MC 型军用小飞机逃不脱云层的纠缠，很是颠簸。

陈公博虽是泥雕木塑般端坐在窗前，内心却在翻江倒海，大有劫后余生之感。脚下就是一片混乱的南京，能逃出南京，堪称不幸中的万幸。他想象得出没有来得及逃走的陈璧君、梅思平这些人的命运。他们此刻一定是作了周佛海的阶下囚，再被周佛海作为向老东家蒋介石邀功的替罪羊送上祭坛。倏忽间，脑海中突然闪现出他同考试院长陈群的一席谈话。

陈群，可谓鼎鼎有名。他是福建人，早年留学日本，毕业于明治大学。1927 年，蒋介石发动针对共产党人的“四一二”政变时，在国民党内身居要职的陈群在上海，同杨虎一起对共产党大开杀戒，时有“虎狼成群”一说。1932 年，陈群当南京首都警察厅长时，因看不惯蒋介石的专横而最终同蒋介石闹得不可开交，本来是要受到处分的，幸好他同杜月笙私交很好，关键时刻得到杜月笙庇护，才躲过那一劫。过后，他与杜月笙、黄金荣等青红帮头领结为兄弟，在帮会中排行老八，被称为陈老八、陈八爷。

抗战初期，陈群伙同梁鸿志等最先降日，当了汉奸，在南京维新政府中相继担任了内政部长等要职。他与同时担任了绥靖部长要职的任援道一起，是维新政府中的关键人物。在汪精卫政权取代、接收了维新政府后，他又入阁做了汪伪政权中的考试院长、中执委等要职。陈老八喜欢谈诗说文、嗜好藏书，在自家的住所斥巨资修建了一所古色古香的藏书楼，名“存泽”书屋，藏书颇丰，并发誓待天下太平之后，要将他的“存泽”书屋弄得超过浙江宁波的有天下第一藏书楼之称的“天一阁”。

陈老八同陈公博很谈得来。就在陈公博去日本前夜，天上下着凄凄小雨，陈公博一人正在书房中思前虑后、绕室徘徨时，陈老八青衫一袭飘然而来。

“人鹤!”陈公博苦着脸问陈群，“你是智多星，知识渊博，而今大局混沌，局势扑朔迷离，不知你对此有何见解?”

“抗战是胜利了。”陈群坐在沙发上，跷起一只腿来，悠然点起一只香烟，缓声说道，“然而，国内问题并没有解决。好笑周佛海等人自以为聪明绝顶，不惜以我等作祭品去讨好蒋介石，老蒋也以为天下就是他老蒋的了，其实不然!”说到这里，陈老八抽了口烟，声音愈发低沉，“殊不知蒋介石这个人，志大才疏，刚愎自用。在我看来，共产党、毛泽东要比国民党、蒋介石厉害得多。论文才武略，蒋介石哪是毛泽东的对手？别看现在老蒋有美国人撑腰，号称四大国领袖之一。中国的天下，早迟是共产党、毛泽东的!”说到这里，陈群的眼神有些呆滞，握烟的手也有些发抖，“老夫今年已经五十有五，对于中国的明天，我已经完全绝望。现在是共产党来，放不过我，国民党来也饶不过我。而要我坐牢，我是绝不肯的。士可杀而不可辱。公博，我今晚来，不是要求你带我走，而是向你诀别的。”说完这话，用指头弹去烟头上烧成了惨白的一段烟灰，再也无言。二人相对无言，只用一双倦于审视人生的眼睛来倾诉心中无尽的悲哀。

接着停电了，陈公博要下人进来点上一只红蜡烛。烛光幽微，更显得他们神思恍惚。陈群站起身来道别。他送陈群出门，别时互道珍重。第二天早晨闻讯，陈群已于当晚在家中服毒身亡，让他不胜唏嘘。求生的欲望迫使他即刻去找了今井武夫。

“我愿意接受重庆方面的审判，届时我也自有话说。”陈公博对今井武夫陈述他的观点，委婉地表明了他希望赶紧逃亡日本，“可是，我不愿这样不明不白地死在乱军之中……”

“为陈代主席的安全计，当然是去日本，越快越好。”今井武夫忧愁地说，“问题是，现在日本已经投降，一切行动都要经占领军总司令美军麦克阿瑟将军同意、批准。此事，我已请示过驻华日军总司令冈村宁次将军，将军命令我不得违令。”略为沉吟，又说：“我立即将陈代主席的意愿报告大本营，最后决定取决于大营!”翌日，日本东京大本营秘密回电：同意陈公博一行秘密飞日。

计划是，陈公博一行飞到青岛转乘海轮赴日。然而，负责陪同陈公博去日的小川哲雄虑事周密，在陈公博一行乘坐一架 MC 军用小运输机从南京起飞后，对陈公博分析，青岛方面的情况瞬息万变，去那里很可能会自投罗网。不如就这样直飞日本，虽然这样有些冒险……

陈公博同意了小川哲雄的建议，一行人乘坐 MC 军用小运输机直飞日本。

MC 军用小运输机飞到了公海上。陈公博蹙紧眉头往舷窗外望去，天低云暗，狂风咆哮，简直就要一把将这只竭力挣扎着的小飞机捏碎，扔到黑浪连天的大海中去。小飞机在乌云与大海间艰难地爬行，轰轰的马达声显得力不从心。飞机进入了一团比乌贼吐出的汁液还要黑还要浓的乌云。立刻，舷窗内外都变得一团漆黑，颤抖着的小飞机似乎正在向着处处埋伏着凶险的不可知处飞去。轰隆一声，随着一声炸雷响起，一道惊蛇似的闪电从乌云中划出一道裂口。接着，声声霹雳将飞机震得越发颠簸剧烈，风也趁机逞凶拼命地拉拉拽拽，MC 军用小运输机变得像一只失去控制的陀螺，直往下坠……

就在陈公博闭上眼睛听天由命，席地而坐的随员们发出惊叫声时，顽强的 MC 军用小运输机又拉了起来向前飞行。可是，它始终逃脱不了羁绊，被强大的气流、团团的乌云、道道闪电、阵阵雷击包围着、撕扯着、威胁着……飞机马达发出阵阵瘆人的怪叫！陈公博觉得自己的心被一只怪手捏着、难受得喘不过气，他弯下腰去，想瘫到舱板上。可是，他坐在当中唯一的一把椅子上，腰上还束着一根保险带，不能像席地而坐的周隆庠、莫国康等人一样在舱板上乱滚。他们中，有的人吐了，有的衣服弄脏了，撕破了……

就在陈公博感到情况越来越不妙，在心中默念着遗嘱时，眼前突然出现了一个崭新的天地。刚才的一切仿佛只是一个噩梦。出现在眼前的天空高远、湛蓝，太阳红艳，下面的太平洋像是一匹可爱的绿色绸缎。陈公博从心底深深地吐了一口长气，“山穷水尽疑无路，柳暗花明又一村”、“大难不死，必有后福”。他想，如果我的生活能像刚才经过的恶劣天气一样，那该有多好啊！

下午四时，因为燃料不够，陈公博等人乘坐的 MC 军用小运输机在日本山阴县米子机场降落。

负责护送陈公博的日本顾问小川在米子机场同东京的外务省联系后，陈公博一行在山阴县小住了两日。第三天，日本军部派车将他们一行接到京都，秘密安置在浓荫环绕、风景幽美、民族建筑风格浓郁的金阁寺里。

第二十六章

凄风苦雨，钟山东望又黄昏

“号外、号外！看何应钦向日本政府提出抗议，日本答应近期遣返大汉奸陈公博回国！”

“看《中央日报》最新消息，因民怨沸腾，蒋委员长不得不命令戴笠将‘变色龙’周佛海押回重庆审讯！”

……

一大早，在国民政府即将还都的南京鼓楼大街、中华门外……卖报的小贩们手中扬着刚刚出版的报纸，边跑边吆喝。人们纷纷驻足，争相购买。

与此同时，一辆辆美式十轮大卡车上满载着头戴钢盔，手持美式卡宾枪的中央军，在南京的大街上碾过，刮起一阵风。南京的机场、码头更为繁忙。随着一架架大肚子美军运输机和一艘艘大轮船在南京机场、码头降落靠岸，吐出的是蝗虫般的蒋介石的中央军精锐部队、是衣冠楚楚的接收大员和跟在他们身后的衣着时髦、手中抱着哈巴狗的太太、小姐。

南京鼓楼前偌大的广场上人山人海，人们正里三层外三层地观看日军投降。广场中央，日军已经交出的枪械、弹药堆积如山。在国民党军队三步一岗五步一哨的森严戒备中，足有一营的日军列队缓缓而来，依次走到广场中央放下武器，乖得龟孙子似的，往日的不可一世荡然无存。

看着这些鼓舞人心的热闹场面，好些市民交头接耳纷纷相互问询，你们知道陈公博、周佛海们吗？国民政府对这些大汉奸是怎样处置的？

民怨沸腾中，重庆方面起先并不知陈公博已经逃亡到日本。进入南京的先遣军奉命在城里搜捕陈公博。先前担任国民党军政部长兼全军参谋总长要职的何应钦，因为一直在和蒋委员长以及委员长的学生、爱将陈诚明里暗里较着劲，抗战结束后，蒋介石将陈诚和何应钦的职务来了个颠倒。表面上军职还是一样大小，其实，权力的天平已大大向陈诚倾斜。身为国民党陆军总司令的何应钦，负责到南京接受日军投降，并为国民政府还都打前站，得知陈公博逃亡日本，义愤填膺，请准国民政府，立即向日本方面提出最强烈的抗议。

身在日本的陈公博闻讯后，做出一副正义凛然的君子相，立即给何应钦发了一篇长长的电文：称他当初之离开南京，是不愿意死在乱军之中，他愿意回国接受国民政府的审判；说在他离开南京前夕，曾写过一封长信，交给日军在南京负责同重庆方面接洽的联络官——侵华日军司令部顾问冈田，要他务必将信转重庆方面……在这封电文中，他陈公博特别表明："去日本是迫不得已，一俟中央有令，立即回国接受审讯"云云。

何应钦接到陈公博这封长长的电文，立刻责问冈村宁次，要他查明此事。事情很快就查明了，陈公博所说确有其事。负责转信的冈田参谋，一时疏忽，将陈公博的信搁置在了一个普通档案内，忘在了脑后。弄清缘由后，1945 年 9 月 19，原日本侵华军总司令冈村宁次大将亲自将这一份被遗忘的信件送到何应钦手上，再三谢罪；并正式告诉何应钦，日本政府答应尽快引渡陈公博一行。何应钦这才哼了一声，答应放冈村宁次一马，不再给他罪上加罪。

与陈公博相比，善于钻营的周佛海命运截然不同。一夜之间，他不仅百罪俱无，而且又成了重庆方面的新贵、红人。8 月 19 日，周佛海竟在报上发表公开声明，与汪伪断绝一切干系，宣布就任国民党上海市行动总队总司令，以戴笠派来的程克祥为行动总队秘书长兼宣传处长，以劣迹斑斑、臭名远扬的罗君强、熊剑东为副总司令，负责责维持非常时期的宁、沪等地的安全秩序。他宣布在上海、南京、杭州分设三个指挥部，利用手中掌握的武装力量控制京沪线，严禁宁、沪、杭等地人民群众集会游行……不用说，这是蒋介石为了防止沿海一线及宁、沪、杭等重要城市不致落入共产党之手，而采取的措施。在全民抗议声中，蒋介石我行我素，让周佛海招摇过市、发号施令、耀武扬威，从民族罪人变成了民族英雄。

10 月 2 日，日本京都郊外那座具有唐代风韵的金阁寺，一早就被宪兵团团包围了。

寺内，一间窗明几净的静室里，身着一袭青布长衫，面容消瘦，在榻榻米上正襟危坐的陈公博，正在与近卫晤谈。就是这个曾经两次身任日本首相，决定了他和汪精卫等人命运的近卫，此刻脸上满是忧戚。也是正襟危坐，被美军监视的近卫，是借口到金阁寺为母亲做佛事来为老朋友陈公博送行的。

一时相对无言。明亮的阳光透过一扇玻璃窗照进屋来，在他们身上闪烁。窗纸上疏枝横斜，四周沉入了海一般的空寂。

“陈君，我对不起你和汪先生！”突然，近卫向他伏地谢罪，哽咽着说，“当初，汪先生冒险离开重庆，致力于和平运动，是对我提出的日中提携和平三原则的赞成。然而，我虽两次身任首相，却未能左右日本政局，让政治上近视短见好战的鹰派人物东条英机最终左右了大和民族的命运，竟致不可收拾的地步，给我们民族也给你们带来了灭顶之灾……日本战败了，和平运动失败了。我对不起天皇，对不起你们！”说着伏地不起，唏嘘不已。

“近卫君请起！”陈公博用两手将近卫扶起，他的声音很平静，态度也很温和，“近卫君请不要自责。公博深信，中日两国一衣带水，源远流长。一场浩劫之后，中日两个伟大的民族最终会携起手来，和睦相处——这是孙中山先生毕生所期望，也是必然会实现的，不过要期以时日而已！”他安慰了近卫，又以怅惘的心情谈起，汪精卫确实是对近卫寄于了很大希望，他又是如何违背理性，屈从感情，跟着汪先生从事和平运动的……

耳中隐隐传来了寺中和尚们做法事的抑扬有致的诵经声。窗外远处的后园，如墨的树冠中，一只只翩跹飞去的白鹤，姿态飘逸，辗转啁啾，长鸣不已，越发增添了一种哀痛气氛。近卫站了起来，向陈公博告辞。陈公博将他送到门边，端起手来一揖到底。

近卫不忍，转过身来，只问：“君何时能再到日本?”

陈公博惨然一笑：“一切皆出于缘！”

对于他们这次晤谈，陪着近卫去了金阁寺的今井武夫事后在他的《回忆录》中这样记述：“战败的日华两国领导人，丢弃了生死之念。他们谈了些什么，约定了些什么，只有他们两人知道，对于我们，是永远无法详细知道的了。但无疑的是，他们一定在心底里有彼此相通之处……”

迫于压力，陈公博一行被日本宪兵押解到京都机场回国。当陈公博即将由日本宪兵押着登上那架停在停机坪上的涂有中国青天白日旗徽的美制 E14 飞机时，转过身来，见机场上宪兵林立，气氛肃穆，如临大敌。前来为他送行的小川、近卫等人已等候多时。近卫步履有些踉跄，来到陈公博面前，弯下腰去，三行鞠躬后，伏跪在地，再三表示歉意，泪如泉涌。

就在陈公博将近卫扶起时，一辆敞篷美式吉普风驰电掣开到飞机前嘎地一声停下。车上下来了几位身材高大，动作灵敏，身穿藏青色西服的中年男子——他们是戴笠派来专门押解陈公博一行回国的军统高级特务。

陈公博自知最后的时刻到了，对前来送别的近卫等人惨然一笑，说："值此惜别之际，心情难以表达。送你们一首诗，留作纪念吧！"说着，口中吟诵开来。向来艳羡中国文化的近卫、小川等人深知陈公博诗文以沉雄有力著称，赶紧作了记录。只听陈公博一字一顿，朗朗有声：

烽火纵横遍隐忧，抽刀空欲断江流。
东南无幸山河在，一笑飞回作楚囚。

念完转过身去，大步走上舷梯。周隆庠、林柏生、陈君慧、莫国康等在他之后，如一根线上的蚂蚱，鱼贯而上。只有陈公博的夫人李丽庄要求滞留日本，得到批准，没有同机押回。

舱门轰然一声关上了。美制 E14 飞机开始在跑道上滑行、加速、起飞。

三个多小时后，飞机飞抵南京上空。端坐在舷窗前的陈公博往下望去，六朝故都南京的山山水水，名胜古迹已然历历在目。茫茫大江如同一条白练，由西而来，向东而去。陈公博一时百感交集，在飞机上写下了他生命中的最后的一首诗：

猎猎西风冷北门，钟山东望又黄昏。
只期国土酬知己，万劫归来不顾身。

第二十七章
黑幕沉沉落垂

南京夫子庙监狱。

“哐啷!”一声，狱卒铁门打开时，一袭长衫，个子不高，面容清癯的梅思平走了进来。

“梅先生，欢迎、欢迎!”上了年纪的狱友溥侗和李圣五迎了上去，双手打拱。

“有缘，有缘！哈哈!”梅思平向他们打拱还礼后再向各位致意。这是一间上等监房，关了五六个人，都是高级政治犯。地板擦得亮堂堂的，都有床，一扇窗，开得很高，窗棂上镶着拇指粗的铁条。高高的天花板上白天都亮着灯，电压不稳，灯光黄晕晕的。梅思平找到自己的床位，刚刚坐下去，白髯飘飘、年逾古稀的溥侗就坐在他身前诉起苦来。他是伪满洲国皇帝——爱新觉罗·溥仪的堂兄，是个著名的京剧表演艺术家，擅长书画诗词，因同汪精卫有诗词交往，在汪精卫时代挂了个国府委员虚衔，仅此被关进了监狱。溥侗被关进监狱后既委屈又紧张，见到梅思平，也不管人家的心情怎样，坐上前来絮絮不休大倒苦水，那么大年纪了，竟像个受了委屈的孩子。

“还有天理没有?”溥侗愤愤地问，“周佛海这样的卖国奸雄，才真该坐牢。然而人家现在外面吃香喝辣，作威作福，倒把我这个什么也不是的糟老头子，抓进来关起，而且还不知明天要怎样!”说着竟痛苦失声。

“溥老先生!”梅思平对溥侗竭力安慰道，“你放心，他们不会关你多久的。他们要理抹的是像我梅思平这样搞和平运动的‘首义’之人!”说着一声苦笑，“我想，他们弄清你的情况后，是会放你出去的，你就权当陪我们几天吧。”

“梅先生说得在理，有学问的人就是不一样。”说话的是坐在对面床上的张永福，也是一位古稀老人，脸黑眼窝深身材瘦小，很会说话。他是一个南洋富商，孙中山的老朋友，同汪精卫也熟悉。当年汪精卫追随孙中山去南洋鼓吹革命时，得到过张永福的资助，因此在汪伪时期，张永福也给挂了个国府委员衔，被抓了进来。张永福虽然个子瘦小，但做派大气。他用一只瘦手梳理着颔下一绺山羊胡，缓声说道："溥翁，你要相信，如果我们这样的人老蒋都饶不过，被他抓来垫背，而该抓的不抓。那么，这样的政权断然是短命的。因为天理不容!"

"我信，我信!"溥侗是个怕事的人，说时竖起一根指头，示意张永福说话小声些，话也不要说得过激。他怕张永福说出些更出格的话，警觉地站起身来，回到自己的床上去了。

到了午饭时间，伙食也还勉强可以，讨厌的是室中有一位瘾居子，不时烟瘾发作，鬼哭狼嚎，从床上绊到地板上，鼻涕口水的。梅思平第一次领教了什么叫囚犯，什么叫监狱，尽管他住的是高级监狱。晚上是最难熬的时间，他们头一落到枕头上，木板床上嗜血的小动物纷纷出来吮他们身上的血。养尊处优惯了的他们，哪里受过这样的罪？一个个大呼小叫，半夜三更起来捉臭虫，狼狈至极。后来，他们干脆睡到地板上，好在监狱对他们还是网开一面，允许家里人每天给他们送来好酒好菜。

"溥先生、张先生，好消息!"一个星期后的一个早晨，岑广德手中摇着一张报纸，吊二郎当地来他们牢房中串门——这是前清两广总督岑春煊的三公子。岑广德30来岁，尽管在狱中但因为有钱，也舍得对狱卒们花钱，行动很自由，想到哪个牢房串门都可以；有报纸看，衣着整洁，油头粉面的。

梅思平笑道："岑三公子，什么事这么春风满面的，要出狱了吗?"

"出狱还不是早晚的事。"岑三公子说着将手中的报纸拍在梅思平床上，说，"来看、来看，大家看！报上登了，不仅当局宣布溥翁、张（永福）公将从即日起释放，脱离缧绁。而且，周佛海这些大汉奸也终于笼起了!"说着，用手在报纸上用力一拍。

大家一涌而上，看到报上除将溥侗、张永福获释的消息放在报纸头版显要位置外，还以通栏大标题刊出了一则《不倒翁周佛海倒了》，副题是《丁默邨、罗君强、熊剑东亦被逮捕，蒋委员长严饬押回重庆公审》的重要消息。梅思平看完这则消息暗想，周佛海这些人虽然法术使尽，对重庆百般巴结，但最终落得这般下场，这是全国人民不答应，蒋介石不得已而为之！

一时，牢房中人心大快，大家议论纷纷。梅思平喜滋滋地扬了扬手中的报纸，说："走，不要只是我们乐，去把这大好消息告诉所有的难友们！"大家一致赞成，这就走出高级牢房，四处窜门，奔走相告去了。

夜幕笼罩了夫子庙监狱。

不管是一般牢房还是高级牢房，入夜以后是严禁喧哗的，因而整座监狱寂如坟场。梅思平和衣躺在床上，双手枕着头，长久地盯着挂在高高天花板上那盏孤零零的电灯，往事一幕幕从眼前闪过。他感到人生无常，感到自己孤苦无依，感到胸中冒起一种可怕的呜咽，简直就要把胸膛撕裂了！

"嚓、嚓、嚓"是谁在向这间高级牢房走来，脚步声由远而近，是这么熟悉而又陌生？是他？梅思平猛地吃了一惊，在床上一骨碌坐起时，陈公博走了进来。

"公博，怎么是你，你怎么来了？"梅思平一跃而起时，陈公博上前握着了他的手，坐在他对面的那间空床上——下午，宣布获释的溥侗、张永福慌不迭地收拾好东西出了狱，现在这间高级牢房中就梅思平一个人。

"我给你做伴来了。"陈公博抬眼看了看周围，惨然一笑说，"这里很清静，很好。以往，我们都在为和平运动忙，见面时间少，这下我们正好可以好好谈谈了。"他们搬起指拇将当初跟定汪精卫搞"和平运动的首义"的人算了算，这些人是死的死，收监的收监。

"怎么就没有听到汪曼云的消息呢？"陈公博说，"人人都说汪胖子是个福将，难道他又滑了过去？"

"还真是滑了过去。"梅思平说，"这个滑头早就在'党皇帝'吴开先身上下够了功夫。现在，吴开先又抖了起来，当上了重庆派回上海的接收大员。吴开先一到上海，就将汪曼云从监狱中保了出去，待为上宾……"

二人睡到床上还在谈，一直谈到深夜，陈公博睡去。朦朦胧胧地，梅思平也进了睡乡。

"思平、思平！"半夜，梅思平突然被陈公博唤醒，微弱的灯光下，只见陈公博满脸恐惧，双腿盘坐在对面床上，将一床被子从头上围到脚下，只留出一双胆怯的眼睛。这与陈公博平时那种文雅坦然，敢说敢当，上刀山下火海只等闲的大丈夫样判若两人。顺着陈公博惊恐不安的眼睛看去，只见在他床前阴影中有只硕鼠在逡巡。如此而已！梅思平不禁哑然一笑，心想，原来天不怕地不怕的陈公博居然很怕老鼠!

梅思平憋着笑，也不言语，轻手轻脚抓起床上那只冬瓜枕头，猛地掷去——“叽!”枕头正好打在鼠头上，老鼠一声惨叫在地上蹬了几下腿，死了。

陈公博吓得讶然失声，身子直往后缩，那样子，如果地上有个洞，他都要钻进去。

“哈哈哈!”梅思平终于忍俊不禁，爆发出一阵大笑。他翻身下床，满不在乎从地上拈起死鼠，走出门去扔进垃圾箱中。回到屋里，这才见陈公博缓过神来，揭开了被子。

“公博，我没有想到你对一只小小的老鼠竟害怕到如此程度!”梅思平坐到床上，说着感叹，“一个经历过无数次大风大浪的政治家，一个连死都不怕的人，会如此害怕一只老鼠?”

陈公博神情赧然，点头承认:“我平生什么都不怕，就怕这些小动物。”

两人又睡下了，因为出了这个小插曲，他们一时都没有了睡意，往深处闲聊开来。

“公博。”梅思平看着天花板上那盏忽幽忽明的电灯思索着说，“我有个疑问，一直没有弄明白，趁这个机会想问问你。”

“请讲。”

“抗战胜利前夕，汪先生到日本治病去了，你大权在握。犯了贪污罪的粮食部长顾宝衡、周乃文二人向我求情，我又来求你放过他们。你同意了，说比他们贪污多，罪大的人多的是。过后你却又食言，让他们落入重庆之手，结果二人被判了无期徒刑，这不像你的为人。你不是经常说，为人应言必行，行必果吗?这是为什么?”

“思平，你这就是只知其一，不知其二了。感谢你还知道、相信我的为人!”陈公博说到这里，叹了一口气，“我在你面前答应赦免顾宝衡、周乃文二人，是兑了现的。我立即下了手令，要特别法庭放了他们，让他们恢复自由。不巧得很，当日南京城里大乱，周镐率领他的税警部队暴乱……”

长夜难熬，他们二人在高级牢房中聊着顾宝衡、周乃文二人的命运。他们哪里知道，这顾宝衡、周乃文二人，在狱中一直关了三个时代——汪精卫时代，蒋介石时代和新中国成立后的人民政府时代。周乃文一直在狱中关死，顾宝衡命长，最后被人民政府宽大释放定居成都，并当上了四川省人民政府参事室参事，1976年病逝，时年82岁。

狱中的日子如一条浑浊的河，就这样波澜不惊地向前流去，很快到了1946年春。因为南京尚未成立高等法院，陈公博、陈璧君、褚民谊、梅思平等汪伪要犯被转移到了苏州提蓝桥监狱，接受苏州高等法院审讯。

报春的燕子在檐前往来翻飞，空气中充满了它们呢喃的絮叫声。上午时分，被单独关在二楼一间优待室里的陈公博步出屋子，凭栏观察着狱中初春的景象。后院的操坝上已长出了蓬蓬绿草。看到这一方天地，他心中感到有一种熨贴。整个冬天，他一直猫在优待室里，足不出户写了一篇洋洋数万言的文章，名《八年的回忆》。文中，他详细地记述了汪精卫对他的关心、恩情、他们之间的感情，以及他后来如何为报恩，义无反顾地“跳进火坑”的原因、过程……自知必死，每一天都是赚来的，现在，平生要做的最后一件事终于做完了，他感到轻松和释然。

1946年4月，陈公博以“通敌叛国罪”被判以死刑，转往苏州狮子口江苏第三监狱关押。6月8日，行刑前，他提出并得到批准，去同关在同一监狱的陈璧君告别。

“夫人，我就先走一步了，我去那面陪伴先生（汪精卫）去了。牢中别无长物，我把这个小茶壶送您，权当留个纪念吧！”陈公博说着，当着狱警的面，站起身来，将一直带在身边的一个很精巧的弯嘴小茶壶捧在手中，恭恭敬敬捧给陈璧君。陈璧君接过手中，痛哭失声。然后，陈公博被狱警押走。当天下午，趁着生命中最后的一点时间，他给他的儿女们写了封信，然后给蒋介石写信，可写了一半，长叹一声作罢，将信纸撕碎，丢入纸篓。当夜，陈公博被执行了死刑，时年54岁。他的尸体葬于上海公墓。

接着，汪伪的要员们经苏州高等法院审讯后，纷纷下达了判决书。

大块头褚民谊接到死刑下达书时，吓破了胆。他在牢房中又哭又闹，声嘶力竭，申诉书一封接一封交上去，却全然无用。大块头情急智生，竟给蒋介石写了一封信，交给监狱，并郑重声明，这是他要向最高领袖献宝，请务必交上去，这对繁荣党国是一桩大事。见大块头褚民谊煞有其事，监狱不敢大意，立即用飞机将大块头的密信火速送往重庆。

重庆上清寺。踌躇满志正在忙着准备返都南京的蒋介石，看了不远千里专门从苏州提蓝桥监狱送呈的，褚民谊所谓的“密信”后暴跳如雷，一把将手上的信撕得粉碎！原来，大块头褚民谊呈送给最高领袖的“密信”，说的是，孙中山入殓进入水晶棺材时，医生为长久保存孙中山的遗体挖出的一副肝脏，被他“偷”了去，他愿献出来免死。仅此一项，就是莫大的罪！

蒋介石盛怒之下，立刻下达命令，处决褚民谊。

陈璧君的身份特殊一些，1946 年 4 月 16 日，苏州高等法院以“判国罪”公开起诉审判她。全国各界对此极为注意，是日，中外记者云集苏州高等法庭。法庭上，陈璧君拒不认罪。她强调她丈夫所做的一切都出自爱国爱民的动机，推行的“和平运动”，是出自当时国内国际环境，为反共、保存国家利益的最佳选择和有效途径，是明智之举……她一一例举了汪精卫历史上对国家的贡献，不承认汪精卫有任何过错，当然亦不承认法庭指证他们夫妇都是卖国贼。陈璧君在 1946 年 4 月 23 日被判为终身监禁，在苏州服刑。

1949 年，中国大陆解放，新中国成立，关在狱中的陈璧君因为始终拒绝认罪，继续监禁。曾经与她一起参加过辛亥革命，而且被称为“巾帼英雄”的孙中山先生的夫人、国家副主席宋庆龄和何香凝也都去监狱中看过她。过后，宋庆龄和何香凝将此事给毛主席提起，毛主席宽宏大量，说是只要陈璧君写一纸认罪书就可出狱。可是，她就是不写，顽固到底。1959 年 6 月，陈璧君 58 岁时，在狱中因病医治无效而死。陈璧君的遗体被火化以后，骨灰由上海运往广州存放。陈璧君和汪精卫有五个孩子，两男三女，全都在国外，其中有一个是终生未婚的天主教修女。1960 年，人民政府应她在海外的儿女们的请求，将陈璧君的骨灰移送香港，由她的儿女将其骨灰撒入了大海。

梅思平是 1947 年国民党在南京成立了高等法院后，第一个被判处死刑的。梅思平不服上诉，被驳回。行刑是在一个秋日的下午。

带着最初一线寒意的暮色朦胧地走近。梅思平被提了出来，他特意换上了一件新的灰布长衫，脚下蹬的一双朝圆白底直贡呢布鞋，也是新的。走过一间间牢房时，他强作镇静，同大家一一低声道别。一刻钟后，监狱后面的小院里响起了枪声，梅思平死了。事后据当事人讲，梅思平死时态度也还镇静。他是自己走上刑场去的，在一棵桂花树下站定，转过身来。子弹从他的前额进，后脑出，他是缓缓倒在树下死的。

林柏生死时，却是惊慌失措，挨了两枪才死，但他也是自己走上刑场去的。

最窝囊的是特务头子丁默邨，被枪毙时，同褚民谊简直一个样子。一副烟鬼样的他，一下瘫在地上，浑身哆嗦，不能站立。最后是由两个法警架上刑场，像死狗样瘫倒在地被枪毙的。

接着被执行枪决的有汪伪大汉奸梁鸿志、王揖唐、苏成德、叶蓬等人。王克敏在狱中畏罪服毒自杀的。

周佛海是最后一个。他机关算尽，自以为又躲过一劫。不意1946年，他的靠山、在国民党中央呼风唤雨，权力很大的军统特务头子戴笠机撞南京郊外的戴山殒命，周佛海失去了庇护。加上全国人民要求严惩汪伪汉奸的呼声强烈，没有人敢于出面保护他。本来，蒋介石为顺应民情，是要判处周佛海死刑的，周佛海的妻子杨淑惠闻讯后，不仅四处活动，托关系找门子，挽救丈夫；最后竟亲自闯进蒋介石住处，扑咚一声下跪，抱着蒋介石的腿，叩头求委员长免他丈夫一死。她一把鼻涕一把泪地诉说她丈夫如何早在暗中反正，替党国做了不少事。强调虽然现在与丈夫一直保持着联系的“戴（笠）局长已去”，但事情是存在的，她还拿出了不少有关方面的证据……

蒋介石最后免去了周佛海一死。

周佛海也是最后一个关进苏州提蓝桥监狱的汪伪要员。他进狱后，始终摆出一副颐指气使的样子，强调自己不在刚刚公布的《惩治汉奸条例》之列。法庭上，当法官起诉他有“谋敌判国，图谋反抗本国”罪时，他却反唇相讥，很受屈地反驳说：“……当初，如果我周某不是为了党国利益，只为自己，我只要一句话，东南半壁就姓共而不姓蒋了……”他举例作了大量类似有利党国的事实后，竟得出这样的结论，“法官指诉我‘谋敌判国，图谋反抗本国’罪不实，应为‘通谋本国，图谋反抗敌国’才对！”法官说不过他，偃旗息鼓败下阵来，周佛海的嚣张气焰，引起场上一阵不满的嘘声。

周佛海一副官相，长得高大，脸盘方正。年龄渐长，发了福，又饱经宦海沉浮，遇事沉着，少有发气，人称“笑面菩萨”。可是入狱后，他自知罪孽深重，难逃一死，对生活没有了信心却又觉得蒋介石过河折桥，心中窝火得慌。久而久之，脾气变得很大，而且越渐古怪，时而暴躁，时而软弱怕死。法庭给他送去纸笔，要他供录平生罪行；而他却完全是文过饰非，竭力为自己开脱罪责，评功摆好。他有大烟瘾，在狱中发作时，痛苦得寻死觅活地撞墙，闹得不知所以，狱中也不管他，任他闹去。好在他烟瘾不深，时间一久，竟然熬了过去，也不发了。他不时去一间间受优待的狱中串门，诉说苦衷，也不管人家欢不欢迎。

哲人说，世界上一切东西都怕时间。人是会变的。这些话很对。周佛海，过去那么一个唯我独尊、精明强干的人，随着时间的推移、折磨，慢慢变得孤僻起来，最后神态显出呆滞。常常一个人坐在他那间优待室里发呆，口中喃喃有词。时序到了 1947 年早春二月，周佛海在一个有些寒冷的晚上突然发生心绞痛，因狱医来不及抢救猝死。

在卢英、罗君强、陈春圃、江亢虎这些汪伪要员被南京高等法院判处无期徒刑后，一个在中国政治舞台上上演了长达五年多久的一出闹剧、丑剧的沉沉黑幕终于落垂!

尾　声

1946年1月21日夜，宽阔的长江江面上横扫过来的寒风，在六朝古都金陵南京城的上空呼啸、扫荡。瑟缩在寒夜里的南京正在沉睡。猛然间，“轰轰！”几声猛烈的爆炸在中华门一带响起，将这一带的居民从睡梦中惊醒。饱受战乱的人们，第一个反应就是敏捷地躲在床下去避枪子。可是，惊天动地的轰轰几声过后，一切又归于平静，似乎什么事情都没有发生。居民们睁大惊愕的眼睛，望了望沉沉的暗夜，又睡了过去。

事不关己，高高挂起。只要不危及自己的生命，平民百姓哪有那么多闲心去管外面发生的事。为生计忙碌奔波了一天的人们，困极了，天一亮，他们又得去奔自己一家老小的营生。

而这时，在夜幕的掩护下，中山陵旁边的梅花山上，有一群人影在晃动，显得非常鬼祟——他们是一支正在完成特殊任务的国民党工兵部队。他们先用炸药炸开了一个灵柩外面坚硬无比的硬壳，接着用钢钎撬开了大理石砌就的内椁。一群人钻进坟墓的心脏部位。

在挑起的火把和电筒照耀下，兵士们小心翼翼地揭开了一口保存完好、四周边上走有金线的黑色楠木棺材的盖子。躺在棺材中的是个身材颀长的中年男子，面容如初，眉清目秀，气宇非凡。细看这男子有60来岁，穿一身崭新的民国大礼服，脚上蹬一双黑直贡呢白底朝圆布鞋，胸前佩一朵红绸折迭而成的大红花，一条宽宽的红绸带斜斜地从他的胸前滚过去，从右肩跨过背，结于左侧腰际。他那轮廓分明的脸上，双目微闭，似乎刚刚才睡了过去，却又双眉微蹙，似有无限忧怨……

士兵们在长官的指挥下对死者作了细细搜查。结果，一无所获，既没有搜到一文钱，更不要说金银财宝了。只是在他贴胸的衣袋里搜出了一张质地很好的白色铜版纸条，上面写有一行字迹娟秀的楷书钢笔字：“魂兮归来。妻陈璧君挽。”进行搜索的士兵们，大都是目不识丁的文盲。他们认不得这些字，即使认识也弄不清这死者是谁，挽者又是谁；只是按照长官的命令，然后将死者从描金楠木棺材中抬出来，扔上汽车，拉到附近的凉山上一把火焚之。

一个星期后，位于南京紫金山第二峰茅山南麓的中山陵戒备森严。刚刚还都的蒋介石、宋美龄夫妇，在何应钦等一大批军政高级官员的陪同下，缓步登上一级级汉白玉台阶。他们夫妇名为祭奠先总理孙中山而来。

今天穿一身青色绸缎长袍、脚蹬一双黑直贡呢轻便皮鞋的蒋介石，精神气色都很好。五十多岁的他，长身玉立，行动健捷，右手挽根司的克（拐棍）。都知道，他手中握的那根拐棍是他身份的象征。身为最高领袖，也曾经留学过日本的蒋介石，始终是个守成不变很传统的中国人。就像平时他们夫妇出现在大庭广众中一样，纵然是在爬山，蒋介石也是保持着一副传统的中国绅士模样——左手挽着他的“大令”——宋美龄。宋美龄穿件黑丝绒旗袍，肩上披一条刺绣白色披巾，丰茂光洁的黑发在脑后挽成一个髻，与她明亮端正的脸庞相映衬。宋美龄脸上总是带着微笑，她的皮肤很好，又白又红，不由令人想起民间流传她是素常用牛奶洗澡的轶闻。她的身量不高不矮，很匀称，看起来比实际年龄年轻许多。她不像一般达官贵人的夫人那样珠光宝气，淡淡妆天然样，只是耳轮上坠有一副绿得非常可爱的翡翠耳环，在风中滴溜溜的，在她身上平添了一分典雅、一分高贵、一分美丽、一分大气。

蒋介石挽着他的“大令”，就要踏上中山陵时，突然停下步来，转过身去，用手中握着的司的克，指着眼前的梅山问：“嗯，这个这个，就是那边?”

紧跟在他身后的新任陆军总司令何应钦快步跟上，向他轻声报告说：“是的，委座，就是那边。为迎接委员长还都，我已下命令把汪精卫的坟墓整个都炸了……”蒋介石没有说话，只是将司的克端在手中，眯起眼睛傲慢地斜睨着那边——雨后的梅山。

雨后天晴，梅山郁郁葱葱，秀丽而壮丽。目光收回来一些，就在对面，那一片被炸毁的汪精卫的坟墓废墟上，已然建起了一座很有中国特色的八角小亭。红柱绿瓦、檐角飞翘。清风徐来，将挂在檐角上的只只黄铜风铃撞击出袅袅清韵，在漫山遍野中久久回荡。山上那一片片的梅花，红的似火，白的似雪……正在渐次开放。

看着这熟悉的景致，看着这好容易重新到手的江山，蒋介石咧开嘴笑了笑，说：“好的。”

就在蒋介石要转身继续向中山陵走去时，不意“大令”宋美龄却挽着他，指着天边要他看。

蒋介石再次驻步，先是仔细看了看他手中的大令——她那张木兰花瓣般白净的瓜子脸上，一双又大又黑的眼睛，像是熠熠生辉的玉髓。只有一副微微有些挑起的远山似的眉宇间有一丝忧蹙。这是怎么了？一时，看着自己的“大令”，蒋介石有些发怔。

从小在美国长大，并在美国名牌大学毕业的“大令”，不仅人长得美丽，气质高贵，而且很有才华。她精通六国语言。在“西安事变”中，现在柔驯得像只绵羊的何应钦，那时却是蒋介石的政敌且是手握大权的军政部长。在汪精卫等人的鼓动挑唆下，为了得到自己的私利，何应钦竟不管不顾他的安危，准备提调全中国的海陆空三军，向张学良、杨虎城和他们的东北军、西北军大肆挞伐，派飞机轰炸西安。如果这样，他蒋委员长的命可能就没有了！

关键时刻，是“大令”挺身而出，她不仅制止了心怀叵测的何应钦，而且带上她的私人顾问瑞士人端纳冒险去西安看他。是他的“大令”救了他。“西安事变”和平解决后，“大令”又出面为他专门组织了一个对外的宣传机构，起的作用不小。不止于此，抗战中，“大令”在空军的建设中，建立了殊勋，是一个没有授衔的空军司令。现在她佩戴在胸前的那枚镶有宝石的空军大扣花，就是她对这段不平凡日子的纪念。在抗战中和抗战后，她曾两次赴美争取美国援助，特别是在抗战期间那次赴美，她在国会山演说震动全美。她的风姿绰约，她的博学，她为了祖国和他丈夫的事业赴汤蹈火的精神，不仅引吸引了全美的目光，而且吸引了全世界的目光。还有抗战期间，在埃及开罗召开的一次有中、美、苏、英四大国首脑参加的会议上，英国首相丘吉尔曾经私下对人说：“对蒋介石，我没有什么印象。而有关中国种种，我之所以能有那么深刻的印象，却全在于他能干的夫人……”

蒋介石也曾经在公开和私下场合多次说过：“夫人的力量要超过我手中的六个精锐师！”……

“你看——”他的思索被夫人打断，循声望去，原来夫人要他看天。顺着夫人手指的方向看去，在这春寒料峭的季节瞬间又是风云变幻。刚才好好的天，这会儿又变了，一团乌云从茫茫一派的大江上涌起来，腾地升上天际，又要下雨了。

“走吧！”蒋介石不敢再停留，紧紧挽着夫人的手，拾最后几级汉白玉台阶向中山陵登去。